《21世纪交通文化建设研究与实践》系列丛书

交通公安文化

张玉胜　主　编
田卫军　陈汉发　副主编

人民交通出版社
China Communications Press

图书在版编目（CIP）数据

交通公安文化／张玉胜主编.－北京：人民交通出版社，2009.1

ISBN 978-7-114-07517-9

Ⅰ.交… Ⅱ.张… Ⅲ.交通运输－公安－文化－研究－中国 Ⅳ.U631-5

中国版本图书馆CIP数据核字（2008）第201346号

《21世纪交通文化建设研究与实践》系列丛书

书　　名：交通公安文化
著 作 者：张玉胜
责任编辑：张征宇　乔文平
出版发行：人民交通出版社
地　　址：（100011）北京市朝阳区安定门外外馆斜街3号
网　　址：http://www.ccpress.com.cn
销售电话：（010）59757969，59757973
总 经 销：北京中交盛世书刊有限公司
经　　销：各地新华书店
印　　刷：中国电影出版社印刷厂
开　　本：787×980　1/16
印　　张：17
字　　数：278千
版　　次：2009年1月第1版
印　　次：2009年1月第1次印刷
书　　号：ISBN 978-7-114-07517-9
印　　数：0001-4000册
定　　价：50.00元

交通文化建设研究工作指导委员会

主　　任	黄先耀
副 主 任	何建中　孙国庆
成　　员	柯林春　陈永久　张　润　任明英　杨根林 张月斌　余昌平　王新华　李云鹏　马宝亮 王　镭　贺建华　钟　华　梁晓安　王永明 黄　强　徐俊池　李伟红　陈汉发　孙立成 周　伟　李作敏　丘建华　徐世强　李宗琦 刘文杰

交通文化建设研究工作联络组

组　　长	柯林春
副 组 长	黄克清　洪晓枫
组　　员	王先进　王海峰　齐树平　杨俊威　胡　斌 严志明　覃万兵　何发举　王之安　辛加和 王淑敏　宋　颖　侯海强　马平原　邱　铭 羊　磊　胡利民　葛树增　章　婧　胡建华 向良凯　李　春　徐　丽　李和仁　梅　君

总 序

国民之魂，文以化之；国家之神，文以铸之。“加强文化建设，明显提高全民族文明素质”，是党的十七大提出的实现全面建设小康社会奋斗目标的新要求。胡锦涛总书记在党的十七大报告中明确指出：“当今时代，文化越来越成为民族凝聚力和创造力的重要源泉、越来越成为综合国力竞争的重要因素，丰富精神文化生活越来越成为我国人民的热切愿望。要坚持社会主义先进文化前进方向，兴起社会主义文化建设新高潮，激发全民族文化创造活力，提高国家文化软实力，使人民基本文化权益得到更好保障，使社会文化生活更加丰富多彩，使人民精神风貌更加昂扬向上。”这不仅深刻阐明了兴起社会主义文化建设新高潮的重大现实意义和深远历史意义，更为新时期加强文化建设指明了方向和路径。

交通文化是社会主义先进文化的重要组成部分，是交通行业的灵魂，是实现交通又好又快发展的重要精神支柱。交通运输是支撑经济良性发展、促进社会全面进步的基础性、先导性产业和服务性行业，服务是其本质属性。基于这一认识，我们提出了“交通发展要服务国民经济和社会发展全局、服务社会主义新农村建设、服务人民群众安全便捷出行”，提出了“发展现代交通业，建设一个更安全、更通畅、更便捷、更经济、更可靠、更和谐的现代公路水路交通系统”。从文化的角度看，这也正是我们基于交通运输的本质属性和交通行业的神圣使命所作出的价值选择，是交通文化的核心内涵，是引导交通事业科学发展的价值导向，也是贯彻落实党的十七大关于加强社会主义文化建设的具体体现。

交通部党组高度重视文化建设工作。2006年全国交通工作会议明确提出：“努力建设具有鲜明行业特点和时代特征的交通文化，用文化和精神的力量凝聚全行业，使交通行业更加充满活力，不断开创交通事业发展的新局面。”2006年6月26日召开的全国交通行业精神文明建设工作会议更加明确地提出：“加强交通文化建设，努力增强行业软实力”，力争文化建设在今后五年内取得明显进展。随后，部印发了《交通文化建设实施纲要》，对交通文化建设的指导思想、目标任务、工作原则和工作措施作出了具体安排和部署。这是交通部颁布的第一个有关交通文化建设的重要文件，它强调新时期交通文化建设要深入贯彻科学发展观和构建社会主义和谐社会的要求，建设具有鲜明时代特点和交通行业特色的精神文化、制度文化和物质文化；要以实践社会主义荣辱观为主线，以弘扬爱国主义为核心的民族精神和以改革创新为核心的时代精神为重点，大力加强精神文化建设；要在实践中加强探索和研究，系统总结交通文化建设的丰硕成果，确立符合先进文化前进方向和交通事业发展要求的交通行业的核心价值体系；要实施“五个一工程”，即形成一批交通文化研究成果，提炼一种交通精神，征集确定一个交通行业徽标，创作一批交通文艺作品，完善一批交通博物馆，将全行业文化建设提高到一个新水平，全面增强交通文化的吸引力和感召力，不断增强交通行业的凝聚力，提升交通行业的影响力，提高交通发展的软实力，为交通事业又好又快发展营造良好的文化环境。

为全面深入推进交通文化建设工作，2006年11月部务会议研究决定成立了交通文化建设研究工作指导委员会，按照行业文化、系统文化、专业文化、组织文化四个层次，分别成立了交通行业文化建设研究总课题组和公路文化、道路运输文化、交通规费征稽文化、港口文化、海事文化、救捞文化、船检文化、航海文化、廉政文化、公路执法文化、长江航运文化、交通公安文化、路文化、桥文化、车文化、站文化、船文化、航标文化、航道文化、交通行政机关文化、交通企业文化和交通事业单位文化等22个子课题组，由行业内有一定研究基础、有积极性、有较好的支撑条件、具有代表性的部门或单位牵头，并邀请文化学、管理学、社会学等方面的专家学者共同参与，按照力求出精品的要求，系统地开展了交通文化研究工作。经过广大研究人员一年多的辛勤劳动和艰苦努力，研究工作进展顺利，取得了一批可喜的研究成果。出版这套多卷本的《21世纪交通文化建设研究与实践》系列丛书，是交通文化建设研究成果的重要组成部分。丛书从多个层面、多个领域系统地总结了交通文化源远流长的发展历史、积淀丰厚的特色文化、形式多样的实践活动、绚丽多彩的建设成果。“系统文化”侧重于交通行业不同系统的特色文化研究，重点提炼和阐述了各系统具有系统特色的价值理念；“专业文化”侧重于不同专业领域的特色文化研究，重点收集、挖掘和整理了交通行业物质文化成果；“组织文化”侧重于交通行业不同组织的特色文化研究，重点梳理、凝炼和展示了各类交通组织的特色价值理念、行为规范和形象标识。整个研究工作坚持以社会主义核心价值体系为指导，将“铺路石”、“航标灯”等交通行业传统精神与包起帆、许振超、陈刚毅等先进典型所展现的时代精神有机结合，在建设交通行业核心价值理念体系方面做了积极探索。

交通文化建设是一项长期性、系统性、复杂性的工作，既要整体部署，又要稳步推进。近年来，尤其是实施《交通文化建设实施纲要》以来，全行业日益重视交通文化建设，注重丰富交通发展的文化内涵，取得了一些有行业特点和时代特征的文化成果，涌现了青岛港、天津港等一批优秀企业文化建设单位和青岛交运集团“情满旅途”、南京长途汽车站“爱心始发站”等一批知名服务品牌，形成了南京交通局“交通文化通论”等一批理论研究成果。《21世纪交通文化建设研究与实践》系列丛书的出版发行，对于全国交通行业深入贯彻落实党的十七大精神，兴起交通文化建设新高潮，进一步提高交通行业凝聚力和战斗力，推动交通事业又好又快发展，切实做好“三个服务”，必将起到重要的推动作用。

交通部部长 李盛霖

二〇〇七年十二月十三日

导　论

交通为人员流动和物资流通提供基础条件，为人和物的空间位移提供运输服务，是支撑经济良性发展、促进社会全面进步的基础性产业和服务性行业。交通是一个古老而年轻的行业，自农业社会到工业社会以至信息社会，交通就一直伴随着人类文明的发展而演进，并构成人类文明的重要组成部分。中国是一个具有悠久历史的文明古国，在延绵数千年的文明进程中，曾造就了其他文明古国概莫能及的相对发达的交通体系；新中国成立后，中国交通事业进入一个崭新的发展阶段，经过近60年的建设尤其改革开放近30年的建设，交通发展在数量规模、质量水平和结构层次等方面都发生了翻天覆地的变化，取得了举世瞩目的成就，已跻身世界交通大国之列，正朝着世界交通强国迈进。中国交通发展的历史伟绩和现代成就为中华文明和世界文明做出了重大贡献，与此同时，在这个历经风雨的漫长岁月中，勤劳智慧的中华民族创造了与历史俱进、与时代同步的丰富多样、绚丽多彩的交通文化，为中华文化和世界文化的不断发展增添了更加丰富的内涵和更为亮丽的色彩。

一、交通文化的概念

理解交通文化的概念需先考查文化的概念。关于“文化”一词，长期以来，国内外一直没有形成统一的定义。但是，人们对文化内涵的解释还是存在共识，一般认为：文化是人类在社会历史发展过程中不断创造的各种精神财富、制度体系和物质财富的总和，其核心内容是人类创造各种精神财富、制度体系和物质财富所秉持的或反映出的价值理念。这是人们对社会主文化内涵所作的解释。基于这一认识，人们于是对隶属于社会主文化的各种亚文化的概念也做出了界定，如组织文化、系统文化和行业文化等。

交通文化也是隶属于社会主文化的一种亚文化，交通文化建设的理论渊源是文化人类学。对于交通文化的概念，可以根据社会主文化概念的核心内容和基本要素作出界定：交通文化是交通行业在长期的交通建设、运输和管理实践中逐步形成并不断发展的为广大交通员工所普遍认同并付诸实践的具有鲜明行业特点和时代特征的价值理念，是交通行业各种精神文化、制度文化和物质文化的总和，是交通发展的重要成果，是交通文明的重要结晶。其中，精神文化是交通行业的核心文化，是交通行业纲领性的核心思想，是指导交通发展的核心价值；制度文化是交通行业的浅层文化，是交通行业制定并执行办事规程、道德规范和行为准则所秉承的价值理念；物质文化是交通行业的表层文化，是交通行业生产物质实体、展现外在形象所秉承的价值理念。对于这一概念，可从以下角度进一步理解其内涵：

交通文化的核心内容是价值理念。价值理念属于意识形态或思想认识范畴，体现为交通行业对交通发展所秉持的态度、所采取的方式和所表现的行为，为交通发展所倡导的精神、所制定的规范和所树立的形象，这些态度、方式和行为都自觉或不自觉地反映了交通行业所秉承的价值理念，从而形成了交通文化。

交通文化的本质要求是强调实践。交通文化是交通行业普遍认同并付诸实践的价值理念，其突出强调价值理念的实践性，强调所倡导的价值理念要得到普遍认同和真正落实，要使之内化于心、固化于制、外化于形，从而在交通建设、运输和管理实践中发挥出实际的作用，为交通发展提供精神动力、制度保障和物质基础。

交通文化的层次定位是行业文化。从价值理念的从属主体来看，有国家的、民族的、组织的和个人的价值理念等，交通文化则属于整个交通行业的价值理念。因此，交通文化是对整个交通行业各部门、各单位价值理念的提炼与整合，代表了交通行业从业人员的主流思想，代表了整个行业广泛认同和普遍接受的价值理念。

交通文化的鲜明个性是交通特色。交通文化是交通行业的特色文化。各个行业的特色文化在其形成和发展过程中，虽然受到整个国家、民族的价值理念的影响，但各个行业生产特征、服务要求和管理模式存在很大差异，其价值取向也必然存在较大差异。交通作为经济社会发展的基础性产业和服务性行业，其所秉承的价值理念自然也有别于其他行业，从而有其自身鲜明的个性特色。

二、交通文化的特点

不同行业有其各自的结构形态和嬗变沿革，以及不同的静态表征和动态特征，因而体现出与之相对应的文化体系特点。从这方面考察，交通文化具有多样性、层次性、传承性、时代性等突出特点。

交通文化的多样性。交通行业由多个系统、多种专业、多种组织构成。从职能范围看，交通行业主要有公路建设与管理、道路运输、规费征稽、港口、航运、海事、救捞、船检、公安等系统；从专业性质看，交通行业主要有公路、桥梁、车辆、站场、船舶、航标、航道等专业领域；从组织性质看，交通行业主要有行政机关、执法单位、交通企业和事业单位等组织。不同的系统、专业、组织都有其自身的生产特征、服务要求和管理模式，因而具有不尽相同的价值理念，从而形成了文化的多样性。交通文化的多样性，要求交通文化建设要充分考虑不同文化价值理念的个性与共性，整个行业的文化建设在价值理念的提炼和价值体系的整合上要兼收并蓄、博采众长，从而形成能为整个行业广泛认同并普遍接受的价值理念。

交通文化的层次性。按照交通行业的职能、专业和组织等分类，可将交通文化细分为交通系统文化、交通专业文化和交通组织文化，各组成部分按照某种秩序有机结合，呈现出一定的层次性。其中，行业文化是一个面，系统文化是一条线，组织文化是一个点，专业文化则可看作对系统文化的细分，因为公路、桥梁、车辆、站场、船舶、航标和航道等是隶属于各交通系统的物质实体。整个交通文化体系因此呈现出一种“点-线-面”式的层次特征。各层次文化所秉承的价值理念具有内在的联系，一般来说，上层文化价值理念是对下层文化价值理念的归纳，上层文化更为抽象，下层文化更为具体。交通文化的层次性，要求提炼、整合交通行业的价值理念要自下而上、由点到面，逐层归纳，从而形成具有深厚基础的价值理念。

交通文化的传承性。交通文化形成于交通发展的实践，并随着交通的发展而发展。交通发展过程就是交通文化形成的过程，交通发展的历史沿革就是交通文化的传承沿革。交通发展在不同时期面临着不同的发展任务和发展条件，因而有着不同的价值理念和文化内涵。传承是发展的基础。交通文化的传承性，要求用历史唯物主义和辩证唯物主义的观点和方法去认识交通文化，从源远流长、积淀丰厚的发展历史中发掘、提炼交通文化的价值理念元素，充分吸收传统文化的合理成分，进而将交通行业优良的传统文化发扬光大。

交通文化的时代性。中国乃至世界交通发展都已进入新的阶段，快速推进中的中国交通现代化要求坚持科学的价值理念，发展先进的交通文化，以此促进交通事业又好又快发展。因此，建设交通文化，必须坚持先进文化前进方向，在传承交通传统文化的基础上，充分融入现代意识，不断丰富和发展其科学内涵，确立具有时代特征的价值理念，发展具有现代意识的物质文化、制度文化和精神文化体系。

三、交通文化的功能

交通文化的作用集中体现在“内聚人心、外塑形象”两个方面，具有凝聚、导向、激励、约束、外塑和辐射等基本功能。认识这些基本功能，是认识交通文化的建设目的与建设意义的基础。

交通文化的凝聚功能。交通文化所倡导的价值理念一旦为整体行业认同并接受，就成了千百万从业人员共同的理想与追求，进而以其强大的粘合力，从各个方面将整个行业及其成员聚合起来，形成巨大的向心力和凝聚力，形成强烈的集体意识与团队精神，为实现共同的理想与追求而齐心协力、共同奋斗。

交通文化的导向功能。交通文化所倡导的价值理念是整个行业的共同理想和共同追求的集中反映，代表了千百万交通人的主流思想和主流意识。这种共同的理想和追求，通过教育和灌输，会引导行业的个体与群体在思想、观念上做出调整，使其与整个行业所确立的价值取向保持一致，从而起到一种导向作用。

交通文化的激励功能。交通文化建设的核心要旨是以人为本、以文化人，强调确立共同的理想、营造和谐的氛围。这些都有利于增强各部门、各单位干部职工的使命感和责任感，激发干部职工的积极性和创造性，使广大干部职工乐于参与交通建设，乐于发挥聪明才智，为实现共同理想、实现自身价值而做出努力。

交通文化的约束功能。交通文化一旦形成，就建立了自身系统的价值理念，就为行业整体及其成员明确了价值取向，同时也确立了道德规范和行为准则，从而对行业整体及其成员起到一种约束作用。但是，这种约束具有自觉性，是一种软约束，这种软约束产生于整个行业的文化氛围，使各个成员产生共鸣，继而达到自我控制。

交通文化的外塑功能。交通行业特色文化所倡导并实践的价值理念是交通行业的旗帜，旗帜就是形象，这种形象包括理念形象、行为形象和视觉形象。这些形象是社会公众了解和评价交通行业的标志和表征。因此，交通文化具有外塑形象的重要功能。

交通文化的辐射功能。交通文化的辐射功能主要体现在所倡导并实践的价值理念通过外化而为广大社会公众所了解、所感受，会影响整个社会价值理念的形成与发展，从而使交通文化成为社会主文化的生长点和贡献源，为社会主义文化大发展、大繁荣做出贡献。

四、交通文化的载体

凡文化均有其价值理念的承载体或附着体。人类通过劳动创造文化。人类的劳动作用于自然形成物质文化，作用于社会形成制度文化，作用于人类自身形成精神文化。交通文化的载体主要包括主体载体、组织载体、制度载休和物质载体等。从根本上说，建设交通文化就是建设和优化这些载体。

主体载体。交通行业从业人员是交通行业的主体，自然也是交通文化的主体。交通行业从业人员既是交通行业价值理念的倡导者和实践者，也是交通行业价值理念的承载者和传播者。交通文化说到底是交通人的文化，是交通人的思想意识和价值取向。建设交通文化，要注重人的决定性因素，突出人的主体性地位，一是注重发掘广大从业人员的价值理念元素，确立具有深厚群众基础的价值理念体系；二是注重依靠广大从业人员建设交通文化，践行价值理念；三是注重通过文化建设来提升广大从业人员的综合素养，运用文化的力量来增强从业人员的凝聚力和向心力，激发交通从业人员的积极性和创造性。

组织载体。交通行业的行政机关、事业单位和交通企业等各种组织，既是交通行业的基本单元，也是交通文化建设的基本单元。这些组织作为交通文化的载体，与文化的内在联系主要体现在以下几个方面：一是组织内涵反映组织文化的性质。组织内部共同的目标追求、一致的价值取向、和谐的分工合作都是文化使然，其既是文化作用的结果，也是文化自身的表征。二是组织结构体现组织文化的个性。组织结构决定了组织内部的职责关系，其选择和形成受到组织文化的影响，并反作用于组织文化，从而使得不同的组织结构体现出不同的文化个性。三是组织功能体现组织文化的要求。组织的功能主要体现在整合人力资源、规范人的行为、满足人的需要，从而履行组织使命，实现组织目标，这些功能和作用与组织文化的功能和作用是一致的，正好体现了组织文化建设的目的和要求。建设交通文化，要求将组织建设作为重点内容，着力提升组织管理理念，改进组织管理方式，按照科学管理、规范管理的要求，优化组织的内部结构与协作关系。

制度载体。制度是要求组织成员共同遵守的办事规程、道德规范和行为准则。组织制度和组织文化之间关系十分密切。一方面，组织文化是组织制度制定与执行的重要决定因素，影响着组织制度的形成及其功效的发挥。组织制度是组织文化的产物，组织制度所具有的规范约束和激励作用等本身就体现了组织文化建设的直接目的和内在要求。这样，组织制度就成为了组织文化的重要载体，组织制定并执行各种办事规程、道德规范和行为准则都反映了组织文化所倡导的价值理念。另一方面，组织制度对组织文化的形成和发展也具有重要影响，有什么样的组织制度也必然会使组织成员表现出相应的处事态度和行为方式，从而营造相应的组织氛围、孕育相应的组织文化。建设交通文化，要求将制度建设作为重点内容，按照以人为本、科学管理的要求，以实现员工价值、规范员工行为为价值取向，着力健全组织内部的管理制度，推进制度创新与制度变革。

物质载体。物质载体是反映交通文化特色内容的重要载体和交通文化先进程度的重要标志。交通文化的物质载体主要包括以下几类：一是交通行业的生产资料，包括基础设施、运输装备及其支持保障系统，如公路、桥梁、车站、港口、航道、航标、车辆和船舶，办公场所、生产车间和服务场所等，这是交通生产力的物质基础，其外形特征、结构特点、技术价值、美学价值、历史价值、民族特色、地域特征、人文内涵及其社会经济意义等，是交通文明的重要标志，也是交通文化的重要特色所在。二是交通行业的形象标识，如各系统、部门和组织的徽标、着装和歌曲等，这也是交通文化的可感知性象征物，充分体现了交通文化的个性和风格。三是交通行业各种组织保障员工基本权益、提升员工综合素养的各种实体手段，如保健、卫生和安全等设施，技术培训、职业教育和文化教育等文化设施，这些也都充分体现了交通文化的个性和风格。建设交通文化，要求将物质载体建设作为重点内容，既要着力保证物质实体的经济社会意义，也要着意丰富物质实体的技术价值、美学价值、历史价值、民族特色、地域特征和人文内涵，着力提升交通行业的外在形象。

五、交通行业的价值体系

交通文化建设坚持社会主义先进文化前进方向，用马克思主义中国化最新成果武装和教育广大干部职工，用中国特色社会主义共同理想凝聚力量，用以爱国主义为核心的民族精神和以改革创新为核心的时代精神鼓舞斗志，用社会主义荣辱观引领风尚。经过长期的探索与实践，交通行业逐步形成了具有鲜明行业特色和时代特征的交通精神文化、制度文化和物质文化，形成了实践证明对于引导交通事业快速发展、科学发展、和谐发展具有重要指导作用的价值体系。

（一）行业使命：发展现代交通，做好“三个服务”

发展现代交通，促进民富国强，是国家和人民赋予交通行业的神圣使命。交通是支撑经济良性发展、促进社会全面进步的基础性产业和服务性行业，是促进经济增长、优化产业布局、改善人民生活、保障国家安全、维护社会稳定的基础条件和重要依托。交通发展的主要任务是发展现代交通业、实现交通现代化，根本目的是促进人民富裕、实现国家强盛。在目前及今后相当长时期内，交通行业围绕履行这一使命，必须把握世界交通发展的总体趋势和我国交通发展的阶段特征，着力调整交通结构、转变发展方式、推进自主创新、完善行业管理，加快推进交通由传统产业向现代服务业转型，努力提高做好“三个服务”（服务国民经济和社会发展全局，服务社会主义新农村建设，服务人民群众安全便捷出行）的能力和水平。

（二）共同愿景：建设一个更安全、更通畅、更便捷、更经济、更可靠、更和谐的现代化公路水路交通运输系统，实现人便于行、货畅其流，让人们享受高品质的运输服务，让经济社会发展更加充满活力，让交通与自然、交通与社会更加和谐。

交通行业致力于建设一个更安全、更通畅、更便捷、更经济、更可靠、更和谐的现代化公路水路交通运输系统，体现了交通行业基于自身使命而对未来交通发展愿望与发展前景的美好憧憬，对未来交通发展目标与发展效果的理想追求，是交通行业重要的价值取向。为实现这一愿景，一代代交通人前赴后继，作出了艰苦卓绝的不懈努力，取得了举世瞩目的巨大成就，交通事业各个方面不断地实现了历史性突破和跨越式发展。目前，公路主骨架、水运主通道、港站主枢纽和支持保障系统建设全面推进，高速公路、特大桥梁、长大隧道和专业码头建设快速发展，万车竞发、百舸争流的繁荣景象已经初步形成，货畅其流、人便于行的良好效果已经日益显现，现代化公路水路交通运输系统已经初具规模，更加宏伟的发展目标正在又好又快地大力推进之中，交通发展的美好愿景必将成为现实。

（三）交通精神：艰苦奋斗、勇于创新，不畏风险、默默奉献

交通精神是民族精神和时代精神在交通实践中的生动体现，是对交通行业先进典型精神内核的高度概括，是交通行业广大从业人员共同创造的精神财富，是交通行业履行自身使命、实现共同愿景的强大动力，代表了交通行业广大从业人员的思想意志和精神风貌。交通精神的核心要素是“艰苦奋斗、勇于创新，不畏风险、默默奉献”。

艰苦奋斗是交通行业的优良传统。立足我国建设任务繁重、经济基础薄弱的基本国情，交通行业各条战线广大员工，本着高度的使命感和责任感，始终保持勤俭节约、艰苦朴素、拼搏进取、努力奋斗的优良传统，大力推进我国的现代化交通建设，确保交通发展的质量、效益和效率，创造了无数可圈可点的光辉业绩，涌现了以“一代人要有一代人的作为、一代人要有一代人的贡献、一代人要有一代人的牺牲”的“青岛港精神”，“胸怀祖国、热爱边疆的爱国精神，刻苦钻研、勤奋好学的进取精神，不懈探索、敢于突破的创新精神，恪尽职守、忘我工作的敬业精神，淡泊名利、清正廉洁的自律精神，生命不息、奋斗不止的拼搏精神”这一“刚毅精神”，以及“勇闯新路、改革进取的精神，干字当头、艰苦奋斗的精神，遵纪守法、诚实劳动的精神，领导干部以身作则、吃苦在前、享受在后的精神”这一“华铜海精神”等为代表的彰显艰苦奋斗精神的先进典型。

勇于创新是交通行业的时代追求。锐意进取、勇于创新，是交通行业在长期的改革与发展实践中不断适应新的形势变化和发展要求，有效解决突出矛盾和问题，不断取得重大进展与突破的成功经验。长期以来，交通行业抓住机遇、与时俱进，

注重理念创新、科技创新、体制机制创新和政策创新，为实现交通事业又好又快发展提供不竭动力，涌现了以“报效祖国，服务人民的主人翁精神，立足本职、追求卓越的敬业精神，求真务实、勇攀高峰的科学精神，锲而不舍、勇于拼搏的进取精神，团结协作、淡泊名利的团队精神”这一“起帆精神”，“爱岗敬业、无私奉献的主人翁精神，艰苦奋斗、努力开拓的拼搏精神，与时俱进、争创一流的创新精神，团结协作、互相关爱的团队精神”这一“振超精神”，“恪尽职守、忘我工作的敬业精神，立足岗位、刻苦自励的拼搏精神，敢为人先、勇攀高峰的创新精神，凝心聚力、团结协作的团队精神”这一“孔祥瑞精神”，以及“凝心聚力的和谐意识，拼搏奉献的创业精神，敢为人先的创新精神，追求卓越的创优精神”这一“润阳大桥精神”等为代表的凸显勇于创新精神的先进典型。

不畏风险是交通行业的突出意志。交通建设逢山开路、遇水架桥，车辆行驶于陡峭险峻的群山之间，船舶航行于风急浪高的水面之上，无不存在一定风险，正所谓“行船走马三分险”。长期以来，中国航海者面对风浪惊涛的海洋环境和突如其来的各种困难，总是勇往直前、镇静应对、精诚协作，圆满完成国家和人民交付的各项运输任务，彰显了“乘风破浪、不畏艰险、同舟共济”的“航海精神”。尤其，在发生海上安全事故的情形下，我国海上搜救队伍更是凭藉精湛的技能和过人的胆略，不顾个人安危，及时赶赴现场，全力施行搜救，确保人民生命与财产安全，凸显了“把生的希望送给别人、把死的危险留给自己”的“救捞精神”，是交通行业坚强意志力和大无畏精神的突出体现。

默默奉献是交通行业的真情付出。我国公路水路交通建设、运输和管理大多是在气候恶劣、地形复杂、人烟稀少的特殊条件下展开的，广大交通建设、运输和管理人员，无数的铺路工、养路工和航标工，寒来暑往、经年累月，不顾风吹雨打、不计名利得失，在平凡的岗位上、在艰苦的条件下，恪尽职守、真诚奉献，用宝贵的青春和人生，铺就了无数大道、送去了万家温暖、确保了万家平安，留下了无数可歌可泣的感人事迹，涌现了以“为人民服务到白头”的“小扁担精神”，“爱岗敬业、默默奉献”的“铺路石精神”，“燃烧自己、照亮别人、奉献社会”的“航标灯精神”，“尚法弘德，为民负责，执法为民，服务社会”的“海事精神”，以及“尽职在岗、奉献在船”的“孙彪精神”等为代表的凸显默默奉献精神的先进典型。

（四）职业道德：爱岗敬业、诚实守信、服务群众、奉献社会

交通行业开展职业道德建设，坚持用社会主义荣辱观引领风尚，按照《公民道德建设实施纲要》的要求，大力倡导并努力践行以“爱岗敬业、诚实守信、服务群

众、奉献社会”为主要内容的职业道德，为交通事业又好又快发展提供有力的制度保障。

爱岗敬业是职业道德的基础。爱岗敬业要求从业人员干一行、爱一行、精一行。交通行业为全社会提供交通基础设施和客货运输服务，交通工程建设关乎百年发展大计，客货运输服务涉及广大公众利益，从业人员首先要热爱本职工作、履行岗位职责，要结合岗位需要、立足岗位工作，加强业务学习、注重实践锻炼，不断提高个人综合素质，在工作中恪尽职守、精益求精，为保证工程建设和运输服务质量作出自己应有的贡献。

诚实守信是职业道德的精髓。诚实守信要求从业人员做到诚实、诚恳，讲信义、守信用。交通行业倡导并实践诚实守信的职业道德，要着眼于切实解决交通、运输和管理中群众反映强烈、社会危害严重的突出问题，健全诚信机制，开展诚信教育，强化诚信意识，进一步推进“共铸诚信交通”实践活动，做负责任的行业、负责任的部门、负责任的岗位，努力提高整个行业的公信力和信誉度。

服务群众是职业道德的更高要求。交通行业本身是服务性行业，服务是交通的本质属性，做好服务是交通发展的突出主题。交通行业各部门、各单位广大员工要着力增强服务意识，努力提高做好服务的能力和水平。要继续开展文明行业、文明单位、示范窗口建设活动，大力推行热情服务、周到服务、规范服务，为人民群众提供更加安全、便捷、高效的优质服务。

奉献社会是职业道德的最高境界。交通作为经济社会发展的基础性产业和服务性行业，与社会生产和社会生活的各个方面息息相关，广大从业人员要将奉献社会作为职业道德建设的出发点和归宿，立足各自的本职工作，以宽广的胸襟和坦荡的胸怀，以自己的才华和汗水真情地反哺于人民、回馈于社会，在奉献中实现自我、发展自我。

六、交通文化建设的现实意义

大力推进交通文化建设，是交通行业深入贯彻落实科学发展观，促进交通事业全面发展的重要方面。党的十七大报告指出：深入贯彻落实科学发展观，要按照中国特色社会主义事业总体布局，全面推进经济建设、政治建设、文化建设、社会建设，促进现代化建设各个环节、各个方面相协调；推动社会主义文化大发展大繁荣，要坚持社会主义先进文化前进方向，兴起社会主义文化建设新高潮，提高国家文化软实力。大力推进交通文化建设，就是要确立符合先进文化前进方向和交通事业发展要求，具有鲜明行业特点和时代特征的价值体系，并付诸交通发展实践，提升交通文化软实力，为实现交通又好又快发展提供精神动力、制度保障和物质基础。

建设交通文化有利于确立共同理想，树立共同目标，进一步增强发展现代交通的使命感和责任感。理想就是信念，理想就是旗帜。交通文化建设大力倡导并努力践行建设一个更安全、更通畅、更便捷、更经济、更可靠、更和谐的现代化公路水路交通运输系统，致力促进人民富裕、实现国家强盛，这些核心价值一旦为交通行业各部门、各单位干部职工所接受，就成了广大交通员工共同的理想和信念，成了统一干部职工思想认识的旗帜和标杆，进而增强广大交通员工的使命感和责任感，引领广大交通员工为发展现代交通、促进民富国强而自强不息、奋斗不止。

建设交通文化有利于继承优良传统，弘扬时代精神，进一步提高做好“三个服务”的能力和水平。交通精神是交通行业的灵魂。交通文化建设大力倡导并努力践行以“艰苦奋斗、默默奉献、不畏风险、勇于创新”为核心要素的交通精神，是交通行业继承优良传统、体现时代要求，努力做好“三个服务”的精神追求和强大动力。建设交通文化，弘扬交通精神，就是要宣传先进典型，弘扬浩然正气，以此激发广大交通员工的积极性和创造性，使之成为不断提高做好“三个服务”的能力和水平的强大动力。

建设交通文化有利于凝聚行业力量，提升行业形象，进一步增强构建和谐交通的凝聚力和影响力。交通文化建设按照以人为本的核心要旨，在精神文化、制度文化和物质文化等各个层面，大力倡导并努力践行交通发展的事业追求和社会责任，努力实现好、维护好、发展好用户利益、公众利益、员工利益。这些价值取向，既是一种宣示，更是一种承诺，其所体现的人本主义和人文关怀，有利于改善交通行业的内在氛围、提升交通行业的外在形象，改善行业内外的关系，提高交通行业的凝聚力和影响力，从而提升交通发展的软实力，促进交通事业又好又快发展。

（执笔人：王先进　李春　樊东方　邱曼丽　刘利　张榕榕）

前　言

交通公安文化的发展面临着前所未有的机遇，也担负着前所未有的重任。

党的十七大突出强调了加强文化建设、提高国家文化软实力的重要性，对兴起社会主义文化建设新高潮、推动社会主义文化大发展大繁荣作出全面部署，社会主义文化迎来了大发展大繁荣的春天。

交通部党组审时度势，全面开展了文化建设的课题研究，这是一项浩大而不同寻常的工程，必将为交通事业又好又快发展营造良好的文化环境。交通公安文化作为交通文化的重要组成部分，被列入交通文化研究的22个子课题之一，是交通公安文化建设的一个良好契机，吹响了掀起新一轮文化建设的"集结号"。

文化是一种软实力。对于交通公安机关来说，文化就是一种软警力，发挥着全面提高队伍整体素质，增强队伍凝聚力，优化队伍管理，塑造良好形象的重要作用。实施文化育警战略是社会主义文化大发展大繁荣的时代要求，也是提高交通公安机关战斗力的重要支撑，更是交通公安队伍走向正规化、现代化的必由之路。

交通公安文化不仅仅是一个概念，它更是一种传承，一种精神，一种活力，一种风貌，是内在精神与外在形象的统一，是传统精神与时代思想的融合。交通公安机关自成立以来，在文化建设方面进行了艰辛而富有成效的探索与实践。但少数领导和民警对文化建设的认识还不够深入、不够全面，甚至存在一定的观念误区，文化建设仍停留在自发、零散、单一的水平，缺乏文化建设的自觉性、系统性和规划性，没有进行过系统的理论研究，更没有制订推进文化建设的远景规划。

这次文化课题研究，对交通公安机关来说，具有特别的意义，是第一次对交通公安文化进行系统的理论研究，是一项开创性、奠基性的工作。交通公安机关积极地参与了课题研究，具体承担课题任务的长江航运公安局高度重视这项工作，为课题研究提供了必要的人力、物力和财力，其他交通公安机关进行了积极的协作和配合，共同保证了课题研究的顺利开展。课题组经过一年多的艰苦努力，注重借鉴其他行业的优秀成果和成功经验，注重发挥专家的指导作用，注重发挥民警的参与作用，基本完成了课题研究的任务，取得了可喜的成果。

交通公安文化课题研究以邓小平理论和“三个代表”重要思想为指导，全面落实科学发展观，牢牢把握先进文化的前进方向，按照社会主义核心价值观的要求，以建设交通公安核心价值体系，形成全体民警共同的理想信念和行为规范为目标，重点研究了交通公安文化的精神文化、制度文化、行为文化和物质文化等四个系统。

课题研究以实事求是、继承创新、博采众长、突出特色、促进工作、理论与实践相结合为原则，贯穿了交通公安文化发展的过去、现在与未来，涵盖了交通公安文化建设的基础理论、回顾与总结、展望与指导等三个方面。从理论的角度探讨和界定了交通公安文化的基本概念、构成因素和主要特征；从历史的角度回顾了交通公安文化发展的各个阶段，分析了影响文化建设的各种因素，总结了交通公安机关50年来的传统精神；从指导实践的角度提出了交通公安机关的价值理念识别系统，较为全面规划了交通公安精神、制度、行为、物质文化体系建设，研讨了如何加强文化载体和阵地建设，特别是如何开展交通公安文化的品牌建设与创新发展，为交通公安文化的发展勾画了美好的蓝图。

文化课题研究既是一个研究理论的过程，也是一个文化建设宣传、动员和实践的过程，还是一个培养文化建设专门人才的过程。课题组深入沿江沿海交通公安基层单位进行调研，传播了交通公安文化的新理念、新思想；为配合课题组研究，交通公安机关在全体民警中开展了核心价值观表述语征集活动，广大民警积极参与、群策群力；交通公安机关从上至下，开展了丰富多彩的文化实践活动，为课题研究营造了浓厚的文化氛围；课题组成员在调查研究的过程中，也得到了锻炼和提高，培养了自己的文化人才。

以这次课题研究为契机，各级交通公安机关要按照党的十七大提出的“更加自觉、更加主动”的要求，以“三个代表”重要思想为指导，深入贯彻科学发展观，顺应时代和实践的发展，坚持社会主义先进文化前进方向，以更深刻的认识、更开阔的思路、更有效的政策、更得力的措施，大力加强文化建设。坚持重点推进与群众普及相结合的原则，在公安工作和队伍建设各方面融入文化研究成果，特别是要把交通公安核心价值体系建设作为第一位的任务，把核心价值体系融入公安工作和队伍建设全过程，贯穿于文化建设各个方面，让交通公安核心价值理念深入警心，成为全体民警普遍理解接受、自觉遵守奉行的价值理念，熔铸交通公安队伍坚强有力的精神支柱。

各级交通公安机关要充分利用好这次课题研究的成果，坚持理论研究与实践创新相结合，在全体民警中广泛开展宣讲活动，传播文化建设的新理念、新思想、新方法，提高民警参与文化建设的自觉性、主动性。以此为契机，掀起文化建设的新高潮，百花齐放，推陈出新，形成一批交通公安文化的“拳头产品”和“品牌项目”，发挥交通公安文化的影响力和辐射力，发挥文化在队伍正规化建设和“三基”工程建设中的积极作用，更好地承担交通公安机关的历史使命和社会责任，推进交通公安机关的改革创新和全面协调发展。

与交通公安文化的实践一样，交通公安文化研究不是一个阶段性的工作，而是一项长期的任务。理论研究要跟上文化大发展大繁荣的步伐，面对交通公安文化建设出现的新情况、新问题，及时作出理论上的回应，更好地指导文化建设的实践活动。

文化的大发展大繁荣是我们的美好愿望，更是我们的历史使命和义不容辞的责任，需要全体交通公安民警的共同参与、齐心协力。辛勤的汗水，必将灌溉出灿烂的文化之花。“郁郁乎文哉”！

交通部公安局局长 

二〇〇八年十一月

目　录

第一章 交通公安文化概述

在我国社会主义先进文化之林中，交通公安文化是一株茁壮成长的小树，它植根于中华民族传统文化的肥沃热土，沐浴着社会主义时代文化的阳光雨露，在祖国万千公里江海岸线的交通水运事业中磨炼成长，在50余年公安保卫历史和队伍建设历程中焕发生机。

交通公安文化是我国先进文化的组成部分，具有神圣性、厚重性、兼容性、实践性、开放性、承受性和过滤性的特点。它包含了鲜明的政治内涵，凝练了厚重的传统精髓，兼容了多重的社会文化，吸纳了清新的时代气息，是一种朝气蓬勃、健康向上的先进文化，是熔铸了交通公安精、气、神的江海警魂。

交通公安文化是一种警力，它以其特有的功能提高民警素质、陶冶民警情操、净化民警心灵、激励民警斗志，对交通公安工作和队伍建设起着十分重要的作用。因此，加强交通公安文化建设，既是响应和参与社会主义文化建设的大局需要，也是交通公安机关文化育警、文化强警的内在需求。

加强交通公安文化建设需要发掘历史。交通公安成立于解放战争时期，担负着为祖国的交通水运事业保驾护航的神圣责任，为我国交通事业突飞猛进的发展作出了不可磨灭的贡献。交通公安队伍从建国初期的护航大队、护港大队，发展到现在警种齐全、布局合理的数十个港航公安机关，每一个单位都有自己深深的文化积淀。

加强交通公安文化建设需要探究理论。交通公安文化由深层的精神文化、中层的制度文化、浅层的行为文化和表层的物质文化四个层次构成。精神文化是文化的核心和主导，它对制度文化、行为文化和物质文化的发展产生重大影响；制度文化把物质文化、行为文化和精神文化连成为一体；行为文化是物质文化、制度文化和精神文化的动态反映；物质文化是行为文化、制度文化和精神文化的存在基础和表现形式。

加强交通公安文化建设需要付诸实践。交通公安文化建设要在社会主义核心价值体系的指导思想下，着力建设交通公安核心价值体系，将交通公安的宗旨、精神、价值观、使命和愿景等精神元素融化于每位民警的灵魂深处，并在其主导下积极开展交通公安制度文化、行为文化和物质文化的建设。

加强交通公安文化建设需要推进创新。交通公安文化建设只有不断推进创新，才能使之始终保持蓬勃生机与旺盛活力。要在内容和形式上创新，把文化建设的视角和触角延伸到基层民警工作和生活中去，热情讴歌基层民警的精神风貌，努力打造一批情趣高雅、品味高尚、具有人文精神底蕴的交通公安文化品牌。还要在阵地和载体建设上创新，善于运用现代科学技术开辟新的文化阵地、建设新的文化载体，不断增强交通公安文化的表现力、吸引力和感染力。

一、公安与交通公安

自建国初期，我国的公安系统就有地方公安机关和专业公安机关之分。现在，除各省（市）、自治区的公安厅（局）及其所属的公安机关外，国家还在交通、铁道、森林、民航、海关等行业设立了专门的公安机关。交通公安机关是国家派驻到交通港航的一支专门公安机关，在几十年的发展过程中虽几易其名，但始终保持正局级建制，现为公安部十四局。

（一）公安

公安一词作为与警察相联系的概念在西方国家使用的不大多。法国在资产阶级革命和巴黎公社两个历史时期都曾建立过“公安委员会”。我国在北伐战争时期出现了以公安局为名的警察机构，这可以说是我国最早具有现代意义的公安概念的出现。我党正式起用公安一词是在“八·一”南昌起义后，在南昌设立市公安局。以后在抗日战争和解放战争中，我党在许多根据地或解放区都建立了地方公安局，而且还专设了公安督察专员，直到新中国成立后，我国一直沿用这一名词[①]。

在实际应用中，公安一词包括以下几层含义：第一，指社会生活中的公共安全。第二，指一种社会工作，即人们为了求得公共的安全而作的主观努力。第三，指法定的专门机关和特定人员的简称[②]。

在我国，广泛意义的公安也称公安机关，它是我国人民民主专政政权中具有武装性质的治安行政和刑事执法机关。我国公安机关性质的体现在三个方面：即公安机关是人民民主专政的重要工具；公安机关是国家的治安行政机关和刑事执法机关；公安机关具有武装性质。公安机关是人民民主专政的重要工具，这是公安机关的阶级属性，也是它的本质属性。

国家赋予公安机关以不同于普通行政机关的各种强制手段，以完成公安机关所担负的治安管理的职能，同时也使公安机关成为国家其他行政管理活动的坚强后盾。我国的公安机关还不单纯属于行政机关，而是兼有刑事执法职能的行政机关，在刑事诉讼中承担侦查和执行刑罚的职能，与人民检察院和人民法院分工负责、互相配合、互相制约，共同完成惩罚犯罪的任务。

（二）公安与警察

警察一词在我国历史上由来已久。“警者戒也，察者反复详审”[③]，或释义为：预先戒之以言，谓之警，事后查明原委，谓之察，即所谓“警之于先，察之于后”。不过，“中国古代使用与‘警察’相关的名词命名治安机关，始见于辽代的‘警巡院’。中国正式以‘警察’命名治安机关始见于近代的清朝末年和辛亥革命之后。清朝政府于1905年建立‘巡警部’。北洋军阀政府和民国政府时期正式效法日本建立以‘警察’命名的治安机关”[④]。

由此看来，从文化学角度讲，具有现代含义的警察一词在中国出现，是中外文化相结合的产物。警察是国家按照统治阶级意志设立的专门机构，包括警察组织、成员、装备、制度和行为等，它是为统治阶级根本利益服务的。民警，是人民警察的简称，是我们人民民主专政国家警察组织成员被赋予政治意义的称呼。

“公安”与“警察”两个概念之间，既有联系，又有区别。其联系点或共同点在于我国在警察意义上惯用的“公安（人员、队伍、机关、工作）”一词与“警察”一样，均指国家管理和维护社会治安的专门机构、人员力量及其行动实践等。

其区别主要表现为概念的表述上。“警察”是国家或政府建立的专事负责社会治安行政管理和刑事执法职能的专门机构及人员力量等，是一个集专门机构及人员力量的职务行为或实践活动过程为一体的种概念。而“公安”概念则是一个状态名词，它与“人员”、“队伍”、“机关”、“工作”等主语词相关联，组成具有“警察”意义众多的属概念。

此外，在使用范围上也有区别。“警察”是古今中外多个历史时代和多数国家普遍使用的概念。“公安”则仅限于中国、日本等少数国家使用。我国的警察也不仅仅是存在于公安机关一家机构，还存在于国家安全机关、司法机关、审判机关和检察机关。

（三）交通公安

打开中国地图，我们看到的是一幅美丽的画卷：一条条河流纵横交织、一条海岸线蜿蜒曲折、绮丽多姿。滔滔不绝的江河流入大海，既为人类的发展提供了丰富的资源，也成为经济发展的重要交通运输通道。在我国众多江河中，许多大河源远流长，大小河流数以千计，不少是重要航运线，其中尤以长江、黑龙江著名。长达6300公里的中华民族的母亲河长江是中国第一大河，在世界上居第三位，仅次于亚马逊河及尼罗河，干流横穿11个省、市、自治区，是一条有重要航运价值的交通线，素有“黄金水道”之称。海上运输线是国际间贸易的纽带，呈现出蓬勃发展的景象，航运企业不断壮大，国际竞争力增强，正如陈毅《满江红·参观光华海轮》词：“海运百年无我份，而今奋起多兴旺。”大连、天津、青岛、上海、广州等沿海港口作为国民经济和社会发展的重要基础设施，有力地支撑了经济、社会和贸易发展以及人民生活水平的提高，对于国家综合实力的提升、综合运输网的完善等起到了十分重要的作用。

在这浩瀚的海洋、奔腾的江河、忙碌的港口，闪动着佩带“交通”二字胸徽人民警察的身影，他们有一个共同的名字——交通公安。

交通公安是国家派驻交通港航的专门公安机关，作为负责保卫港航政治治安稳定、生产运输安全及其港航周边社会公共安全的一支武装性质的治安行政力量和刑事司法力量，是国家公安机关的重要组成部分。交通公安自建立以来，就一直担负着沿海港口、主要内河航运以及远洋出国船舶水上运输安全畅通的治安安全保卫工作重任。经过半个多世纪的建设发展，已成为一支具有鲜明中国特色的专门执法力量。

交通公安作为水上保卫机构，其历史最早可以追溯到周代。周代的官制中，已经有了负责水上保卫的“川衡”、“泽虞”之官。秦汉时，在江河水域设置的“亭”，是中国水上警察机构的雏形。初唐建立的市舶司，带有某些现代航运保卫的内容。宋朝开始建立的水上巡检司负责河道、沿海治安，职能更接近现代水上警察机构。

到晚清时期，受西方行政管理制度的影响，真正开始建立了专门的港航水上警察机构。鸦片战争以后，我国逐渐沦为半殖民地半封建社会，腐朽的清政府与西方殖民者签订大量丧权辱国的不平等条约，使得事关国计民生的进出口贸易、港口、海关等被西方殖民者操控。殖民者为加强对港口的控制和管理，开始在我国重要港口建立仿西方的警察机构。清同治八年（1869年）三月，上海海关总税务司赫德通令成立上海港港警总部。组织模式完全仿照英国伦敦泰晤士河港警组织，由泰晤士河港警当局选派7名警官组成上海港警总部骨干。其主要职责为：保护海关税收，保护航道畅通，防止犯罪和偷盗[⑤]。

1909年12月，清政府设山东沿海水上警察(亦称渔业警察)厅，负责保护渔航，进行渔业资源调查，查禁外国渔船违约在沿岸海域捕鱼及设航标等[⑥]。这是我国历史上建立的第一个专门负责沿海治安的水上警察机构。

民国时期，黎元洪于1912年将曾国藩在清末创立的长江水师改组为水上警察力量，并设长江水巡总稽查一职，直接控制湖北、江苏、江西、安徽、湖南等沿江五省水上警察力量。翌年2月，依据北洋政府发布的《长江及其他水师改组令》，江浙、两湖、两广、辽宁、安徽、福建、江西、四川等省将清末负责水上防务的水师等军队改组为水上警察机关，称为水上警察厅或水上警察局，担负巡查水路要冲、所辖流域，

湖南水上警察厅徽章（民国时期）

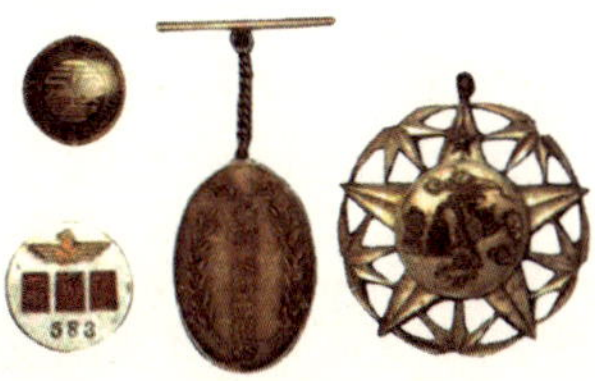

江西水上警察第三区徽章（民国时期）

维持水上治安的任务。1923年，国民党政府对原北洋政府设置的长江水上警察机构改组和扩充，在汉口组建了长江各省水上警察总局，统辖川、鄂、湘、赣、皖、苏、浙七省的水上警察，成为我国在长江全线建立垂直统一管理模式的水上警察机构的开端。

1946年至新中国成立前，招商局警务组曾在所属1～9码头设警察队[⑦]。负责乘客与货物秩序，处理违章违法案件，缉捕盗匪。

1946年1月26日，大连人民政府公安总局港务分局成立，这是中国历史上由中国共产党领导的第一个专职港口公安机关。随后，各地水上运输的大型企业随着城市的解放，由中国人民解放军实行军管，派驻解放军或者组织民兵武装警卫，航行轮船也由人民解放军的武装护航队护航。

新中国成立后，为了保障航行船舶、港口设施和旅客、运输物资的安全，适应斗争形势需要，根据水上运输企业的多成分、多层次和发展情况的不同，先后建立起各级航运、港口公安机关和保卫组织。1950年，长江、东北内河和上海、天津、广州等航运单位以及大的港口等陆续建立了保卫组织。此后，大连、上海、广州、天津等航运、港口保卫组织更名为航运公安局和港口公安局。1953年，根据中央指示，在交通等单位担负守护的人民解放军部

1946年的大连公安总局港务分局

武装守卫港口的公安战士

队改为人民经济警察。1951年2月，长江上第一个水运公安机构——长江航运管理局公安处成立，1953年2月改为中央人民政府交通部长江航务管理局公安局，1953年11月改为直属公安部领导的中央公安部长江水上公安局，1954年撤销长江水上公安局，另建长江航运管理局公安局，其组织建制与行政领导隶属长江航运管理局，业务上受公安部十局领导。至此，交通公安保卫工作普遍有所加强，在交通系统内部设立公安机构，专门负责交通行业内部公安保卫工作的模式予以确立，呈现出这支专门公安队伍的雏形。

20世纪60年代至70年代中期，我国水运事业有了很大发展，水上交通线的治安状况日趋复杂。由于港口和水上运输在当时政治、经济条件下的特殊位置，国家十分重视这条战线上的保卫工作。1965 年国务院批准交通部建立了保卫局，1971年建立了交通部公安局，列入公安部序列第十四局。期间，相继建立了北方区海运公安局和广州海运公安局，在沿海港口分别设立了港口公安局、公安分局和公安派出所。1964年10月，长江航运管理局公安局更名为长江航运公安局。到这个时候，全国交通公安机关整体布局和架构基本形成，职能地位明确，领导关系清晰，队伍初具规模。

70年代后期至90年代初期，根据水运交通治安形势的发展变化和现实斗争的需要，结合交通行业经济建设发展的总体要求和现行的管理体制，以加强力量、健全机构、完善功能、管理有效、服务大局为原则，全面加强了交通公安机构建设。

90年代中期后，随着社会主义市场经济体制的建设，计划经济条件下的交通公安在管理体制、经费保障等方面存在着政企不分、经费不足、警力配置不当等问题凸显。国家积极稳妥地推进交通公安机构内部管理体制改革，交通公安机构改革已相应纳入国家专业公安体制改革的总体规划之中。

进入21世纪，国家在对交通公安机关的体制改革中，首先改革了长江航运公安管理体制，理顺了管理关系，建立起了与长江治安相适应的公安管理新体制。2002年初，国务院下发的《关于长江港航公安管理体制改革有关问题的批复》，中央机构编制委员会办公室下发的《关于批复长江航运公安机构设置和人员编制的通知》，明确了长江航运公安机构作为国家治安行政力量和刑事司法力量的重要组成部分，行使跨区域的中央管理水域的公安管理事权；长江航运公安局由交通部公安局领导，党政关系由交通部委托长江航务管理局管理；长江航运公安机构所需经费由中央财政负担，基本建设投资纳入交通部计划渠道解决；长江航运公安机构为行政机构，公安民警纳入国家行政编制，长江沿线设立16个公安分局、78个派出所和1所人民警察学校。随着这一改革，交通公安机构设置更加规范、科学，交通公安职能呈现出由港航内部管理向社会化管理转变的趋势。

港口和水上运输的特殊地位和双重领导的体制，决定了交通公安对内维护企业内部治安和对外维护水上运输社会治安的双重任务。现在部分交通公安机关还负有维护陆上交通安全的职责。至目前，交通公安机关下辖27个局、处级港航公安机构，有民警近万人，分布在北起黑龙江、南至海南三亚1.8万公里海岸线及长江、黑龙江航运线上，形成了一支机构布局相对完善，保障功能齐备，管理基本规范，覆盖沿海和内河，并担负着远洋出国船舶安全保卫工作的重要执法力量。

①衣家奇：《公安学范畴问题初探》，甘肃政法学院学报，1998年04期。
②马建文：（内）《公安学基础理论》，人民公安出版社。
③蔡诚：《公安学概论》11至12页，中国人民公安大学出版社，1985年出版。
④张兆端：《“警察”、“公安”与“治安”概念辨析》。
⑤《上海港志》：上海社会科学院出版社，2001年版。
⑥《山东省志》：山东人民出版社，2004年版。
⑦《上海公安志》：上海社会科学院出版社，1997年版。

交通公安系统机构图

<table>
<tr><td colspan="27">交通部公安局（公安部14局）</td></tr>
<tr><td colspan="2">航运</td><td colspan="15">港口</td><td colspan="3">海事</td><td colspan="3">海运</td><td colspan="4">航务</td></tr>
<tr><td>长江航运公安局</td><td>黑龙江航运公安局</td><td>大连港公安局</td><td>营口港公安局</td><td>秦皇岛港公安局</td><td>天津港公安局</td><td>烟台港公安局</td><td>青岛港公安局</td><td>日照港公安局</td><td>连云港港公安局</td><td>上海港公安局</td><td>宁波港公安局</td><td>汕头港公安局</td><td>广州港公安局</td><td>蛇口港公安局</td><td>湛江港公安局</td><td>海南省港务公安局</td><td>天津海事公安局</td><td>上海海事公安局</td><td>广东海事公安局</td><td>大连海运公安局</td><td>上海海运公安局</td><td>广州海运公安局</td><td>天津航务公安处</td><td>武汉航务公安处</td><td>上海航务公安处</td><td>广州航务公安处</td></tr>
</table>

二、公安文化与交通公安文化

伴随着交通公安诞生而产生的交通公安文化，在交通公安长期的历史实践中生成、创造、积累和发展，形成了既有公安共性，又有交通特点，还有时代特色的交通公安文化。因此，认识交通公安文化，首先要了解公安文化的一般情况。

（一）公安文化

自我国警察诞生之日起，便有了中国公安文化。1927年，中国共产党发动工农群众开展武装斗争，并在已开辟的革命根据地的红色政权内建立了保卫组织和民警队，就有了中国公安文化的萌芽。1931年中央苏区红色政权内正式成立了人民公安机关。1939年陕甘宁边区建立中央社会部和各级保卫部门，部分解放区还建立了公安局。在当时的军警合一体制下，人民警察学军事、学文化、学唱歌和演剧，逐步形成了公安文化的雏形①。

1958年8月16日，时任公安部长罗瑞卿在第九次全国公安工作会议结束时的讲话中指出：“公安理论、公安文化要提高……要办学校，将来我们要学会搞电影、唱戏，学会写小说、写通讯，学会办教育，什么文学艺术等等这一套都要提倡。”“要办红专大学，以公安业务为主，搞点文化，搞点理论。公安本身就有理论，有文化这个口号不是今天才提出，早就提了，过去讲过，各级公安机关都要培养秀才，作宣传需要文化，写报告也需要文化，写文章也需要文化。”

一般认为，罗瑞卿同志在20世纪50年代这段对“公安文化”的论述，是第一次明确地提出了“公安文化”的概念。当时意义的“公安文化”内涵包括了公安的文学艺术、电影创作、理论研究、宣传报道、教育训练等。

（二）交通公安文化

1. 交通公安文化的概念

广义地讲，交通公安文化是交通行业公安机关的人民警察在服务于交通行业的实践过程中，履行警察职能和进行队伍建设时共同创造、积累、发展和不断创新的具有交通公安特色的精神财富、警政制度、行为方式和物质成果的总和。

狭义地讲，交通公安文化是为全体交通公安民警所共同推崇和追求的具有鲜明行业警察特征的价值理念。同其他组织文化一样，交通公安价值理念是交通公安文化的核心内容，开展交通公安文化建设必须深刻理解交通公安价值理念的内涵。

2. 交通公安价值理念的内涵

（1）具有交通行业特征的价值理念

交通行业以“发展现代交通、促进民富国强”为使命，以“创造良好的交通条件、提供满意的运输服务”为宗旨，以建设更畅通、更安全、更便捷、更高效、更和谐的公路水路交通体系，实现货畅其流、人便于行为目标。这些深层次的价值理念是交通行业中每一位交通人的崇高思想境界，是交通行业文化构成的核心部分，也是交通行业内部各级组织文化建设的理论基础。

作为交通行业一部分的交通公安机关，首先，在组织结构上隶属于交通行业各级党政机构，这决定了交通公安必须在政治上与其保持一致，必须在制定方针、政策等原则问题上接受其领导；其次，在履行人民警察职能上主要服务于交通行业的建设与发展事业，如果没有交通运输事业这个根本的服务对象，交通公安就没有存在的必要，反之，如果没有交通公安的保驾护航，交通运输事业的发展将会受到一定因素的影响和制约；第三，在文化氛围上交通公安民警与交通行业职工息息相通，这种共同的工作和生活环境下形成的良好警民关系对交通公安工作顺利开展起到推动作用，也对交通公安文化建设和发展产生积极影响。因此，交通公安文化是交通行业文化的一个重要组成部分，是具有交通行业特征的价值理念。

（2）具有人民警察职业特点的价值理念

人民警察职业特点的价值理念是公安机关的警魂，是公安文化建设的核心内容，它包括公安机关宗旨、精神、信仰、使命、愿景、价值观、职业道德等精神层面的要素。人民警察职业价值理念是由国家赋予人民警察的任务和职能决定的。

1995年2月28日第八届全国人民代表大会常务委员会第十二次会议通过的《人民警察法》以法律的形式规定了人民警察的任务，就是维护国家安全，维护社会治安秩序，保护公民的人身安全、人身自由和合法财产，保护公共财产，预防、制止和惩治违法犯罪活动。

交通公安机关在执行基本任务和履行警察职能以及内部组织管理上都是依据《人民警察法》进行的，在业务工作上行使除户籍管理外公安机关的全部职能，在民警队伍管理和教育培训上统一依照公安部制定的《人民警察内务条令》，在警务装备、民警着装、形象标识上一律执行全国公安机关统一制式。因此，交通公安机关是我国公安机关的重要组成部分，交通公安文化是具有人民警察职业特点的价值理念。

（3）具有全体交通公安民警认同的价值理念

良好的组织文化得益于组织与成员个人之间价值观的整合，也就是说，获得组织目标和个人目标的整合，以及成员之间个人目标的整合。这种价值观的整合结果反映了组织成员的一致性和凝聚力。人民警察组织也是如此，所谓“文化育警”本质上是以人为本，核心作用是提高人的素质，建设一支严格、公正、文明执法的高素质公安队伍。有的公安局提出“局兴我荣，局衰我耻”的口号，就是在民警中倡导人民警察共同的价值理念，或者称之为警察群体价值理念。

首先，交通公安民警共同的价值理念是指交通公安各级组织和全体民警共同具有的价值体系。交通公安的发展已有50多年的历史，一方面，各级交通公安机关通过几代人的努力已经创立了交通公安深厚的物质文化基础，同时也形成了比较规范的行为文化和系统的制度文化，并在创新思想政治工作的实践中不断实现精神文化的积淀。另一方面，广大交通公安民警也在交通公安这个组织中不断感受物质文化建设成果，遵循行为文化的习惯和规范，认同并执行制度文化的约束和调整，享受精神文化带来的乐趣和愉悦。

其次，交通公安民警共同的价值理念是指全国各地区的交通公安组织和民警共同具有的价值体系。交通公安区别于地方公安机关的最显著特点就是它的跨区域性，自北向南从黑龙江航运公安局到海南省港务公安局，自西向东从长江航运公安局泸州分局到上海分局，共有40多个处级公安局。每一个处级公安局管辖的区域长达数十到数百公里，有的分局一个派出所的管辖范围达百余公里。不同地域的交通公安机关和民警在吸收当地传统文化的同时，也在形成具有本地特色的公安文化，共同构成了交通公安文化的价值理念。

（4）队伍管理和公安发展的价值理念

长期以来，交通公安机关一贯坚持政治建警的方针，以军事化的管理方式和刚性的制度管理方法，辅之以思想政治工作为保障，形成了一套行之有效的队伍管理模式，为推进公安队伍正规化建设发挥了重要作用。

然而，传统的公安队伍管理偏重于物质形态的管理，忽视了对人的关心，特别是对人的潜能的调动发挥。交通公安文化建设就是要把先进的价值理念引入到队伍管理中，从重视对民警的“硬”管理转向重视“软”管理，从重视监督管理转向重视激励管理，营造尊重人、关心人、信任人的管理氛围，发挥广大民警的智慧和才能，为交通公安工作而奋斗。由此可见，当制度的东西通过文化的力量深入人心，它就形成了交通公安组织管理的价值理念。

此外，追求组织竞争力的增强、效益的提高、形象的完美和可持续发展，不仅仅是组织领导的愿景，也是全体组织成员的共识，这就是组织文化的组织发展价值理念。全国公安机关推行的“三基一化”（即：抓基层，打基础，苦练基本功，全面推进正规化建设）就是依据公安发展的价值理念来进行的公安文化建设的一项重要实践。在这样的活动中，交通公安一些单位建立了“人往基层走、钱往基层使、物往基层流、干部从基层出”的机制，深受基层民警的欢迎，反过来又促进公安发展的价值理念在民警中得到更加广泛和更加深刻的认同。可见，交通公安文化是交通公安发展的价值理念。

3. 交通公安文化的定位

交通公安文化建设战略定位是由交通公安文化定位决定的，只有准确界定交通公安文化的坐标，才能解决文化建设的定位问题。交通公安文化的定位是由交通公安的性质与地位决定的。交通公安是国家派驻交通行业行使国家公安管理事权的行政机关，其公安机关的行业性质决定了交通公安机关的职责任务、行为方式、队伍建设、文化建设等方方面面都具有交通行业性质和警察职业性质。

其一，交通公安文化的定位服从交通文化的定位。交通文化是交通行业在长期的交通建设、运输和管理实践中逐步形成并不断发展的为广大交通员工所普遍认同并付诸实践的具有鲜明行业特点和时代特征的价值理念，是交通行业各种精神文化、制度文化和物质文化的总和，是交通发展的重要成果，是交通文明的重要结晶。作为交通行业的人民警察在为交通事业服务的实践中形成的文化，必定具备交通人的共同价值理念。

其二，交通公安文化的定位服从公安文化的定位。公安文化是协调公安物质文明与精神文明建设全面发展的灵魂，是公安管理和公安思想政治工作的结合点，是树立警察形象、增强公安工作社会基础的保证，是公安事业创新与发展逐步走向现代化的保障。作为人民警察的交通公安队伍在警务活动和警政建设实践中形成的文化，必定具备崇高的职业精神和神圣的警魂。

胡锦涛总书记在党的十七大报告中突出强调了加强文化建设、提高国家文化软实力的极端重要性，把文化建设同经济建设、政治建设、社会建设放在了同等重要的位置，这是我们党对当今时代发展趋势和我国文化发展方位的科学把握，是对当前我国社会主义文化建设的战略定位。

交通部党组对交通文化建设的战略定位，可以从其做出的重要部署中充分体现出来。一方面，深入开展交通文化理论研究，部领导亲自挂帅组织开展全系统的文化课题研究，通过发掘和提炼、整合和创新，构建符合我国交通发展要求和世界交通发展规律、具有鲜明行业特点和时代特征的交通文化体系。另一方面，将文化课题研究成果付诸于交通发展实践，运用正确的价值导向，增强行业的凝聚力，提升行业的影响力，增强行业的软实力，为促进交通又好又快发展提供强大的精神动力、有力的制度保障和良好的物质基础。

当前，文化育警、文化强警观念越来越成为广大民警的共识，也体现了公安文化建设与发展的战略定位。在科学技术飞速发展的今天，警察队伍的战斗力“更多的是取决于警察智力资源的开发”，取决于警察的科学文化素质。在思想政治工作方法不断创新的今天，以精神文化建设激发出来的精神力量，是警察队伍战斗力的又一个重要体现。而以良好的警营文化创造的舒适心情和严谨的制度文化带来的高效管理，则是警察队伍的无形警力。

交通公安文化建设的战略定位，必须与社会主义文化建设的定位相一致，

交通公安文化定位示意图

与交通文化和公安文化建设的定位相一致。

（1）认识上定位

把交通公安文化看作是一种实实在在的警力来加以重视。交通公安文化既不归属于文化娱乐范畴，也不等同于公安思想政治工作，更不只是简单的物化标识。它作为一种警力，体现在对民警价值取向和行为取向上的导向力，体现在对民警思想和行为上的约束力，体现在把民警团结起来的向心力和凝聚力，体现在激励民警奋发进取的推动力。

（2）实践上定位

把交通公安文化建设作为文化育警和文化强警的一项系统工程来规划和实施。长期以来，公安思想政治工作被作为教育民警、提高素质的重要建警手段，强调无私奉献的敬业精神。而公安文化建设则是以人为本、以文化人的重要育警手段，强调公安机关与民警之间价值取向趋同的团结精神。公安思想政治工作和公安文化建设都是公安队伍建设的重要手段，二者相得益彰、取长补短，共同提升警察队伍的综合实力。因此，要把交通公安文化建设放到公安工作和队伍建设的整体部署中进行规划和实施，使交通公安文化建设得到全面发展。

4. 对交通公安文化认识的几点误区

当前，交通公安机关对公安文化比

较重视，不少单位开展了生动活泼的警营文化，组织了丰富多彩的文化体育活动，开设了文化展览室、陈列室等文化活动场所。但从总体来看，还显得不够系统、不够深入，部分基层单位的领导和民警对公安文化还存在认识上的误区。

误区之一：把公安文化等同于文体娱乐活动。认为公安文化仅仅就是搞搞文艺活动、体育比赛或者琴棋书画、花鸟鱼虫等闲情逸致的活动。这种片面认识是没有完全理解公安文化的全部内涵，容易导致把公安文化建设放到可有可无的地位。公安文化不仅体现在民警的文化生活中，也体现在警务实践活动中，还体现在公安民警的精神面貌中。

误区之二：把公安文化等同于警营文化环境。认为公安文化仅仅就是改善民警的工作和生活环境，片面追求文化场所和文化设施的气派。这种认识过于“物化”了文化的形式，而忽视了文化“以文化人”的作用，容易导致公安文化形式主义和“向钱看、等钱办”的错误倾向。公安文化的核心是精神文化，要运用一定的物质文化载体和行为文化、制度文化规范，建设公安机关核心价值体系，增强公安队伍的“软”实力。

误区之三：把公安文化等同于思想政治工作。认为公安文化就是运用思想政治工作的方法，向民警宣传、灌输理想、信念、宗旨、人生观、价值观等精神层面的内容。这种片面的认识对文化的载体、方法、步骤缺乏了解，导致无法真正发挥公安文化的功能，其结果可能使民警对公安文化不感兴趣，甚至认为它是一种负担。公安文化的意义在于充分利用文化的导向功能、凝聚功能、约束功能、调适功能、激励功能，帮助民警保持愉悦的心情、高昂的斗志和进取的精神，团结一致，奋勇拼搏，朝着公安队伍统一的目标前进。

①曹礼海：《公安文化论》第11、12页，警官教育出版社。

三、交通公安文化的构成

交通公安文化的构成分为深层的精神文化、中层的制度文化、浅层的行为文化和表层的物质文化四个基本层次。这几个文化层次相互依存、相互作用，构成交通公安文化的基本内涵。

（一）交通公安精神文化

交通公安精神文化是交通公安民警在长期的警务实践过程中逐步形成的职业理念、职业道德、集体观念、文化素养、思想品质和精神风貌的总和。其内涵主要从以下几个方面体现出来。

一是民警心理方面：包括民警的归

属感、认同感、责任感、自豪感、荣誉感等。

二是民警观念方面：包括民警的宗旨、理想、信念、道德、价值观等。

三是队伍和谐方面：包括树立典型、养成教育、素质培训、文体活动、警营文化等。

四是队伍形象方面：包括警察礼仪、精神风貌、对外宣传、窗口建设等。

交通公安精神文化是交通公安文化的核心或灵魂，是交通公安制度文化、行为文化和物质文化的升华，并对这些层次的文化起重要的导向作用。

1. 交通公安精神文化的特点

（1）交通公安精神文化是公安机关集体意志与民警个人心理意识的结合体

一般说来，民警的心理主要表现在其自身的情绪、情感、意志、气质、性格等因素，是一种较低水平的意识。民警的意识形态则表现为其在警务实践中概括和提炼出来的思想理念、价值观念以及形成的警察文化素养等，是一种较高水平的意识。但是，作为民警个人的意识，不管是低水平的心理因素还是高水平的意识形态，都必须适应公安机关的集体意志。公安机关的集体意志是一种定型了的群体意识，它是众多的民警个体意识升华而成的组织意识。因此，公安机关的集体意志也应该反映民警的普遍情绪和愿望，也要不断吸收广大民警的合理化建议，使之得到最大范围的认同。

（2）交通公安精神文化是公安机关群体意识经过长期凝练、积淀的结晶体

首先，交通公安精神文化具有持久而广泛的实践性，是民警群体通过长期的警务实践和学习生活逐步总结建立起来的，必然受到社会文化环境影响，只有经历一个去粗取精、去伪存真的凝炼过程，才能形成具有公安文化特色的精神文化。

其次，交通公安精神文化具有承前启后的继承性和海纳百川的包容性。中华民族历史文化博大精深、源远流长，其丰富的养分可供任何组织文化吸收利用，同样也是公安精神文化的源泉。现代国际警察文化也有许多科学和先进的成分，对我国公安文化建设有很多可资借鉴的地方。

第三，交通公安精神文化在公安文化建设的实践中得到检验和完善。公安文化建设是随着公安实践活动不断发展的，因此，交通公安精神文化也要经历一个在实践中检验并在实践中发展的过程。这个过程就是公安精神文化积淀的过程，也是交通公安精神文化体系建立和完善的过程。

（3）交通公安精神文化是整个交通公安文化的核心

在组织文化的同心圆结构里，精神文化是最深层次的核心部分，是烙印在全体组织成员心灵深处的理念。交通公安精神文化是伴随交通公安机关发展而产生和完善的与交通公安物质文化、行为文化、制度文化相适应的公安意识形态。这种为广大民警所认同的公安意识形态是一股无形的力量，能对民警群体的心理品质、意志作风、精神面貌产生持久的积极作用，并且通过公安制度文化和行为文化的途径对民警的行为发生影响，以此来促进公安物质文化的创新和发展，充分调动民警的积极性，挖掘民警的潜在能量，增强公安机关组织的整体战斗力。

2. 交通公安精神文化建设的一般方法

交通公安精神文化建设的主要任务就是提炼交通公安核心价值理念。交通公安文化核心价值理念，是交通公安的人民警察群体在共同的警务实践发展过程中逐步形成的关于交通公安民警职业的社会意义和作用的总的价值取向。提炼交通公安文化核心价值理念一般有以下几个步骤。

（1）核心价值理念的发掘

第一步是沿着交通公安事业发展的主线，梳理交通公安文化发展的脉络，从中发掘、提炼具有独特意义的价值理念，如交通公安的执法理念、服务理念、发展理念、创新理念、人才理念、科技强警理念等。第二步是在此基础上，将交通公安个别意义的价值理念整合起来，由表及里，去粗取精，以琅琅上口的词汇或通俗易懂的短语概括出交通公安的核心价值理念的表述语。

（2）核心价值理念的认同

从本质上讲，核心价值理念需要组织内的绝大多数成员认同。由组织领导人或文化研究者提出的价值理念表述语，需要通过各种载体不断地向民警灌输、引导，使其深入到每位民警的心中，并且在广大民警的实践活动中得到检验，最终达到整体认同。从认知到认同是精神文化建设的重要步骤，是文化实践意义的体现，否则，再经典的价值理念表述语也只是一句没有实际意义的空洞口号。

（3）核心价值理念的创新

核心价值理念的内涵总是随着社会的发展、环境的变化、思想的解放而不断更新的。即使表述语字面没有发生改变，也要在交通公安的实践过程中不断赋予它新的时代意义。如体现公安文化价值理念的“全心全意为人民服务”、“严格执法，热情服务”、“立警为公，执法为民”等表述语中，“人民”、“公”、“服务”的内涵，都有鲜明的时代特征。因此，交通公安核心价值理念的提炼过程，是一个不断实践、不断认识的过程，是一个不断的文化创新过程。

（二）交通公安制度文化

交通公安制度文化是民警在队伍管理和警务实践过程中所遵循的法律法规、条令条例，以及与交通公安价值理念相适应的行为准则、规章制度、工作程序等制度体系。

交通公安制度文化分为三个基本层次，一是国家法律法规，包括《中华人民共和国宪法》以及公安实践中常用的《刑法》、《刑事诉讼法》、《治安管理处罚法》、《行政许可法》等法律；二是公安部颁布的相关行政命令以及交通部公安局发布的命令、规章等；三是交通公安系统各公安局制定的各项制度、规范以及基层所队在具体工作实践中制定的实施办法等。

交通公安制度文化是一种深层次文化，它受精神文化的影响而使制度体系本身逐步完善，并将精神文化的内涵具体化、规范化，从而系统地指导行为文化和物质文化的建设。

1. 交通公安制度文化的特点

（1）介质性

同其他组织文化一样，交通公安物质文化和公安精神文化之间是相互作用、相互促进和相互制约的，这个过程是靠民警的行为来完成的，而民警的行为则是靠制度来规范和调整的，这就是制度文化的介质作用。交通公安制度文化是人与物的结合部分，既是警察群体意识的反映，也是由一定的物质因素所构成；既要适应公安物质文化的固定形式，又要作为塑造公安精神文化的主要规范。

（2）执行性

有学者把制度文化的执行性特征干脆定义为执行文化，也有的把它定义为行为文化。无论如何，制度是要靠人来执行的，如果执行总是打折扣，再健全再完善的制度也只是一纸空文。因此，从一定意义上讲，执行力的大小可以作为衡量制度建设的重要尺度。交通公安机关作为国家行政机关的重要组成部分，在几十年的工作实践中对制度文化的建设一直非常重视，而且建立了一套完整的制度体系，只不过是有些制度还没有完全在执行性上充分体现出来。

（3）规范性

从根本上讲，公安制度文化是社会政治文化和法制文化的一种表现形态。社会政治和法制都是十分严谨和相对稳定的意识形态，其权威性的一个重要因素就是它的规范性。交通公安制度文化是根据交通公安组织目标而对民警队伍的行为方式规定的准则、方向和法则，虽然没有政治和法律那样的稳定性和连续性，但它在公安机关组织内部具有规范性和权威性，要求组织内的每一位民警严格遵守和认真执行。当然，交通公安制度文化的规范性特征并不是说制度就是一成不变的，相反，制度还需要在实践中不断创新。

2. 交通公安制度文化建设的一般方法

（1）健全交通公安的制度体系

第一，遵从国家法律的权威性。《中华人民共和国宪法》以国家根本大法的效力规定了民警作为国家公民的基本权利和义务。《中华人民共和国人民警察法》以国家法律的效力规定了民警的职权、义务、纪律、组织管理、警务保障、执法监督和法律责任。这两部法律是交通公安制度体系的本源，交通公安一切规章制度都不能与之相违背。中华人民共和国《刑法》、《刑事诉讼法》、《治安管理处罚法》、《行政许可法》等一系列法律，也是交通公安制度的法律依据。在执行国家法律上，既要反对丧失责任的不作为，也要反对超越职权的滥作为，要求民警不断增强法制观念，努力提高法律素质，严格执法，公正执法。

第二，保障交通部、公安部政令的畅通性。交通部、公安部作为交通公安机关的领导机关，颁布了很多行政规章和命令，对指导交通公安工作和加强队伍管理意义重大，必须得到有效的贯彻和落实。2000年6月，公安部颁布的《公安机关人民警察内务条令》具体明确了民警队伍内部关系，制定了人民警察警容风纪细则，规定了民警会议、办公秩序、请示报告、装备管理、印证管理、请假销假、安全保密等日常制度，规范了民警接待群众、值班备勤、处置突发事件等工作制度，它是交通公安民警队伍管理的重要依据。

第三，保证交通公安制度的完整性。无论是国家的法律法规，还是两部的规章政令，都是站在更高的层面、针对更广的范围所制定的相对原则的规范，可操作性相对不强。交通公安机关各级组织需要结合本单位的实际情况，制定更完整、更具体的公安工作和队伍管理制度，逐步形成自身的制度体系，做到有章可循、有规可依。

（2）在交通公安工作实践中落实制度

交通行业作为一个社会服务行业，有其自身的职业道德规范、岗位行为规范、文明服务标准等制度，既体现以人为本的价值理念和职业道德要求，又体现交通行业自身的特性和生产经营、管理工作要求。交通公安既然是服务交通行业的，在遵守人民警察的法令和纪律的同时，还必须遵循交通行业的制度管理规则。一般说来，在规范交通公安民警的制度体系中，体现人民警察职业意识和体现交通行业服务理念两方面制度是不会发生不可调和的矛盾的。反过来说，交通公安正是将人民警察的法令和制度应用于服务交通行业的公安工作实践，从而形成更加完备和效能显著的制度体系。

（3）在交通公安队伍管理中执行制度

交通公安的制度体系除了部分工作制度外，有相当一部分是队伍管理制度。这些制度都是公安机关组织要求民警个人必须遵守和执行的，具有强制性和绝对服从性，但这种服从性不完全是被动的。制度文化建设就是要努力引导组织成员主动地接受和服从组织制度的管理。这种制度管理是将组织目标与成员需求有机结合起来的“制动”过程，要求成员为组织做什么，最好要求其在为实现个人价值的工作过程中为组织不得不做什么，乃至自觉地做什么。这样就能最大限度地发挥制度管理队伍的效能，并且进一步检验制度、完善制度。

（三）交通公安行为文化

交通公安行为文化是指民警在警务实践、队伍管理和人际关系中，通过一定的行为方式所表现出来的蕴含交通公安价值理念的显性和动态的文化活动总和。

交通公安民警的行为活动主要包括：民警管理活动（计划、决策、组织、调配、控制）、民警公共关系活动、民警人际关系活动、民警警务实践活动（训练、巡逻、执法、服务）、民警生存活动，等等。这些大量的民警行为活动熔铸着交通公安价值理念，体现出交通公安行为风格，显现出交通公安文化底蕴，构成了交通公安行为文化的丰富内涵。

交通公安行为文化是以民警行为活动为形态的浅层文化，是在交通公安价值理念指导下，以动态活动为存在方式的文化表现形态。行为文化一方面受精神文化的指导，另一方面，又在各种活动中影响和创造新的精神文化。制度文化是对行为文化的具体、直接约束，行为文化直接塑造物质文化，物质文化是行为文化的外在表现。

1. 交通公安行为文化的特点

（1）一致性

人的行为分为一般的生理行为和受一定文化意识、文化规范支配的文化行为。生理行为不能产生行为文化，文化行为是意识和行为的统一，一定人群长期一致的文化行为活动就可能产生行为文化。“与人类的其他行为文化一样，警察行为文化也必须在警察意识与警察行为的统一活动中生成”[①]。交通公安行为文化也是在交通公安精神、理念、制度、规范的指导下，由交通公安民警在公安工作、队伍管理、人际交往的行为活动中形成的。

（2）动态性

行为文化区别于其他层次的最显著特征就是它的动态性，而公安行为文化更是如此。相对于其他职业的人群，公安民警的行为活动更广泛、更丰富、更直观。

如110警察快捷、熟练的接处警行为活动，体现的是人民警察有警必接、有求必应、有险必救、有难必帮的警察行为文化；客运站民警帮助旅客扶老携幼、寻找亲人的行为活动，体现的是人民警察热情为人民服务的警察行为文化；大练兵会操中民警综合素质展示的行为活动，体现的是人民警察精神振奋、作风顽强的警察行为文化。交通公安行为文化表现在为交通运输事业保驾护航的警务实践中，具有更加显著的动态性特点。

2. 交通公安行为文化建设的一般方法

（1）精神指导法

列宁指出："没有革命的理论，就不会有革命的运动"[②]。可见精神的指导对行为活动至关重要性。交通公安文化是我国先进文化的组成部分，其宗旨、使命、精神、愿景、价值理念等都具有时代特征。只有用先进的精神文化指导民警的行为活动，才能创造先进的行为文化。同时，交通公安民警在具体的行为文化实践中，又可以创造更加先进的精神文化。如交通公安英雄模范就是通过自己的高尚行为创造新的公安精神的先进典型。

（2）制度规范法

制度，是在一定历史条件下形成的法令、礼俗等规范，其根本属性就是具有规范性和约束力。如果说交通公安精神对民警行为活动的指导是循循善诱的，那么交通公安制度对民警行为活动的规范就是强制而为的。俗话说，没有规矩不成方圆。任何组织都是靠一定的制度来规范组织成员行为，进而实现组织的共同目标的。交通公安民警的行为只有在交通公安制度体系的轨道中运行，才能产生崭新的行为文化成果。当然，行为文化的形成过程也是对制度文化建设的检验。优秀的行为文化成果同时也展示了制度文化的先进性，不良的行为文化后果则折射出制度文化的局限性。

（3）物质塑造法

由行为文化和物质文化的相互关系可以看出，物质文化是依靠行为文化来塑造的，行为文化的成果总是表现在一定的物质文化形态上的。因此，物质文化的建设过程也是行为文化的产生过程，在追求高标准的物质文化过程中，必然产生高质量的行为文化。交通公安文化建设总体目标对物质文化建设提出了很高的标准，这就要求广大民警在公安工作、队伍管理和人际交往等具体的警察行为活动中必须展示与之相适应的行为文化成果。

（四）交通公安物质文化

交通公安物质文化是指交通公安警务实践、队伍建设、文体活动的环境、条件、设施等物质要素，以及警务保障能力、执法服务水平等因素的总和。它包括交通公安机关赖以发展的警务物质资源保障，以及交通公安在其服务的交通行业和社会层面上所发挥的治安效益等。

具体地说，交通公安物质文化表现为这样三种形态：一是交通公安机关的各种物质设施和条件，如警察建筑、警用交通工具、信息网络、警械、技术设备、警察服饰、警务活动、文体活动、形象标识等。二是交通公安机关的警务物质资源保障，即国家、各级政府或企事业单位对交通公安机关的建设和发展所给予的公安经费投入量。三是交通公安机关的警务活动给国家、社会和公民提供的安全感的程度，也可以说是交通公安机关的警务保障能力。

交通公安物质文化是一种以物质为形态的表层文化，是行为文化、制度文化和精神文化的显现和外在结晶。它一方面受交通公安行为文化、制度文化和精神文化的制约，具有从属性、被动性；另一方面又是社会公众感受交通公安文化存在的外在形式，具有形象性和生动性。

1. 交通公安物质文化的特点

（1）器物性

任何组织文化的表层部分，都是由无数具有组织意义的器物组成的物质文化。交通公安机关的警用建筑、警用交通工具、信息网络、警械、技术设备、警察服饰、形象标识等具体的器物形态，都是公安机关组织及其组织内的广大民警在公安实践活动中形成的公安物质文化的结晶。

（2）表层性

表层性文化的一个重要特征就是容易被感知、被识别、被认同。公安机关的装备实力、科技含量、勤务手段、服务水平、战斗能力、形象标识等，这些一目了然的表层形态，很容易被社会公众识别，也最容易被交通公安机关组织内部的广大民警所认同，是公安文化发挥对外宣传作用和对内教育作用的直观参照物。

（3）基础性

交通公安物质文化是非常重要的基础性公安文化，它是其他层次的公安文化赖以存在和发展的基础。物质文化首先是对邻近浅层的行为文化产生直接作用，正所谓“工欲善其事，必先利其器”；其次是对深层的制度文化起到保障作用，没有一定物质条件保障的制度是难于持续推行下去的；最后是对核心层次的精神文化起到促进作用，当物质文化建设越来越有成就时，精神文化建设才能越来越深入人心。

2. 交通公安物质文化建设的一般方法

交通公安物质文化的建设是一个渐进的过程，需要从基础开始，逐步提高，不断升级。

（1）器物识别

器物识别是最基础的交通公安物质文化建设，就是通过设计、制作、使用统一的交通公安外观标识，让社会公众很直观、很容易地识别交通公安。近年来，公安部在统一警察外观标识上提出了更规范、更具体的要求，在继续严格民警着装规定后，又进一步统一了警用车辆、派出所外形，以及派出所指示路标等外观标识。交通公安在器物识别建设上要按照公安部的统一要求，同时也要设计制作具有交通公安特色的器物（巡逻艇、趸船式派出所等）外观标识。此外，交通公安还可以在办公室门牌、办公设备，以及民警特定的执勤配饰、警务箱包、单警装备、生活器具等器物上，使用统一的外观标识。

（2）形象塑造

民警队伍的形象建设也是交通公安物质文化建设的一项重要的基础工作。如果说器物识别是静态的、直观的，那么形象建设则是动态的、可塑的，体现出一个民警、一支队伍的精神面貌。《公安机关人民警察内务条令》对人民警察的着装、仪容、举止、礼节等警容风纪的内容作了细致的规定，是交通公安民警形象塑造的基本标准。形象塑造的方法主要是按照规范抓民警的养成教育，并定期组织一定形式的比武会操等。

（3）氛围渲染

进行交通公安文化建设需要营造一个健康、祥和、温馨的文化氛围，最有效的途径就是开展丰富多彩的警营文化活动。首先是给予一定的资金投入，进一步完善民警文化体育活动设施。其次是进行必要的组织引导，建立一批摄影、书法、美术、文学、体育等兴趣活动小组，组织开展健康向上、特色鲜明、形式多样的群众性业余文化活动。第三是对有一定文体专长的民警进行重点培养，推出有一定质量的文艺作品，让警营文化在普及的基础上逐步提升品位和档次。

（4）载体更新

文化需要传播，传播重在载体。传统的墙报板报、内部刊物等载体在信息容量和传播速度上都有明显的局限性，但可以利用现代办公条件在排版、用料上加以改进，大大活跃版面布局、提高更新速度。随着电视、网络等新型传媒工具的广泛应用，交通公安文化的传播可以充分利用电视墙、互联网、金盾网等媒介，不断更新信息，使社会公众有更多的渠道了解交通公安，使公安民警有更多的机会展现自己的文化成果。

（5）素质优化

由于交通公安物质文化是一种警力的体现，所以民警素质的优化是文化建设的一个重要方面。通过学习培训，可以开发民警的智力资源，提升民警的文化品位，增强民警的文化素质。通过开展练兵活动，可以提升民警的业务素质和身体素质，提高民警的实际工作能力。一个队伍的整体素质优化了，就能做到招之即来、来之能战、战之能胜，就能体现出很高的社会治安效能，就能体现出物质文化建设的成果。

（6）科技推进

在科学技术日新月异的今天，交通公安文化建设也需要与时俱进，运用科技助推。如在海港公安局建设24小时全天候、全方位110监控系统，在长江航运公安局各分局建立水上110联动指挥系统，让民警在第一时间及时、高效地处置警情，节省大量巡逻执勤警力。又如将交通公安所有基层单位的计算机都接入到全国公安信息网，民警可以快捷开展网上查询、网上服务、网上作战活动。这些既是科技强警的重要措施，也是推动物质文化建设的有力手段。

①张兆端：《警察文化学》（修订本）第122页，中国人民公安大学出版社。
②列宁：《列宁选集》第1卷第241页。

四、交通公安文化的特征

研究交通公安文化的特征，目的是为了遵循其发展的内在规律，更快捷、更准确地发掘、提炼交通公安文化的理念，更具体、更有效地指导交通公安文化建设的实践。交通公安文化作为一种组织文化，除具有参与性、一致性、适应性等组织文化的基本特征外，还具有其自身的文化特征。

（一）神圣性

交通公安文化就其本质来讲具有神圣性特征，这是由交通公安的性质和使命决定的。《公安机关组织管理条例》第二条规定：公安机关是人民民主专政的重要工具，人民警察是武装性质的国家治安行政力量和刑事司法力量，承担依法预防、制止和惩治违法犯罪活动，保护人民，服务经济社会发展，维护国家安全，维护社会治安秩序的职责。交通公安是我国公安机关的组成部分，肩负着维护水运治安、促进社会和谐的光荣使命，决定了交通公安文化必然是先进的、神圣的。

当今世界，各种思想文化相互激荡，国内主流文化和非主流文化并存。“随着社会主义市场经济的确立，经济成分和经济利益多样化，社会生活方式多样化，社会组织形式多样化，就业岗位和就业方式多样化，对民警的思想造成冲击，呈现独立性、复杂性、差异性的特点。而且公安民警执勤高度分散，经常接触社会阴暗面，时刻面临着腐蚀与反腐蚀的考验。在这样的情况下，公安机关加强文化建设，就必须大力培育和弘扬忠实可靠、团结奋进、英勇善战、秉公执法、纪律严明、无私奉献的新时期人民警察精神”①。交通公安文化的神圣性，体现在交通公安民警战斗在保卫交通运输事业的江域海滨上，用智慧和汗水铸造忠诚的江海警魂。

（二）兼容性

兼容性，是中华文化的一个显著特征。金庸在谈到兼容性的重要时认为，中华民族之所以很难被征服，是因为“一方面我们有一股韧力，一股很顽强的抵抗力量；一方面我们又很开放，在文化上同它们融合在一起，经过一段时间，大家又都变成一个民族，我们的民族从此又壮大起来。”交通公安文化的兼容性不但体现在对所在辖区社会文化的兼收并蓄，还体现在对交通行业众多组织文化的互相融合。

交通行业文化在不同时期都有鲜明时代感的价值理念。从新中国成立之初的“巩固国家政权、恢复国民经济”，到改革开放初期的“经济要发展，交通要先行”、“人便于行，货畅其流”，再到现在的“三个服务”（服务国民经济和社会发展全局；服务社会主义新农村建设；服务人民群众安全便捷出行），这些价值理念同时也深深地影响着交通公安价值理念的形成和发展。

由于交通公安与交通行业的公路、海事、港口、航道等部门在工作、学习和生活环境上相处密切，被称为交通“一家人”。工作上的协作关系为交通行业文化的兼容提供了条件。如：救捞部门成立的海上搜救中心，交通行业的公安、海事、港口、航运等部门都是协作单位，接到海难搜救命令必须无条件派出队伍或提供设备参加搜救。又如：长航公安成立的水上110报警服务联动指挥中心，交通行业的海事、港口、航运、通信、医疗等部门都是服务联动单位，一旦接到水上警情，相关联动单位必须听从110指挥中心的命令，迅速赶赴现场处置警情。此外，交通行业各组织之间经常开展丰富多彩的文体活动，也是交通公安文化进行交流和兼容的途径之一。

（三）广域性

交通公安与铁路、森林、民航、海关等部门的公安机关一样，在文化建设上区别于地方公安机关的一个最显著特色，就是地域跨度大带来的文化差异大。按照组织文化一致性特征的理论，一个地区，特别是人口高度集中的城市，其成熟的公安文化价值理念应该是一致的，它的下属单位的公安文化因素基本上没有太大的差异。但是，交通公安机关从北到南、自西向东跨度近万公里，这种地理上的跨度决定了各港航公安文化存在着巨大的差异。这种由不同地域的人文差别造成的文化差异，虽然不利于交通公安文化的一致性，但十分有利于交通公安文化优势互补。

事例一：改革开放以来，我国东部沿海地区的港航运输事业持续繁荣，所在的交通公安机关警务保障也逐步加强。各公安局领导抓住机遇，大力开展“三基”工程建设，有的购置了千万资产的多功能消防车，有的建造了价值数百万元的110视频监控系统，还有的从根本上改善了民警的办公、休息环境。交通部公安局于2006年10月在日照和青岛召开全国交通公安“三基”工程建设现场会，来自全国数十个港航单位的公安局领导实地参观、交流学习、取长补短，有力地推动了交通公安物质文化建设。

事例二：交通公安机关的性质是国家行业公安机关，但是，多年来习惯上被社会甚至少数内部民警称为企业公安机关，这个错误的价值理念源于交通公安机关体制尚未完全理顺和基础相对薄弱，也源于过去交通公安机关执法办案质量不高。为了改变过去交通公安缺乏统一具体的办案程序以至于民警执法办案随意性的问题，交通公安自2000年以来坚持每年开展沿海公安局与长航公安局各分局之间对手检查执法质量的活动。通过检查、学习、交流、改进几个环节，不仅全面提高了交通公安的执法办案质量，还大力促进了交通公安制度文化建设。

事例三：2007年初，交通公安在宁波召开全年工作会议期间，组织演出了一台名为《江海之盾》文艺晚会。晚会不仅在质量上有了档次，而且所有的节目都是民警自编自演的，节目里的故事是讲述民警亲身经历的，因而受到了民警的热烈欢迎。下半年，交通公安又挑选近年来各单位的先进典型代表组成事迹报告团，在全国交通公安机关巡回演讲，让民警感受到英雄模范就在自己的身边。这些演出和报告在收获了主题教育成果的同时，也有力地促进了交通公安精神文化建设。

（四）双栖性

几十年来，交通公安民警长期战斗在全国交通港航阵地，以自己独特的优势，同陆上和水上的犯罪分子作斗争，在保护港航运输生产安全和人民群众生命财产安全、维护港航政治治安稳定和交通运输秩序上，发挥了不可或缺的作用，被称为“水陆双栖”警察，其形成的交通公安文化也具备了双栖性的特征。交通公安机关现有水上治安巡逻民警、水上客轮乘务民警、水上消防民警、港口交通民警、水上特警、刑事民警、监管民警、警卫民警等警种。这些警种的民警工作、学习和生活，时而在江海的行船上，时而在港湾的码头边，创造了各具特色的物质文化、行为文化、制度文化和精神文化，极大地丰富了交通公安文化内涵。

交通公安各警种广泛开展的警营文化建设活动，水陆并举，生动活泼，各有千秋，相映成趣。消防警的警营文化活动最能体现水上特征，将水上消防灭火技能引入文体竞技项目中，练兵千日，用兵一时，水上蛟龙，尽显神威。刑警的警营文化活动显示出创作的激情和智慧，有诗歌、小说等文学创作，也有摄影、绘画等艺术创作，表现出侦察员的独到见解和精巧构思。交警的警营文化活动表现出公安机关陆上窗口特色，把“创和谐有序交通、做群众满意交警”作为标准，以“警营开放日”活动同人民群众密切联系，让群众熟悉交警、理解交警、支持交警工作。治安特警的警营文化活动更体现出民警“双栖”特色，在长时间专业化、系统化训练中练就的本领，既具备了水上追逃、水上救助能力，又能够迅速应对水上和陆地的突发事件。

交通公安各警种的这些特色文化，相互交流、相互促进、彼此相容、彼此借鉴，促使交通公安警营文化日益繁荣，推动交通公安文化全面发展。

①孙永波：《公安文化的力量》。

五、交通公安文化发展历程

文化本身就是一个不断积累和沉淀的过程，是一个动态的而非静止的东西，如果没有以前的文化积累，根本不可能有后来的文化，这是一个源与流的关系。它在一定的历史背景下产生和发展，从而被赋予某一时代的特色，在历史传承的过程中积淀并确立了自身的传统。作为人类文化之一的交通公安文化也有一个不断发展的轨迹，它伴随着交通公安机关的成立而形成，又随着交通公安事业的发展而发展。我们从有限的历史资料的整理和分析中可以看出，交通公安文化的发展大致经历了萌芽初创、破坏萧条、恢复重建和发展推进四个阶段。

（一）萌芽初创阶段（1946年至1966年）

1946年和新中国成立初期，交通公安机关相继建立，成为国家的专政工具之一，担负着保卫水上运输、港口生产安全的神圣职责。在解放战争和社会主义改造时期，建警初期的交通公安机关大力开展了锄奸肃特、镇反肃反、取缔反动会道门等斗争，先后侦破了国民党“三青团”、“三互社”、“一贯道”等一大批大案要案，狠狠打击了企图颠覆新中国政权的破坏活动，维护

了水上运输、港口生产的安全秩序。

新中国成立后，交通公安队伍在巩固国家政权的斗争洗礼中，开展思想文化建设和组织制度建设，交通公安文化呈现星星之火。当时，建设新中国、巩固国家政权是党和国家面临的重要任务。交通公安在价值取舍上，以“保卫国民经济恢复发展，巩固国家政权”为重要理念，引领交通公安前进的航向，充分发挥了交通公安的职能作用。毛泽东同志说：“没有文化的军队是愚蠢的军队，愚蠢的军队是不可能战胜敌人的”。交通公安保卫组织与全国公安机关一样在极端艰苦复杂的对敌斗争中，按照毛泽东的讲话精神，坚持学文化、学唱歌，很好的发挥了文化所具有的凝聚功能、管理功能和宣传功能，提高了交通公安民警和保卫人员的文化素质，鼓舞了士气。新中国成立初期，根据交通公安队伍刚刚组建，民警素质需要提高的情况，各级交通公安机关采取多种形式对民警进行了培训教育，提高了民警政治素质和业务能力。为了当时尖锐斗争的需要，加强内部管理，建立了《护航大队执行办法》、《长江人民经济警察勤务规则》等有关规章制度。交通公安开始有了警察服装和标识，民警着制式警服，护航队员和驻港警卫队佩带印有“中国人民解放军”白底黑字的胸章和三色“公安”盾牌臂章。

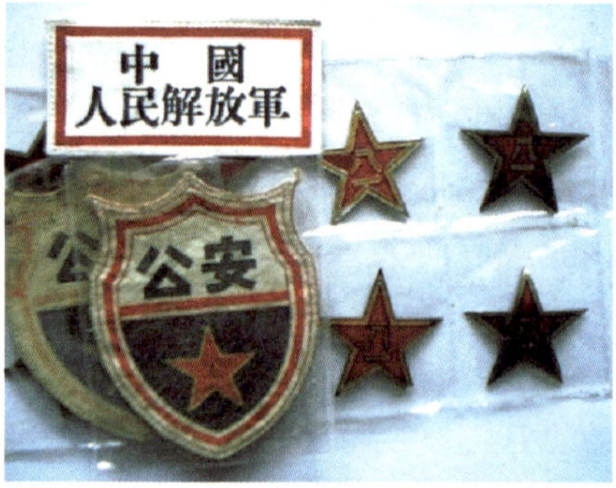

1956年后，罗瑞卿部长向全国公安机关提出了加强文化建设的要求，交通公安机关加强队伍建设，教育训练、文化活动方面的工作取得了一定成绩，文化建设进入了创建阶段。公安教育工作以政治教育为主，围绕各种政治运动开办培训班，对民警进行了业务文化培训，以提高民警政治文化素质。如长江航运公安机关选送干部参加各级党校、公安院校的学习，组织民警到各省市公安学校接受短期培训。用先进典型激励民警的工作热情，全国交通公安机关按照公安部的部署，广泛开展了评选先进工作、争创“四好派出所、五好民警”

活动，出现了不少英勇顽强、坚决与敌人进行斗争的先进事迹。1959年春节开始，开展了“爱民月”活动，为群众做好事，密切了警民关系，树立了交通公安的良好形象。

与此同时，对公安文化建设有了初步设想和规划，开展了文体活动，文学作品也开始出现。1959年7月，长江航运管理局公安局向长航局党委和上级公安机关报送了《长江公安保卫工作十年成就陈列展出计划》；1960年6月，大连港公安局举办了消防体育运动会。反映交通公安题材的文学影视作品出现，如电影《羊城暗哨》就闪动着交通海运乘警的身影。

在制度建设方面，根据当时工作实际，建立了《乘警工作细则》、《人民警察礼节规定》、《客货轮公安特派员工作条例》等规章制度；1957年2月，交通公安机关开始贯彻全国公安《对开展政治工作的几点意见和当前政治工作任务及具体措施》，研究制定了政治工作制度。此时，交通公安有了带警察性质特点的编制序列，并列入公安部十局。

艰苦的岁月，艰辛的历程，磨砺了交通公安民警的意志。在那工作环境和条件极其艰苦、斗争任务繁重、治安形势复杂的情况下，老一辈交通公安战士始终对党的事业忠贞不渝，他们不畏艰险、不怕牺牲、百折不挠，同各种反动势力进行了坚苦卓绝的斗争，经受住了刀光剑影的考验，为新中国政权的巩固和国民经济恢复发展立下了不朽的功勋。这是第一代交通公安民警创立的光荣传统和精神财富。正是因为他们在创建初期不畏艰难困苦的不懈斗争，交通公安才得以发展壮大；也正是这些优秀文化元素和斗争成果的相融、相佐，为以后交通公安事业和交通公安文化的发展奠定了坚实的基础。在创建初期，人民解放军参与了交通公安保卫工作，大批解放军干部战士后来又成为交通公安民警，交通公安队伍主体和文化创造主体是部队转业官兵，他们是军队文化的代表，因而军队细致的思想政治工作方法、严格的组织纪律性、敢打硬仗的团队作风、勇于献身的高尚品质等优秀文化元素被吸收到交通公安文化中，交通公安文化表现出军队文化的鲜明特征。

同时交通公安文化也显露出本行业的特征，对敌斗争策略是这个阶段的文化内涵之一。

（二）破坏萧条阶段（1966年至1976年）

1966年“文化大革命”开始。1967年1月，全国掀起了由“造反派”夺取党和政府各级领导权的“一月革命”狂暴行动，林彪、江青等人把矛头指向人民公安机关，他们全盘否定公安工作、否定公安队伍，煽动群众彻底砸烂公安机关。交通公安机关同全国公安机关一样，在“砸烂公、检、法”的鼓噪声中遭到严重冲击和破坏。交通公安机关领导受到批判，公安民警受到冲击，公安机关的好传统好作风几尽丧失，给交通公安事业建设和发展造成了不可弥补的损失，交通公安文化遭到“文化大革命”浩劫的摧残，文化建设处于破坏萧条期。

（三）恢复重建阶段（1976年10月至1992年）

1976年10月粉碎“四人帮”，长达10年之久的“文革”动乱结束了。交通公安机关按照党中央、国务院的部署，深入开展了拨乱反正、平反冤假错案，整顿、建设公安队伍，公安工作逐步进入健康发展轨道。

党的十一届三中全会真正开始了社会主义建设和改革的新的历史时期，公安工作开始健康发展，交通公安文化建设很快地恢复、重建。首先展现出来的就是交通公安精神。交通公安民警忠实地履行自己的职责，一大批先进集体、先进个人和英雄模范涌现出来，交通公安精神在他们身上得以体现。他们夜以继日，连续作战，发扬了吃苦耐劳的革命精神；他们机智勇敢，奋力拼搏，表现出英勇顽强的战斗作风；他们带病坚持工作，克服家庭困难，展现了忘我的工作干劲；有的民警日夜操劳，积劳成疾，未老先衰甚至英年早逝，为交通公安事业作出了巨大的贡献；有的民警英勇无畏，舍生忘死，甘洒热血写春秋，为祖国、为人民献出了宝贵的生命。海运公安局的乘警们长年工作在船上，照顾不了家庭，他们付出了很多，却从不伸手索取。大连海运公安局“天河”轮乘警队4条汉子，均上有老、下有小，休假时间挤不出来，几个月不能回家团聚乃是常事。上海海运公安局五六十年代进的一批退伍兵，其中不少人户口在上海，却身在海上跑，家属扔在山东农村，几十年就这样分居两地、漂洋过海且待遇不高。即使这样，他们也无怨无悔。高尚的情操、无私奉献的品德，是一代又一代交通公安民警传承下来的宝贵的精神财富。

在此值得一书的消防队，是交通公安战线上的一支重要战斗力量，他们在巨大的危险面前，从不退却半步。1987年5月5日，上海远洋公司“衡水”轮发生火灾，大火虽被青岛港公安局消防队扑灭，但由于船舱内空气不流通，一氧化碳严重超标，导致26名消防民警中毒，虽经治疗，至今仍有10余人留有中毒后遗症。1989年8月12日，这个局的消防大队第二中队长杨永扑救黄岛油库火灾中，在即将发生大爆炸的瞬间，他果断指挥战友撤离，被强大的气浪抛入火海。战友的生命保住了，他却献出了年轻的生命。这种“赴汤蹈火、英勇献身”的大无畏精神，是交通公安民警在生与死的考验面前向祖国和人民交出的一份满意答卷。

交通文化建设恢复重建时期，交通公安服务理念、治警方针、教育培训、制度建设等方面取得了明显成效。各地交通公安机关全面恢复了爱民月活动，制定了“服务公约”、“爱民守则”，开展了“学雷锋、送温暖”活动。用先进典型激励民警，开展了立功创模活动和评优评先活动，交通部公安局于1981年召开交通公安保卫系统表彰大会，表彰了一批先进集体和英雄模范、先进个人。同时民警文化、艺术、体育等方面素质的培养也开始受到重视，各地交通公安机关开展了联欢会、体育比赛等文体活动，文化的凝聚功能激励了民警的工作热情。在教育领域，组建了警察学校，加强了人民警察的教育训练。交通部人民警察学校、长航人民警察学校和大连公安学校先后建成招生，为警察的政治文化、法制文化、教育文化、科技文化等建设提供了阵地。1985年以来，还开展了以提高民警业务、文化素质为重点的教育培训工作，并取得了明显成绩。仅1985至1989年，全国交通公安机关就有三分之一的民警补习完成了初中、高中课程，文化程度明显提高。为建立良好的公共关系，加强了宣传工作，交通公安的文字、声音和图片屡屡见诸新闻媒体。在法规、规章制度建设方面，出台了《出国运输船舶安全保卫工作暂行规定》、《港口治安管理规定》、《港口消防监督实施办法》、《消防监督岗位责任制》等。烟台港公安局试行了“岗位

1987年交通公安佩戴臂章、警号

目标责任制”，开始推行目标管理。同时交通公安特点的标志识别逐步统一，1985年开始换着的“83”、“89”式警服在设计上凸显出交通公安特点，有了代表交通公安的领花、肩徽、臂章、警号；交通公安乘警值勤时在左臂上统一佩带红底黄字“乘警”标志的袖章。

这一时期，交通公安民警继续发扬人民军队和人民警察的优良传统，始终保持“无畏、奉献、奋进、拼搏”的精神和热情，始终把献身交通公安事业作为自己的价值追求和行为取向，始终以保障交通水运安全为己任，把忠于党、忠于祖国、忠于人民、忠于法律作为最坚定的政治信念，经受住了艰苦斗争和政治风浪的考验，在各种危难、关键时刻，他们挺身而出、义无反顾地抛洒着自己的汗水乃至鲜血。他们高尚的情操、无私奉献的品德、大无畏的精神，反映了全体交通公安民警的崇高斗志和理想，鲜明地体现了时代的革命气息，对于“文革”刚刚结束、公安工作开始恢复的那个时期来说，交通公安的传统精神对鼓舞民警的工作热情、激励他们的斗志起到了积极作用。

交通公安文化在交通公安民警的奉献、拼搏精神中逐渐积累和日益发展。

（四）发展推进阶段（1992年至今）

1992年《中华人民共和国警察警衔条例》颁布实施，标志着交通公安队伍建设朝着规范化、正规化、现代化方向迈进，交通公安文化建设步入正规化建设的轨道。

20世纪90年代，交通公安机关面临着前所未有的挑战。由于一些港航单位调整结构、减员增效、缩减开支等，给交通公安机关的经费保障、队伍管理

和业务工作等方面都不可避免地造成了一些影响。因此在交通公安民警中产生了一些模糊不清甚至消极悲观的认识，一定程度上影响了队伍的稳定和正常的建设发展。面对这样的困境，全国交通公安机关领导高瞻远瞩，以开阔的思路和不甘落后的激情、敢于掌握自己命运的精神和对民警关心负责的深情，引领着交通公安队伍昂首前进，在各项工作中取得了一个又一个的胜利，为建设和谐交通、打造平安港航作出了突出贡献。

交通公安机关在这样极端困难的情况下，不仅为保护国家、集体和人民群众生命财产安全作出了突出贡献，而且还培养了一支思想业务过硬、纪律作风顽强的公安队伍，培养了一大批具有开拓意识、创新精神的领导干部，培养了一批英勇顽强、无私奉献的时代英模。交通公安文化建设渐入了全面发展的高涨期，公安文化与公安工作相融会，结合新时期的特点，不断更新方式、不断改进方法。特别是党的十六大将文化建设与经济建设、政治建设相提并论后，全国交通公安机关掀起了文化建设的热潮。精神文化、制度文化、行为文化、物质文化建设全方位推进，治警理念、文学艺术、规章制度、警务运行机制、科学技术、警务保障、规范化标准等方面的建设在原有基础上取得了显著成效。

按照公安部新时期公安队伍建设要求，交通部公安局党组下发了《关于进一步加强和改进交通公安工作的意见》，对队伍建设提出了更高的要求，着力把交通公安队伍打造成一支一流素质、一流作风、一流业绩的共和国“水师”。在1994年公安部《人民警察职业道德规范》出台后，交通公安民警全面理解规范的意义和要求，人人争当遵守规范的典范。一批富有时代性、创造性、先进性的群体典型脱颖而出，一批熔铸着交通公安精神风采的警界英雄崭露头角，他们用自己的实际行动铸就了忠诚而坚强的警魂。面对危害国家安全和影响航运、港口稳定的各种敌对势力，沉着应战，克敌制胜；面对危害国家财产和人民生命财产安全的犯罪行为，针锋相对，攻坚克难；面对各种灾害和险情，挺身而出，顽强拼搏，取得了一个又一个的胜利。1995年5月23日，烟台港公安局客运站派出所顾正泽等四名民警面对穷凶极恶的犯罪分子的枪口，为了保卫人民群众的生命安全，他们无所畏惧，一个个扑向敌人的枪口，四名民警的鲜血和生命凝化成“海港卫士”的丰碑。1999年11月24日晚，载有445名乘客的“银河公主”轮在距烟台港不远的海域遇到10级飓风，客轮处于船翻人亡的危急时刻，两位乘警毅然脱下自己的救生衣交给素不相识的旅客。把生的希望留给别人、把死的威胁留给自己的“舍身为人”精神，充分体现了交通公安乘警的高尚情操。以烟台港公安局客运站派出所执勤三班警长、全国特级优秀人民警察李正云为代表的众多交通公安民警“爱国家、爱港口、爱岗位”的高贵品质，赢得了广大人民群众的信赖。

坚定的信念，为交通公安事业的发展壮大奠定了坚实的精神支柱。在航运、港口企业深化改革、加快建设发展的“九五”和“十五”期间，全国交通公安机关以承优创新、与时俱进为精神动力，按照“抓班子，带队伍，促工作，保平安”的总体工作思路，加强队伍正规化建设，强化民警综合素质的培养教育，使队伍建设和公安工作呈现出了蓬勃发展的可喜局面。

执法为民，倾力打造公安新形象。以人为本的管理理念，靠真情在广大人民群众心中扎根，全体交通公安民警在本职岗位上奏响了人民公安为人民的主旋律。2002年10月由交通公安民警捐资31万元援建的新疆巴音郭楞蒙古自治州焉耆回族自治县包尔海乡交通公安希望小学正式落成。2003年，一场执法思想革命在大连港公安局兴起了，他们把执法为民思想落实到具体实践之中。根据港口生产和交通运输实际，从服务港口经济发展建设和维护广大职工群众的切身利益出发，出台了《大连港公安局亲民便民利民十二条措施》，寓管理与服务之中，体现了以民为本的思想，密切了公安机关同广大职工群众间的联系。广州港公安局通过派发“温馨提示”警务提示卡、探望港口伤残职工、为困难职工捐钱捐物等方式营造“警爱民、民拥警”的和谐氛围。交通公安机关的爱民月实践活动、热情为旅客服务、向困难群众和受灾地区群众献爱心等，体现了交通公安体察民心民情的拳拳爱民之心。

强化教育培训，提高民警综合素质。向素质要警力，是全国交通公安机关提高队伍战斗力的基本思路。各地交通公安机关大力加强民警的政治、法制、职业道德教育，开展了多种多样的教育活动。特别是2001年，伴随着《公安机关人民警察训练条令》的颁布实施，全国交通公安机关的教育训练工作得到了进一步规范，训练效果也日益明显。组织开展了大练兵、大比武、苦练基本功、反恐防暴演练等活动，全面强化队伍的专业化训练，学习型公安队伍建设得到了进一步的深化，极大地促进了民警业务素质的提高。如2000年9月开始的“三项教育”活动，2003年的“立警为公、执法为民，端正执法思想”教育活动等等，都取得了很好的成绩。目前，交通公安机关初步建立了队伍正规化建设的长效机制，建立了教育训练考核机制，强力推动和深化教育训练工作，努力打造共和国精锐“水师”。

文化活动丰富多彩，不断充实和丰富了交通公安文化的内涵与形式。交通部公安局组织了“江海之盾”等大型文艺晚会；各地交通公安机关不定期组织民警自编自演文艺节目。升旗仪式、摄影美术书法展览、民警家属座谈联欢会、交通公安英模子女夏令营等活动，使民警得到美的享受、情操的陶冶、人生的启迪、精神的升华，营造了和谐的氛围。天津港、长江航运公安局等单位组建了警官乐团，建设了图书室、荣誉室，极大地丰富了警营文化生活。交通公安机关各级领导“以人为本”、“以情带兵”的情怀更加浓烈，建设和完善“五小工程”、定期对民警进行体检、组织英雄模范疗养等从优待警措施使民警深深感受到了组织的温暖，队伍的凝聚力和战斗力显著增强。

一批以交通公安工作和民警生活为题材的文学、影视创作作品和公安宣传

作品以其独特的魅力展示在人民群众和广大民警面前，讴歌了交通公安工作和民警精神风采。交通部公安局成立的人民公安报社交通部记者站，精心策划的人民公安报交通公安专版，隆重举行的交通公安英模巡回演讲，呕心编撰的《交通港航公安风采录》，悉心创办的《水上公安与消防》杂志，倾情举办的“江海警威——交通公安巡礼”摄影展，以及原交通部公安局副局长李良君编撰的《交通大动脉在呼唤》，长江航运公安局政委陈汉发编写的《足迹》，烟台港公安局政治处主任杨衍陶撰写的散文集《背起儿子进北京》，广州港公安局民警梁伟成出版的《海港云樯》，长江航运公安局拍摄的电视剧《长江刑警》等作品，均多层次、多方位地宣传、弘扬了交通公安精神，极大地增

强了身为交通公安民警的自豪感和荣誉感。与此同时，一大批公安文化人才涌现出来，表明交通公安创作资源丰盈不竭。

规章制度更加健全和完善，各项工作做到了有法可依、有章可循。交通部公安局制定了《交通公安民警基层所队工作岗位基本功标准》、《执法质量考核评议办法》等。各地交通公安结合实际也相应制定了规章制度，如青岛港公安局编集了60余万字的《公安队伍正规化建设制度汇编》、大连港公安局建立了《长效机制管理工作规范》、广州港公安局制定了《民警绩效考核试行办法》、长江航运公安局万州分局自制了《万州分局人民警察行为规范》和《万州分局公安民警廉洁从警手册》。

伦理道德教育多样化，民警行为进一步规范。全国交通公安机关倡导“以德化人、以德感人”，加强民警个人道德修养，增强荣辱观教育的长效性，把社会主义荣辱观内化为民警的坚定信念，进而外化为高尚行为，使民警自觉地履行社会道德规范，为实现自己的社会价值倾注全力，甚至不惜献出自己的性命。各地交通公安机关出台了相关行为规则，进行了各种形式的培训，并开展了形式多样的活动。在警察执法礼仪方面，组织了队列阅兵式、倡导纠正违章先敬礼；举办了礼仪培训、交警指挥姿势培训、警容警姿培训，开展了创建文明窗口单位、人民满意派出所等活动，展示了交通公安民警的良好形象。广州、宁波、上海等港公安局要求使用普通话接警，给南来北往的群众提供了方便。

警务保障有了很大改变、科技强警战略得到实施、规范化建设更加统一。交通公安机关办公用房得到较大改善，消防艇、巡逻艇等警用装备不断提升。全国交通公安机关全部接入公安部金盾网，实行了资源共享，有力地促进了各项工作的协调开展。长江航运公安局与联通公司合作开发的“长江警务通”，实现了警务信息随时查询。交通公安“110”指挥系统和监视系统的建立，方便了人民群众报警，保障了辖区重点部位的安全。规范统一的视觉识别系统，展示了交通公安良好形象。各地交通公安机关派出所外观、警用车辆以及上墙制度、门牌标号、办公用品等方面实现了视觉识别系统的规范统一。长江航运公安局以“趸所合一”形式建设的派出所是长江上一道靓丽的风景线。

在这短短的16年，交通公安民警继承了老一代公安战士不畏艰险、敢于牺牲、乐于奉献的精神，斩邪斗恶、除暴安良。他们以热爱人民、忠于事业的宽广胸怀，顽强拼搏、团结奋进的优良传统，不辱使命、锐意开拓，走出了一条自强不息、自我积累、自我发展、自我完善的且具有交通公安事业特色的发展之路。交通公安文化特征为：交通公安民警人生价值得到了充分展示，表现出了一种超越于一般时代背景之上的人类普遍的精神价值，这就是为社会、为信仰“虽九死其犹未悔”的献身精神和牺牲精神；服务意识增强，为港航经济建设服务的思想在全体交通公安民警中牢固树立，体现了交通公安实现好、维护好、发展好人民群众利益的价值取向；警营文化活动普遍开展，公安文学和影视作品大量涌现，凝聚了警心，营造了和谐的氛围，增强了交通公安民警与人民群众的联系，树立了良好的公共关系；队伍建设步入正规化、规范化建设的轨道，警务保障水平大幅度提升，科技强警战略这一理念目前在全国交通公安机关得到普遍认同，且在实践之中。

伟大的精神、亘古的英雄，交通公安精神通过英模得到了体现。从不怕牺牲的青岛港公安局年轻民警杨永、烟台港公安局顾正泽等四卫士到默默奉献的上海海运公安局的陈幼人以及牺牲在工作第一线的长江航运公安局万州分局的孔庆等一大批英模群体，用一腔热血谱写忠诚，用一生追求铸就辉煌。他们，就是交通公安文化由表及里，由外在物质文化、浅层的行为规范到内部管理制度，直至深层次精神文化全面发展和提升的典型例证。

如今，我们已进入建设社会主义和谐社会的时期。面对新的时期，交通公安文化如何发展？如何开拓？已成为新的课题。党的十七大报告指出：“当今时代，文化越来越成为民族凝聚力和创造力的重要源泉、越来越成为综合国力竞争的重要因素，丰富精神文化生活越来越成为我国人民的热切愿望。要坚持社会主义先进文化前进方向，兴起社会主义文化建设新高潮，激发全民族文化创造活力，提高国家文化软实力，使人民基本文化权益得到更好保障，使社会文化生活更加丰富多彩，使人民精神风貌更加昂扬向上。”为此，我们要在社会思想日益多元、多样、多变的情况下，全面把握社会主义核心价值体系的深刻内涵和基本要求，深入挖掘中国传统文化的有益价值，紧密联系时代精神汲取新鲜养分，不断增强交通公安文化的吸引力感染力，不断创新文化建设的内容和形式，用中国特色社会主义共同理想凝聚力量，用以爱国主义为核心的民族精神和以改革创新为核心的时代精神鼓舞斗志，在新的征程中劈波斩浪，勇往直前，以全新的姿态和良好的精神风貌续写新的篇章。

六、交通公安文化的影响因素

文化是人类社会活动的产物，是

在一定的自然条件和社会环境中影响下逐渐发展起来的，由社会的经济类型、生产力发展水平和生产关系所决定。然而由于生产和其他经济活动也受自然地理环境的限制，所以我们在承认一定的文化是由一定的生产方式决定的同时，也应看到自然环境、社会环境、行业文化等诸多因素对文化的重要影响。当自然环境发生改变、社会面临变迁时，必然引起地理环境、社会生活各个方面随之发生结构性的变化。这些变化，都含有文化变迁的内容。交通公安文化不是一个孤立的封闭的体系，而是一个动态的开放式体系，与外界不断地借鉴、撞击、融合和扬弃，所以，交通公安文化与其他文化一样，也要受到自然环境、社会环境、行业文化的影响。

（一）地域文化影响

人类文化的发展是在一定的空间进行的，与地域相联系，不同地域间因自然地理环境、民俗风情习惯、政治经济情况的不同以及历史渊源、信仰、人文环境等诸多的差异，在历史进程中形成了地域文化。交通公安机关分布在北起黑龙江、南至海南三亚海岸线及四川省宜宾市至长江出海口的长江沿线上，各地域环境也都具有地域特性，孕育了不同特质、各具特色的交通公安文化。

1. 地理环境的影响

地理环境是指社会发展的自然环境、自然条件，包括地理位置、地形、气候等自然状况。它是人类历史文化发生发展的不可缺少的前提和舞台，为文化发展提供了必要的空间和条件，离开一定的地理条件，文化的发生和发展便无从进行。地理环境的变化直接或间接地影响着文化的发展变化。交通公安民警在与自然环境的互动之中积淀了厚重的公安文化。

地域自然环境特征促使一个地区的人群形成独特的心理素质和性格特点。《荀子·儒效》曰：“居楚而楚，居越而越，居夏而夏。[①]”说明不同环境，不同地域，人们的秉性有所差别。《管子·水地篇》也有同样观点：地者，万物之本原，诸生之根菀也，美恶、贤不肖，愚俊之所生也。水者，地之血气，如筋脉之通流者也。……故水一，则人心正；水清，则民心易[②]。也说明地域特征对人的性格有很大影响。孔子在《论语·雍也》中提出：“知者乐水，仁者乐山。知者动，仁者静。知者乐，仁者寿。[③]”如生活在山区的人，多稳重少言，坚韧刚直，形成像大山一样的性格；居住在水边的人，多活泼善言，灵活敏捷，具有水一样的特质。就长江而言，其上、中、下游三个区域的人群性格特征有着不同。长江上游通常就是我们所说的川江。它地处峡江，这里重岩叠嶂，削壁对峙；险滩、险峡、急流是川江的特点。大自然的熏陶、险恶的环境铸就了川江人顽强、坚韧和粗犷的性格，他们以吃苦耐劳、勇猛善战著称。长江从宜昌以下，进入中游段，江面变宽，水流变缓。地处这个段的湖北，是楚文化的发祥地，湖北人性格中就透出楚文化遗风，最为突出的就是自强不息，独立自主。坚韧不拔、生命顽强，耿直豪爽、热情仗义，敢作敢为、足智多谋也是湖北人的鲜明特征。长江下游段指的是长江在湖口接纳了鄱阳湖水系后一直到长江出海口。下游江阔，是长江水量最大的河段。下游段的南京由于受吴越文化民风柔和、温文尔雅的影响，因而南京人随和、敦厚和朴实。

长江流域上中下游人群的性格不同，北方人则与南方人在性格上差异更大。“子路问强。子曰：‘南方之强与？北方之强与？抑而强与？宽柔以教，不报无道，南方之强也，君子居之。衽金革，死而不厌，北方之强也，而强者君之’。[④]”说明南方风气柔弱，以含忍之力胜人之强；北方风气刚劲，以果敢之力胜人之强。如广东是海洋文化的代表地区，由于海洋文化是开放的文化，再加上广东临近海洋，与其他国家和地区交流的机会较多，受外来文化的影响也多。这样就形成了广东人包容和容易接受外来文化和新鲜事物的心理特征，具有敢为人先、开放兼容、勤勉务实、变革求新的精神品格。东北人因地理环境因素千百年来与历史命运抗争形成了勇敢豪爽、意志坚韧的性格，从而也就有了东北军的威震神州。

不同地区间的人们不同的性格，形成了各具特点的思维方式和价值观念，影响着人们的思维和行动，给交通公安文化建设带来了多彩的格调。

另外，不同地域的地理环境差异性，构成了地理环境的显著特征，因而文化的形成和发展具有明显的地域特征，便形成了各具特色的地域文化，即这个地方所独有的文化特征，而这种文化特征来自于这个地方独特的自然环境和社会人文环境，并被这个地方的人们所接受。中国传统地域文化历史上最具代表性的就是早在先秦时代就形成了的各具特色、对后世影响深远的齐鲁文化、巴蜀文化、荆楚文化、吴越文化、岭南文化、闽台文化等。不同的文化有着明显的区别，使人们思想观念、精神追求迥然不同，当代不同区域内的交通公安文化必然受到这些文化的影响，在实践中就有着不同。如烟台地形为低山丘陵，依山傍海，岛屿环绕，港口公安机关文艺作品普遍存在一种恋海情结，有的对海抒怀，有的以海书志，但也不乏泼墨写山绘松之作。长江航运公安机关分布于长江沿线，长江是其文化建设的主题之一，歌咏比赛、文娱活动莫不以长江为题，文学作品更兼有长江之魂而出彩。

2. 民俗风情的影响

交通公安机关地处一定的地域范围，都会受到所在地的地域特征、风土人情、风俗习惯等因素的影响，因而交通公安文化也就天然地具有了某些本土化的特质，形成不同心理架构、思维方式和行为模式。正如《荀子·儒效》云：“习俗移志，安久移质”[⑤]，就是说一个地方的习俗习惯能够改变人的思想，长时期的受风俗习惯的影响，就会改变人的本质。

民俗风情是一个国家或民族在长期的历史生活过程中约定俗成、自成一体的，并不断重复传承下来的生活文化，具有浓郁的地方特色。表现在文化传统、人文风采、民间文艺、名胜特产、男女情怀、衣食住行、婚丧嫁娶、人生礼仪等各方面。一个地方不同的民俗风情也对人们的性情产生一定的影响。川江浩荡湍急、峡谷险要，使川江人的性格豁达而顽强，民间音乐也透着勇敢和诙谐。如川江号子体现了他们面对险恶的自然环境具有不屈不挠的抗争精神和粗犷豪迈中又不失幽默的性格特征。江南地区气候温和，自然景观秀丽，这里的人聪慧灵秀，民间音乐也细腻委婉，曲调美丽动人。东北地区寒冷的气候和肥沃的土地，东北人性格豪爽粗放，民间音乐也干脆利落，活泼而风趣。许多“少小离家老大回”的游子们，几十年念念不忘的往往是难登大雅之堂的家乡小调和地方小吃。“故土难离，乡音不改”，说到底，就是地方风情对人的熏陶和浸淫。

民俗风情是一种非制度性的文化，对于社会所具有的约束是非强制性的，然而对于人类社会毕竟会带来重要影响，而且这种影响往往是通过耳濡目染、潜移默化而形成的。由于各地民俗风情不同，对所在地的交通公安民警性情的形成、行为习惯的影响，对于交通公安文化风格的塑造也是潜移默化和持久有力的，从而带有本地特质。

从远古到今天，尽管人们价值取向、生活欲望有了差异，社会也进步了，但民俗风情文化都得到了人们的自然接受和保护，一直延续下来，这说明民俗风情是适合人类的文明、和谐发展的。只要人们生活在社会现实之中，民俗风情就与我们息息相关，共生同存。我们对民俗风情文化不能熟视无睹，不以为然，而是要高度重视它。尽管我们不能离开它抛弃它，可我们能改良它，正如毛泽东所说：“移风易俗，改造世界。”但是，首先我们得尊重各地各民族的民俗风情文化现象，在科学发展观的指导下，以与时俱进的理念，取其精华，弃其糟粕，合理利用，引导其向积极健康向上方面发展，以促进交通公安文化建设。

3. 经济状况的影响

经济基础决定上层建筑。文化作为

上层建筑重要组成部分，必然受到经济发展水平的影响；经济是文化建设的基础，是制约文化建设的重要因素，它为文化提供赖以生存、发展和进步的物质基础和保障。地域经济作为整个社会经济的基础构架，由于各地自然条件、社会结构、观念意识不一样，受地理区位、资源、气候等诸多因素的制约和影响，致使其经济结构和发展水平各具特色且各有差异。地域经济发展状况对地域文化形成发展起着支撑作用，决定着地域文化发展水平的高低和规模。

地域经济状况决定人们的思维方式以及文化观念，影响了人们的文化素质和对文化的认同感，有利于促进文化繁荣。同时发达的经济为文化建设提供了坚实的物质基础和经济环境基础。沿海、长江三角洲经济建设的迅速发展动态地改变着人们的思维方式和文化观念，随着这些地区市场经济体制的建立健全、完善，区域内人们的文化视野变得开阔起来，逐渐形成了自主意识、效率意识等。烟台港早在1861年即被辟为开放通商口岸，现在已成为国家水路运输的主枢纽港和国内沿海重要的对外开放港口，是国家沿海南北大通道（同江至三亚）的重要结点，在全国综合运输网中居于重要地位。因此烟台港公安局的文化建设取得了丰富的成果。

从中国地域经济分布看，分为发达地区、发展中地区和不发达地区。经济发达地区经济健康、快速、持续发展，促进文化繁荣，是推动交通公安文化进步的重要力量。由于历史的、自然的、经济的、文化的、政治的乃至地缘劣势等的诸多因素的影响，经济不发达地区普遍落后于发展中地区和发达地区，一定程度上影响了区域创新能力和水平的提高，影响和制约了公安文化建设的进度和发展。

4. 地域文化差异性的扬弃

不同的地域文化所独有的文化特征，使各地文化建设富有不同的内涵，在文化建设实践中必须充分考虑本地的文化特征。地域经济发展水平的不同对各地交通公安事业可持续发展有着较大的影响，港口集团的经济效益决定了对交通公安工作的投入比例。各具差异的地域文化对交通公安文化存在着客观影响，必须正确面对，并采取切实可行的措施。所以在交通公安文化建设实践中，应当尊重、吸收地域文化中的合理养分，因势利导，扬长避短，采取不同对策，从而弱化其消极作用，强化其积极作用。

（1）尊重差异。在工作中，各地交通公安机关应该充分认识了解不同的地域文化差异，并尊重这些差异，同时借助于这些差异了解不同地域文化的发展情况。就物质文化而言，同样是巡逻艇，不同水域（地域）的面积、浪潮、天气情况等的不同，对排水量、体积尺寸的要求不同，因此在进行巡逻任务中，我们不能把在海洋上执行巡逻任务的巡逻艇搬到长江上来用。就精神文化而言，各交通公安机关和民警的思想观念、思维方式不同，工作思路不一致，沿海和内河交通公安机关就要互相尊重和学习他地文化，以进一步提升自身整体能力。

（2）求同存异。地域文化的差异先天、后天都存在，不可能完全按照同一个标准来要求，这也正是交通公安文化的通用化与多元化并存的原因。交通公安文化建设在选择、分析、制定方案以及方案的实施时，要充分考虑地域文化的差异，必须从自然环境和社会人文环境这两个方面去综合研究、整理和提炼出本地区独具特色的地域文化，并将提炼出的地域文化有机地融入，使之所形成的观念形态文化能够为广大民警所接受、所认知。忽略了这点，则效果就不会理想。

（3）协调发展。矛盾既可以相互对立，也会相互转化。如前所述，地域文化差异既是交通公安工作的制约因素，也是协调发展的促进因素。所谓协调发展，就是在形成一套良性循环运行发展机制的同时，积极地把存在明显共同的文化机制推广到全国交通公安机关；在实践中，要互相学习、交流，不断提高各地交通公安文化建设的水平；在重点加强交通公安文化建设时，也要积极关注地域其他文化，与其相融合并和谐共存。

文化总是无形而又有形地左右着人们的思维和行动。地域文化的差异，从文化各层面对公安工作的使命、任务和目标产生着不同程度的影响。充分认识地域文化差异对公安工作的影响，是解决交通公安工作中出现的各类问题的重要途径之一。同时也应明确：尊重差异、求同存异、协调发展是交通公安工作中处理好地域文化差异的关键。

①《二十二子》[M]，上海古籍出版社，1986年版。
②《二十二子》[M]，上海古籍出版社，1986年版。
③《十三经注疏》[M]，中华书局，1980年版。
④《四书集注》，南京凤凰出版社，2005年版。
⑤《二十二子》[M]，上海古籍出版社，1986年版。

（二）社会环境影响

文化是人类活动的产物，是人类社会特有的现象。文化人类学家和一些社会学家认为，文化和社会是统一的，人类社会的发展史也是一部文化史。人类社会发展史既是人类繁衍、财富创造的物质文明发展史，更是人类文化积累、文明传承的精神文明发展史。从社会存在决定社会意识的哲学观来看，同任何一个社会现象一样，意识形态的文化都要在一定的社会环境中生存和发展，受着人类活动的影响。交通公安文化是众多社会文化中的一个分支，必然受到社会环境的影响。

1．交通公安文化建设要与文化背景和时代发展相一致

文化有它生成的基因和程序，交通公安文化也是如此。它是一个历史范畴，其产生和发展离不开特定的时代背景和特定的社会文化土壤，需与时代发展相一致；它又是一个与时代相呼应的整体，要直面时代的新要求。因此，不能把交通公安文化置于社会生存和发展的环境之外，置于时代精神和文化背景的视野之外。否则，它必然是脱离客观实际，不完整、不健全的。

在当今激烈的国际竞争中，文化已成为民族凝聚力和创造力的重要源泉和重要因素，已成为综合国力的一个重要组成部分和重要标志。越来越多的国家十分看重文化的巨大作用，千方百计壮大本国文化的整体实力和国际竞争力。我国要在新的国际竞争中立于不败之地，必须保持清醒的头脑，加强文化建设，采取相应的对策迎接挑战，尽快形成与我国经济社会发展和国际地位相适应的文化优势。党的十七大提出，要坚持社会主义先进文化前进方向，兴起社会主义文化建设新高潮，激发全民族文化创造活力，提高国家文化软实力，使人民基本文化权益得到更好保障，使社会文化生活更加丰富多彩，使人民精神风貌更加昂扬向上。刘云山同志在论《更加自觉、主动地推动文化大发展大繁荣》谈到，谁占据了文化发展的制高点，谁拥有了强大的文化软实力，谁就能够在激烈的国际竞争中赢得主动。这些重要的指导性文件在提高我国各行各业对文化建设的认识、推动我国各行各业加强文化建设的实践起到了重要作用。

文化具有强烈时代感，每一种文化都是各个具体时代社会生活的反映。它和当时的政治经济及其他社会生活，有着紧密的联系。从中国历史上看，每一个时代的文化，都有其时代的特征。从中国文化发展来看，文化大多都受到时代的政治经济影响，都是时代社会生活的反映，因而具有时代发展的特点。随着我国改革开放和市场经济的深入发展，文化对经济建设和整个现代化事业的推动作用日益凸显，在市场经济背后，有一只看不见的手，就是经济规律；同时还有一只看不见但不能忽视的手，那就是文化。世界500强企业的发展进程已经表明，文化是一个企业获得成功的关键动力，更是组织管理中一座有待挖掘的富矿。当前，交通的大发展，对交通公安工作提出了更高的要求，在共创“和谐交通”和建设现代文明社会中，交通公安本身在发展中不断拓展。

在全国大力加强先进文化建设的这

一大背景下，各行各业都在发展自身的文化，积极进行文化创新，搞好有中国特色社会主义的文化建设。所以，交通公安机关也必须不断进行自身的文化建设，我们除了要认识公安文化自身的重要作用，更重要的是清醒认识时代发展变化对交通公安文化建设的影响，准确把握社会文化的新变化，不断创新，向前拓展，既要继承交通行业的优良传统，又要根据自身的公安特色，始终与社会环境相一致，始终与时代发展同步，使交通公安文化在大文化的背景下更具有鲜明的政治内涵和良好的社会环境，具有鲜明的时代特征和强烈的时代气息，为广大人民群众和交通运输生产提供更加优质的服务。

2. 对外交流中东西文化冲突的影响

文化具有共性。当今世界，任何一个国家和民族，都无法把自己封闭起来，与世隔绝，否则它不仅不能发展，甚至难以生存。事实上，人类社会的发展是一个不断扩大文化交流的过程。当代的每一个国家和民族，都纳入世界范围的多向多元的文化交流之中，通过文化传播而引起文化冲突、文化整合或融合，不断发展本国和本民族的文化。

改革开放，使不同地域的文化交流，促进了中国文化的发展。尤其西方文化进入中国，对中国的传统文化产生了强烈的冲撞。在冲突中，许多西方合理的、先进的、科学的文化通过各种渠道和方式，不断地被我们借鉴和吸收，丰富了中国文化的内涵。一方面，对外开放促使中国文化融入世界文明发展潮流，不断吸收西方先进文化成果并丰富和发展自己。对外开放中，我们在引进外资、先进技术和管理经验的同时，西方的一些属于全人类共同财富的先进文化成果也通过这些物质载体进入中国，从而与中国传统文化发生冲突。在冲突中促使中国文化进行自我整合与调整，吸收人类优秀文明成果，荡涤自身的糟粕和沉渣。另一方面，对外开放促使人们思维方式的转变。我国对外开放实践的发展过程，也是实现从封闭式建设社会主义向开放式建设社会主义的过程。开放前的封闭，使中国远远落后于世界先进水平，同时也在人们的观念中凝固、积淀成一种封闭的思维方式。经过30年开放大潮的冲击和碰撞、挑战和考验、孕育和再生，人们的思维方式已逐步实现从封闭思维向开放思维的转变，使人们的思想不再囿于固定的框架之中，而具有一定程度的开放性，从而塑造了现代文化所需要的公民，也使中国文化发展视角从封闭走向开放。这种对外交流的冲突、融合，对交通公安文化的建设产生了极大的影响。

各地交通机关文化建设，要从文化发展的现实需要出发，既善于借鉴吸收国外警察有利于交通公安文化建设的有益经验和优秀成果，又始终坚持自己的理念、信念和原则，有效地抵制腐朽思想文化的侵蚀。随着国际警务交流与合作的日益增多，国外警察有许多成功之处是可供借鉴的，如在素质建警强化训练、减少和避免警察的伤亡方面，在发展警察公共关系、强化社会防控机制方面等。要在开展警务合作交流的同时，不断延伸自己的文化触角，拓展自己的文化视角，扬长避短，在吸取国外警察优秀文化的丰富营养中提升自我、不断发展，以适应不断开放的形势。

当然，我们也要清醒地认识到，西方国家正在通过各种途径对我国进行文化渗透。他们借助文化推销其社会政治理论、价值理念、意识形态、生活方式和崇尚个人的自由，通过各种方式传入我国部分群众的意识之中。个人主义、损人利己、贪图享受、金钱崇拜等价值观，与集体为上、团结互助、无私奉献、艰苦奋斗等中国优良传统观念无疑有较大冲突，成为冲击中国交通公安文化建设的重要思想根源，影响着交通公安民警的价值观念，这是值得关注的。

3. 传统文化的影响

文化有着传承性。任何一个国家及其民族文化的发展，都是在传统文化基础上进行的传承、创新。如果离开传统，犹如割断血脉，文化的发展将会迷失方向、丧失根本。

中国传统文化是中华民族五千年优秀文化的传承和发展，在此过程形成了以爱国主义为核心的团结统一、爱好和平、勤劳勇敢、自强不息的伟大民族精神。这种民族精神有着深厚的历史根基，在不同的历史时期有着不同的表现。如“先天下之忧而忧、后天下之乐而乐”的人文胸怀，“国家兴亡、匹夫有责”的爱国精神，“富贵不能淫、贫贱不能移、威武不能屈”的道德境界，“厚德载物、自强不息”的理想追求，“行已有耻、知耻近乎勇”的明耻品格，“高节不屈、尽忠报国”的浩然正气，“当说必说、激浊扬清”的求真态度，“忧国忘身、廉洁奉公”的敬业精神等。这些所蕴含的、代代相传的思维方式、价值观念、行为准则，无时无刻不在影响着今天的中国人，为我们开展创新文化提供了历史的根据和现实的基础，为我们今天做好公安工作提供了有益的借鉴。爱国人士的精神境界也为今天的交通公安工作提供了强大的精神动力，崇高信念、优秀品质、时代精神等也给交通公安提供了积极向上的元素，注入了时代特征，是交通公安文化不断丰富和发展的宝贵财富。

交通公安文化在发展过程中只有继承和发扬中国优秀传统文化，才能使文化建设具有深厚的根基，也才能使文化发展具有生机与活力。中国传统文化是培育交通公安文化的“土壤”，交通公安文化是植根于传统文化土壤之中一株茁壮成长的小树。因而，交通公安文化建设必须高度重视传统文化的传承，进行积极的整合，使自身文化不断前进。

4. 社会文化结构的影响

在当今世界文化形态、价值取向日益多元化的趋势下，由于历史和现实的原因，任何一个社会的文化形态，都不是单一的、纯而又纯的，总是存在着主流文化、亚文化、反文化等文化形态，还存在一些带有愚昧、颓废、低级、庸俗等色彩的落后腐朽文化。所谓主流文化也称主文化，顾名思义就是在一个社会群体占主导地位的文化，是被大多数人认同和遵循的价值观念、行为模式、社会方式等文化现象，标志着社会文明的程度。而亚文化就是指在一个社会群体中相对处于比主流文化低一级的社会文化。他们影响社会的价值观念和行为模式的深度和广度不同，只有少数成员认同的价值观及所采取的行为方式，流行于一定社会群体和一定社区之中，表现出自己群体特有的观念、行为与价值观。亚文化与社会主文化、价值观念有差异，甚至是不相容的、相抵触的。

交通公安文化作为积极的、健康的、向上的文化，直接激励民警的思想和精神，激发民警的热情和斗志，塑造民警优良的人格和信念，对民警的素质和公安队伍的建设产生决定性的作用。然而，由于我们交通公安民警处在与境内外各种违法犯罪分子斗争的第一线，精神压力大，接触社会消极因素多，容易受到落后腐朽文化的侵蚀。因此，应充分发挥交通公安文化所具有的对社会种种文化现象的析疑、排斥、改造、认同、滤出纯洁、促成升华、消解负作用的功能，弘扬主流文化、引导亚文化、遏止反文化，用先进文化占领交通公安机关的文化阵地，最终建立起符合新时期公安任务的交通公安文化。

5. 文化多元化的影响

当今的文化领域，主要的传统文化形式在当代仍扮演着重要的角色，一些古老的文化形式被重新挖掘和包装，学习和引进的大量域外文化形式越来越多地占据中国的文化市场，可以看出与现代文化相匹配的多元文化形式逐渐处于支配地位，它们借助现代技术的威力迅速传播，其感染力、穿透力更为强烈。无疑，这种多元文化会对交通公安人文精神产生综合影响。

文化多元化对人文精神综合影响是，某一区域的人文精神并非某一种文化单独作用的结果，它由区域多元文化共同孕育而成。换句话说，文化多元化对区域人文精神发生着综合影响。文化多元化对交通公安文化建设的影响已经十分明显。从积极方面讲，它拓宽了文化建设的渠道，充实了文化建设的资源和人们的文化生活，满足了各层次人群对知识和文化的需求。新的时代要求用新的思维方式指导人们的实践活动，文化多元化对民警的思维方式起着潜移默化的作用，为交通公安民警更好地适应当代社会需要提供了新的思维方式，开阔了民警的视野，促进了观念的更新。在多元文化的环境中，交通公安民警可以展示其全部情感和真实的自我，感悟不同价值理念的碰撞、冲突。从消极方面看，当前，中西方文化思想、价值观念的差异乃至对立没有消除，消极的人生哲学和腐朽的生活方式会影响我们民警思想的健康，造成民警的价值观念在多元文化的冲击下与主流文化失调。因而，在交通公安文化建设中，要加强文化创新，促进不同文化的交流，有效消除不良文化的影响，大力弘扬优秀的传统精神，注重民警坚强意志的磨砺，高尚品格的培育，使民警以健康的人格承担时代所赋予的重任。

从交通地理分布看，也存在着多元化的文化。交通公安固有的地理环境，一方面是面临大海、江河，另一方面是背靠大山、平原和城市，独特的地理位置使交通公安文化存在着多元化，即水文化、山文化、平原文化、城市文化交织，这种多元文化孕育了所在地方特征各异的人文精神，其特征具有多重性。交通公安机关要提升水文化、山文化、平原文化和城市文化四者交融的人文精神，增加文化内涵，在各地的品格上孕育出多色调的特征。

（三）行业文化影响

不同的行业由于性质不同，决定了工作职能、任务、方式、目标、人力资源结构等方面的差异，从而造就了不同的价值观念、道德理念、行为规范等。由于公安工作具有开放性，涉及社会的方方面面，公安机关在履行职责开展警务工作和组织警察公共关系活动中，在积极建设发展公安文化，并向公众展示公安文化独特风姿的同时，也要受到交通行业、公安、军队文化的影响。

1. 交通行业文化的影响

交通行业涉及水运、港口、船舶等众多门类，每一个门类都在全国大交通的格局下从事着自己的行业建设。交通公安机关服务于各港口、航运，这些大环境对公安文化建设有着重大影响。

交通行业文化的作用与交通公安文化的作用相一致。交通行业文化的作用主要体现在以下三个方面：全面提高职工的整体素质，增强职工队伍的凝聚力，塑造良好的行业形象。交通行业文化主要通过文化活动、文学艺术作品向社会宣传行业的成就，展现行业的风采。交通行业文化的作用、目的和活动形式，基本上与交通公安文化相吻合。交通公安文化建设的目的也是为了提高民警的素质，增强民警队伍的凝聚力，塑造公安民警良好的形象，只是内容有所区别。如在提高素质方面，交通行业的培训内容是以企业的经营、管理为主要内容，而交通公安机关民警素质的提高往往是以提高执法办案技能、法律法规的培训等为主。尤其是近年来，沿海港口公安机关所在港口在加强企业文化建设，培育企业精神，确立企业核心理念方面开展了一系列工作，对营造积极向上的人文环境，展示团队精神，实现员工自我价值和自我超越，树立高标准的企业品牌形象，达到走向市场、赢得市场的目标发挥了积极作用。这些，自然而然地对所在地的交通公安文化建设产生了引导和促进作用。

交通行业各层面文化的借鉴。交通行业的物质、行为、制度、精神文化影响着交通公安文化的建设。我们以各港口文化建设为例来加以说明。如港口企业VI系统即企业形象识别系统的推行，使各港口公安机关的办公设施、办公环境等，除了具有公安部建立的VI系统外，也建立了自己的VI系统。港口企业现代科技迅猛发展，对港口公安机关产生了直接影响：一是反映在提高了民警掌握利用现代科学技术的能力上；二是体系在现代科技改变了民警的生活方式；三是公安科技含量成为公安事业发展快慢的主要因素。

交通行业文化的推动作用。交通行业文化尤其是港口企业文化相对成熟，文化建设机制健全、载体多样、硬件强劲、内容丰富、成果明显。合理利用交通行业相对健全的设施，借鉴他们成功的经验，将其成果为我所用，对丰富民警文化生活，陶冶民警思想情操，调节民警精神状态，激发民警工作潜能，提升民警综合素质，培育团队精神将发挥积极作用，进一步推动交通公安文化的建设。

我们在看到交通行业文化正面影响的同时，也要正视其不利因素。交通行业文化是宣传、弘扬交通企业精神、增强干部职工凝聚力和向心力的主要载体。在这个前提下，各港口、航运公安文化建设必然要以维护港口航运利益、提升港口航运形象为主。另外，港口、航运公安机关现有体制虽然是国家派驻港航单位的公安机关，但实际上部分港航公安机关只是其内设机构。作为企业的内设机构，企业的文化在某种程度上也是这个单位公安文化的一部分。在目前体制和行业大环境下，交通行业文化对交通公安文化建设有一定的不利影响。

2. 公安文化的影响

公安机关的根本任务为交通公安文化发展指明了方向。公安机关的根本任务是维护国家安全和社会治安秩序，保护公民的人身安全，人身自由和合法财产，保护公共财产，预防、制止和惩治违法犯罪活动。交通公安机关的任务也是共同的，这一任务决定了交通公安文化发展方向，即，巩固和提高民警队伍战斗力、提升公安民警综合素质和业务能力水平，培养和打造一支高素质公安民警队伍，当前开展的“三基”工程建设、“大练兵”等活动就是围绕这一根本任务开展的。

公安文化发展为交通公安文化提供了一个平台。当前，从公安部、交通部公安局到地方公安机关均十分重视公安文化建设，每年公安部的文艺晚会、交通部公安局组织的文艺演出以及地方公安机关的各种文艺汇演，由于紧密联系公安工作实际，使广大民警在丰富多彩的文化生活中受到了鼓舞，得到了锻炼，人民群众也从各种喜闻乐见的表演中对公安工作更加了解，更加支持。各地交通公安机关参加交通部公安局组织的文艺演出过程也是对各单位公安文化工作的检验。近几年，地方公安机关普遍开展了形式多样的文化活动，许多地方成立了警官艺术团，以艺术团体为龙头带动公安文化工作，还有的公安机关成立了纪念馆、陈列室。这些形式都是公安文化的重要载体，也是展示公安文化的重要舞台，对于交通公安文化建设具有十分重要的借鉴作用。

交通公安文化建设与其他公安机关文化的差距。交通公安文化建设组织机构、文化团体、人才状况、活动载体和形式等方面因受到方方面面的制约，公安文化建设仅仅限于主题教育及文娱活动，遭遇面窄、量小、缺乏深度的发展瓶颈；文化建设缺乏方向性、纵深性的有力指导，公安文化建设仍处于探索阶段；缺乏公安文化建设人才，缺乏充足的公安文化建设经费保障。这是交通公安机关文化建设亟待加强的。

3. 军队文化的影响

军队文化与管理是有着紧密联系的。几千年来，人类在进行军队建设和战争中，创造和积累了丰富的管理思想和管理经验，其管理的基本原则对于任何社会组织和社会管理活动是适用或具有启发意义的。公安队伍的管理，都自觉不自觉的吸收借鉴了军队管理的许多思想和方法。军队作为人类最成形和目前最成熟的组织形式，极大地影响和改变了现代公安队伍管理思维，为现代公安队伍管理理论和实践的发展提供较好的参照平台。

交通公安队伍是一个准军事化的行业警察组织。这种组织系统的特点决定了公安队伍必须有严明的纪律，过硬的作风，精湛的技能。它与军队同为武装性质的纪律部队，文化有着许多相同之处。党对公安队伍建设的要求与军队建设是一致的。1991年1月25日，江泽民同志在中央军委扩大会议上指出，要按照“政治合格、军事过硬、作风优良、纪律严明、保障有力”的总要求，全面加强军队建设，保证军队无论在什么情况下都能完成党交给的任务，在保卫国家安全、维护社会稳定、推进社会主义现代化建设中发挥应有的作用。党对公安队伍建设也提出了严格的要求，要求把公安队伍建设成为“政治坚定、训练有素、业务精通、纪律严明、作风过硬”的有坚强战斗力的队伍，切实担负起“巩固共产党执政地位，维护国家长治久安，保障人民安居乐业”的历史使命，保卫社会主义和谐社会的建设。治军讲政治，治警也要讲政治。交通公安民警处于全天候工作中，为了应付各种突发事件和自然灾害事故，基层所、队和机关110、机关值班室24小时值班，时时处于军人的“战备”状态。军队文化富有自身特色和时代性、先进性，人民军队始终坚持的为人民服务的宗旨、质量建军的指导思想、以纪律严明和内务规范为核心的正规化建设经验、以铸造敢打硬仗的团队作风、塑造凝聚军心功能和展示军威的先进军队文化建设，都在影响着当代交通公安的建设。军队文化是交通公安文化建设的宝贵财富，也是实现交通公安文化新发展的坚实基础。

4. 文化的整合

从上述分析中不难看出，交通公安在与其他行业的交往中，受到了其他行业文化的影响。这种影响既有推动交通公安文化发展的一面，也有不利的一面。整合各种文化，去粗取精、去伪存真，是交通公安文化建设的重要一环。

建设发展交通公安文化，不仅要坚持立足自身、彰显个性，还要与其他的行业文化协调发展。一方面交通公安要善于吸取交通行业文化、军队文化、企业文化等其他行业文化中具有特色和时代性、先进性的营养，将其转化为交通公安文化的最新成果，为公安机关的警务机制改革、内部管理、形象塑造注入新的元素，为进一步提高警察素质、发展警察公共关系创造良好的条件。此外，还要不断扩大视野、拓宽知识面，注重从哲学、管理学、行为学、传播学、信息学、心理学、社会学等学科中学习掌握有助于警察组织和成员树立正确的政治理念和价值取向、丰富良好的精神内涵、养成高尚的行为品格的相关知识，为交通公安文化注入新的活力。另一方面，交通公安机关要积极参加交通行业、其他公安机关组织的有关活动，如运动会、文艺演出、计算机技能比武等，使交通公安队伍得到锻炼；积极争取行业的支持，将行业文化与公安文化有机结合，开展如消防演练、打击物流犯罪的竞赛等与行业生产、安全有关的活动，提高保驾护航的技能和水平，使两种文化在交融中协调发展。

第二章　交通公安精神文化

交通公安的精神文化，即交通公安民警群体在警务管理和社会交往长期职业实践中逐步形成和发展起来的群体意识，包括共同的价值观念、精神理念、理想信念、服务宗旨、创新意识、情感取向、审美情趣、职业道德、精神风貌、责任感、荣誉感以及对交通公安队伍存在的意义、社会使命、发展方向、发展目的的认识和理解等，是交通公安魂之所在。

有交通公安精神理念作支撑，交通公安民警就能更加关心自己的组织，就能同心同德、尽职尽责，从而树立积极的价值理念和道德操守，自觉抵御各种错误思想、不良风气和腐朽没落的文化垃圾的侵蚀，产生抵制思想病毒侵害的“抗体”，进而去感受成功的乐趣，体会人格受到尊敬的满足，进一步焕发出敬业敬职精神。这样，交通公安事业才真正为广大民警所热爱，每一名民警才能把握好自己的角色、实现自我定位、自我约束、自我实现乃至自我超越。有了如此强大的精神动力，交通公安就能拧成一股绳，产生出巨大的感召力和强大的精神力量，从而顺利实行交通公安工作、队伍建设和形象建设目标，构建交通公安民警个体与交通公安组织之间、交通公安组织与组织之间、交通公安组织与交通港航和社会之间的和谐。

一、传统文化精神的传承

交通公安精神文化的核心价值理念，隶属于社会主义先进文化体系，并具有中华传统文化基因，传承着中国革命和建设时期及公安机关在长期历史的发展过程中形成的优秀文化传统。弘扬和培育交通公安精神文化，要将交通公安的特有精神和优秀传统文化的精神相统一，与公安机关的优良传统相承接，在努力挖掘和汲取中不断赋予其新的时代内涵。

（一）中华优秀传统文化的传承

中华民族是一个有着悠久历史的民族，悠久的历史创造了灿烂的文化。在今天，我们建设先进的交通公安文化，先进的中华传统文化就是营养源之一。

在漫长的历史发展中形成的以儒学为核心的中华传统文化，对中华民族的性格和民族精神的形成产生了巨大而深远的影响。如：儒家强调的人本意识，“为仁由己”，“己欲立立人，己欲达达人”，“民为邦本，本固邦宁”、“民贵君轻”等，至今是我们建设中国特色社会主义民主政治需汲取的有益养分；儒家强调的，“君子安而不忘危，存而不忘亡，治而不忘乱”的忧患意识，“君子忧道不忧贫”的积极人世品格，“乐民之乐者，民亦乐之乐；忧民之忧者，民亦忧其忧”的责任意识和承担意识等，对于激发我们胸怀天下，奋发进取，激发我们的历史使命感、责任感具有积极意义；儒家强调的“行已有耻”、“知耻近乎勇”的明耻品格，“砥节砺行”、“舍利取义”的道德修养等思想，对于形成追求高尚、激励先进、诚实守信的良好社会风气具有重要意义；儒家强调的乐道精神，即“得志与民由之，不得志独行其道。富贵不能淫，贫贱不能移，威武不能屈，此之谓大丈夫”，“发愤忘食，乐以忘忧，不知老之将至”等思想，对于提升人的精神，陶冶人的情操，超拔人的气质具有积极的启示；儒家强调的力行意识，即无论是人本精神的高扬，忧患境域的摆脱，道德素养的提升等，都不能够离开人们投身现实、奋发进取的努力和作为。因此，“士而怀居，不足以为士也”，“修身齐家，治国平天下”，“天行健，君子以自强不息”等思想，对于我们激发斗志、坚定理想，树立不畏艰险、知难而进、锲而不舍精神具有积极的推动和促进作用。

除了儒家思想外，中华优秀传统文化中法家、兵家、道家、释家等思想中也包含有大量值得我们深入挖掘和加以改造利用的有益思想。如：法家主张“以法治国”的“法治”思想，倡导“兴功惧暴”，即鼓励人们立战功，而使那些不法之徒感到恐惧，倡导“不法古，不循今”的历史观，反对保守，主张锐意改革。兵家主张在对敌斗争中采用“谋略”思想，要“知彼知己，百战不殆，知天知地，胜乃可全”、“居安思危”、“有备无患”、“攻其无备、出其不意”、“避实击虚”、“以众击寡”、“兵贵胜，不贵久”、“兵贵神速”、“兵贵其和，和则一心”、“三军一人，胜”、“三军可夺气，将军可夺心”、“密察敌之机，而速乘其利，复疾击其不意”等。

总之，中华民族五千年的悠久历史积淀了内涵丰富、博大精深的优秀民族文化传统，其思想精华直到今天都辐射着哲理的光芒。交通公安文化是社会主义文化的一部分，在其发展的过程中必然要继承和发扬优秀民族文化传统。对传统文化精神及其价值理念进行现代透视，并深入挖掘和汲取其有益成分，才能不断丰富和发展具有时代要求的交通公安核心价值体系。

（二）中国革命和社会主义建设优良传统的传承

中国共产党领导中国人民，在推翻帝国主义、封建主义和官僚资本主义三座大山的革命斗争中，在社会主义建设道路的艰辛探索中，在改革开放的伟大实践中，为实现中华民族的独立和人民的解放，为中华民族的伟大复兴，创建了丰功伟业。同时，积淀形成的革命和建设精神，是中华民族的宝贵精神财富。如：党在井冈山时期优良作风高度概括的井冈山精神——坚韧不拔，开拓进取，勇往直前的革命胆略；善于把马克思主义与中国革命实际相结合的科学态度；团结一致，顽强拼搏，不怕牺牲的献身精神；依靠群众，自力更生，艰苦奋斗的优良作风；始终不渝地坚信党的领导，坚信共产主义事业必胜的崇高信念。中国工农红军体现出来的为共产主义理想奋斗到底的长征精神——坚决跟着共产党走，高举马克思主义、列宁主义、毛泽东思想的伟大旗帜；英勇顽强、艰苦奋斗、不怕困难、不怕牺牲的大无畏精神；集体主义、阶级友爱、严守纪律、同战友和群众患难与共、生死相依的革命精神。党在延安时期突出表现的艰苦奋斗精神。还有社会主义建设时期形成的“艰苦奋斗、勇于开拓、顾全大局、无私奉献”的北大荒精神；“公而忘私，全心全意为人民服务”的雷锋精神；“解放思想、实事求是，积极探索、勇于创新，艰苦奋斗、知难而进，学习外国、自强不息，谦虚谨慎、不骄不躁，同心同德、顾全大局，勤俭节约、清正廉洁，励精图治、无私奉献”的创业精神；“万众一心、众志成城，不怕困难、顽强拼搏，坚韧不拔、敢于胜利”的抗洪精神；“热爱祖国、无私奉献，自力更生、艰苦奋斗，大力协同、勇于登攀”的两弹一星精神；“特别能吃苦、特别能战斗、特别能攻关、特别能奉献”的载人航天精神；深圳经济特区“十大精神”——敢闯、敢冒、敢试，敢为天下先的改革精神；奋发有为、只争朝夕的创业精神；自立、自强、自信的拼搏精神；团结友爱、扶贫济困的互助精神；诚实守信、廉洁奉公的奉献精神；爱岗敬业、健康文明的人文精神；公正严明、规范有序的法治精神；崇尚知识、完善自我的学习精神；公开透明的民主精神；面向世界的开放精神。

这些革命和建设精神，是中华民族精神的表现、当代先进文化的精髓，是激励和鼓舞中华民族全面建设小康社会和社会主义和谐社会的不竭精神动力，也是交通公安精神文化建设的总方针，对于我们提炼、培育交通公安核心价值理念体系具有最高的指引作用。

（三）公安机关优良传统的传承

公安机关是一支有光荣传统的队伍，是一支忠于职守、政治坚定、勇于奉献，有坚强战斗力的队伍。在长期、复杂的革命斗争中逐步形成了包括“八大纪律”、“十项注意”在内的许多好传统和好作风，几十年来英雄辈出，为了祖国的安宁、人民的幸福作出了巨大的牺牲，这是公安文化建设的一笔宝贵财富。如“忠于党、忠于祖国、忠于人民、忠于法律”的政治纪律，坚定理想信念，永葆革命战士本色，对党忠诚的崇高品质，牢记宗旨、执法为民、无私奉献的高尚情操，忠于职守、无私无畏、不怕牺牲的英雄胆识，与时俱进，开拓创新，追求卓越的时代精神；“立警为公、执法为民”的时代理念；“人要精神、物要整洁、说话要和气、办事要公道”的时代要求，崇尚科学，睿智大气，健康向上的文化气质。改革开放以来，在保卫社会主义现代化建设的熔炉中，更是锻造了一大批需要大力继承和发扬的先进典范。济南交警“严格执法、热情服务”的形象，本溪市公安局队伍管理的经验，漳州“110”的为民精神，哈尔滨市东莱派出所35年红旗不倒的经验，上海港公安局的“洋山公安精神”等，都蕴含了深刻而又丰富的文化内涵，是各级公安机关在改革发展实践中创立的优秀文化成果的先进代表。

近年来，公安机关先后开展了“创人民满意”、“三项教育”、“大讨论”、“大练兵"、“大接访”、正规化建设、“三基”工程建设、“三考”等系列战略举措，这些活动中形成的优良价值观念、行为特征、管理方法、制度建设和“四统一五规范”的物质文明建设，都值得从中总结成功经验，挖掘符合先进文化要求和切合公安队伍的文化资源，弘扬公安机关的光荣传统，使交通公安文化在继承的基础上有所创新，有所前进，不断丰富和发展。

二、交通公安传统精神的发掘

交通公安文化几十年来的实践和发展，不仅创造和传承了丰富的物质文化，还凝练和积淀了底蕴深厚的精神文化。一批批先进群体和优秀民警的模范事迹如诗如歌，代代相传，塑造了一系列具有交通公安特色的崇高精神。这些精神是交通公安的宝贵财富，是全体民警的学习典范，是塑造交通公安核心价值体系的坚强支柱，是交通公安的立警之魂。

（一）临危不惧、勇于献身的忠诚精神

忠诚，意思是指对国家、对人民、对事业、对上级、对朋友等真心诚意、尽心尽力，没有二心。交通公安的忠诚，来自对交通公安事业无限热爱的心灵深处，体现在为交通公安事业无私奉献的实际行动中。几十年来，交通公安队伍先进典型人物不计其数，他们的共同特点就是用汗水和智慧书写了对交通公安事业的忠诚。更有顾正泽、王德利、牟彦峰、孙国明、杨永、李宁、冉隆泽等几十位光荣牺牲的民警，是用鲜血和生命书写的忠诚，这是一种极致的忠诚，是熔铸交通公安警魂的灵魂。

1995年5月23日18时20分，烟台港公安局客运所民警王德利在值班室审查嫌疑人员时，对方突然用“六・四”式手枪，隔着外衣，朝王连开数枪……正在屋外审查盗窃分子的该所民警牟彦峰，听到枪声立即起身，欲冲向里屋，被跑出的歹徒在距离不到3米的门口开枪击中胸部……身中数弹的王德利、牟彦峰在苏醒后爬着朝歹徒逃窜的方向呼喊、追击，被所长顾正泽和民警孙国明发现。孙国明驾驶三轮摩托车一个急转弯拦住歹徒，被歹徒近距离开枪击中心脏……紧追上来的顾正泽搬动货架将歹徒堵在一家商店里。丧心病狂的歹徒向顾正泽和群众开枪，欲夺门而逃。为避免群众遭受更大伤亡，防止歹徒逃窜，顾正泽赤手空拳冲进店内，被歹徒击中数枪，仍奋力扑住歹徒，与其激烈搏斗，致使歹徒自伤左腿。4名民警用鲜血和生命保护了人民群众，将穷凶极恶的歹徒逼入困境。在愤怒群众的石头、砖块袭击下，在闻讯赶来的公安民警层层包围下，歹徒畏罪自毙。

“5・23”英雄群体的事迹受到了社会各界的高度赞扬。交通部、公安部、山东省等58个单位、团体发去慰问电、慰问信。时至今日，仍然有一批批民警、学生、职工及普通市民到4位英烈的墓前献花扫墓，缅怀他们的英雄壮举，开展革命传统教育。“5・23”英雄群体的大无畏精神被诠释为：忠于祖国、忠于人民、忠于职守的爱国主义精神；英勇顽强、前仆后继、不怕牺牲的革命英雄主义精神；廉政爱民、助人为乐、无私奉献的共产主义精神；团结协作、密切配合、严守纪律的集体主义精神；努力学习、苦练本领、严格要求的不断进取精神。

（二）克己奉公、顾全大局的奉献精神

克己奉公，出自《后汉书・祭遵传》：“遵为人廉约小心，克己奉公。”释义为：克己，约束自己；奉

公，以公事为重。克制自己的私心，一心为公。奉献，作动词解是恭敬地交付、呈现的意思。

交通公安奉献精神是在顾全大局的思想境界中产生的，其奉公的对象，就是交通公安事业，而奉公的程度取决于克制自己私心的程度。在交通公安事业这个大公里，不仅仅是英雄模范人物作出了奉献，无数默默无闻的普通民警也都作出了自己的奉献，正因为这些奉献已经成了普遍意义上的民警自觉行动，自然就凝练成了一种熠熠生辉的交通公安精神。

2003年底，根据国务院文件精神，长航公安局基本完成了长航公安机构体制改革。长江港航公安机构作为国家治安行政力量和刑事司法力量的重要组成部分，行使跨区域的中央管理水域的公安管理事权。长江港航公安机构所需要经费由中央财政负担。

新的公安体制要求长航公安原来的警力配置要做大的调整，意味着将有数百民警要从武汉、重庆、南京等大城市到沿江中小城市新成立的分局和派出所去工作数年，意味着这些民警个人乃至他的家庭原来的生活和工作格局将产生突如其来的变故，意味着他们将要为长航公安体制改革和交通公安事业作出更多的奉献。

对此，交流任务最重的长航公安局武汉分局以开展“知局情，凝警心”主题教育月活动为切入点，开展“举办一期宣传专栏，组织一次专题讨论，撰写一篇心得体会”活动，下发《长航公安局武汉分局民警异地交流宣传提纲》，提出“转变观念，适应形势，个个都是乘警；维护改革，促进发展，人人准备交流”的口号，帮助民警正确认识异地工作的长期性、艰巨性和不可回避性，引导民警树立大局意识和奉献精神。

2004年春节后，第一批327名交流民警就发扬“心系改革作奉献，异地交流我争先”的精神，告别了自己熟悉的工作岗位和父母妻儿，在短短两个月时间里踏上了异地工作岗位。在历时4年的时间里，长航公安的交流民警在异地岗位上作出了重要贡献，留下了许许多多感人肺腑的事迹。这些民警无私奉献，使“交流民警”成为在特定环境下产生的特殊词汇，这正是交通公安民警奉献精神的生动体现。

（三）知难而进、迎难而上的开拓精神

拓者，拓荒也。《吴子·图国》载“辟土四面，拓地千里”。“开拓”一词，即是古语“开疆拓土、开疆拓宇”的缩写。这种豪迈的进取心恰好也是交通公安精神的真实写照。

我国的交通事业经历了由小到大、由弱到强的艰苦创业过程，而作为保护神的交通公安也自始至终地亲历了这样

的过程。在流动的客轮上派驻乘警，在复杂的航道上派出巡逻警，在繁忙港区里设立交通警，在建港新区提前设置警区、派出所，可以说祖国的交通航运事业延伸到哪里，交通公安保卫工作就随之开拓到哪里。

2002年6月，交通人在远离上海市区30公里的东海舟山水域的孤岛洋山上，拉开了建造洋山国际深水港宏伟工程序幕。经过4年时间的奋力拼搏，打造了一个现代化大港，铸就了一个伟大的奇迹，也创造出了为人称颂的洋山精神。

在这不平凡4年中，上海港公安局派驻洋山建港工地的民警也显示了交通公安民警的英雄气概。没有桥梁，只见一望无际的大海，上下班都要在海上颠簸数小时；没有淡水，只有漫天的寒风，就连饮食用水都要省之又省；没有道路，只有遍地的野草，镰刀和铁锹成了民警出行的伙伴。在如此艰难的条件下，这里的交通公安民警住民房、点油灯、喝雨水，以岛为家、以苦为乐，走遍了小洋山岛的每一个角落，破获了一起起盗窃案件，排除了一次次治安消防隐患，调处了一桩桩民事纠纷，铸造了可贵的“洋山公安精神”，即：不辱使命的负责精神、勇挑重担的拼搏精神、保持本色的奉献精神、求真务实的科学精神、团结协作的大局精神。

2006年10月，公安部刘金国副部长在了解了洋山港的公安保卫工作情况后，作出批示：“‘洋山公安精神’要大力弘扬！洋山公安这面旗帜要永远高高飘扬。”

（四）不畏艰辛、奋发图强的进取精神

20世纪90年代中后期，由于体制方面的原因，交通公安的经费出现了严重困难。长江航运公安机关很多分局办案经费严重不足，公安装备和办公条件难以改善，甚至民警基本工资都得不到保障，有的民警仅发200元（相当于地方公安机关民警收入的十分之一）生活费暂时离岗回家。在这严峻的现实面前，“我们的公安局到底还能不能存在？我们身上的制服到底还能穿多久？”的疑惑在少数民警中产生不小的消极影响。

然而，艰难困苦方显出奋发图强的英雄本色。长航公安局万州分局治安科长孔庆的奋斗精神就是一个闪光写照。他参加长航公安局部署的十六大安全保卫工作，负责对辖区308公里长江水域开展船舶消防安全检查，在外地连续工作40多天没回家，期间曾出现剧烈头痛、说话困难症状，依然带病往返奔波于航行船舶之间，检查船舶数百艘次，排除一起起治安隐患。2002年11月11日凌晨，因连日持续奋战，疲劳过度，孔庆突发脑溢血，昏倒在工作岗位上，

经送医院抢救无效，不幸以身殉职。

公安部在授予孔庆二级英雄模范的命令中指出：他长期战斗在公安工作第一线，爱岗敬业，恪尽职守，秉公执法，默默奉献，在平凡的岗位上做出了不平凡的业绩；他牢记并实践全心全意为人民服务的宗旨，立足本职岗位，热情帮助群众排忧解难，做了大量的好事、实事，受到了人民群众的广泛赞誉；他一身正气，廉洁奉公，不徇私情，用实际行动树立了新时期人民警察的良好形象。

长航公安局正是因为有众多像孔庆那样不畏艰辛、奋发图强的领导和民警，才能在长江水域“江盗水匪”犯罪活动猖獗的严峻形势下，奋勇参加公安部和交通部联合部署的在长江水域重点区段打击“江盗水匪”的专项行动，并在战斗中克服重重困难，破获刑事案件1210起，重特大案件239起，打掉了犯罪团伙128个，抓获团伙成员493名，使长江重点区段刑事案件大幅下降，使旅客、船员和沿岸群众安全感普遍增强，让长江“黄金水道”更加安全畅通。

这样的奋斗精神让长航公安在困境中激发了勇气，靠勇气拼出了作为，因作为而取得了地位。中央领导同志对长航公安在这次战役中取得的成绩给予了高度评价，奠定了长航公安体制改革成功的基础。

（五）智勇双全、打流追逃的执法精神

几十年来，在同犯罪分子作斗争的战场上，交通公安民警与流窜犯、逃犯的较量始终没有停止。在这场旷日持久的战斗中，无数作恶多端、逍遥法外的犯罪分子被识破、被缉拿；无数火眼金睛、智勇双全的交通公安民警成了查堵能手、英雄模范。“让流窜犯、逃犯的旅程在我的岗位上终结”的口号，激励民警打造一种具有交通公安特色的执法精神。

随着改革、开放、搞活的不断深入，城乡经济空前活跃，横向经济联系日益广泛，资金流动、人口流动显著增加。流窜犯罪分子混杂在大量流动人口之中，利用管理上的漏洞空隙，频频作案；负案在逃的犯罪分子也利用现代交通的方便，不断更换住地，逃避打击。交通公安管辖的港口码头、客运站、船舶成了犯罪分子选择的场所。查堵流窜犯、逃犯的工作也成了交通公安民警一项经常性工作。以烟台港公安局客运站派出所执勤三班警长、全国特级优秀人民警察李正云为代表的众多执勤民警出色地完成了打流、追逃的光荣任务。

2000年以来，李正云在维护渤海湾水上客运治安秩序及汽车轮渡码头治安管理中，查获犯罪分子89人，流窜犯24人，网上逃犯1人，缴获黄金2709

克，假币100695元，淫秽光碟252盘，管制刀具27把。他先后荣获“烟台市十佳民警”、“烟台市劳动模范”、“全国公安系统学雷锋先进个人”、“全国交通港航公安系统优秀人民警察”、“全国交通港航公安系统十佳民警”称号，荣立二等功2次，三等功4次，嘉奖1次。10次获优秀共产党员称号，连续13年被评为先进工作者。

这些荣誉体现了一个查堵民警爱岗敬业的精神、为民除害的责任、业精技强的本领、克敌制胜的勇气。这也正是交通公安倡导的一种执法精神。

（六）情系群众、爱民帮困的服务精神

“情为民所系”是江泽民同志在十六大报告中的用语。胡锦涛同志在《新时期保持共产党员先进性专题报告会上的讲话》中又对全党提出了“权为民所用，情为民所系，利为民所谋”的要求。可见，情系群众，体现了中国共产党新一代领导集体的心声。从1958年至今坚持了50年之久的“爱民月”活动，集中体现了交通公安民警为人民群众热情服务的精神。

作为交通公安窗口的各港口交警部门，总是急群众之所急，想群众之所想，把身边每一件事都当作大事，实实在在地为群众排忧解难。在一年一度的春运中，各单位交管部门把确保道路安全、畅通、有序，最大限度地预防和减少交通事故，保证车辆人员有序流动，来的顺心，去的平安，作为交警的爱民行动目标，在人民群众中树立了良好的港口交警形象。

同样是窗口单位的客运派出所民警在爱民实践中，在码头、车站为旅客群众提供行李搬运、卫生清扫、法律咨询等爱民便民利民服务。一个微笑、一声问候、一手搀扶、一杯茶水、一席耐心解答、一段热情引路，这些点点滴滴的日常小事，日复一日，年复一年，体现了交通公安客运民警对人民群众的浓浓情意。

一面面锦旗、一幅幅金匾、一封封感谢信送到了交通公安的窗口单位，也送到了刑侦、治安、消防、国保、乘警等其他实战单位。它表达的是人民群众对交通公安民警的感谢，更代表了社会公众对交通公安服务精神的赞许。

（七）一方有难、八方支援的协作精神

“一方有难，八方支援”这句俗语，虽然难以考证它的出处，却是妇孺皆知的高尚风格和精神。这种精神体现在交通公安机关的本质特征就是帮助、协作和贡献。交通公安机关各单位远隔千山万水，物质条件和工作环境差别很大，但是单位与单位之间、民警与民警之间的兄弟情、战友情非常深厚，相互

支援、相互协助的优良传统由来已久，不断被发扬光大。

2002年，体改前的长航公安局由于体制不顺的原因，公安经费严重不足，已经影响到民警的基本经济待遇和正常的公安业务工作。面对兄弟单位的困难，沿海的大连港公安局、广州港公安局等单位领导树立全国交通公安一盘棋思想，从本不十分宽裕的公安经费中挤出一份帮助困难单位，向长航公安局支援了5台面包车。长航公安局将这些车辆全部调配到万州分局的基层派出所。后来，这些车辆为长江航运安全保卫工作的关键时刻发挥了十分重要的作用。

这种兄弟情、战友情还充分表现在广大民警对因公牺牲战友家属的无私捐助上。2005年，长航公安局上海分局两名民警在执行任务途中因车祸不幸牺牲，仅长航公安民警一次就向牺牲民警家属捐款达人民币40万元。

这种兄弟情、战友情还在交通公安机关得到延伸，形成了带有社会博爱意义的兄弟感情。几年来，交通公安机关的民警通过持续不断的爱心，在新疆和河南洛阳农村援建了两所希望小学，为构建和谐社会贡献了一份力量。

（八）以人为本、文化育警的和谐精神

以人为本，指的是社会管理、组织管理的价值取向应该以人为主、以人为根本，让人的身心得到最大限度的满足、人的价值得到最大程度的发挥。只有做到了以人为本，才能使文化育警取得良好成效，才能营造和谐的警营环境。交通公安风风雨雨几十年，历经曲折坎坷，战胜艰难险阻，总能够完成党和人民的重托，促进队伍的发展，靠的就是这支队伍团结和谐的精神。

大连港公安局大力推进“文化育警”工程，在全体民警中牢固树立“警魂永恒，承平百年”的共同愿景，倡导“永不退步，争创一流”的价值追求，培育“公正执法，热情服务”的行为规范。全局13个基层所队围绕弘扬忠诚、正义、智勇、奉献的警察精神，确立各具特色的文化主题。国保支队树立“松柏不变的是绿色，国保民警不变的是忠诚”的松柏精神；消防支队树立“自我加压，默默奉献”的水枪精神；大连湾派出所树立“铸就港湾坚盾，打造一方平安”的盾牌精神，等等。这些主题活动，为队伍建设和公安工作注入了一股文化清风，极大地增强了队伍的向心力、凝聚力和战斗力。交通部公安局局长张玉胜同志在视察大连湾派出所时题词：“把文化育警根植于民警之中”。

天津港公安局全面实施“文化育警”战略，培养民警昂扬向上的精神，通过落实“五个一”措施，即培育好一

个文化人才园，建设好一支乐队，巩固好一个网络阵地，维护好一个文化窗口，管理好一个“民警爱心基金”，把警营文化搞得红红火火。天津港公安局正在逐步建成一个和谐的民警之家，使每位民警和辅警都有归属感、安全感和荣誉感；建成一个公平发展的平台，使每一位民警都能找到自己的定位，实践自身的价值；建成一个文明育人的摇篮，使每位民警都能学到知识、增长才干、树立信心。

上海海事公安局是一个只有26名民警的小单位，却是一个团结和谐的温暖之家。面对公安局任务重、岸线长、警力少的突出困难，局领导审时度势，通过开展文化建设活动凝聚警心、振奋精神，引导民警树立正确的人生观、世界观、价值观和良好的职业道德，培养民警“一警多能”的实干本领，打造一支“学习型、服务型、实战型、信息型、和谐型、规范型”的海事公安队伍，大大增强了队伍的实战能力。2007年，上海海事公安局仅用36个小时破获的“1·29”重大交通肇事逃逸案，向人们展示了海事警察“善打硬仗、能破大案”的风采。

广州港公安局通过丰富多彩的警营文化活动，缓解民警的工作压力，激发队伍的活力，提高队伍的战斗力。该局积极组织民警参加部局、广州市公安局文联、体协和广州港集团组织的各项活动，在篮球、足球、演讲、书法、摄影等比赛项目中取得好成绩，共获得过3届广州港集团举办的篮球、足球赛冠军。各科所队普遍开展建一个网站、出一份刊物、办一块墙报活动，将民警做出的事迹、民警创作的作品及时发表出来，既增强了民警的荣誉感，又张扬了民警个性，陶冶了民警情操，激发民警以乐观向上的精神状态投入到公安工作中去。

（九）勤奋学习、苦练素质的务实精神

务实，就是致力于实在的或具体的事情。学习和锻炼都是非常实在和具体的事情，来不得半点的虚伪和急躁。随着形势的发展、社会的进步，交通公安工作对民警综合素质的要求越来越高，因此，勤奋学习，苦练素质，是交通公安务实精神的时代特征。正是这种精神激励着一代一代交通公安人勤学不止、苦练不息。

从战争年代过来的交通部公安局局长赵芸非，将自己毕生的革命与工作经历完成著作《历炼人生》；长航公安局政委陈汉发将自己几十年的公安工作与长航公安的发展结合起来写成《足迹》一书；烟台港公安局原政治处主任杨衍陶讴歌交通公安民警的英雄事迹写成专著《背着孩子进北京》；长航公安局法制处长彭卫东上任半年多就组织编纂了

《执法一本通》等两部工具书。还有许许多多的民警发表了大量很有品味的文艺作品和极有价值的学术论文，这些都是务实的学习态度、学习行动带来的殷实成果。

大连港公安局党委以提高民警文化素质为切入点，鼓励民警扎扎实实掌握打开21世纪胜利之门的“三把钥匙”：学习汽车驾驶、计算机和外语，发出“创建学习型公安机关，争做知识型人民警察”的号召，教育引导广大民警树立终身学习的理念，为民警搭建学习平台，设计活动载体，营造学习氛围。大窑湾派出所被大连市总工会评为学习型班组。消防支队副支队长徐志有被评为大连市学习型先进个人。

青岛港公安局办公室女民警王洪是素质练兵的好手，在科技强警之路上，取得了实实在在的成绩。按照该局党委提出的打造“数字公安”的要求，她勤奋学习，刻苦钻研，勇于实践，大胆创新，凭借精湛的业务技能和奉献精神，先后主持研发了本局“公安综合信息系统”数字警务平台、“110视频监控系统”、“公安综合信息网”等重大科技建设项目，开发公安计算机软件项目120余项，有近20项获得青岛市和青岛港集团科技创新奖。王洪被集团、青岛市公安局评为“优秀科技人才”和“全市公安科技先进个人”称号，并于2007年3月份被全国妇联授予“巾帼建功”标兵荣誉称号。

宁波港公安局镇海港区派出所民警陆为丰在公安部组织的2007年全国公安机关“三考”（基本法律知识考试、执法办案卷宗考评、信访工作考查）中，以优异的成绩荣获全国第一名。陆为丰学习法律知识不是死记硬背，而是与实际公安工作紧密结合起来。有一次，辖区发生一起盗窃案，检察院认为部分涉案人员应定性为收购赃物，但因涉案财物价值不够追诉标准，建议公安局撤销案件。陆为丰和同事们认为，犯罪嫌疑人事先与盗窃人员通谋，后又收购所盗赃物，属共同盗窃，应以共同犯罪追究相关人员刑事责任。最后，检察院接受了意见并起诉了犯罪嫌疑人，避免了一起漏处或降格处理案件的发生。

（十）与时俱进、追求卓越的创新精神

与时俱进、追求、卓越和创新，这些都是现代意义的词汇，具有生机盎然、引领时代的活力。交通公安的创新精神，是在务实基础上的创新精神，是交通公安队伍各个单位和各位民警适应新形势、研究新情况、采取新措施、解决新问题而创造性地开展工作的体现。

青岛港公安局交警大队创新工作方法，实行“三三三”工作法和“三个一”服务承诺，即“三个主动”：纠违章主动迎上前，敬礼主动做在前，敬语

主动说在前；“三个必须”：警容必须严整、举止必须规范，用语必须标准；“三个限定”：122报警电话限定响铃3声接起、纠正违章限定5分钟办妥、扣证限定2小时之内上交中队；“三个一”服务承诺：一张港区导向卡、一张服务明白纸、做一个驾驶员的贴心人。

宁波港公安局创新主题教育形式，结合集团公司开展的“挑战自我、追求卓越”主题教育活动，适时开展“请进来传、走出去学、请身边的人讲、说服身边的人”系列活动以及“对荣誉负责大讨论”，收到良好效果。宁波港公安局还在网上开展“三日”教育活动，把每位民警的“生日、入党日、入警日”在局网站上公布，配以丰富的网络多媒体声像效果，增强民警的荣誉感，激发民警的工作积极性。

长航公安局南京分局创新文化建设方法，抓好“四个结合”，促进文化载体建设。即：与“三基”建设相结合，以苦练基本功为载体，抓好文化气质建设；与正规化建设相结合，以制度建设为载体，加强文化机制建设；与从优待警相结合，以特色项目为载体，加强文化内涵建设；与公共关系建设相结合，以警民关系为载体，加强公安形象管理。同时，大力弘扬全国公安机关特级优秀人民警察乔乃明精神，并以此为载体推动文化建设。

长航公安局武汉分局创新文化宣传工作，视宣传为公安工作“第二警力”，用广泛的宣传，提升分局的知名度和影响力，增强民警争创一流业绩的责任意识和集体荣誉感。武汉分局充分利用对外宣传的新闻媒体和对内宣传的宣传栏、局域网阵地，构建“电视有声像，报纸有文章，网络有图文”的立体宣传网络，其经验做法被交通部公安局肯定和推广。

长航公安局芜湖分局不断创新政治工作和业务工作方法，实现民警精神面貌可喜转变、整体素质全面提升、队伍建设稳步加强和工作业绩显著提高。芜湖分局和县派出所两年时间从四级派出所一跃成为二级派出所；刑侦工作不断创造佳绩，破命案数和追逃数成绩显著。该局刑侦题材的纪实片《致命的约会》，被央视“法治在线”栏目专题播放。

三、交通公安核心价值体系构成

交通公安精神文化内容丰富，层次多样，包括共同的价值观念、精神理念、理想信念、服务宗旨、创新意识、情感取向、审美情趣、职业道德、精神风貌、责任感、荣誉感以及对交通公安队伍存在的意义、社会使命、发展方向、发展目的的认识和理解等。其中，交通公安的宗旨、使命、核心价值观、精神和共同愿景等五个方面，由于其涵义的深刻性、统帅性和对于塑造交通公安优良群体意识的重要性，构成交通公安的核心价值体系。

结合交通公安机关的性质和职能来确定这五个方面的内涵，重在体现出交通公安机关的鲜明特点，从几千年薪火相传、博大精深的中华民族文化中汲取营养，禀承中国革命和建设的优良革命传统和新时期的时代精神，继承和光大公安机关优良传统文化，发掘和继承交通公安队伍半个多世纪光辉发展历程中凝练形成的传统精神，还要善于吸收借鉴军营文化、企业文化、社区文化建设的经验，以及国外优秀警察文化成果，并包容当前交通公安机关不同的管理和服务对象、不同的体制、不同的地域氛围和文化背景。

（一）交通公安宗旨

宗旨一词，源自《神僧传》所载："讲说之日，正标宗旨"，即主导思想，主要旨趣之意。交通公安宗旨，就是交通公安这支队伍一切活动的根本意图和主导思想，一切行为的出发点和归宿，以及每一位交通公安民警一切言论和行动所遵循的准则。

我国公安机关的宗旨与中国共产党的根本宗旨是一致的，即全心全意为人民服务。《中国共产党章程》第二条中明确："中国共产党党员必须全心全意为人民服务"。《人民警察法》第三条规定："人民警察必须依靠人民的支持，保持同人民的密切联系，倾听人民的意见和建议，接受人民的监督，维护人民的利益，全心全意为人民服务。"

作为党领导下的专业公安队伍和全国公安机关的组成部分，交通公安在构建核心价值体系中，应当在党的宗旨和公安机关根本宗旨的总原则下，进一步明确交通公安宗旨，并把它作为交通公安队伍的最高行为准则。

明确交通公安宗旨，对于交通公安的精神文化建议意义重大。首先，是为了适应当前社会转型期交通公安队伍建设的需要。受新旧体制转换的影响，利益格局不断调整，人们的思想复杂多样，正因如此，更需要以明确的宗旨意识对广大交通公安民警的思想加以正确引导，针对民警队伍中的思想问题及现实矛盾，从理论与实际的结合上予以及时的说明和解释，从而统一和端正民警思想认识，为履行职责奠定扎实的思想基础。其次，是为了更好地体现交通公安机关性质和职能的必然要求。交通公安是国家派驻交通港航的专门治安行政和刑事司法力量，担负着打击犯罪、保护人民，维护交通港航政治、治安稳定的重要职责。有了与这一职责相适应的活动准则并不断把它内化为行动的力量，无疑对于这支队伍在新时期履行好神圣职责有着十分重要的意义。

（二）交通公安使命

使命，原意为派遣人去办事的命令，比喻为重大的责任。一个强有力的组织必须要靠使命驱动。交通公安使命，就是交通公安这支队伍承担的神圣而重大的职责和任务，这种职责和任务区别于其他任何组织，标示交通公安这支队伍存在和发展的独特意义、社会价值和强大驱动力。

2003年2月28日，周永康同志在公安部党委扩大会议上提出了公安机关在新世纪新阶段要切实担负起“巩固共产党执政地位、维护国家长治久安、保障人民安居乐业”的重大政治和社会责任，可以看作全国公安机关在新时期共同肩负的历史使命。全国各级公安机关在这一使命指引下，自觉把公安工作融入夺取全面建设小康社会新胜利的大局之中，按照建设和谐社会的新要求，加强和改进公安工作，努力担负起巩固共产党执政地位、维护国家长治久安、保障人民安居乐业的重大政治和社会责任，为夺取全面建设小康社会新胜利、谱写人民美好生活新篇章而奋斗。

明确交通公安使命，就是要在公安机关重大政治和社会责任总原则指引下，结合交通公安的专业职责，坚定而响亮地明确提出新时期交通公安必须承担的政治社会责任。崇高、明确、富有感召力的交通公安使命不仅为交通公安队伍建设和发展指明了方向，而且能使每名交通公安民警明确工作的真正意义，激发出内心深处的动机。

（三）交通公安价值观

价值观，是社会成员用来评价行为、事物以及从各种可能的目标中选择自己合意目标的准则。价值观通过人们的行为取向及对事物的评价、态度反映出来，是驱使人们行为的内部动力，它支配和调节一切社会行为，涉及社会生活的各个领域。交通公安的价值观，是指交通公安人民警察对从事公安管理和服务的实践活动进行评价时所持的基本观点，它反映的是交通公安人民警察对职业目的、职业意义和职业追求的评价和认识，与社会主义所倡导的、全体成员普遍遵守和奉行的共同的价值取向相一致，同时体现交通公安职业特色。

价值取向是人们根据自身的需要或信仰所持的思想和行为取向。价值核心是一个社会所提倡的占主导地位的价值观念，它直接影响和引导人们的价值取向。任何一种社会职业价值观都以一种结构方式存在，而任何时代的社会职业都需要形成以凝聚全行业力量的价值观。如果出现价值取向多样性而缺乏必要的系统指导和必要的时间过渡，就会造成人们价值观念的紊乱。在社会主义市场经济条件下，交通公安民警只有坚持价值取向多样性与价值核心的统一，才能自觉抵制各种错误价值观念的影响和侵蚀，才能始终保持价值选择的正确性。

当前，我国正经历着两种经济体制的历史性转型。在这一转型过程中，科学技术日新月异，知识经济阔步发展，信息化无孔不入，导致了社会生产方式和生活方式全方位的转变。处于社会现代化的转型期和社会主义市场经济体制形成和完善的过程中，交通公安工作的对象、条件、环境等也随之发生了深刻变化。交通公安机关的机构设置、运行机制、管理模式以及思想观念、思维方式等都有一些不适应的地方，必然会对交通公安机关既有的价值观念形成有力的冲击，并不断推动新的价值体系的生成和发展。如何实事求是地分析新旧价值观的冲击带来有规律性的特点，积极建设先进的交通公安文化，就是要建立顺应新的时代要求的新的价值观体系，并使之成为全体交通公安人民警察普遍认同的日常行为价值取向与行为准则，从而为交通公安工作在新的时代的发展提供源源不断的强大动力。

（四）新时期交通公安精神

精神，即意识、思维、神志等含意。交通公安精神，即交通公安机关及其民警在警务管理活动和自我价值实现中长期形成的，并为民警群体所认同的一种群体意识。是交通公安队伍所拥有的相对稳定的群体心理定势和精神状态，是在长期的交通公安工作实践中积淀的最富典型意义的精神特征，是交通公安价值观的集中表现，是交通公安队伍的整体面貌、水平、特色及凝聚力、感召力和生命力的充分体现，是交通公安警队的精神支柱和精神推动力，对整个交通公安队伍群体有着强大的凝聚力、感召力和融合辐射力。

交通公安精神是交通公安队伍优良传统中最宝贵的部分，具有凝聚、熏陶、评价和规范的功能，在交通公安实践活动中起着激情励志、调整心态和规范行为的作用，从而成为交通公安队伍保持健康活力的动力和源泉，对于凸显交通公安队伍的形象和风貌举足轻重。作为一种动力源泉，是一种无形资产，作为一种规范力量，又具体可感。

近年来，各级公安机关在队伍思想政治建设中，结合本单位、本系统队伍建设实际提炼的公安精神值得我们借鉴。如山东省公安厅倡导的山东公安精神是“忠诚为民、求真务实、公正廉明、奋发有为”，浙江省公安厅倡导的浙江警察精神是“忠诚可靠、秉公执法、务实创新、无私无畏、甘于奉献”，河南省公安厅倡导的河南公安精神是“负重拼搏、克难攻坚、敢打必胜、勇往直前”，重庆市公安局渝中分局倡导的渝中公安精神是“忠勇铸警魂、公正树形象、团结促发展、创新争一流”，江苏省张家港市公安局确立的张家港警察精神是“忠诚、敬业、奉献、亲民”，浙江省湖州市公安局倡导的湖州警察精神是“实力活力、民安我安”，湖北省鄂州市公安局确立的鄂州警察文化精神是“忠诚奉献、果敢智慧、为民执法、敢为人先”，交通公安上海港公安局洋山分局确立的洋山公安精神是“不辱使命的敬业精神、锐意开拓的进取精神、吃苦耐劳的奉献精神、忠于职守的诚信精神、一心为民的服务精神、敢于拼搏的团队精神”，等等。

长江航运公安局在2008年奥运安保期间形成的长航公安奥运安保精神是“攻坚克难、用我必胜的坚定信念，团结协作、同心协力的大局意识，恪尽职守、甘于奉献的优良作风，接受挑战、超越自我的拼搏精神，无私无畏、服务于民的卫士情怀”，培养新时期交通公安精神，是交通公安精神文化建设的核心内容。新时期交通公安精神的培育光荣而艰巨，需要各级交通公安机关领导的积极倡导、精心培育，民警们的反复锤炼、榜样示范、实践养成和环境熏陶等。大力弘扬和培育新时期交通公安精神，对于推进交通公安文化建设，不断丰富交通公安人民警察精神生活，提高交通公安队伍的素质，进一步增强交通公安队伍的凝聚力、战斗力和创造力，顺利完成新时期交通公安工作的重大政治和社会责任意义重大。

（五）交通公安共同愿景

共同愿景，英文为“shared vision”，本意是大家共同分享、共同愿望的景象。它创造出众人是一体的感觉，并遍布到组织全面的活动，而使各种不同的活动融汇起来。它是一个组织、一个团队统一思想、统一意志，为之共同奋斗的原动力。它具有强大的驱动力，会引领组织成员一步一步接近目标。

与共同愿景相对应的是个人愿景。共同愿景的确立要求要处理好与个人愿景的关系。首先，个人愿景是共同愿景的前提和基础。组织中的每个人都有自己不同的“个人愿景”，它也许是希望自己在事业上有所成就；也许是希望有一个和谐的工作环境；也许是希望有一个美满的家庭。总之，个人的愿景是各不相同的。共同愿景是将个人愿景中的实质加以提炼，汇聚而成的。因而共同愿景能反映每个人个人愿景中的实质。这样的共同愿景才能切合实际和每个人的个人愿景。如果共同愿景不切合个人愿景的实际，这样的共同愿景会显得空洞，而失去了人们的热情和支持，也不会真正地投入其中，为之奋斗和奉献，这样的共同愿景便失去了意义。可见，共同愿景是由个人愿景汇聚而成，借着汇聚个人愿景，共同愿景才能获得能量。其次，共同愿景的实现有利于个人愿景的实现。实现个人愿景的力量源自于一个人对愿景的深度关切，即依靠个人的力量去实现个人愿景，而实现“共同愿景”的力量源自共同的关切，即用集体的力量去实现共同愿景。显而易见，众人的力量比个人的力量大得多，实现愿景也会更快、更好。既然共同愿景包含了个人愿景的实质，那么在实现共同愿景的同时，个人愿景很自然也得以实现。

交通公安的共同愿景，是指交通公安机关全体民警共同持有的意象或景象，是全体民警衷心渴望实现的共同工作目标以及实现目标所具有的共同价值追求和使命感。这种使命感是激发全体民警为共同愿景作出努力的对交通公安事业发展的一致追求和一股深受感召的力量。它创造出交通公安全体民警是一体的感觉，并遍布到交通公安全面的活动中，而使各种公安业务的、队伍建设的不同活动融汇起来，使全体交通公安民警的力量积聚起来，为实现大家衷心渴望实现的目标而主动、认真地努力学习，勤勉工作，追求卓越。

建立交通公安的共同愿景，必须有民警个人愿景为基础。交通公安的共同愿景是全体交通公安民警共同奋斗的目标，但目标的实现必须以个人愿景和团队小愿景为基础。这就要求每名交通公安民警都有个人愿景，每个交通公安机构（如长航公安局及其分局、港公安局、海事公安局，科、所、队等基层单位）都有团队小愿景，并有为实现目标而采取的措施。人人认真学习、勤奋工作，争做符合时代发展需要的合格人民警察，每个单位严格管理，履行好保一方平安、服务一方经济发展的职责，就能实现交通公安的共同愿景。

交通公安共同愿景的确立方式，一是告知。要求交通公安各级领导十分清楚本单位的职责和使命是什么，并将这个初步愿景告知本单位全体民警。初步愿景的内容应当直接清晰、简单明了，应与交通公安机关的本质属性与使命紧密联系。二是推介。要求各级领导保持与民警的沟通，不断提升民警对本单位愿景的认同感，重点阐明初步愿景对个人及单位发展的重大意义及作用，帮助他们自发地投入到愿景的实施中去，不断为实现个人及单位的存在价值而努力。三是咨询统一。各级领导主动了解民警对本单位愿景的真实反应和想法，动员民警积极地参与到共同愿景的塑造中来，采取问卷调查、个别谈话、集中座谈等形式，征求民警对愿景的意见和建议并对讨论结果进行整合，在不断完善中形成本单位统一的共同愿景。

近年来，一些司法、行政机关在加强队伍建设中积极确立的本系统本单位共同愿景值得我们借鉴。如黑龙江省牡丹江市人民检察院确立的共同愿景是“在本届班子领导下迈进国家一流检察院行列”，江苏省常州市公安局确立的共同愿景是“建立一支只争朝夕、奋发向上、充满活力的队伍”，广东省广州市地方税务局确立的共同愿景是“建设公众满意、全国领先的现代化广州地税”，安徽省宣城市国家税务局确立的共同愿景是“千竿竞秀、和谐发展”，等等。

交通公安共同愿景的实现是一个长期的过程，必须持之以恒，通过每一个交通公安机关领导、先进典型的身体力行和言传身教，感染身边的普通公安民警，从而使之成为整个交通公安机关的共同追求。

四、交通公安理念识别系统

交通公安的宗旨、使命、价值观、精神和共同愿景的精炼表述及基本内涵，对交通公安内部来说，构成交通公安的核心价值体系，对外部来讲，通过各种有意识或无意识地对公众的传播和展示，使社会公众在与交通公安机关及其人民警察的接触、交流和对交通公安民警言行举止、纪律作风和精神风貌的观察、了解中，切实感受到交通公安这一先进群体意识，形成交通公安的理念识别系统。

把交通公安的宗旨、使命、价值观、精神和共同愿景确定为交通公安核心价值理念，既是交通公安精神文化建设理论研究的成果，也是交通公安各级领导和全体民警的集体意志的深刻体现。我们在交通公安文化建设理论研究中，把交通公安核心价值理念体系的构建作为精神文化建设的重心，在全国交通公安机关广泛开展核心价值理念征集活动。从交通部公安局领导到沿海港、沿江基层派出所民警，从四川宜宾到上海崇明，从黑龙江到海南岛，在交通公安各级机关和民警中，广泛、深入地开展了核心价值理念的探讨、提炼活动，使交通公安宗旨、使命、价值观、精神和共同愿景的表述越来越贴切精练，内涵越来越深刻明晰。这个过程本身就是交通公安核心价值观念的普及教育，为交通公安文化建设的全面铺展打下了良好思想基础。

（一）交通公安宗旨——全心全意为交通水运事业保驾护航

交通公安机关因交通水运事业而设立，随交通水运发展而发展，是国家派驻交通港航的一支专业治安行政和刑事司法力量，最高职责就是为服从和服务与交通水运发展大局，为交通水运经济的发展提供坚强的治安保障。交通公安的性质、职责和任务，决定了交通公安的宗旨就是在公安机关的根本宗旨——全心全意为交通水运事业保驾护航。交通公安机关要始终牢记宗旨，找准自身定位，明确“为谁执法、为谁服务”的根本问题，更好地坚持并积极服务于交通水运发展大局。

（二）交通公安使命——维护水运治安、促进社会和谐

交通公安机关服从和服务于交通水运发展大局，最主要的就是充分发挥公安机关职能作用，依法打击危害交通水运治安的形形色色的违法犯罪活动，维护交通港航政治、治安稳定，保卫国家、集体财产安全和人民群众生命、财产安全，努力为交通水运事业及职工群众营造和谐稳定的投资兴业环境，安全畅通服务高效的发展经营环境和平安舒适的生活环境，切实维护港航正常秩序和水运市场经济秩序，为交通水运事业持续、健康发展提供良好的治安环境。检验交通公安工作的根本标准，就在于其管理和服务对象——交通港航的政治、治安稳定与否，交通水运发展有没有良好治安环境，这就是交通公安机关的最高使命和根本价值所在。

社会主义和谐社会是民主法治、公平正义、诚信友爱、充满活力、安定有序、人与自然和谐相处的社会。交通公安机关作为维护和管理交通港航社会治安的主要职能部门，在构建社会主义和谐社会中，承担着重要职责。没有全国交通港航政治治安稳定局面，“和谐交通”就无法实现，也就没有整个社会的和谐。作为交通公安机关，在建设社会主义和谐社会进程中，主要任务就是用构建和谐社会的要求统领公安工作，牢固树立大局意识，在大局下思考、在大局下谋划、紧紧围绕大局推进交通公安工作，切实发挥交通公安机关的职能作用，全力履行维护交通港航政治治安稳定，努力参与构建“和谐交通”，做“和谐交通”的建设者、保障者、促进者。

（三）交通公安价值观——立警为公、执法为民、立足交通、服务社会

立警为公，是公安机关和人民警察完成使命的立足基本。执法为民，就是执法要从人民群众的根本利益出发，以保护最广大人民群众的根本利益为最高标准。“立警为公、执法为民”的提出，反映了广大公安民警的共同意愿，体现了中国公安发展的时代精神，是全国公安民警在新世纪、新阶段，继续团结奋斗的共同思想基础。深刻领会“立警为公、执法为民”的内涵，关系公安工作的全局，关系全面实现小康社会的宏伟目标，关系公安事业的长远发展。贯彻“立警为公、执法为民”的重要思想，要求进一步解放思想，更新观念，找准服从服务经济发展的切入点和结合点，实现公安工作的跨越式发展。周永康同志提出，在新世纪、新阶段，公安机关要担负起“巩固共产党执政地位，维护国家长治久安，保障人民安居乐业”的重大政治和社会责任，找准了公安工作与全党全国工作大局的结合点和切入点。作为具有鲜明服务特征的交通公安机关，要在巩固树立正确的执法思想和执法观念上求深化，不断强化“人民公安为人民”的执法思想。明确为谁掌权，为谁执法，为谁服务的问题，在思想上打牢执法为民的根基。积极探索和大力拓展新时期群众路线的新路子，从感情上贴近群众，思想上尊重群众，行动上深入群众。执法的目的是让社会稳定，让群众满意，要理解群众的苦衷，关心群众的疾苦，只有这样执法，社会才能长治久安。交通公安机关及广大民警，要树立正确的权力观，以实际行动践行“人民公安为人民”，明确“权力本是人民赋予，理应为人民所利用，只有将权力用于人民，才能实现权力的真正价值”的道理。要摆正位置，明确职能，增强工作的主动性和创新能力，自我加压，接受监督，努力提高工作效率，防止工作出现偏差，力戒在贯彻落实过程中的形式主义。在实际工作中，要立足本地，结合实际，坚持“立警为公、执法为民”的指导思想，端正执法态度，克服特权思想，切实纠正重管理轻服务、重打击轻保护、重实体轻程序、重尽快破案轻依法办案的错误观念，严格依法办事，把为人民服务这一条真正贯彻好，才会提高在老百姓心目中的威望。

立足交通，是由交通公安的存在价值决定的。交通公安机关是国家派驻交通港航，维护交通港航政治治安稳定的一支专业治安行政和刑事司法力量，交通与交通公安是“水与鱼”的关系，离开交通谈交通公安，无异于无源之水、无本之木。服务社会，是交通公安机关“全心全意为人民服务”根本宗旨的具体体现，更是交通公安机关创建服务型公安机关的根本要求。随着国民经济持续发展，交通港航发展格局也发生了新变化。在港口，各单位越来越突破原有固定范围，生产经营触角不断向社会延伸，为之管理和服务的港口公安机关也同时承担了越来越多的社会职能。在长江，随着国家于2004年改革长江港航公安管理体制，赋予长江航运公安机关跨区域的中央管理水域的公安管理职能，新型的长江航运公安机关实际上已经面向长江干线水域实施社会化的公安管理职能。交通公安机关要更精确地找准新世纪新阶段价值定位，应当及时总结过去队伍建设正反两方面经验，不但要继续坚持“全心全意为人民服务”这个宗旨，而且必须发展、赋予其以新的时代内容和时代精神。严格落实交通部“三个服务”理念，严格落实“有警必接、有险必救、有难必帮、有求必应”的服务承诺，为交通港航经济发展服务，为辖区单位的生产经营服务，为人民群众的生命、财产安全服务，在管理中体现服务，用服务来促进管理，在服务中充分体现交通公安机关存在的全部价值。

（四）新时期交通公安精神——忠诚奉献、敬业爱民、攻坚克难、务实创新

忠诚，是交通公安机关不变的警魂，具体表现为对党的忠诚、对祖国的忠诚、对人民的忠诚、对法律的忠诚和对交通公安事业的忠诚。周永康同志曾指出："公安队伍是一支执法的纪律部队，应有自己特色的文化，以激励队伍，忠诚党的事业。"这种忠诚的品格既是交通公安队伍性质所决定，更是在长期的社会主义革命与建设中形成的优良传统。这一优良传统是确保交通公安队伍政治本色的法宝。忠诚精神最根本的要求是对党忠诚。对党忠诚就是作为党领导下的刑事司法和行政执法力量，一切执法、执勤、执纪活动必须坚持中国共产党的绝对领导，维护党的执政基础。要充分发挥交通公安机关的职能作用，认真学习和准确把握党在各阶段的路线、方针和政策，始终保持坚定的政治立场和政治方向，使交通公安工作不偏向、不脱轨，切实担负起"巩固共产党执政地位、维护国家长治久安、保障人民安居乐业"的重要政治和社会责任，坚决扫除威胁党的执政地位的违法犯罪活动，维护交通港航政治治安稳定。正是交通公安机关始终坚持了忠诚可靠的政治本色，才保证党的基本路线、方针和政策在交通公安工作中得以顺利实施，保证国家的法律、法规贯彻到各项交通公安工作中，保证交通公安队伍永远置于党的绝对领导之下。

奉献，即艰苦奋斗，兢兢业业，克己奉公，勇挑重担，这是人民警察崇高精神境界的体现。奉献精神是公安民警在对个人利益有损害的情况下，为了某种信仰甘愿放弃个人利益而维护这种信仰、信念的自觉意识。先进公安文化中的奉献精神，其核心内容是社会主义的集体主义和爱国主义。前者表现为为了集体的利益、为了他人的利益而甘愿放弃自己的个人利益；后者表现为为了民族的利益、国家的利益可以牺牲自己的个人利益乃至生命。交通公安人民警察的职业任务是打击违法犯罪，保护人民群众，维护交通港航政治治安稳定。这任务本身就包含了奉献与牺牲的道德要求，也蕴含了建立功勋、创立业绩的价值追求。无私奉献精神体现了交通公安人民警察职业的最基本的特征。只有具备了勇于无私奉献的道德精神和品格，交通公安人民警察才能够在光荣而艰巨的交通公安工作中，忠于职守，无私无畏，甘愿为交通公安事业，为人民利益牺牲自我，奉献一切。社会主义与市场经济的结合，以实现个人利益、团体利益、国家利益三者的统一，目的就是为了既要充分调动人的积极性、创造性，又要限制私欲的无限膨胀，把市场经济的消极作用缩小到最小范围和最低程度。交通公安人民警察的自我价值实现，就是要正确看待个人与社会、享受与奉献、权利与义务的关系，增强社会责任感，发扬积极奉献精神，要以最大的努力为社会多作贡献，充分实现自己的社会价值。

敬业精神要求交通公安民警要热爱本职工作、遵守职业道德、具有强烈的职业自豪感、职业使命感和强烈的事业心。热爱自己的岗位，精通从事的业务，对自己的职责忠心耿耿、一丝不苟、认真负责。严守岗位，不消极应付；积极承担任务，不懒惰推诿；掌握业务知识，不当门外汉。交通公安人民警察是交通港航政治治安秩序的维护者，是人民生命和财产的保卫者，这个职责是光荣神圣的，容不得一丝一毫的轻视与马虎，每一名民警都要切实肩负起自己的职责，认真履行。任何一种敷衍、消极、推托，都是对国家和人民重托的辜负。任何一种搪塞和玩忽职守都是对国家和人民不道德的行为。都可能给工作造成被动和损失。我们每一位民警要切实发扬全心全意的乐业敬业精神，使自己的工作行为让交通港航单位满意，让人民群众放心。

爱民亲民是交通公安立警之基，兴警之道。交通公安民警来自人民，扎根人民，服务人民，必须找准交通公安机关的位置，明确交通公安工作的努力方向，真正把关注民生、保障民生、爱民亲民、为民服务作为公安工作的根本出发点和落脚点，落实到每一名交通公安民警的思想和行动中去，落实到每一个执法环节中去，落实到每一项具体工作中去。要切实打牢执法为民的思想基础，带着对人民群众的深厚感情去执法、去工作，做到心里装着群众，凡事想着群众，工作依靠群众，始终与人民群众同呼吸、共命运、心连心，把人民群众当主人、当亲人、当老师，把方便留给人民群众，把困难留给自己，了解群众疾苦，体察群众情绪，千方百计地为群众排忧解难。

攻坚克难，是新时期交通公安机关和民警应对各种机遇和挑战，加强和改进公安工作和队伍建设必须具备的素质和能力。具备这样一种精神面貌，能在矛盾和困难面前保持旺盛的斗志，有敢打硬仗的勇气，有打则必胜的底气，有胜则完胜的才气。古语云：天下事有难易乎？为之，则难者亦易矣；不为，则易者亦难矣。当今世界正在发生广泛而深刻的变化，当今中国正在发生广泛而深刻的变革，当前交通水运治安形势不断呈现新情况、新问题和新特点，当前交通公安队伍在观念、素质、管理上还存在一些与工作要求、时代发展不相适应的地方。交通公安面临的机遇前所未有，面临的挑战也前所未有，机遇大于挑战，困难有待攻克。面对这样的局面，交通公安人一是要集聚勇气，敢把压力变动力，坚定克难攻坚的信心。勇气是一种奋发向上的精神状态，是开拓进取的动力源泉。交通公安各级领导干部、全体民警都应当鼓足勇气，把压力变为动力，坚定敢于克难攻坚的信心和决心，团结拼搏，找准克难攻坚的方向，坚定克难攻坚的决心。二是要蓄养底气，把挑战变机遇，培养克难攻坚的素质。“工欲善其事，必先利其器”。交通公安要克服前进的困难，就必须加强学习，大力建设学习型公安机关，努力争创学习型民警，提高整体素质，在开拓创新上把握事物发展的规律和特点，按照科学发展观的要求把握问题的本质和主要方面，面对机遇和挑战，必须具备当机立断的胆识和魄力，不放过任何转瞬即逝的机遇，不错过任何有利于克难攻坚的机会。面对纷繁复杂的局面果断决策，把难点变亮点。善抓机遇，瞄准克难攻坚的切入点。善破弱项，找准克难攻坚的突破点。善借优势，把准克难攻坚的着力点。从而能不断克服交通公安工作和队伍管理中的重点、难点问题，与时俱进，推进交通公安事业又好又快发展。

务实，就是尊重交通公安实际，注重实干，讲求实效。在改革开放和现代化建设的实践中，交通公安大多数民警能牢记党的宗旨，在各自岗位上，努力实践“三个代表”重要思想，坚持立党为公、执政为民，保持勤政廉洁、昂扬向上的精神状态，为交通港航的发展作出了贡献。同时也应该清醒地认识到，在交通公安队伍中，还存在一定的思想作风方面问题，如学习不够、缺乏进取精神、形式主义和急功近利等，尽管这些问题是少数，但仍会损害交通公安机关在群众中的形象。为此，应当大力弘扬求真务实精神、大兴求真务实之风，明确求真务实是我们党的思想路线的核心内容，将求真务实的精神和作风熔铸到每名交通公安民警的世界观、人生观、价值观之中，成为自身具备的品质，善于抓住机遇、用好机遇，脚踏实地，真抓实干，讲实话、出实招、办实事，善作善成，善始善终。努力做到务实求变，务实求新，务实求进，用宽广的眼光、发展的办法解决公安工作和队伍建设中的问题，从而扎实有效地推进各项交通公安事业又好又快发展。

创新，是交通公安发展进步的不竭动力。交通公安工作由于管理对象、警务方式、队伍分布的特殊性，在南北海港和长江、黑龙江干线呈现不同区域经济、文化特征，形成与地方公安机关不同的执法环境和条件，使我们在公安工作和队伍管理等许多方面没有现成的模式可供学习借鉴。因此，特别要求我们积极探索交通公安工作如何适应交通港航发展规律的问题，鼓励各单位和全体民警结合交通公安各单位实际，在现行法律法规框架内，从有利于改进工作、提高警务效率的角度，积极开展警务机制和内部管理机制的创新，形成全警参与创新和尊重民警首创精神的良好氛围，激发全体民警创造力，激发整个交通公安队伍的鲜活力。为打造一支能适应新形势的特别能战斗的交通公安警队，锐意创新的关键是观点更新、思维常新、工作求新。

（1）观点更新。当前，信息技术已把我们带入了信息化时代，这是不可阻挡的潮流，它正引导着我们以不同的方式在前进。时代既然在变，作为时代的主人为适应潮流的发展趋势不被淘汰，我们必然就得随着时代的步伐前进，所以我们要更新观念，抛弃以前一些旧思想。

（2）思维常新。我们除了要贯彻党的解放思想，实事求是的思想路线，还要彻底突破不思发展、不谋发展、消极被动的思想障碍，更要树立主动的发展的大局意识，依靠警务的创新，制度的创新，群众的拥护和支持来推动交通公安事业的发展。

（3）工作求新。交通公安工作上的创新即警务上的创新，它在一定时代和社会条件引进新的理念，运用新的技术，改进警务工作管理，从而提高警务效能。警务创新不仅仅是警务技术上的创新，还包括警务制度上的创新，这时的我们要善于谋划工作的新思路，提出切实可行的方法及时解决问题和矛盾。

（五）交通公安共同愿景——建设一支人民满意的现代化正规化精锐水警

让人民群众满意是交通公安队伍建设发展的方向，是交通公安机关的立警之本。交通公安人民警察只有坚持全心全意为人民服务，做人民的忠诚卫士，想问题、做事情都以此为出发点和落脚点，与人民群众风雨同舟，休戚与共，才能在复杂变化的治安形势下，站稳立场，明辨方面，驾驭全局，永葆人民警察的本色，永远立于不败之地，才能找准自己的位置，保证在任何情况下都能坚持正确的政治方向，保证政治上永远合格。

新的历史时期，交通公安机关实现人民满意的目标，应该做到：

（1）坚持政治建警，增强宗旨观念，切实增强与人民群众的感情，打牢创人民满意的思想基础。对人民群众的感情问题，既是一个立场问题、党性问题、原则问题，也是政治建警的核心内容。没有对人民群众的深情厚爱，就不可能对公安事业有深厚感情，就不可能扎根于群众之中真心实意地为群众做事，群众也就不可能满意。创人民满意，关键是着重解决好“为谁执法，为谁服务”的问题，自觉摆正公仆与主人、执法与服务、管理与被管理的关系，真正把群众利益放在第一位，想群众所想，急群众所急，做群众所需，使交通公安民警成为人民信得过的交通水运忠诚卫士。

（2）坚持教育强警，提高业务素质，努力为人民群众创造安全的环境。安全是交通水运及职工群众的第一需要，是对交通公安机关和民警最根本的要求，也是群众对交通公安队伍、公安工作满意不满意的主要依据。而如何更好地发挥好职能作用，创造安全的治安环境，根本在于提高队伍自身的业务素质和执法水平，向教育要警力、要战斗力，使民警的政治、业务素质有一个大的提高，进一步增强为人民服务的本领。

（3）坚持严格、公正、文明执法。严格、公正、文明执法是交通公安机关的生命线，不仅关系到能否有效地履行职责、维护交通水运治安稳定，而且关系到人民群众的切身利益和党在群众中的威信。因而，要大力加强法制教育，进一步强化交通公安民警法律观念，不断提高法律素质和执法水平。要规范警务活动，大力推行警务公开，把办事权限、执法制度、办事程序、办事结果公开，主动接受群众和社会的监督，以公开促公正、促廉政建设，以公正、廉政创满意。要加强执法监督，完善执法责任制，通过聘请执法监督员、开门评警等行之有效的措施，加大人民群众的监督力度，促使民警学法、守法，严格、公正执法，切实维护法律的尊严。

（4）坚持形象树警，提高服务质量。坚决克服以“管人者自居”的错误观念和特权思想，视人民如父母，把群众当亲人，把爱民、为民、便民、利民融入各项警务活动之中，把提高服务质量，让人民满意作为最高追求。

交通公安工作现代化是交通公安不断适应时代发展要求，紧跟时代发展步伐的必由之路。根据社会治安形势的新变化、新要求，交通公安工作现代化的首要任务是大力实施“科技强警”战略，牢固树立“向科技要警力、向科技要战斗力”的思想，从交通公安机关的决策指挥、实战勤务等环节入手，提高警务运作的科技含量和科技水平，向科技要警力、要战斗力，努力实现公安工作从依靠经验向依靠科技转变，从人力密集型向科技集约型转变。以推进“金盾工程”建设、发展公安工作信息化为重点，以建立完善科技管理机制、提高民警科技素质为保障，以服务现实斗争、提高整体战斗力为核心，充分利用先进的信息技术手段，坚持高起点规划、高标准建设、高效能管理，全面提升交通公安工作的科技含量，实现科技成果向现实战斗力的转化，建立新型的警务运行模式和警务保障机制，大力推进交通公安工作现代化进程，为交通公安机关各项工作提供强有力的科技支撑和保障，切实提升交通公安机关维护社会稳定、服务交通和社会经济建设的能力。

同时，采取有效措施将科技培训纳入交通公安民警教育培训之中，制定培训计划，开展全方位的科技培训，提高全体交通公安民警的科技素质，为“科技强警”战略的顺利实施奠定智力基础。“科技强警”战略的顺利实施，对学习型交通公安机关建设提出了更高要求。在当今国际国内形势发生深刻变化的大环境下，我国经济社会全面、持续、快速发展。交通公安要适应形势发展和社会进步，必须努力打造一支高素质的公安队伍，唯一途径就是加强学习，打造学习型公安机关，培育民警树立终身学习的理念，用锻造一支高素质的交通公安队伍去推动交通公安整体工作上台阶、创水平，适应新时期交通公安工作的需要。要以尽快实现公安现代化为目标，以倡导人民警察终身学习为理念，以构建人民警察终身教育体系为核心，以建设学习型人民警察及科所队为基础，以打造学习型公安队伍为主体，创新公安学习载体，建立和完善公安队伍管理长效机制，营造浓厚的学习氛围，为新时期交通公安队伍建设和公安工作的可持续发展提供强有力的智力支持和创新动力。

交通公安队伍正规化建设是贯彻落实公安部重大战略部署，加强交通公安队伍建设的根本性、全局性的要求。《中共中央关于加强和改进公安工作的决定》把公安队伍正规化建设的任务目标表述为：根据公安机关的性质、任务和工作特点，依据《人民警察法》等法律法规，在公安机关的组织机构、勤务机制、管理方式、教育训练、监督制约、警务保障等方面实现标准化、程序化、法制化和科学化，使公安机关指挥畅通、内务规范、工作高效、保障有力。

周永康同志在“二十公”报告中指出：公安队伍正规化建设的基本内容是，根据公安机关的特点在组织机构、勤务方式、内务管理、教育训练、监督制约等方面实现规范化、标准化、科学化，即统一考录制度、统一训练标准、统一纪律要求、统一外观标识，规范机构设置、规范职务序列、规范编制管理、规范执法执勤、规范行为举止。简称“四统一、五规范”。交通公安队伍正规化建设，就是要按照中央和公安部的总体要求，密切结合交通公安实际，牢固树立和落实科学发展观，坚持从严治警、依法治警的方针，以提高交通公安队伍整体素质和战斗力为目标，以“四统一、五规范”为基本内容，以建立完善条例条令为主体的制度体系为重点，实现交通公安队伍建设各个方面和环节的标准化、规范化、法制化，建设一支政治坚定、业务精通、作风优良、执法公正的交通公安队伍，切实提高交通公安机关维护国家安全的能力、驾驭交通水运治安局势的能力、处置突发事件的能力、为交通水运经济社会发展服务的能力，真正担负起维护交通水运治安，促进社会和谐进步的重大使命。

交通公安队伍实现现代化、正规化和人民满意的目标，其落脚点是建设一支“精锐水警”。精锐的基本含义是精干高效，战斗力强，途径在于强化“战斗实体”和“纪律部队”的意识，努力提高交通公安机关的快速反应能力和整体作战能力。加快现代警务机制改革步伐，努力把交通公安机关建设成为反应灵敏、指挥顺畅、运作高效、结构优化、装备先进的战斗实体，把交通公安队伍建设成为政治坚定、忠诚可靠、英勇善战、训练有素、作风过硬、纪律严明、作风优良的纪律部队。完善符合实战要求的管理体制，确保各项工作都能围绕实战运转。坚持严格训练、严格要求，不断提高广大民警的实战技能、执法水平和身体素质，练就一身克敌制胜的过硬本领。实行坚强有力的统一指挥，强化领导和指挥权威，做到警令畅通；提高对重大突发事件的应急反应和应对控制能力，做到预警在先、处置有力。实行层次较少、结构优化的警力资源配置，做到重心下沉。抓好队伍作风养成，培养雷厉风行、英勇顽强的战斗作风，实现“招之即来、来之能战、战之能胜”。

五、交通公安核心价值理念的实践转化

构建交通公安核心价值体系和理念识别系统，重在实践转化。要使核心价值理念通过全体民警的价值行为实际地体现出来，实现从价值评价向价值行为的转化，才能真正发挥交通公安核心价值体系和理念识别系统的实践功能和精神文化建设功能。

从本质上讲，交通公安核心价值体系的建设主体是全体交通公安民警，核心价值体系建设必须遵循民警广泛参与、共建共享的原则要求。这就是说，建设核心价值体系应当以民警为本、使民警参与、让民警得益，确保民警能够在参与价值理念建设活动中耳濡目染、心领神会。使民警在核心价值理念培育的过程中切实感受到社会进步、经济发展和公安事业兴旺、公安职能发挥和民警价值实现的相互关系，从而极大地促进核心价值理念实践转化的有效性。

要促进核心价值由理论观念向行为实践的积极转化，在全警参与的基础上，必须紧紧立足当前实际，把构建交通公安核心价值体系和理念识别系统的重大战略任务真正落到实处，从理念教育、载体创新和示范表率等方面着手，促进交通公安核心价值体系不断形成、日臻完善，使交通公安核心价值体系的基本要求切实化为广大交通公安民警的

自觉言行，入之于心，见之于行。

（一）以理念教育为先导

促进交通公安核心价值体系从理论形态向心理形态转化，是一个价值内在化的过程，是核心价值体系实践转化的基本前提和重要环节。这一转化的主要方式是教育。要坚持把交通公安核心价值体系融入思想政治工作和公安文化建设全过程，贯穿公安工作各方面，普遍持久地开展核心价值理念教育。

用切实有效的教育，达到将交通公安核心价值理念从价值评价向价值行为转化，使全体民警心中形成对于核心价值理念的敬重之心的目的。外在的力量，如法律的力量、行政命令的力量，固然能够在很大程度上起到激励与约束民警行为的作用，但内在的力量、自发的力量、信仰的力量，对民警的行为激励与约束的作用更为牢固、更为强烈、更为持久。建设交通公安核心价值体系，就是要建立一种良好的价值规范和价值秩序。这种规范和秩序的维系，很大程度上是要依靠民警内心的力量。不在民警内心世界培育起对核心价值神圣和庄严的感情，价值的社会评价就很难规范其行为。要使民警的行为准则符合核心价值理念评价标准，就要努力培养对于核心价值理念的敬重之心，形成人人自律的心理氛围。

加强理念教育，要注重抓好三个方面的工作。

1. 深入开展思想调查，切实把握民警的真实思想动态

采用社会学的调查方法，通过随机抽样、典型调查、问卷调查等方式，切实了解交通公安机关中民警的价值观念、精神理念和共同愿景等思想意识形态问题的情况。通过问卷、量表设计、实地访问、数据统计分析等手段，切实把握民警的真实思想动态，提高教育的针对性。

2. 完善思想教育的内容

将核心价值体系视为一个完整的系统，融入日常思想政治工作的各个方面和全部过程。具体说来，要认真抓好理想信念教育，立足时代变化和社会发展，努力用马克思主义特别是党的创新理论武装民警头脑，坚定理想信念；抵制封建主义文化和资本主义极端个人主义文化的侵蚀，牢固确立中国特色社会主义共同理想；牢固确立全心全意为人民服务的根本宗旨，树立忠诚于党的交通公安事业的时代精神。

3. 改进思想政治工作的方法

摒弃过去那种单调的说教、单方向的灌输、简单的“教育者独白”的方法，倡导平等对话、开放式、互动式，激发受教育者自我感受与自我审视的方法，充分尊重民警的主体地位，力求做到生动活泼，融入民警喜闻乐见的各种活动形式之中，寓教育和娱乐为一体，

充分体现原则性和多样性的统一，体现思想性、艺术性、娱乐性的统一，不断提高思想政治工作的感召力、渗透力、吸收力和说服力。

（二）以载体创新为手段

创新交通公安核心价值理念培育的载体，是进行理念构建的有效“抓手”。既要针对多样化的精神文化需求，构建核心价值观念宣传教育的多层次平台，又要通过对思想观念、价值取向、行为方式等的规范和引导，保证其正确的发展方向。

1．加强培训中心、训练基地和各类培训班的建设

认真贯彻落实公安部“两个必训”和交通部关于干部队伍教育培训的系列精神，加强交通公安民警培训中心、训练基地及各类干部培训班、民警培训班的师资力量建设和培训工作力度，发挥好主阵地、主渠道作用。要有计划、有步骤地大规模培训各级干部和轮训全体民警，大幅度提高素质，特别是抓好中青年干部的教育培训工作，做到业务培训和思想政治、核心价值理念培训“两手抓”。还要建立把优秀领导干部和优秀专门人才输送到党校和警察院校学习培训的制度，并在实践中长期坚持，不断完善。

2. 充分发挥网络等新型宣传阵地的重要作用

利用网络阵地进行宣传有着传统方式不可比拟的优势，是一条快捷简便、教育效果好的重要途径。随着互联网的迅速普及和公安局域网的全覆盖，网络已经成了绝大多数民警生活和工作中获取各类信息的主渠道。要尽快占领网络宣传教育新阵地，在公安网站首页醒目显示核心价值理念表述语，开设交通公安文化建设网站或网页，形成网上正面舆论强势，使网络阵地成为核心价值理念培育的新渠道。

3. 创新和巩固各类宣传载体

如设计、印发《交通公安民警文化手册》，在各级部门、基层单位建设文化墙、文化活动室，在这些有形的载体中，醒目地标示交通公安核心价值观、新时期公安精神、共同愿景等价值体系，积极引导交通公安核心价值理念不断深入警心，如“春风化雨”一样“润物无声”，在“相依相伴”中使核心价值理念潜移默化到民警的日常行为上来。

4. 积极开展相关主题实践活动

交通公安各单位、各部门可以根据形势和实际的需要，在交通公安民警队伍中组织开展多种形式的核心价值主题实践宣传活动。如组织开展“服务型、学习型、实战型公安机关建设”，“知荣明耻”等大讨论活动，定期举办警营文化周、文化月活动，通过征文、演讲比赛、组织生活会、社会实践等形式，引导民警思考交通公安核心价值观、新时期公安精神、共同愿景等思想理念间

题，倡导正确思维，使核心价值理念逐步占领民警思想主阵地。

（三）以表率作用为示范

交通公安核心价值理念是价值的理论规则，只是告诉民警应该怎样做。价值示范则是核心价值理念的实际表现，说明着核心价值的现实规则，指示给民警实际上是怎样做的。价值规范与价值示范不完全一致是正常的，但二者反差很大则很不利于核心价值体系建设。因为民警更多的是从现实生活中汲取示范者的价值观念，塑造自己的价值取向。交通核心价值理念体系首先应该在交通公安队伍先进人物的价值实践中得到充分的体现。先进人物的价值实践就是先进的价值示范，就是交通公安理念识别的生动证明。

先进人物价值示范的导向作用，比起价值规范的导向作用，更有说服力，教化效果更明显。核心价值体系建设不仅是规则建设，更重要的是行为建设。要发现和宣传好民警身边的先进典型，将交通公安队伍中不同阶段涌现出的核心价值体系的忠实践行者的先进行为进行系统发掘和大张旗鼓的宣传，用他们身上凝聚的朴素而又崇高的力量感染和教育全体民警，使价值示范与价值规范相吻合，使之为建设核心价值体系做出表率，为广大民警的价值行为做出榜样。把宣传“精英”典型与宣传“平民”典型结合起来，把宣传高尚精神境界与宣传良好道德情操结合起来，使民警既能从模范人物的高尚品格中感受到强烈的精神震撼，又能从身边的凡人小事上体会到不平凡的精神内涵，从而得到熏陶和提高。

搞好核心价值示范，更要从领导干部做起。交通公安各级领导干部是交通公安队伍的骨干力量，由于他们所处的地位、所担负的职责和所起作用的特殊性和重要性，从而决定了他们的思想状况和行为方式的方向性和示范性。而思想状况和行为方式集中表现在各级领导干部的作风方面，而交通公安核心价值体系的养成效果也集中表现在他们的作风方面。因此，强调加强领导班干部作风建设，是促进交通公安核心价值体系实践转化的重要方式。胡锦涛主席在中纪委第七次全体会议上的讲话强调，要坚持以邓小平理论和“三个代表”重要思想为指导，全面落实科学发展观，发扬党的光荣传统和优良作风，根据新形势新任务的要求，全面加强思想作风、学风、工作作风、领导作风、干部生活作风建设，弘扬新风正气，抵制歪风邪气，着力解决突出问题，努力实现领导干部作风的进一步转变，为全面建设小康社会、构建社会主义和谐社会提供有力保障。交通公安领导干部作风如何，就是是否坚持交通公安核心价值理念的实际体现，领导干部的良好作风本身就是促进建设核心价值体系的巨大力量。

加强领导干部作风建设要从以下三个方面着手：一是进一步加强和完善党委中心组的学习制度。健全领导干部述学、评学、督学制度，完善考核、激励、约束机制，把理论学习情况，特别是运用理论解决实际问题的能力，作为领导干部考察的重要内容，把学习成效与选拔任用联系起来，并从制度上加以保证。二是依靠学习和教育，增强各级领导干部的马克思主义理论素养和党性修养，以党的创新理论以及各方面的有益知识充实头脑；以科学发展观为指导，树立正确的政绩观和权力观。三是通过具体的工作实践，养成求真务实的优良作风，能够真正深入基层、深入实际、实事求是、调查研究，在决策过程中，尽量做到公开、公正和公平，避免“暗箱操作”，努力创造出经得起实践检验的业绩。

【案例】

上海港公安局的“一种理念”和“两种精神”

上海港位于长江三角洲前缘，居我国18000公里大陆海岸线的中部、扼长江入海口，地处长江东西运输通道与海上南北运输通道的交汇点，是我国沿海的主要枢纽港。上海市外贸物资中99%经由上海港进出，每年完成的外贸吞吐量占全国沿海主要港口的20%左右，货物吞吐量位居世界第一，集装箱吞吐量世界第三。

20世纪90年代末，随着我国市场经济体制改革的加快，上海港为适应激烈的市场竞争，积极进行管理体制和经营机制的改革，由上海港务局改组成立上海国际港务（集团）有限公司，职工总数由5万人压缩精减至3万人。在港口体制变革过程中，原在行政上隶属于上海港务局的上海港公安局，公安经费投入一度十分不足，民警收入只是地方公安民警收入的三分之一甚至五分之一，家庭生活状况窘迫，民警收入远低于地方公安，加之关于上海港公安局的公安体制归属问题上下议论纷纷，民警思想浮动，广大民警感到前途迷茫，整个队伍思想不稳定，种种因素影响到公安业务工作的顺利开展。

在此情形下，上海港公安局新一届党委面对公安队伍现状，冷静分析面临的形势，深刻地意识到，要做好海港公安工作，首先要认清形势、转变观念、正确定位，摒弃以我为主、自我封闭的思维方式，在上海建立国际航运中心这个大局中寻找海港公安的定位，明确工作重点和发展思路，以适应港口快速发展的实际需要，真正体现海港公安存在的价值。

一种理念：一心一意，全心全意服务港口运输生产和经营建设

该局党委一班人首先分别深入局属

各单位开展调研，加强与基层干部和民警的沟通，全面了解掌握民警的所思所想，并多次进行分析研究，找准了症结，统一了思想。一致认为，上海港是全国最大的港口，运输生产任务相当繁忙，港口的公安管理与港口的运输生产的关系，只有做到相互依存，在公安管理中切实发挥出促进港口运输生产和经营建设的“正效应”，使港口公安管理真正成为港口生产力的重要组成部分，成为港口生产链中不可缺少的“一环”，才能真正体现出港口公安的存在价值，才能受到辖区单位和职工群众的欢迎。港口集团是海港公安的“衣食父母”，是海港公安赖以生存和发展的土壤和基础。同时，还深切地意识到，在目前情况下，最重要的是要在民警中构建起符合本局队伍建设实际的核心价值理念，统一和稳定民警思想，大力深化服务观念，有效提升公安工作质量，建立起与上海港发展需要以及外部环境相适应的新机制，使队伍重新焕发出生机和活力，呈现出与上海港同发展同进步的新面貌。形成这样一种共识后，局党委经过认真研究，反复征求各方意见，明确提出了“一心一意，全心全意服务港口运输生产和经营建设”的理念，作为全局民警共同的核心理念和工作标准。

理念一经提出，就应当与公安工作实践相结合，内化到民警的思想和行为中去。意见统一后，党委为使“一心一意，全心全意服务港口运输生产和经营建设”的核心理念能够尽快深入干警思想，并作为工作学习的动力和标准，他们在全局广泛深入地开展了以认清形势、转变观念、正确定位、提升服务为主要内容的形势任务教育。局党委以领导干部为重点，广泛开展灌输教育，多次在全局干部大会上进行宣讲，说明提出这个核心理念的深层次原因。针对部分领导干部和干警存在的“为什么有了全心全意，还要提出一心一意”的模糊认识，进行解释和阐述，告诫全体中层领导干部，党委之所以把“一心一意，全心全意服务港口运输生产和经营建设”的口号作为上海港公安局的核心理念，既是海港公安生存发展的需要，是立足集团并得到广大干部群众充分认可的需要，也是加强自身队伍建设的需要。各级领导班子和全体领导干部要加强学习，提高认识，必须在实施公安行政管理的同时，把服务集团运输生产和经营建设作为海港公安的“第一要务”，作为海港公安“安身立命”的根本，在日常工作中时刻牢记“一心一意，全心全意服务港口运输生产和经营建设”的理念，自觉把公安管理当作辖区生产力的重要组成部分，成为辖区运输生产和经营发展不可或缺的重要环节，成为辖区生产力的“润滑剂”。

与此同时，还采取各种形式在全体民警中深入开展认清形势，转变观念，端正心态，正确定位的专题教育，通过开展“为警徽添光彩，为强港作贡献”主题讨论征文和实践活动，组织“先进事迹巡回报告”演讲等活动，要求各单位和全体民警牢固树立“一心一意，全心全意服务港口运输生产和经营建设”的核心理念，全方位为辖区单位和职工群众以及需要帮助的单位和个人提供个性化的公安服务。不少单位利用内部墙报和黑板报进行宣传动员；有的单位组织干警开展“港口为什么需要公安管理”、“港口公安管理的目的和作用”等专题讨论；有的单位开展“提合理化工作建议”；有的单位还进行了“我为公安管理献一策”等交流活动，使广大干警真切地认识到只有进行内部改革，提高服务辖区的效能，发挥公安管理在服务辖区运输生产和经营建设中的推进作用，才是港口公安存在和发展的必由之路，提出核心理念十分必要。打消了与地方公安无谓攀比的想法，切实转变了“只要公安管理，不管辖区运输生产”等为管理而管理的观念，“一心一意，全心全意服务港口运输生产和经营建设”的核心理念逐步在干警思想中扎根，达到了思想上和行动上的统一。

两种精神：“欧高公安精神”和“洋山公安精神”

★欧高公安精神

2003、2004年，上海港公安局外高桥欧高路港区派出所一班人扎根基层，团结拼搏，服务群众，立足岗位作奉献，为辖区创造了良好治安环境，连续两次荣获全国优秀公安基层单位称号，被公安部评为全国公安系统一级公安派出所。上海港公安局为切实贯彻落实“立警为公，执法为民”要求，在全体干警中更加牢固地树立“一心一意，全心全意服务港口运输生产和经营建设”的核心理念，在对一段时间内各单位贯彻落实情况进行全面检查评估的基础上，选树外高桥欧高路港区派出所为全局的学习榜样，提炼出了“心齐风正、率先垂范的进取精神，攻坚克难、发愤图强的拼搏精神，英勇善战、通力合作的团队精神，牢记宗旨、乐于奉献的敬业精神”的“欧高公安精神”。局党委专门下发《关于开展向外高桥欧高路港区派出所学习的决定》，并召开了全局学习大会，号召全局各单位向外高桥欧高路港区派出所学习。各单位迅速掀起了向“欧高公安精神”学习的热潮。把学习活动与党员先进性教育活动紧密结合起来，学先进、找差距、明方向、比贡献，牢固树立“一心一意、全心全意服务港口运输生产和经营建设”的意识，进一步增强做好港口公安工作的责任感、进取心，不辱使命，不负重托，努力打造服务型公安机关，积极开展“平安港口”创建活动，全面提升港口公安队伍的整体素质和管理服务能力。

★洋山公安精神

洋山深水港区位于杭州湾口、长江口外的浙江省嵊泗崎岖列岛，由大、小洋山等数十个岛屿组成，西北距上海市南汇芦潮港约32公里，南至宁波北仑港约90公里，向东经黄泽洋水道直通外海，是距上海最近的深水良港，也是中国首个在海岛建设的港口。洋山深水港建设工程是国家为提高上海综合国际竞争力的重大战略决策，是建设上海国际航运中心的头号工程。洋山深水港区一期工程，自2002年6月经国务院审议通过开工报告即进入全面施工阶段，一期工程主要包括港区工程、东海大桥、辅助配套工程等，总投资143.1亿元，2005年12月一期码头顺利建成投产。

在洋山深水港建港过程中，上海港公安局为加强洋山深水港的治安维护，积极服务于新港建设，经上级批准，在洋山港成立了洋山公安分局，并于2003年11月18日开始履行洋山深水港区域的公安管辖职责。新分局全体民警坚持“一心一意，全心全意服务港口运输生产和经营建设”理念，依靠各方支持，咬住发展机遇，接受新的挑战，以只争朝夕的精神负重奋进、知难而进，为洋山深水港一期建设胜利竣工，实现“桥通港开”后的生产运作作出了艰苦卓绝的努力和积极贡献，充分展现了洋山分局公安民警不畏艰苦、敢于拼搏、勇于奉献的良好职业素质，也为全局民警推进“平安港口”建设、打造“服务型公安机关”做出了示范。上海港公安局及时加强对内对外的宣传，在多种媒体上全面报道了洋山分局民警以服务和保障深水港建设安全需要为重点，积极探索和实践符合洋山深水港和保税港区安全保卫工作要求的公安管理新路，努力构建工地建设一流的治安环境。民警们怀着“执法公正、一心为民”的炽热之心和强烈的事业责任，战胜各种困难，从无到有、从小到大、循序渐进地撑起了整个管辖区域的工作天地。面对恶劣的气候环境和艰苦的生活起居条件，以乐观无畏的精神，搏击风浪、战天斗地，始终“以岛为家、以苦为乐”；面对庞大的工地建设队伍和建筑材料，干警们费尽心血，夯实基础、建章立制、加强培训、规范管理，始终“无怨无悔、一丝不苟”；面对岛上公共行政管理缺位，民警们倾注精力，维护秩序、感化人心、化解矛盾，始终“严格管理、不辱使命”；面对外来劳力人员中法制观念淡薄和触犯法律的各种问题，民警们全力以赴，加强宣传、清查整顿、打击防范，始终“忠诚事业、恪尽职守”；面对工程开工建设到“港开、桥通”快速的建设周期，民警们风雨无阻，踏遍工地每一个角落，当好现场施工各环节涉及人财物安全的“守护神”，确保车辆、设备物资和人员的安全，不间断地提供个性化服务，始终“保驾护航、众志成城”；面对工程指挥、工地人员和海岛居民各种紧急情况需要，民警们快速反应、鼎力相助，始终“一心为民、服务各方”。艰苦的洋山深水港建设环境不仅考验和锻炼了洋山分局的民警，同时也培育出了“洋山公安精神”，这就是“不辱使命的敬业精神，锐意开拓的进取精神，吃苦耐劳的奉献精神，忠于职守的诚信精神，一心为民的服务精神，敢于拼搏的团队精神”。

几年来，洋山分局民警的精神风貌深切地感染着港区群众和各级领导。2006年10月16日，公安部副部长刘金国专门作出批示：“洋山公安精神”要大力弘扬！洋山公安这面旗帜要永远高高飘扬！

良好效果：实现公安工作和队伍建设“双赢”局面

“一种理念”和“两种精神”的提炼和培育，是上海港公安局在公安文化建设上取得的丰硕成果和宝贵的精神财富，提升了公安工作的服务质量，增强了民警的服务意识，维护了辖区的稳定局面，为港口经济发展作出了积极贡献，得到了各级领导和广大群众的认可和赞同，实现了公安工作和队伍建设“双赢”的良好局面。公安经费逐年递增，工作条件得到改善，民警个人得到实惠，工作、生活条件大幅改善。2004年以来，车辆更新、办公条件改善，联通了全国公安网，开通了局域网；各派出所配置安装了多媒体触摸式查询电脑，实现了电子警务公开；投入了近100万资金更新改造了局110指挥中心的设施功能；2006年以来，又先后对7个派出所的外观标识和办公设备予以改造和更换。机关和派出所基本上建立起小食堂、小浴室、小阅览室、小活动室，这些投入极大地改善了民警的办公工作条件，增强了工作的主动性，切切实实提高了工作效率。该局先后有1名民警荣获“上海市劳动模范”荣誉称号，1名民警荣获“全国优秀人民警察”荣誉称号，9名民警荣获“全国交通公安系统优秀人民警察”荣誉称号，2名民警荣记个人二等功，32名民警荣记个人三等功，48名民警受到嘉奖；3个基层派出所荣获“全国交通公安系统优秀基层单位”称号，2个集体荣立二等功，8个集体荣立三等功，7个集体获嘉奖。整个公安队伍正焕发出勃勃生机，体现出科学的核心价值理念对于引领公安工作沿着正确方向发展前进的强大力量。

（根据上海港公安局相关材料整理）

第三章　交通公安制度文化

制度文化既是物质文化的固定形式，又是塑造精神文化的主要机制和载体。要将思想价值观念形式的交通公安精神文化，转变为交通公安民警的内心信念和行为方式，需要借助于制度化的形式加以保障、得以强化。健全完善的制度体系是交通公安文化的权威因素，是有组织、有秩序的交通公安工作的保证，是交通公安形象塑造的有力保障，是交通公安文化健康发展的重要保证。交通公安文化的功能和作用要通过制度体现，先进文化的观念，如果不渗透到交通公安文化制度中，只能是纸上谈兵。交通公安文化的规范性正是通过由外而内的强制性得到实现，并逐步成为民警个体的自觉意识。

交通公安的制度文化建设，就是紧密结合交通公安业务工作和队伍建设实际，通过法律法规和良好的规章制度规范交通公安队伍的行为方式，建立起以先进文化为内核的各种长效管理机制，把交通公安文化建设体现在公安业务和队伍建设的各项措施之中，规范交通公安人民警察先进群体意识和文明行为方式的形成，努力创造出一种民主的、有利于民警发挥能动性的和谐的工作环境，激励焕发出广大交通公安民警潜在的积极性和创造性，保证交通公安工作有序、健康地推开，从而形成良性的警务运行机制。

从这个角度讲，国家各项公安法律法规以及公安部部门规章的贯彻实施，交通公安机关的各项内部规章制度、行为规范的健全和完善，构成交通公安制度文化建设的主要内容。借鉴公安文化学者曹礼海的观点，我们将交通公安制度文化“按照作用的手段方式，分为法规制度文化（即：法制文化）和非法规制度文化（即：纪律文化）”。①

①曹礼海：《公安文化论》，警官教育出版社，1999年版，第114页。

一、交通公安法制文化

交通公安法制文化是交通公安民警在履行职责过程中体现出的法律意识、法律观念、执法行为和执法效果的总和。加强公安法制建设，是交通公安机关贯彻落实依法治国基本方略和“立警为公、执法为民，立足交通、服务社会”价值观的必然要求。交通公安机关在开展文化建设中，应当牢固树立严格、公正、文明执法的法制思想，依法行政，规范执法，积极构建警营内外和谐，警民关系融洽的文化氛围。

（一）交通公安法制文化的指导思想——严格、公正、文明执法

交通公安机关作为执法机关，基本任务就是执行法律，运用法律手段打击犯罪，运用法律手段管理治安，运用法律手段开展其他各项公安行政管理工作。做好公安执法工作，是各级交通公安机关工作的首要任务。可以说，交通公安机关的主要活动是执法活动，交通公安民警的主要作为是执法行为。交通公安机关及其民警的一切执法活动及行为都是在一定的执法指导思想下进行的。有什么样的指导思想就有什么样的执法面貌，树立正确执法指导思想是交通公安法制文化建设的重中之重。人民群众评价交通公安工作好坏的根本标准就是看交通公安机关是否严格、公正、文明执法。

当前时期，交通公安机关要全面担负起维护交通水运政治、治安稳定大局的重要职责，进一步加强和改进公安工作工作，加强队伍正规化建设，努力建设服务型公安机关，就必须牢固树立严格、公正、文明执法的执法指导思想，并贯彻到交通公安执法和管理的各项实践中去，努力做到“五个统一”：

1. 把严格执法与公正执法统一起来

严格执法是公正执法的前提，公正执法则是在严格执法的基础上，对执法工作提出的更高要求，不仅要求做到实体公正，而且要求做到程序公正。要坚决克服片面强调严格执法而忽视公正执法的观念，牢固树立严格执法与公正执法相统一的思想，使交通公安执法工作实现合法性与合理性、公正性的完美统一。

2. 把严格执法与文明执法统一起来

文明执法是社会主义道德规范对交通公安执法行为的基本要求，是社会主义法治文明和进步的表现。要坚决克服刑讯逼供、暴力取证、冷硬横推等各种粗暴、野蛮的执法观念和执法行为，牢固树立警察职业道德意识，切实做到尊重和保障人权，维护公民、法人和其他组织的合法权益。

3. 把严格执法与热情服务统一起来

热情服务就是要求交通公安机关和广大民警在依法履行职责的过程中，真

诚地为人民服务，为社会服务，为交通水运的中心工作服务，而不是单纯强调为群众做好事。要坚决克服片面强调严格执法或者片面强调热情服务的观念，坚决克服以“管人者自居”的观念，切实把严格执法与热情服务有机地结合起来，通过严格执法，更好地实现全心全意为人民服务的宗旨。

4. 把严格执法与模范守法统一起来

交通公安机关和广大民警的执法活动，是宪法和法律赋予的神圣职责，是代表国家行使国家权力的活动，必须牢固地树立模范守法的意识，带头遵守国家的宪法和法律。要依法履行职责，做到既不越权，更不能失职。要继续坚持和实行警务公开制度，自觉、主动地接受各种监督，及时纠正各种执法过错，坚决防止和杜绝警察权力被滥用的现象发生。

5. 把严格执法与提高执法效率统一起来

交通公安机关在性质上属于国家行政机关，提高执法效率是对一切行政机关的基本要求。要坚决克服把严格执法与提高执法效率割裂开来、对立起来的观念，在执法活动中，既要不断提高交通公安机关的整体执法质量，同时要大力提高执法工作效率，努力实现严格执法与提高执法效率的有机统一。

（二）交通公安法制文化的核心——依法行政

依法行政是行政机关行使行政权，管理社会事务的重要手段和方法。表现为行政机关行使行政权力，管理公共事务，必须由法律授权，并依据法律规定。交通公安机关是武装性质的国家治安行政力量的一部分，把依法行政作为交通公安法制文化建设的核心，是由交通公安机关的性质决定的。

1. 交通公安机关依法行政的法律依据

依法行政作为依法治国的重要组成部分，是依法治国的关键和核心。依法治国能否取得成效，主要取决于依法行政。“依法治国”方略，已被写入中华人民共和国宪法。依法行政是“依法治国”基本方略的重要组成部分，在很大程度上对依法治国基本方略的实施具有决定性意义。“依法治国”的核心是立法机关依法立法，政府依法行政，司法机关依法独立行使审判权、检察权。在这三者之中，依法立法是基础，独立司法是保障，依法行政才是依法治国的关键所在。交通公安机关在交通公安工作中贯彻实施依法行政是以实际行动践行法治国方略的重要体现。

交通公安机关的依法行政，简言之，就是指交通公安机关的行政行为必须依法进行。交通公安机关作为国家派驻交通港航的一支专门公安机关，其主要职责是通过国家有关刑事执法和治安行政管理的依法实施，实现维护交通港航政治、治安稳定的目的。

2. 交通公安机关依法行政的基本要求

（1）合法行政。实施行政管理，应当依照法律、法规、规章的规定进行；没有法定依据，不得作出影响公民、法人和其他组织合法权益的决定。

（2）合理行政。遵循公平、公正的原则，平等对待当事人，正当行使自由裁量权，排除不相关因素的干扰。

（3）程序正当。行政管理活动，除涉及保密的外，均应当公开；严格遵循法定程序，严格执行回避制度。

（4）高效便民。严格遵守法定时限，积极履行法定职责，提高办事效率，方便当事人。

（5）诚实守信。公布的执法信息应当全面、真实；非因法定事由、非经法定程序，不得撤销、变更已经生效的行政决定。

（6）权责统一。行政执法手段实行法定原则；违法或者行使职权不当的，应当依法承担责任。

3. 交通公安机关的主要执法法规

作为国家派驻交通港航的治安管理和刑事司法力量，交通公安机关在履行这一神圣职责过程中的执法依据按照法律性质分类，主要包括刑事法规、行政（治安）法规和消防法规三大部分，按照法律部门分类，涉及国家法律、行政法规和部门规章三个层次（表3-1）。

交通公安机关主要执法法规　　表3-1

法规性质	法规名称
刑事法规	中华人民共和国刑法
	中华人民共和国刑事诉讼法
	公安机关办理刑事案件程序规定
行政（治安）法规	中华人民共和国治安管理处罚法
	港口治安管理规定
	客船治安管理规定
	强制戒毒办法
	劳动教养试行办法

续表

法规性质	法规名称
行政（治安）法规	企业事业单位内部治安保卫条例
	群众性文化体育活动治安管理办法
	娱乐场所管理条例
	中华人民共和国民用爆炸物品管理条例
	危险化学品安全管理条例
	租赁房屋治安管理规定
	中华人民共和国枪支管理法
	中华人民共和国道路交通安全法
	港口道路交通管理办法
	中华人民共和国公民出境入境管理法
	中华人民共和国外国人入境出境管理法
	公安机关办理行政案件程序规定
消防法规	中华人民共和国消防法
	消防监督检查规定
	消防监督程序规定
	公共娱乐场所消防安全管理规定
	仓库防火安全管理规则
	火灾事故调查规定
	机关、团体、企业、事业单位消防安全管理规定
	港口消防监督实施办法

（三）交通公安法制文化建设途径——规范执法

1. 构建交通公安机关执法质量管理体系

质量管理是企业生产与运作管理中的术语。它是企业(项目)围绕着使产品质量能满足不断更新的质量要求而开展的策划、组织、计划、实施、检查和监督、审核等所有管理活动的总和。质量要求来源于服务对象对产品特性的需求，质量的高低直接决定了服务对象的满意程度。交通公安机关是国家执法力量的一部分，执法质量是交通公安工作的生命线。交通公安机关的执法质量管理则是交通公安机关的各个部门为了提高执法质量，以满足不同服务对象的需求而开展的各项指挥、控制和协调活动。

交通公安机关的执法活动是一个持续不断的连续过程，这个过程由许多不同的执法环节相互联结而成。以办理治安行政案件为例，整个执法过程包括：受理→审查、立案→调查取证→调查终结→告知程序→审批→制作法律文书、送达→执行→法律救济(行政复议、诉讼、赔偿)。调查取证环节又可以细分为：（1）传唤(强制传唤)；（2）询问违法嫌疑人；（3）询问证人、受害人；（4）勘验、检查；（5）抽样取证；（6）登记保存；（7）扣押证据；（8）鉴定、检测。上述每一环节执法行为的好坏都直接与执法服务质量相联系，既影响本环节的执法服务质量，也影响交通公安机关的整体执法服务质量。因而，需要全面分析交通公安机关执法质量形成的各个环节和影响因素，构建出交通公安机关执法质量管理体系，既重视最终的结果质量，更重视执法活动的过程质量。

2. 加强交通公安执法程序规范化建设

加强执法程序规范化建设，要从以下几个方面着手：一是领导要真正重视。各级领导都要从思想上对规范执法真正重视起来，把它当作一项系统工程来抓，每批一本卷，每办一件案，都应当用严格、规范、效益的标准来衡量。首先要从自身做起，要多学习，多钻研法律业务，要求别人熟自己就要精。要亲历亲为，经常深入到基层科所队，明查也好，暗访也好，随时发现民警执法不规范的地方，随时进行纠正和教育，对每个细小环节都不能放过。二是工作要立出规矩。必须制定严格的工作标准，要给执法工作立铁的规矩和铁的纪律，要明确各部门、各警种和每个民警的执法权限，明确执法操作规程，明确执法责任。同时，还要根据实际工作的需要，不断进行研究、补充和修订，使执法工作更加规范化和制度化。三是要打造执法品牌。要经常开展执法办案规范化的评选活动，集中展示一批精品案件，号召广大民警学习仿效，尤其是要注意发现、培养和扶持规范执法的样板和典型，打造出本单位、本警种执法办案工作的品牌，在广大群众面前，形成一种品牌效应，通过这种品牌效应来带动和促进整个队伍执法工作规范化水平的不断提高。

3. 强化法制教育培训力度，提高整体执法素质

首先，是要加强交通公安民警的法

律教育与培训。教育培训是提高民警法律水平和执法办案能力的基本途径。应采取“学、考、评”相结合的教育培训模式。“学”，就是要大力加强法制培训，由法制部门负责，举办短期培训班，每年至少对执法岗位上的民警进行一次轮训，对非执法岗位上的民警，也要从长计议，定期进行法制培训，使他们不断提高法律水平，更好地适应工作需要。另外，还要大力开展学法活动，使自觉学法、严格执法在全体民警中形成风气，推动队伍整体执法水平的不断提高。“考”，就是要坚持逢训必考，每期培训班结束后，都要对民警进行考试考核，合格的发给《执法资格证》，上岗从事执法工作。“评”，就是严格落实执法质量考评机制，坚持日常考评与年度考评相结合。其次，是要继续深化大练兵活动。牢固树立“工作就是练兵”的思想，把工作岗位当做练兵场，把执法执勤、调处纠纷、服务群众作为练兵过程，并辅之以个案点评、优秀案例评选等活动，促进民警执法水平的提高。三是要完善考核机制。认真研究法律培训和执法能力与人事管理的结合机制，将民警执法素质、执法能力和执法绩效与人事管理制度结合起来，将晋职、晋级、晋衔和评功受奖与执法能力结合起来。

二、交通公安纪律文化

纪律是指一定组织或集团为维护自身利益和秩序而制定的、要求其成员共同遵守的一种行为准则。交通公安的纪律是公安机关统一制定颁布的，或根据交通公安机关人民警察的职业特点而制定的，要求全体交通公安人民警察在职业活动中必须遵循的行为规范。严明的纪律是交通公安人民警察队伍战斗力的重要保障，是克敌制胜的法宝。交通公安的纪律文化，尽管不像法制文化那样具有强制性和普遍的约束力，但由于交通公安机关具有不同于普通行政机关那样的鲜明的武装性、半军事化性质，使其对“维护机关运转，调整内部关系，协调民警行为有着不可低估的作用，它也具有一定的文化约束力。这种约束力能通过价值观念、道德规范和约定俗成的行为准则来对每一位民警的行为产生作用。它使民警懂得自己行为取向的正误，一旦做了违背纪律规范的事情，就会感到自责和内疚。这种自我约束、自我控制意识的形成，即是公安纪律文化建设的主要目的”[①]。

①曹礼海：《公安文化论》，警官教育出版社，1999年版，第116页。

（一）交通公安纪律文化的根本要求——严守纪律

严守纪律就是指交通公安人民警察在工作中严格遵守人民警察的各项纪律，它是交通公安人民警察执行政策、实施法律、完成工作任务的重要保证。把严守纪律作为交通公安纪律文化的根本要求，有着现实的必然性。

1. 纪律是执行路线的保证

党的路线、方针、政策是指引社会主义事业前进的指标，是我们的事业取得胜利的保证。而党的路线方针政策能否贯彻执行下去，则取决于是否有严明的纪律来作保障。如果没有严格纪律的保证，各自为政，各行其是，党的路线、方针、政策就会成为一纸空文，我们的革命和建设事业也不会取得今天这样的成就。因此，为了更好地贯彻落实党的路线、方针、政策，夺取全面建设小康社会新胜利，各行各业都必须严守纪律。交通公安队伍作为党领导下的维护交通水运政治、治安秩序的一支重要力量，对每位交通公安民警来说，一方面要求严守党的纪律，确保党的路线、方针、政策在交通公安战线的贯彻执行；另一方面，要求严守公安部、交通部颁布的各项纪律，严守交通公安机关的内部纪律特别是本单位本部门根据队伍管理实际制定的纪律规定。

2. 纪律出战斗力

强大的战斗力是交通公安队伍克敌制胜，圆满完成党和人民所赋予的光荣使命的基本保证。战斗力的强大与否取决于多种因素，其中严明的纪律是一个重要的因素。毛泽东同志有一个著名的论断：加强纪律性，革命无不胜。对交通公安机关来讲，这确实是至理名言。交通公安队伍的性质、任务要求这支队伍必须有强大的战斗力，在同违法犯罪作斗争中，能够步调一致，快速反应，整体作战，连续作战，令行禁止，英勇战斗。这一切都需要严明的纪律来保证，只有严明的纪律，才能统一思想、统一行动，使交通公安队伍成为步调一致，意志统一的战斗集体。如果没有严明的纪律作保证，纪律松弛，令不行禁不止，各行其是，就不能形成强大的战斗力。所以，每一个交通公安人民警察都应该自觉严守纪律，用纪律来规范自己的言行，努力克服自由主义、无政府主义和极端民主化的错误思想。只有这样，才能永远保持强大的战斗力，担负起党和人民交给的重任。

3. 严守纪律是交通公安人民警察的天职

交通公安人民警察是国家派驻交通港航的武装性质的治安行政力量，交通公安工作的性质和任务决定了交通公安人民警察队伍必须有高度的组织纪律性。否则，就难以承担自己的重任。作为专门的治安行政力量，交通公安机关拥有国家法律赋予的特殊权力和强制手段。这些权力和手段运用好了，可以有力地打击犯罪，保护人民，运用得不好，就会给党的事业和人民的利益造成极大的损害。只有严明的纪律，才能确保交通公安人民警察正确地运用手中的权力，有效地履行自己的职责。同时，交通公安工作有一定的机密性，只有严明的纪律，才能确保交通公安人民警察严守国家的机密。

（二）严守纪律的主要内容

1. 服从领导

服从领导就是要自觉听从各级领导的指挥，达到步调一致，行动统一。这是严守纪律首要的和基本的要求，是交通公安机关完成各项工作任务的重要保证。服从领导具体体现在：一是个人服从组织的领导。它要求交通公安人民警察认真贯彻执行党和国家的方针、政策、法律和组织的各项决定，不得各自为政，各行其是。每个交通公安人民警察都必须在其所在单位党政组织的领导和监督下开展工作，绝不允许个人凌驾于组织之上。当个人利益与国家、集体利益，个人要求与组织决定发生矛盾时，必须做到个人服从组织。二是下级服从上级的领导。在交通公安队伍内部，下级必须服从上级，对上级下达的命令、指示，必须坚决贯彻执行。有不同意见可以提出，但在上级没有作出新的决定之前，下级必须不折不扣地执行上级已经下达的命令和指示。交通公安人民警察实行警衔等级和职务等级相结合的等级服从体制，即警衔高的人民警察相对警衔低的人民警察而言，警衔高的为上级。当警衔高的人民警察在业务上隶属于警衔低的人民警察时，职务高的为上级。全体交通公安人民警察和各级交通公安机关，都必须遵守下级服从上级的基本原则。

2. 听从命令

命令是上级对下级发布的带强制性的指示。对交通公安人民警察来说，听从命令就是坚决执行上级的决定和指示，无条件地服从上级的指挥。这是严守纪律在交通公安实际工作中的具体表现和重要内容。服从命令要求广大的交通公安民警要一切行动听指挥，因为这是交通公安人民警察职业生活的一个根本特点，也是实现交通公安机关特殊使命的必然要求。为了充分发挥交通公安机关的职能作用，交通公安人民警察队伍必须强调集中统一指挥，以保证政令畅通。遇到危急情况更要令行禁止，步调一致，以保证快速反应协同作战。这就要求每一个交通公安人民警察，必须养成服从命令、听从指挥的优良品质，对上级的指示，必须坚决执行，绝不能断章取义，自行其是。坚决做到有令即行，有禁即止，一切行动听指挥，不允许任何无组织无纪律的现象存在，以保证队伍的高度集中统一。

3. 遵守制度

制度是指机关、团体、企事业单位所制定的，要求大家共同遵守的工作规程或行动准则。遵守制度就是必须按照上级制定的规程、准则去做。这是严守纪律的重要体现和基本要求。交通公安人民警察遵守制度表现在：一要遵守各项工作制度。公安部、交通部公安局和各级交通公安机关及其部门，根据不同警种、不同岗位的业务内容，依法制定了严格的工作规程和具体要求。随着实践的发展，这些工作制度日趋健全、完善，成为各项工作顺利进行的重要保证。广大的交通公安人民警察，只有严格遵守这些工作制度，才能保证工作的有效性、法制的严肃性，才能顺利完成各项工作任务。二要遵守各项内务制度和保密制度。交通公安人民警察作为武装性质的治安行政力量和刑事司法力量，按照革命化、正规化的要求，必须严格遵守各项内务制度和保密制度。这也是交通公安人民警察严守纪律的一项最基本的要求。

4. 保守机密

机密是指关系国家安全和利益，在一定时间内只限一定范围的人员知悉的事项。机密一旦泄漏，会使国家的安全和利益受到不同程度的损害。因此，保守机密是交通公安人民警察严守纪律的重要内容。

保守机密首先要求交通公安人民警察要树立高度的保密意识。当前，境内外敌对势力、非法组织和犯罪分子的窃密活动十分猖獗，他们利用公开和秘密、合法和非法、人工和技术等多种手段，窃取党和国家重要机密。因此，交通公安人民警察必须提高警惕，克服和平麻痹思想，特别要克服和平时期“无密可保”、“有密难保”的错误认识，切实做到对国家和公安工作的机密守口如瓶。其次，保守机密还要求交通公安人民警察要严格遵守各项保密制度。党和国家的各项保密制度是我们长期以来反窃密斗争经验的总结，是保证党和国家机密安全的重要措施，每一个人民警察都必须严格遵守执行这些制度。做到：不该说的机密绝对不说，不该问的机密绝对不问，不该看的机密绝对不看，不该记录的机密绝对不记录，不在非保密本上记录机密，不在私人通信中涉及机密，不在公共场所和家庭、子女、亲友面前谈论机密，不在不利于保密的地方存放机密文件、资料，不在普通电话、明码电报、普通邮局传达机密事项，不携带机密材料游览、参观、探亲、访友和出入公共场所。

（三）严守纪律的具体要求

1. 增强纪律观念

要使交通公安人民警察做到严守纪

律，首先必须增强其纪律观念。具体来说，就是要做到：

（1）纠正片面认识，提高执行纪律的自觉性。在实际工作中，有少数民警片面地认为，交通公安工作任务紧，情况特殊，工作中出现某些违纪现象，在所难免，情有可原；有的认为，有法律就行了，还要那么多纪律干什么？甚至有的同志把完成任务与遵守纪律对立起来，认为都照着纪律去做，必然会影响任务的顺利完成。这些认识都是片面的、错误的，都应当认真加以纠正。要充分认识到，严明的纪律是交通公安人民警察完成各项任务的重要保证，交通公安人民警察的各项工作只有以纪律为依据，才能真正符合党和人民的利益。

（2）要正确理解纪律与自由的关系。马克思主义认为，任何纪律都是对自由的一种约束，同时也是对自由的维护和保障。自由与纪律是一对矛盾，他们之间是互相制约、互相依存的对立统一关系。一方面，纪律离不开自由，纪律必然以一定的自由为前提。抑制正常自由的纪律，必然会束缚人们的手脚，压抑人的主动性和创造性。另一方面，自由也离不开纪律。自由若离开了纪律的约束，就会成为放纵，必然损害他人的自由，危害社会与集体。在交通公安队伍中，在遵守队伍纪律的前提下，允许民警去发挥自己的能动性和创造力，这对交通公安工作是有利的。但是，如果片面强调自由而忽视纪律的作用，各行其是，各自为战，交通公安队伍就会成为一盘散沙。因此，交通公安人民警察要对自由与纪律的关系有一个正确的认识，既要积极主动地发挥自己的能动性、创造力，更要严守纪律。个人的一切行动，都要在严守纪律的前提下进行。

（3）从点滴做起，养成自觉遵守纪律的习惯。高度自觉的组织纪律观念，要从点滴做起，靠平时养成。古人说：“不积跬步，无以至千里；不积细流，无以成江海。”知识的积累是这样，纪律的养成也是一样的道理。日常的一言一行，看上去是微不足道的小事，但它关系到纪律观念的养成。每位交通公安民警必须严格要求自己，从一点一滴的小事做起，有意识地克服自由散漫的习气，逐步养成遵守纪律的良好习惯。

2. 严格遵守各项纪律

交通公安人民警察队伍铁的纪律，是在继承党的优良传统的基础上，结合公安工作的特点和需要，在长期的斗争实践中，逐步形成和发展起来的。交通公安人民警察必须遵守的纪律包括政治纪律、组织纪律、群众纪律、工作纪律、保密纪律等。这些纪律是确保交通公安人民警察正确行使职权，顺利完成工作任务的重要保证，要求每个交通公安人民警察都必须严格遵守。为此，广大交通公安公安民警要做到：

一要自觉地用纪律规范自己的言行。每个交通公安人民警察都要认识到，作为一名交通公安人民警察，自己担负着国家和人民赋予的重任，自己在工作中的一举一动都和国家人民的利益密切相关，自己的一言一行都代表着党和政府的形象。因此，要做一名合格的交通公安人民警察，就必须自觉地用纪律来规范自己的言行，使自己的每一行动都符合国家和人民的利益和要求。

二要严格按纪律办事。交通公安人民警察的纪律不是抽象的，它具体体现为公安机关的最高首脑——公安部制定颁布的各项规章制度、各种条令、禁令和条例以及各部门结合实际制定的纪律规范。在实际工作和生活中，交通公安人民警察要严格按照这些规章制度及条令、禁令、条例和规范的要求去做。具体来讲，交通公安人民警察首先要坚持四项基本原则，同党中央在政治上保持高度一致；要模范地执行党的路线、方针和政策。坚决遵守宪法，执行法律。坚决服从领导、服从指挥。在工作中，要注重调查研究，重证据而不轻信口供；绝不主观臆断，偏听偏信；严禁刑讯逼供，打人骂人，滥用警械。要忠于职守，廉洁奉公。对群众，要多办好事，服务人民；不搞特权，不耍威风，不刁难欺压群众；不侵犯群众利益，不以权谋私。严格遵守保密工作方面的各项纪律和制度，切实按照要求去做，自觉保守党和国家的机密。

3. 坚决同违反纪律的行为作斗争

交通公安人民警察在自觉严守纪律的同时，还要坚决维护交通公安人民警察纪律的严肃性，坚决同一切违反纪律的行为作斗争。为此，一要严格管理。要维护交通公安人民警察纪律的严肃性，首先要建立具体的规章制度，包括工作制度、考核制度、奖惩制度、内务管理制度、廉政制度、训练制度、保密制度等，使交通公安民警有章可循。其次要加强日常管理。加强日常管理是严格执行各项制度、养成良好的警风警纪的关键。要通过日常的管理，将各项纪律落实到实处，养成民警遵令守纪的品德。二要坚持说服教育，辅之以组织处理。严格的纪律观念不可能自发产生，必须经过说服教育，不断提高广大民警对严守纪律重要意义的认识，牢固树立纪律观念。对违反纪律的民警，必须给以批评教育直至纪律处分，但要坚持以说服教育为主，惩罚为辅，要坚持摆事实，讲道理，既要弄清思想，又要团结同志。三要完善纪律监督机制。交通公安纪律监督机制，是指对交通公安机关和民警是否严守纪律进行监察的工作系统和程序，主要由党的监督、法律监督、群众监督、内部监督和社会舆论监督等构成。通过各种渠道的监督，对交通公安民警进行纪律教育，对违纪者进行纪律检查，防止违法违纪问题的发生，促进广大交通公安民警去自觉地严守纪律。这是确保交通公安人民警察纪律的严肃性，加强交通公安人民警察队伍纪律作风建设的有效措施。

附：《公安人员八大纪律十项注意》和《公安部五条禁令》

公安人员八大纪律十项注意

服从领导听从指挥；遵守政策遵守纪律；

不准泄漏国家机密；不准侵犯群众利益；

不准贪污受贿；不准刑讯逼供；

不准包庇坏人；不准陷害好人。

立场坚定敌我分明；坚决勇敢沉着机警；

多办好事服务人民；说话和气办事公平；

敬老爱幼尊重妇女；注意礼貌讲究风纪；

尊重群众风俗习惯；纠正违章不准刁难；

执行政策做好宣传；劳动学习全面锻炼。

公安部五条禁令

严禁违反枪支管理使用规定，违者予以纪律处分；造成严重后果的，予以辞退或者开除。

严禁携带枪支饮酒，违者予以辞退；造成严重后果的，予以开除。

严禁酒后驾驶机动车，违者予以辞退；造成严重后果的，予以开除。

严禁在工作时间饮酒，违者予以纪律处分；造成严重后果的，予以辞退或者开除。

严禁参与赌博，违者予以辞退；情节严重的，予以开除。

民警违反上述禁令的，对所在单位直接领导、主要领导予以纪律处分。民警违反规定使用枪支致人死亡，或持枪犯罪的，对所在单位直接领导、主要领导予以撤职；情节恶劣、后果严重的，上一级单位分管领导、主要领导引咎辞职或者予以撤职。对违反上述禁令的行为，隐瞒不报、压案不查、包庇袒护的，一经发现，从严追究有关领导责任。

三、交通公安制度管理体系

制度管理，是指一个系统或单位为提高自身系统的功能和有效履行本系统、本单位发展目标，通过制定一套办事规程或行动准则并要求全体成员共同遵守的一种管理方式和提高管理效益的一个重要方法。人们常说向管理要效益，说明科学合理的制度管理能起到提高系统内部管理系统的功效；反之，制度不健全、不科学、不规范，则会导致一个系统、一个单位工作效率低下、工作目标难以顺利实现。邓小平同志曾尖锐指出："我们过去发生的各种错误，固然与某些领导人的思想作风有关，但是组织制度、工作制度方面的问题更重要。这些方面的制度好，可以使坏人无法任意横行，制度不好，可以使好人无法充分做好事，甚至会走向反面。""制度问题更带有根本性、全局性、稳定性、长期性"。

交通公安文化的健康发展，要求调整交通公安机关内部的组织机制，健全文化建设的运行体制，完善文化建设的工作机制，同时又要用先进的文化理念对已有的规章制度进行修改和完善，使全体交通公安民警既以价值观的导向为基础，又有制度化的规范作保证。交通公安制度文化建设的一个重要方面，就是要高度重视制度管理的良好作用，从交通公安核心价值体系所要求的基本制度遵循入手进行配套建设，注重用制度来引导和规范交通公安民警的行为，进一步加强交通公安队伍正规化管理，是解决交通公安队伍现实问题和长远建设问题的既治标又治本的有效措施。

（一）交通公安制度管理的作用

健全的内部管理制度体系是交通公安队伍正规化建设的基础。有人说，"人盯人，累死人，制度管人最省心。"制度的规范性、程序性、监督性、惩戒性、激励性，就像环环相扣、齿轮咬合的无形锁链，从时间和空间上对每个系统成员的行为进行有效规范和制约。制度管理方式又像一双无时不在、无处不在的无形之手，助推着每个人，向自身的惰性宣战，"逼人"奋发有为，同时使人不能趋乐避苦，不敢"跨越雷池"，从而由不自觉到自觉，激励焕发出系统成员潜在的巨大积极性和创造性。用制度进行管理，对交通公安来说可以有以下的好处：

1. 工作有章可循，可以避免管理的混乱现象，从而保证了交通公安管理决策的科学化。

2. 主要工作都有现成的规定减少了重复研究讨论思考的过程，从而提高了交通公安工作效率。

3. 任何制度的建立，都经过了集体的研究和认可，从而体现了交通公安集体的智慧和集体的领导。

4. 用制度进行管理，对任何人都一样，从而体现了公正性的原则，易于使被管理者所接受。

5. 交通公安部门领导可以从繁多的日常工作中解脱出来，用更多时间考虑中心工作。

（二）交通公安制度体系建设的特点

交通公安的制度体系建设有其自身的规律，要使我们建立起来的制度具有权威性、适用性，能够切实起到规范工作和行为的效果，必须具备科学性、封闭性、稳定性和可操作性的特点。

1. 科学性

必须从本单位公安队伍的实际出发，符合本单位公安队伍的活动规律，符合广大民警的主客观情况。建立起来的各项制度确确实实是交通公安文化建设、队伍正规化建设的需要，而不是少数人主观臆造的产物。

2. 封闭性

建立起来的制度体系要涵盖本单位公安队伍正规化的主要方面，力争横向到边，纵向到底，形成一个完整无缺的链条，尽力避免漏洞和缺陷。

3. 稳定性

建立制度要求思想上具有超前性，考虑问题既要从当前出发，又要前瞻性地预测未来发展趋势，使建立起来的制度在相当长时间内可以反复适用。

4. 可操作性

建立制度要按照制度本身的规律和特点办事，内容要全面，结构要科学，语言要精练，表达要准确，使建立起来的制度便于广大民警理解、遵守，也便于本单位领导和相关部门管理、检查和监督。

（三）交通公安制度体系建设的原则要求

1. 要注意与党和国家及上级公安机关颁布的法律、法规、政策、规定、规章制度相衔接

必须明确我们在正规化建设进程中所指的制度建设不是对已有的法律、法规、政策、规定、规章制度的修改和抛弃，不是另辟蹊径标新立异，也不是升华和超越，而是为贯彻落实各项法律、法规、政策、规定、规章制度所制定的操作性规范，是为了消除执行上的薄弱环节，堵塞制度性的漏洞。公安机关目前已经基本形成了一套以《人民警察法》为主体，各个条例、条令等规章相配套的管理制度。对交通公安机关来说，必须结合各自的实际，采取有效措施，创造性地开展工作，毫不动摇地将这些法律、法规、政策和规章制度落到实处。

2. 是一个循序渐进的过程

它既要针对当前交通公安工作和队伍建设中的诸多不规范问题进行“立”，又要随着客观情况的变化进行“改”和“废”。既有的不正规问题解决了，新的不正规问题又可能出现，这就要求我们各级领导必须树立长远建设和发展的思想，发扬锲而不舍的精神，深入实际、深入基层、深入一线、深入群众，发现新情况，研究新变化，找出新规律，制定新措施，通过长期不懈的努力，建立起完整科学的交通公安内部管理制度体系。

（四）交通公安机关制度体系建设的重点

1. 执法工作规范

如制定完善交通公安机关办理刑事案件程序规范、办理行政（治安）案件程序规范、接处警工作规范、治安行政管理工作规范、消防监督工作规范、国内安全保卫工作规范、水上治安巡逻工作规范、乘务民警工作规范、交通管理民警工作规范、看守监管工作规范、处置突发性群体性事件工作规范、重点人口管理工作规范、帮教工作规范、调解工作规范、警务区工作规范，等等。

2. 岗位职责规范

如制定明确交通公安机关局长、政委等局领导工作职责，科、所、队长工作职责，值班领导工作职责，国保、治安、刑侦、消防、乘警、水上巡逻、交警等民警岗位职责，警务区民警岗位职责，内勤民警职责、值班民警岗位职责，等等。

3. 内务和装备财务管理制度

如建立完善请销假制度、年休假制度、内务卫生制度、文件收发和保管规定、档案管理制度、印章管理规定、考勤制度、会议制度、保密工作制度、接待工作制度、扣押和罚没款物管理规定、财务管理制度、枪支管理使用规定、警械管理使用规定、车辆管理使用规定、船艇管理使用规定、无线通信设备管理使用规定，公安信息网安全管理制度，等等。

4. 对外宣传报道制度

建立健全一套对宣传报道工作的信息沟通、专题研讨、业务培训、策划指导、情况通报、表彰奖励及与新闻媒体的沟通联络等制度，整合、利用交通公安新闻资源，加大新闻宣传力度，规范新闻宣传工作，充分调动和发挥政工宣传干部的积极性创造性，发挥交通公安宣传正确引导舆论的作用，提高舆论引导水平，牢牢掌握舆论引导工作的主动权，积极争取中央电视台、《人民公安报》、《人民交通报》和《中国水运报》等主流媒体的支持，为交通公安工作和队伍建设提供强有力的舆论支持。

5. 公共关系制度

交通公安的公共关系建设是交通公安机关内求团结、外求发展的一门艺术，它通过交通公安机关和人民警察创造性的工作，树立起良好形象，不断密切警民关系，达到与人民群众的良性互动，变警力有限为民力无限，从而有力地促进交通公安工作。重点是：

（1）交通公安新闻发言人制度

借鉴各地公安机关实行新闻发言人

制度以来的成功经验，在交通公安副处级以上机关广泛建立新闻发言人制度，成立专门的新闻发布工作班子，健全一套规范化的新闻发布工作机制，结合交通港航的各类新警情、治安新动向、突出战果等，定期组织相关媒体单位进行新闻发布，有效沟通大众传媒，正确引导社会舆论，为交通公安工作营造有利的舆论氛围。

（2）交通公安警营开放日制度

建立定期举行“交通公安警营开放日”活动的制度。把辖区群众邀请到交通公安机关来，开展法律、防范知识咨询，加大法律、安全防范、消防安全、禁毒知识的宣传力度，让民警与辖区群众近距离沟通，提高群众的法律素质和安全意识，在民警和群众之间建立顺畅的感情联系途径，为交通公安工作的顺利开展奠定坚实的群众基础。

（3）交通公安警情通报制度

实施辖区治安预警机制，提高辖区群众的自我保护意识，将交通公安工作自觉置于辖区人民群众监督之下，同时打造亲民务实和负责任的交通公安新形象。

（4）交通公安定期向群众报告工作制度

将经常性听取辖区群众对交通公安工作的意见的经验制度化、规范化，对辖区群众的意见深入体察、俯首倾听，尽心尽力为群众排忧解难。把辖区群众的治安关注点作为交通公安工作的着力点，对群众反映较大、较集中的治安问题，本着对群众高度负责的精神集中力量解决，健全责任制，注重实效，落实各项服务措施，使民警在办好事办实事过程中增进同群众的情感，拉近同群众的距离，取得群众的信任和支持。

6. 教育培训制度

教育是交通公安文化建设的基础，是交通公安事业可持续发展的先决条件。在交通文化建设的过程中，始终牢固确立教育终身制、学习终身制的意识，建立和完善交通公安民警教育培训制度，对教育培训工作的重点、内容及方式、方法等进行详细规定，积极建设学习型交通公安机关。

（1）交通公安民警岗位学历教育限期达标和奖励制度

大力加强学历教育，对各基层干部和民警应达到的学历标准以及相应的奖惩措施作出要求，把民警个人的学历水平与干部使用、经济利益相挂钩，明确奖学金和学费报销等奖励措施，鼓励民警参加自学考试、研究生进修班的学习和攻读在职硕士，促进踊跃成才和学以致用，不断提高交通公安整体文化程度。

（2）交通公安民警教育培训管理制度

有针对性地强化交通公安教育，实现民警集中轮训和在岗培训相结合，全面落实民警上岗和首任必训、警衔和职务晋升必训、基层一线民警每年实战必训的要求。首先，严格推行“择优培训、择优晋升”的领导干部新任职前培训制度。推行“择优培训、择优晋升”的领导干部新任职前必训制度，把干部考核关口前移，严把培训“入口与出口关”，培训考核优秀方能取得职务晋升资格，以此保证真正有能力的人才能够通过培训考核进入领导岗位。其次，严格推行民警日常岗位练兵普及培训制度。推行民警日常岗位练兵普及培训，开展全员政治素质、业务素质、体能素质练兵，并通过建立个人练兵档案，实时监测考核民警日常练兵情况，以此引导民警学习意识与学习能力的提高。第三，探索推行教育培训人才发现选拔工作机制。定期开展人才选拔竞赛、领导干部调训调考等形式的人才选拔竞赛活动，进一步拓宽识人用人渠道，逐步形成“全员参与、逐级选拔、优中选优”的专业人才选拔程序，并把人才动态管理与后备领导干部选拔、行政非领导职务晋升等干部人事制度相衔接，使教育培训成为发现、选拔、吸附、激励人才的平台。最后，严格推行任职资格考试与上岗前培训考试制度。新警必须完成一定期限的集中培训并考核合格方能转正定级上岗，新法律法规颁布实施前必训必考方能上岗执法。逐步培养出一支符合现代警务工作要求，适应知识经济时代要求的新型交通公安人民警察队伍。

7. 民警绩效考核制度

建立一整套紧密联系、相互衔接和协调配套的交通公安民警绩效考核制度管理制度，是全面推进交通公安队伍管理长效机制建设的重要举措，是新形势、新任务对交通公安队伍建设的客观要求。交通公安各级单位应本着“以人为本、明确分工、层层合作、责任到人、奖勤罚懒、奖优罚劣”的原则，制定本单位民警绩效考核办法，建立考核基金，将考核分值折合成奖金，拉大高绩效民警与低绩效民警之间的收入差距，使民警的工作成绩与经济利益直接挂钩。可以从制度上较好地解决“干与不干一个样，干好干坏一个样”的问题，民警由“要我干、逼我干”变成了“我要干、抢着干”，从而有效促进各项工作的开展。同时，把思想政治工作融入其中，不断强化民警竞争观念和责任意识。通过经常性的谈心活动，一方面教育民警认识到实行绩效考核机制是大势所趋；一方面了解民警对考核办法有哪些意见建议，自身工作遇到哪些困难，有针对性地开展工作。将考核结果作为民警职级晋升、评功受奖的重要依据，为优秀民警脱颖而出创造条件，激发骨干民警的干劲。积极主动地帮助绩效较低民警，责成工作骨干与之结成对子，让他们在干中学、在实战中得到锻炼，同时，根据民警个人条件，及时为他们调换工作岗位，让他们尽可能发挥特长。把民警的整体工作情况（即平均得分）作为考核科（室）、所、队领导的重要依据，从而督促科（室）、所、队领导切实抓好分管民警的思想政治工作和业务培训，提高全体交通公安民警的整体素质。

8. 党风警风廉政制度

在认真贯彻上级机关制定的党风、警风廉政制度的同时，结合本单位实际制定完善领导干部廉洁自律、干部述廉评廉考廉、干部提拔任用公示、执法公示、错案责任追究、民警执法执纪考核、民警8小时外管理和民警违法违纪处罚等党风、警风廉政制度，对领导干部和民警的执法执纪、日常行为乃至8小时以外的社会生活，都做出明确的管理规定。而且还注重运用具体严格的制度，加强对班子成员尤其是“一把手”的监督，制约规范领导干部权力运行的范围、程序和责任，做到领导干部权力行使到哪里，领导活动延伸到哪里，监督就实行到哪里，把监督贯穿于干部培养、选拔、使用、管理的全过程，从而有效地发挥了规章制度在交通公安队伍建设中的教育功能、防范功能和治理功能，把队伍违法违纪现象尽可能控制在最低限度。还要健全和完善各项外部监督网络，在辖区群众中选聘一批政治素质高、作风好、说话办事公正的警风警纪监督员，建立从机关到基层不同层次的警风警纪外部机制，抓好群众监督和舆论监督，增强交通公安形象塑造的透明度和广大公众的参与度。

（五）交通公安制度体系建设的主要途径

1. 内部规章制度的全面清理

结合交通公安工作和队伍正规化建设的发展需要，对现行各类内部规章制度进行全面细致的清理。对完全不符合时代发展需要的规章制度，一律予以废止；对部分符合需要的，列于修改完善计划之中；对完全符合的，保留适用。

2. 研究制定科学化、民主化的交通公安管理制度

将交通公安文化的内在精神融会于交通公安工作和队伍建设的全过程，置于整个制度体系的突出位置，遵循循序渐进、集思广益、逐步完善的原则，建立起以先进文化为内核的各种长效管理机制和制度体系，把交通公安文化建设体现在公安业务和队伍建设的各项措施之中，努力创造出一种民主的、有利于民警发挥优势的和谐的工作环境，形成良性的警务运行机制。

3. 各级领导以身作则，带头遵守规章制度

健全制度不容易，落实制度更不

易。再好的制度不能见诸实效也是一纸空文。制度是对所有人的，制度面前人人平等，不允许有超越的人、超越的特权。各级领导应该首先是遵章守规的模范，要响亮地喊出“跟我干，向我看”，要求民警做的，自己首先做到、做好，要求民警不做的，自己坚决不做。通过自己的实际行动，为广大民警做出遵章守纪的表率。

第四章 交通公安行为文化

交通公安机关的整体形象，是通过这支队伍每一名人民警察的具体形象来体现的。交通公安民警的一言一行、一举一动，都直接关系到交通公安队伍在人民群众心目中的形象。因而，加强交通公安的行为文化建设，从提高交通公安人民警察文化素养和文化品位的角度来增强形象意识，把个人形象视为交通公安整体形象的代表，认真地加以维护，规范行为举止，强化养成教育，形成健康的行为习惯，并通过良好的精神面貌、工作作风、行为举止展现出来，从微小的细节基础上改变交通公安队伍的外部形象，从而赢得公众的信赖感与敬佩感，争取更广大社会力量的支持，就是交通公安行为文化建设所要达到的目标。

交通公安行为文化是交通公安制度文化的外在表征，是交通公安精神文化的有效体现形式，表现为交通公安及其人民警察的行为方式，主要包括警察管理体制和决策机制、执法行为、公共关系行为、言行礼仪、人际交往行为等。所有这些都从不同的侧面反映着特定社会条件下交通公安文化的特色。这类文化一般具有表层可视性、直观可感性和，人民群众往往可以通过交通公安民警和民警群体警务管理和社会交往活动，直接观察和感受到其中的文化因素。由于执法行为、公共关系行为分别在制度文化建设、载体和阵地建设等相关章节中有具体阐述，本章重点阐述交通公安的警察管理行为、礼仪行为和人际交往行为。

一、交通公安的警察管理行为

交通公安的警察管理，是交通公安机关为实现一定的管理目标，有计划地对交通公安警察组织和警察人员进行的组织、协调和控制活动，是合理配置组织内部的多种资源，实现警察行为最佳效益的管理活动。交通公安的警察管理行为，就是交通公安机关以一定的管理思想、管理制度、管理方式、管理行为为重要内容的文化形态。

（一）交通公安警察管理行为建设的目标

一流的交通公安业绩，要靠一流的交通公安队伍来创造，而一流的交通公安队伍又必须靠科学的管理来实现。交通公安警察管理的目标就是科学地激发民警的积极性和创造性，增强交通公安机关的战斗力。交通公安机关要调动民警的积极性，规范民警的行为，制定并严格执行规章制度是十分必要的。但不能只靠这些，还需要提高民警执行规章制度的自觉性，也就是借助民警的价值观、道德观、行为准则这些文化因素的力量。交通公安机关制定的各项管理制度，最终要靠人来执行，只有软管理和硬管理有机结合起来，才能不断提高管理水平。

新时期，大力加强交通公安文化建设是实现交通公安警察管理目标的基本途径，交通公安文化的精髓是构建交通公安核心价值体系，提高交通公安民警的思想道德和科学文化素质，尊重民警的社会价值，实现以民警为中心的整体优化管理。以民警价值的共识为核心，以民警的群体行为为基础，以公安法制硬管理和民警思想政治教育等纪律软管理兼备为手段，以“尊重人、理解人、关心人、激励人”的人本管理为原则，把民警对实现自我价值的追求，引导到自觉地遵章守制上来，变他律为自律，不断推进交通公安队伍管理的现代化进程。

（二）交通公安警察管理行为的规范化建设

实现警察管理的规范化，是现代化警察管理的客观要求。任何管理，为了实现一定的目标，都要有统一的共同遵守的办事程序或行为准则，以此来规范管理行为过程。交通公安的人民警察作为执法人员，对其管理就更应规范其行为，实现管理的规范化。所谓交通公安警察管理规范化，是指交通公安机关及其各级管理者，按照规定的标准、法式、规则、程序和要求等对人民警察进行管理，以达到管理工作的行为标准化、活动秩序化。

1．交通公安警察管理规范化的基本特点

（1）制约性

交通公安的警察管理规范具有很强的制约性，警察管理的各项活动和各个环节，必须按有关行为规则来行事，不允许各取所需，自行其是。

（2）具体性

交通公安的警察管理规范是对警察管理法律法规、职业纪律、义务和方针政策的具体化，对交通公安人民警察工作任务、工作过程、工作目标进行科学量化和具体化的规定，一般表现为具体的条文形式易于操作和执行。

（3）导向性

交通公安警察管理行为规范的实质是提倡什么，反对什么，它对交通公安各级管理者及其人民警察起着法定导向作用。

2. 交通公安警察管理规范化的主要依据

（1）人民警察队伍管理法律规范

有《中华人民共和国人民警察法》、《中华人民共和国人民警察警衔条例》、《人民警察内务管理条令》、《人民警察组织管理条令》、《人民警察训练条令》等。

（2）职业道德规范

有《公民道德建设实施纲要》、以“八荣八耻”为主要内容的社会主义荣辱观、《人民警察职业道德规范》等。

（3）纪律规范

有与人民警察有关的法律法规中规定的人民警察的政治纪律规范、组织纪律规范、工作规范、廉政规范和警察风纪规范等。

（4）岗位职责规范

交通公安各级警察组织制定的各警种人员上岗任职的标准规范（在交通公安制度文化建设章节中已有阐述）。

3. 交通公安警察管理规范化的机制建设

坚持与时俱进的指导思想，不断调整和完善规范化标准和内容。坚定不移地深化改革，建立健全更加规范的管理机制。着重于长效机制的建设，坚持警察管理规范化与科学化相结合的原则，注重管理的有效性。

（三）交通公安的决策行为

交通公安决策，指的是交通公安机关的各级领导者，为了正确履行交通公安工作职能，针对面临的任务和问题，为实现预期的目标所进行的方案设计、选择和实施的活动过程。交通公安决策是交通公安领导者最基本的职能，是各项管理职能的中心环节，并贯穿于交通公安警察管理过程的始终。交通公安决策行为的主要方面包括交通公安领导者的决策素质、决策艺术和决策的民主化、科学化、法制化。

1. 交通公安领导者的决策素质

首先，交通公安领导者必须具有强烈的岗位职责意识。必须牢记交通公安机关的基本职能和自身肩负的责任，无论遇到多么尖锐复杂的突发事件，都要沉着应对，头脑清醒，从基本职能出发，牢牢地把握住决策的方向。其次，交通公安领导者必须具有灵活应变、快速反应的能力。要有强烈的时间观念，提高公安工作运行速度，提高办事效率。决策者平时就应该形成时间与时效观念，有意识地养成快速反应的习惯，遇紧急突发事件，能够迅速提出各种可行性方案，并经敏锐思考择优而行，选择方案时还应该备有可行的预备方案，做好应急准备，以便始终把握事物发展变化的规律，掌握公安工作的主动权。再次，交通公安领导者必须具有果敢的决策能力。要把握时机，准确、及时地做出符合客观实际的判断和科学决断。决断要有魄力，不能优柔寡断，也不能鲁莽从事，必须严格按照科学的思维方法进行决断，并要经得起实践的检验。在矛盾激烈变化甚至发生逆转的危急关头，公安决策者要始终保持冷静的头脑，处变不惊，及时应变，迅速决断。最后，交通公安领导者必须具有高明的组织才能。交通公安决策的目的还在于有效地实施，决策实施的过程则是对决策者组织能力的检查考验过程，交通公安领导者要切实把握住可能影响全局的“关键点”，周密部署，严密组织，妥善安排人力、物力，并要善于激励下属同心协力，从而顺利实现决策目标。

2. 交通公安领导者的决策艺术

（1）知人善用，人尽其能，预断结合

成熟的交通公安领导在人才选拔方面都有独到之处。交通公安领导者的一个基本职能就是合理使用民警，做到用人得当，知人善用，不但能够将指挥者的意图贯彻到位，而且能够使下级按照领导者的思路，创造性地开展工作。从指挥才能方面说，一个优秀的交通公安领导干部需要具备三个能力：首先是预知能力，能够通过对客观条件的分析，加上自己主观上的正确估计，准确地对辖区治安趋势和采取行动的结果做出判断和预测；其次是谋断的能力，能够在知己知彼的基础上巧用计谋，以智取胜，始终保持对辖区治安的控制，掌握主动权；再次是随机应变的能力，能够根据辖区治安情势的不断演变，有针对性地实施灵活指挥，制定相关策略及时应对。

（2）驾驭全局，全面分析，科学预测

交通公安机关承担着繁重的维护交通港航政治治安稳定的任务，面对突发性事件、群体性事件时有发生的复杂局面，各级交通公安机关的领导干部要具备战略家的素质，以较强的洞察力，站在观察事物发展的制高点，尽可能延伸、扩大视野，不可“一叶障目不见泰山”。只有这样，才能早拿对策、提前防范，才能抓住解决问题的有利时机，使指挥决策更加主动。实践表明，要使交通公安决策者的预测是科学的，除了要具有超前思维、掌握事物的客观规律以及深邃的洞察力等能力之外，还要掌握逻辑知识，以便对即将要发生的事态做出准确的判断。

（3）快速审慎，全面权衡，当机立断

交通公安机关直接面对社会和群众，面对着大量的治安问题，许多事件都具有突发性、偶发性、特殊性，处理这些问题在时效上要求高，必须当机立断。有些问题一旦坐失良机，就增加了解决问题的难度，使小问题演变成大问题，局部问题演变成全局问题。快速决策、快速反应，在上级领导下，依靠基层组织疏导，依法处置，把问题解决在基层，解决在萌芽状态，这是解决群体性事件的基本经验。快速决策、快速反应，也是侦破刑事案件、处置突发性问题的基本要求。在快速决策的同时，交通公安领导者必须要慎重决策，避免快速随意决策，做到快中有慎，慎中有快，快而不乱，慎而果断。

3. 交通公安决策的民主化

交通公安决策民主化，就是在整个决策过程中，交通公安决策者充分发扬民主，广开思路和言路，充分调动全体决策参与者的积极性和创造性，群策群力，协调一致参与决策工作，力求使每一个重大决策都成为群众智慧的结晶，使决策者的主导性与决策参与者的主动性、积极性和创造性相统一。

公安决策的民主化，首先要求是坚持群众路线，相信群众，依靠群众，为了群众，坚持从群众中来到群众中去的方法。尊重人民群众的首创精神，善于把群众的愿望、要求和公安工作的新经验、新创造加以理论概括，使之形成各项交通公安决策的基础。当然，交通公安决策的民主化也并不排斥决策权的必要集中，也不排斥决策者的个人作用，而我们所要强调的是决策者应善于吸收各方面的意见，加大或提高决策的参与度，防止决策的片面性和个人主观臆断。可以预言，交通公安决策民主化发展的一个趋势是，从仅由交通公安机关领导集团的决策发展成为广泛调动各方面力量，特别是吸收人民群众意见和智慧基础上的决策。这一变化趋势反映了交通公安机关在不断提高决策质量的同时，又考虑到充分发挥人的主动精神和创新精神，使决策过程更加公开化，使之能够形成一种和谐的、自我控制、积极协调的管理环境气氛。

4. 交通公安决策的科学化

民主决策与科学决策是相辅相成，互相渗透的关系。民主决策是科学决策的出发点和归宿，而科学决策是民主决策赖以实现的条件。要实现交通公安决策的科学化，必须强调以下两个方面:

（1）建立完整科学的交通公安决策体制

交通公安决策体制，是指由承担交通公安决策任务的不同机构所形成的组织体系和运行机制。随着社会的发展和科学技术的进步，交通公安决策体制要求体现三大系统即信息系统、智囊系统和决策系统的合理分工和完整，形成在信息系统的支持下，以决策系统为核心，充分发挥参谋系统“外脑”作用的现代科学公安决策体制，从而为公安决策的科学化提供组织保证。公安决策的信息系统是一个“人一机”结合的综合体，它主要负责获取、处理、储存和传递公安信息，为制定科学、正确的公安决策以及修正决策、追踪决策提供信息服务。智囊系统，国外称外脑或思想库，是指专门为公安决策服务的咨询或研究机构。如设立“交通公安机关咨询委员会”，聘请相关专家、学者组成，负责拟制交通公安工作各种备选方案和参与方案的论证评估，再如在办公室系统设立专职的调研机构，组织对交通公安发展中的难点问题开展专门调研，直接为领导决策提供参谋意见。交通公安决策体制中枢系统是决策系统，这个决策系统就是由各级交通公安领导者为主组成的决策集团。它主要是负责组织领导交通公安决策活动和最终拍板选定决策方案，处于中枢地位，公安决策的成败的关键往往在于此。因此必须强调大力提高决策者素质，加强领导班子建设，培养造就一大批高素质、懂决策的公安决策领导人才。

（2）严格遵守科学的公安决策程序

现代公安决策体制是实现交通公安决策科学化的组织保障，而科学的交通公安决策程序是交通公安决策科学化的表现形式。因此，遵守交通公安决策程序，有助于制定科学的决策，从而提高交通公安决策的质量和可靠性。科学的交通公安决策程序应包括四个步骤:一是发现问题，确定目标；二是集思广益，拟制方案；三是论证评估，方案择优；四是决策实施，完善决策。

（四）交通公安警察管理的人本建设

以人为本，确立民警在队伍管理中的地位，营造实际自我价值的良好环境，是交通公安警察管理行为文化建设的核心。要改变观点，变管理者为服务者，变被管理者为队伍的管理主体，将队伍管理工作还原于民警，真正树立民警主人翁的地位，建立民警自我教育，自我约束，自己管理自己的机制。让民警参与到队伍管理中来，参与到一些业务政策中来，以满足民警参与社会的心理需求，激发民警的集体荣誉感和工作责任感，调动民警自我完善的内在动力，与交通公安事业同呼吸共命运。

确立民警在队伍管理中的主体地位，必须破除各种习惯势力的束缚，并且用相应的制度来保证，如建立健全重大决策民警评议制度、推荐领导干部制度、领导向民警报告工作制度、目标由民警考核制度、民警自我述职和彼此评议制度、自我发现目标设计制度、定期提出合理化建议制度，等等，给民警以尊重，信任感，使他们感到自己是当家作主的主人翁，从而激发其工作积极性。

人对于生活的追求，莫过于个人的发展。在市场经济条件下，交通公安队伍要营造一种积极竞争的氛围，让有知识、有能力的民警脱颖而出，要树立人才效益观念，公平竞争、优胜劣汰观念，增强民警竞争意识，消除安于现状、不求进取的惰性心理，克服论资排辈平衡照顾的传统习俗，破除封闭保守，求稳怕乱，求全责备的旧观念，排除凭个人好恶，嫉妒人才的心理障碍，打破干部任职的终身制，积极发扬和保护那些自强不息，立志建功立业的人才，让他们在宽松和谐的环境中竞争，使庸者下，能者上，使贤良俊士有用武之地。组织部门要对所辖民警进入警察队伍发展给以明确的目标设计，并为民警实现目标提供各种环境的机会，提供基层实践锻炼和实际领导能力，以完善民警的理论知识和专业知识结构，提供民警适合自己发展的机会和条件，允许民警根据自己的意见调整个人的岗位和警种，帮助民警协调各种人际关系，减少内耗，使其专心工作，通过考核及时对民警工作实绩及贡献大小予以肯定，并通过晋升职务、工资、记功、嘉奖等方式予以价值认可，予以价值激励。

要引入竞争机制，把责任制、聘任制作为任用干部的基本形式，把考试、考核作为干警晋升职务、工资、警衔的基本方法，充分体现公开、平等、择优的原则，使民警站在同一起跑线上竞争。考试、考核要有一定的量化标准，要有目标管理机制，淘汰机制配套。要建立科学合理的民警流动制度。实现定期的岗位制度，上下交流，允许民警根据自己的意愿选择易于发挥特长的岗位，使其人尽其才，才尽其用。教育培训要向专用化、高层次、规模化发展，在职培训要突出情境性和临战性。同时要建立和完善淘汰机制，解决长期存在的能上不能下的问题。淘汰的不仅是那些有严重问题的人，而且还包括那些能力平庸，缺乏政绩的领导干部和缺乏公安业务能力，不适应做公安工作的民警。可以辞职、免职、调离、辞退或开除。要建立健全监督制约机制，加强队伍管理规章制度建设，保障各项人事制度和改革措施的贯彻落实，使队伍管理工作制度化、法制化，以增强队伍活力，保持交通公安队伍的纯洁性，为战斗力的不断提升创造条件。

二、交通公安的礼仪行为

交通公安礼仪，是交通公安机关人民警察按照有关条例规定，在各种场合表现出的风度、礼节、礼貌，以及在处理人际关系和对外交往中正确的言行举止。具体包括谦虚恭敬的态度、文明礼貌的语言、优雅得体的举止、规范严整的仪表、诸警种的执勤执法礼仪和日常生活的必要礼节等。它是交通公安人民警察思想政治素质的外在表现，是道德品行的基本表现方式之一，也是开展警风建设的重要一环。警察礼仪知识的缺乏，礼仪行为的不规范，将不同程度地影响交通公安人民警察威武、稳健、端庄、朴实大方的形象。

人的行为是受意识支配的，一定的礼仪行为必是在一定的礼仪意识支配下实施的。交通公安人民警察礼仪不仅是交通公安人民警察与公众交往的外在形式，亦是其内在思想品德、各种素质修养的自觉表现，而后者是前者的基础。只有内在素质和外在形式结合起来，才能真正体现人民警察礼仪的意义所在。为了提高交通公安民警的整体素质，使全体民警正确认识警察的仪表美、语言美和行为举止美，就必须在对民警进行政治、业务、文化知识培训、教育的同时，重视警察礼仪的教育，并把警察礼仪教育列入整个队伍教育、培训和目标管理的主要内容，使规范的礼仪行为融合到日常行为举止中去，从而达到全面提高交通民警队伍内在素质和外在形象的目的。

（一）交通公安礼仪建设的意义

交通公安礼仪既是交通公安民警文化素质的外部表征，又是一种交通公安人民警察的行为准则，对培养交通公安民警遵纪守法的良好品质和行为习惯有着很强的现实意义。交通公安礼仪是由交通公安队伍的性质和职能决定的，明显地带有本行业的职业特点，同时也涵容于中华民族的礼仪之中，接受社会公共道德礼仪的制约和影响，并对社会公共礼仪起到补充、发展的作用。讲究礼仪是交通公安人民警察思想政治素质的外在表现，是道德品行的基本表现方式之一，是交通公安制度文化建设和行为识别系统的重要内容。研究和掌握人民警察礼仪，对于交通公安工作和队伍建设都有着积极的、直接的、现实的意义。

1. 有利于密切警民关系，建立执法威信

交通公安人民警察在打击刑事犯罪、从事治安管理、服务群众等工作中，其仪表是否庄重，语言是否文明，举止是否有礼貌等都直接影响着自身的形象，警容不整、仪表不端、行为举止不分场合的警察会在人民群众心目中产生一种散漫、没有战斗力的感觉，甚至使群众视为很不成体统，有损国家的威严和形象，从而失去群众的尊敬。同样，衣冠不整，疲沓散漫的警察对犯罪分子在外表上也产生不了一种威慑作用，甚至会使犯罪分子对警察产生轻视，甚至是蔑视的态度。交通公安工作的群众性，要求其人民警察在维护港航治安秩序、处理公安行政管理事务中，从尊重和爱护群众的愿望出发，努力协调好各方面关系，沟通信息，减少摩擦，真诚热情地对待群众，急群众所急，忧群众所忧，从而获取人民群众的广泛支持，这是做好交通公安工作必不

可少的基本环节。只要尊重群众，对群众谦虚有礼，耐心细致，与群众建立融洽的关系，就会得到群众的信任和欢迎，就能在群众中树立人民警察的执法威严和庄重，从而调动群众参与治安活动的积极性。

2. 有利于提高交通公安队伍的战斗力

组织中的人际关系和工作环境是影响工作效率不可忽视的重要因素，对队伍的战斗力也会产生效应。团结友爱的气氛、健康和谐的环境，良好有序的群体关系会起到凝聚力量，振奋精神，激励斗志的作用。交通公安有了同志间、上下级间一定的礼仪规范，会促进队伍内部团结、民主、信任、理解的新型关系的发展，从而形成强大的战斗力，大大提高工作效率，顺利完成各项任务。

3. 有利于培养和造就合格的人民公仆

交通公安人民警察讲究礼仪，会潜移默化地促进自身养成高尚的道德情操和精神风尚，做到谦虚礼让，平等待人，诚实守信，团结友爱；交通公安人民警察讲究礼仪，会增强人民警察的组织纪律性，做到令行禁止，雷厉风行，警容严整，顾全大局；交通公安人民警察讲究礼仪，会促使人民警察坚持履行全心全意为人民服务的根本宗旨，以人民的利益为重，为服务群众尽职尽责；交通公安人民警察讲究礼仪，会增强人民警察的敬业和牺牲精神，始终以高尚的道德和行为标准来衡量和调节自己的言行，在工作中做到兢兢业业，勤勤恳恳，精益求精，勇于献身。

（二）交通公安礼仪的内涵

交通公安民警生活在社会这个大家庭中，每天都要与公众发生联系，进行交往。为了使交通公安民警与公众、交通公安机关与其他社会组织之间的交往文明、有序地进行，实现互相之间的尊重、协作和支持，交通公安机关需要遵守共同的礼仪规则。要正确地理解、认识交通公安礼仪，应特别注意以下几层涵义：

1. 交通公安礼仪是交通公安民警的一种礼貌行为

它通常是交通公安民警在社会交往过程中从言语举止上表现出来的谦虚和恭敬。如：交通公安民警在接待办事的群众时，要使用“您好”、“请进”、“您请坐”、“请喝水”、“您要办什么事”；若工作正忙时，要使用“请坐”、“请稍候”；群众离开时要使用的“再见”迎送等文明礼貌之声。在明确了文明礼貌的礼仪意义后，应注意对象、场合、分寸，要自然、真挚、恰到好处，培养和训练礼貌的行为习惯，提高交通公安民警自身的礼仪修养水平。

2. 交通公安礼仪是一种礼节活动

它是交通公安民警在社会交往活

动中相互问候、致意、祝愿、慰问以及相互必要的协助和照料的惯用形式，是约定俗成的一种行为习惯。礼节是礼貌的具体表现，是反映礼仪的基本要求的外在表现和行为规定，是表现民警对他人和善、尊重的一种形式。因而，交通公安礼仪往往通过礼节活动表示出来。礼节还表现为仪式和典礼上所必须遵守的程序。如《公安机关人民警察内务条令》关于礼节的规定有："晋见或者遇见上级党政领导、公安机关领导时，着警服的公安民警应当行举手礼；因携带武器装备或者执行任务需要，不便行举手礼时，可以行注目礼"；"晋见或者遇见本单位经常接触的领导和其他同事时，应当互相致意"；"列队的公安民警在行进间遇见领导时，带队人员应当行举手礼，其他人员应当行注目礼"；"公安民警交接岗时，应当互相敬礼；不同单位的公安民警因公接触时，应当主动致意"；"公安民警在外事活动场合与外宾接触时，应当主动致意"等等。这些礼节充分体现了公安礼仪所规定的礼貌要求，所以，礼仪和礼节是不可分的，礼仪就是一种礼节活动。

3. 交通公安礼仪是指交通公安民警的仪容、仪表和仪态

交通公安民警的仪容、仪表是指交通公安民警的外表，包括交通公安民警的容貌、姿态、举止、风度、衣着、修饰等方面。仪容、仪表不仅仅是交通公安民警个人爱好和兴趣问题，而且体现为对他人的尊重和信任，对社会、对交通公安集体的责任和义务，表现一个民警的精神风貌和文明程度。仪容、仪表还要求交通公安民警有良好的清洁卫生的习惯和文雅的举止行动，以留给他人朝气蓬勃，热情服务，彬彬有礼的形象。仪态是要求每个民警在人际交往过程中从容端庄、态度诚恳、热情有度、举止文雅、落落大方，注意礼貌、礼节。仪容、仪表和仪态代表一个交通公安民警的外表形象，反映了一个交通公安民警的礼仪修养水平，能使其行为举止留给人们留下热情服务、彬彬有礼的形象，有助于交通公安工作顺利的开展和交往活动的成功。

4. 交通公安礼仪是交通公安民警一种情感互动过程

交通公安礼仪在实施过程中，既有民警能动的控制行为，又有受礼者制动的反馈行为，这种能动与制动，控制与反馈的行为活动是一个双向互动的情感交流过程，充满着人情味。这种尊重互换、情感互动是人之常情。所谓"己所不欲，勿施于人"，也应成为交通公安民警讲究礼仪的基本道德信条。

5. 交通公安礼仪是一种仪式

仪式是由一种信仰所支配，被人们认可和约定俗成的社会规范。它是按照某种程序进行的一种群体行为方式。交通公安的仪式，如宣誓仪式、会议仪式、典礼仪式、升旗仪式、葬礼仪式等。所有这些都是一种文化形态。这种文化形态都包含着丰富的精神内涵，使人们从中看到一种深层的理性世界。如：交通公安机关吸收新警员时所举行的宣誓仪式，目的是强化一种警察意识。交通公安机关在对因公殉职民警举行追悼会和特定时期的悼念活动，为的是渲染讴歌逝者的英勇事迹，激励其他民警斗志。绝不能把它简单地看作是一种形式主义。要丰富和发展交通公安文化，有必要通过悼念殉职民警的仪式，纪念牺牲的交通公安人民警察，弘扬新时期交通公安精神，激励广大交通公安民警把各自的工作做得更好。

（三）交通公安人民警察礼仪习惯的培育

交通公安礼仪不是交通公安民警先天就具有的品质，也不是完全自发形成的，它主要是交通公安民警在交通公安机关的倡导中或与公众的交往中自觉修养而形成的。它的形成需要经过长期训练、学习和积累。

1. 自觉提高学识素养

交通公安礼仪是交通公安民警外部行为表征。从交通公安礼仪规范的表现形式来看，似乎交通公安民警的举手投足、表情达意是交通公安民警个人的生活小节，而实际上它涉及交通公安民警个人与交通公安队伍整体的形象，具有深厚的内在文化涵养。没有对传统文化礼仪，对交通公安职业文化礼仪以及交通公安民警人际关系深层次的认识和理解，我们不仅不能自觉地把握交通公安礼仪的重要性，甚至会做出许多违背礼仪规范之事。交通公安民警的礼仪学识素养主要是有关礼仪的基本知识修养。它包括我国古代的礼仪文化、现代的礼仪知识、公安民警礼仪要求，以及国外警界的礼仪规范和各地礼仪风情等。交通公安民警应从公共关系学、传播学、伦理学、美学、社会心理学、行为科学等基础和应用性的人文社会学科知识的基本了解中自觉培养自己的礼仪素养。

2. 自觉培养礼仪意识

首先要求每个交通公安民警要有明确的公关意识。交通公安礼仪主要是为树立交通公安队伍的整体形象，为获得公众美誉服务的。交通公安民警的一言一行，一举一动都代表交通公安机关的声誉和形象。因此，每位交通公安民警必须洁身自好、以自身良好的礼仪行为维护交通公安队伍的整体形象。其次，交通公安民警要陶冶美的情操，培养自身的审美情趣和审美能力。要严格遵守公安民警的职业道德、职业纪律，遵循职业要求，塑造美的心灵，体现美的情操，培养美的仪表和美的行为。再次，交通公安民警要注意道德修养，掌握判断人们行为是非、善恶、美丑、荣辱的标准，按照公民道德纲要和社会主义荣辱观的高要求，有效地调节和控制在与公众交往中的组织行为，提高职业道德和礼仪修养水平。

3. 自觉养成良好的礼仪习惯

习惯是一个人的行为定式，是价值取向的稳定，不需要经过思考和意志努力而实现的行为方式。良好的交通公安礼仪习惯能促使沟通警民之间的关系，赢得公众对交通公安工作的理解和支持，不好的行为习惯不仅会阻碍交通公安民警的自我完善，而且还会损害交通公安机关的队伍形象。培养良好的礼仪习惯，每个交通公安民警要从小事做起，从大处着眼，小处着手，寓礼仪于细微之中。如接待办事的群众时，要有“您好”、“请进”、“您请坐”、“请喝水”、“您要办什么事”等迎接声。若工作正忙时，要对群众示意“请坐”、“请稍候”，群众离开时要有“再见”等送别声。接、挂电话时，要使用“您好！这是××公安局(派出所、巡警队等)”、“请讲”、“请稍等”、“他(她)不在，如需要的话，我可以转达”、“再见”等文明用语。要从尊老爱幼、爱民、便民、利民等一般的礼仪行为做起，养成好的习惯，只要坚持下去，必有成效。古语说：“千里之行，始于足下。”每个交通公安民警只要平时根据交通公安机关职业要求、严于律己、身体力行，从点点滴滴做起，坚持不懈，就会在交通公安机关内部逐渐形成良好的礼仪习惯，就会在人民群众的心目中逐渐树立起良好礼仪形象。

三、交通公安的人际交往行为

交通公安人民警察人际关系中的交往，主要是指其在交通公安业务活动中与参与业务活动各方面的人员之间建立的关系。它包括人民警察之间的交往，人民警察与协助单位人员的交往，人民警察与广大群众的交往。交通公安工作的性质和特点决定了人民警察应善于人际关系的交往，也就是说交通公安人民警察在公安业务活动中与参与业务各方面的人员之间应建立良好的关系，通过公安业务工作中的交往，对参与活动的有关人员施以积极的心理影响，使其产生敬佩、信任感，引起相应的积极行为反应，力求避免错误行为，防止出现消极反应，在心理相容的气氛中互相加深了解，沟通情感，协调动作，缩小心理距离，进而调动各方面的积极性，达到人尽其才，取长补短，互相促进。从而使人民警察个人优势得以充分发挥，为交通公安工作顺利进行，取得预期工作效果提供条件。

（一）培养交通公安人民警察交往能力的必要性

社会生活中，人与人之间的交往是不可避免的。通过交往，人们从不认识到相互认识，再到彼此了解；通过交往，人们相互传递信息，满足各自不同的需求。随着社会的发展，这种交往的需求更加频繁。交通公安人民警察由于交通公安工作的社会性、特殊性，不可避免要与各方面的人打交道，但交通公安人民警察的交往又不同于一般的人与人之间的交往。第一，交通公安人民警察交往的目的性很强。人民警察通过交往主要是为解决工作中某些问题而获取所需的信息。第二，交往的主体是交通公安人民警察。在交通公安人民警察与参与公安业务活动的有关人员交往过程中，交通公安人民警察始终居于中心地位，起主导作用。第三，交通公安人民警察交往对象广泛。既有交通公安人民警察之间的交往，也有交通公安人民警察与协助单位人员的交往，更有与广大群众的交往。第四，交通公安人民警察的交往往往带有强制性，即交通公安人民警察的某些交往是必须的。在公安业务活动中，交通公安人民警察能够顺利地与各方面人员交往，并能够在交往中获取收集到工作所需要的各种信息，这标志着交通公安人民警察的个体素质和交往能力的高低。但无论是工作中的交往，还是日常生活中的交往，都离不开自身的个体素质，更离不开自身对这种心理素质的培养。交往能力虽然是一个非常重要的心理品质，但有时又容易被人忽视。交通公安实践证明，交通公安人民警察的交往能力往往对交通公安工作起着很大的作用。因此，人民警察必须注意培养这方面的素质和能力。

（二）交通公安人民警察要善于处理各种人际关系

1. 正确处理与领导者的关系

交通公安人民警察与其领导者是上下级关系，有着依存性。依靠领导者的正确领导是完成工作任务的重要保证。正确处理与领导者关系的主要做法:一是尊重领导，满足领导者的正确心理需求。这是处理好与领导者关系的首要条件。具体做法是:对领导者正确的指挥原则、意图、方法途径要虚心听取，认真考虑，坚决贯彻执行，并雷厉风行，表现出交通公安机关的组织性和纪律性。二是把贯彻执行领导的指示意图与发挥自己的主观能动性结合起来。通过自己的思考，把领导的指示意图与工作的实际情况相结合，使之在实际工作中更加富有内容、更有实效，以圆满的完成工作任务来满足领导人员的心理愿望，处好关系。三是以科学的态度，正确理解和对待领导者的指示意图。对领导者错误的指示、意图，善于独立思考，明辨是非，以实践的正确性和情感的诚意性要求领导人员根据实际情况再做决策，绝不唯唯诺诺，使工作受到损失。这是处好与领导人员关系不可缺少的条件。

2. 正确处理与同事的关系

交通公安人民警察之间处好关系，是完成工作任务的基础。具体做法是:一是了解对方。了解同事的心理需求，掌握他们对工作的态度、意见和要求，对他们正确的工作动机给予支持和配合，把他们的需求当成自己的需求，给予认真对待，必要时把方便让给他们，把困难留给自己，这是交通公安人民警察之间在认识上取得一致，缩小心理距离，搞好关系，协调动作的重要条件。二是信任对方。交通公安人民警察之间应互相信任。在工作中，为调动交通公安人民警察的主观能动性，使其工作才能得到充分发挥，每名人民警察有一定的自主权。即使同事在执行任务中出现了不当之处，甚至是过失，要从爱护的角度帮助吸取教训，指出问题，又不伤害感情，不让他们失掉面子，使他们从过失中吸取教训，继续做好本职工作，在共同工作中加深友谊，建立良好的关系。

3. 正确处理与协助单位人员的关系

交通公安机关之间、交通公安机关与地方公安机关及其他行政执法单位之间因工作需要经常要互通情况、互相协助、协同作战，正确处理与协助单位人员的关系是更好地完成工作任务的保证。与协助单位人员搞好关系的主要做法是:一要尊重协助单位人员的意见，发挥他们的主观能动性；二要以自己的模范行为影响启发他们自觉地配合行动；三要严以律己，宽以待人，工作中发生问题要主动承担责任，让协助单位自己认识工作中的不足和失误，从而改进工作，搞好关系。

4. 正确处理与群众的关系

公安工作必须依靠群众，交通公安人民警察必须与广大人民群众打成一片，在工作中具体依靠群众。交通公安人民警察与群众的交往过程可视为沟通的过程，沟通顺畅与否受两方面因素的影响:一是交通公安人民警察与群众之间的信任程度，二是交通公安人民警察在整个沟通过程中所表现的技巧如何。正确处理与群众关系的主要做法是:第一，树立威信，使其产生敬佩。威信是一种客观存在的心理现象，是指人的声威和信誉。交通公安人民警察的威信是其在工作中表现出来的心理素质和艺术才能，使参与人员感到尊严而信服的精神力量。交通公安人民警察威信越高，参与工作的群众就越信服，并产生吸引力和向心力。第二，以诚相待，取得信任。交通公安人民警察在工作中应持谦逊、和蔼的态度，切不要简单粗暴，以势压人。不同的态度对群众的心理活动会产生不同的影响。尊重人格、真诚相待的工作态度能促成同群众的良好心理接触，使群众对交通公安人民警察产生好感和信任，缓和紧张气氛，转变群众的消极心理，便于交往的顺利进行，而粗暴的态度则会引起群众的反感，加重其紧张情绪，促成和强化其消极心理。第三，充分调动群众的积极性。在实际工作中，绝大多数群众都能主动、积极配合交通公安公安机关工作，但也有一些人，出于种种因素的考虑而不愿与交通公安人民警察交往。因此，应针对不同情况，采用不同的方法，促使群众与己交往。实际工作中一般常采用情绪激励的方法，激发群众内在潜力，使其产生工作的积极性、主动性和创造性，避免产生急躁、懈怠等消极情绪。情绪激励主要方法有：一是激发热爱祖国、保卫人民，为维护社会治安而献身的精神，激发社会责任感、正义感。二是激发仇恨各种刑事犯罪分子的心理，增强同刑事犯罪作斗争的勇气。三是激发实现工作任务的工作热情，充分发挥群众的主观能动性。四是通过奖惩激励斗志，使之不畏强敌，敢于斗争。第四，正确理解和吸取群众意见。交通公安人民警察在工作中充分发扬民主，集思广益，这是吸收群众智慧和力量，使工作更有群众基础的正确做法。但是，群众意见有对也有错，有全面的也有片面的，交通公安人民警察必须以清醒的头脑，认真负责的态度，进行全面的分析判断，从中吸取真正对工作有用的东西，纠正偏见，坚持从实际出发服从真埋的原则，对群众提出的正确的合理的意见，要及时采纳，并表示感谢。只有这样，才能树立起交通公安人民警察的形象和权威，使群众信服，从而自愿与己交往。

（三）加强交通公安人民警察交往能力的培养

1. 加强学习，提高与人交往的能力

交通公安人民警察要加强对心理学、社会学、人际关系学的研究和了解。交通公安人民警察交往对象的情况十分复杂，有社会大众，有港航单位干部职工，有男有女，有老有小，觉悟有高有低，有的为人老实，有的表现圆滑。由于受社会地位、主观动机、社会态度、个性特点等主体因素的影响，他们与交通公安人民警察接触的态度就各不相同，因此，必须摸准不同人的不同心理特点，做到心中有数，便于针对不同心理运用不同策略和采取各种方法。所以，交通公安人民警察要学会观察别人的表情动态，研究和了解别人的心理，这样，经过一定时期的研究，就可摸索出一套针对各种不同人进行交往的实践经验。由此可见，交通公安人民警察在工作中进行交往时，研究和了解对方的心理是交往成败的关键。因此，要

加强对心理学、社会学、人际关系学的研究和了解。

2. 尊重人格，养成良好的道德品质

任何人都有尊严，需要受到社会、他人的尊重，尊重人格是人与人之间正常关系的基本态度。人际关系交往最主要的是热忱。诚恳热忱是打开人们心灵大门的钥匙。热忱作为一种道德品质，主要是指个人对待群众、对待事业、工作和学习的一种热烈而真挚的感情。其中，也包括人们对生活的热爱，对理想的追求，对事业的真诚，对工作和学习的强烈责任感。热情反映了个人对现实的一种积极态度，它既是人的道德品质，也是人的心理品质。所以，交通公安人民警察无论做什么工作，都必须倾注自己的热忱。在交往活动中特别是在与群众的交往中，离不开这种热忱的心理品质。一个人没有对其他人的满腔热忱，他的工作和事业就不可能获得成功，任何工作和事业的成就都需要人的巨大热情做动力。因此，交通公安人民警察要学会尊重人格，学会热忱，努力培养优良的道德品质，以自己的优良品质，唤起群众的正义感、道德感和同情心，取得群众的理解、信任和支持。

3. 学会运用技巧，善于与人交往

交通公安人民警察在交往中能否取得成功，也取决于他能否运用恰当的语言等技巧。语言是人们交流思想、表达感情的工具。如果交通公安人民警察在交往中不讲究语言艺术，话语不合对方的心意，不仅不能使对方感兴趣和理解，很可能还会引起反感。人民警察每天所进行的工作，离不开语言，特别是做调查工作时，如不讲究语言艺术，用语不当，词不达意，很容易在交往中形成尴尬的局面，达不到理想的目的。如果讲究语言艺术，注意交往中的措辞、语调及面部语言，就可提高水平效益。因此，交通公安人民警察要学会交往技巧，在交往中特别注意讲究技巧。一般来讲，在不同的地域，与不同的人进行交往时，应根据不同的人，应用不同的方式和语言，力求与群众的接受能力一致。

4. 学会克制自己的态度

与群众交往，群众最注重人民警察的态度，群众都喜欢与那些平易近人、态度和蔼的人交往，只要尊重群众，以平等、和蔼的态度对待群众，那么大多数情况下，群众就会主动地反映你所需要的情况，并能很快地取到信任。但在交往中，也不应谦虚过度，这样不仅收不到良好的效果，还会影响你在群众中的威信。交通公安人民警察在深入群众时，应当让群众觉得你就是他们中的一员，这样，交往气氛就自然形成了。

5. 培养广泛的兴趣

交通公安人民警察广泛的兴趣是指其不仅对必备的专业知识技能感兴趣，也对丰富多彩的社会生活中的各种事物感兴趣，能在广泛的接触社会生活中，增长知识、开阔眼界、博学多才，并由此形成与交通公安工作有关的多种技能、技巧和综合运用的能力。浓厚兴趣的不断发展，就会成为从事实践活动的内驱力，促使其在工作中感觉与知觉活动起来，观察敏锐、注意力高度集中，并保持稳定持久，思维严密，想象丰富，情绪高涨，充满信心，专心致志地为实现工作目标而奋斗，这是提高交往能力的一个重要条件。

综上所述，交通公安人民警察人际关系中的交往在交通公安工作中的作用显而易见，它能够反映一个交通公安人民警察的聪明才智。交通公安人民警察善于与各种不同人交往，善于同不相识的人打交道，就很可能迅速地获取到信息，推动工作展开，否则，就有可能使工作受阻。所以，重视对交通公安人民警察交往能力的培养，是交通公安行为文化建设中极其重要的方面。

四、交通公安行为识别系统

一定意义上说，交通公安人民警察形象就是交通公安人民警察的职业生命，交通公安机关的整体形象，是通过每一个交通公安人民警察的具体形象来体现的。民警的一言一行、一举一动，都直接关系到交通公安队伍在人民群众心目中的形象。重视交通公安人民警察自我形象的设计与培育，就是要通过文明、规范的行为塑造交通公安人民警察在公众中良好的形象，同时使民警自己牢固树立警察意识，时时刻刻注意自己的形象，从提高文化素养和文化品位的角度来增强形象意识，规范自身行为举止，强化养成教育，都把个人形象视为交通公安机关整体形象的代表而认真地加以维护。随着社会文明程度的提高，培养良好的交通公安人民警察行为举止，对于提高交通公安人民警察外在文化品质和推进交通公安机关正规化建设更显重要。

由于交通公安行为文化内容都具有表层性、直观性的特点，因此，交通公安行为文化建设宜采用规范的制度加以确定并固化到民警的言行举止中。将交通公安的值勤规范、礼仪规范、着装规范、警容风纪、窗口文明服务规范等集中明确起来，形成交通公安的行为识别系统，使交通公安核心价值理念物化在民警的行为方式上，从而获得人民群众的识别与认同。

（一）执勤规范

《人民警察职业道德规范》对人民警察文明执勤的要求是：谦虚谨慎，不耍特权，礼貌待人，警容严整。交通公安人民警察的执勤行为，除了接处警、治安巡逻、道路交通管理、看守监管、值班备勤、突发性群体性事件处置等一般性的警务活动外，还有一些作为专业公安机关特殊警种、特定执法环境的值勤工作规范，这些规范是交通公安的标志性值勤识别行为。这类值勤工作规范主要包括船舶乘警值勤规范、水上巡逻工作规范、水上消防监督工作规范、港船交接工作规范等。

水上治安巡逻

水上消防演练

乘警整装上岗

（二）礼仪规范

按照交通公安人民警察礼仪方式的不同，分为法定礼仪、值勤执法礼仪和日常礼仪三部分：

1. 法定礼仪

包括《公安机关人民警察内务条令》对公安机关人民警察入警宣誓、工作礼节和阅警式等方面的明确规定，是全体公安机关人民警察必须遵守的礼仪规范。

1）入警宣誓

宣誓，是公安民警对自己肩负的神圣职责和光荣使命的承诺和保证。新录用的公安民警必须进行宣誓。宣誓的基本要求：

（1）新录用的公安民警，应当在初任培训合格后，上岗前由所在单位或者培训学校组织宣誓。

（2）宣誓前，公安机关领导人员应当对宣誓人进行人民警察性质、宗旨、任务、纪律、作风等教育。

（3）宣誓场地应当悬挂警徽。

（4）参加宣誓人员应当庄重严肃、着装整齐、警容严整。

宣誓仪式的主要程序：

（1）宣誓大会开始。

（2）奏(唱)国歌。

（3）主持人讲话(简要说明宣誓的

新民警入警宣誓

升旗仪式

意义，讲解誓词的基本精神)。

(4) 宣读誓词（宣誓人立正，右手握拳上举至耳部，由预先指定的一名宣誓人在队前逐句领读誓词，其他人高声复诵）。

(5) 宣誓人代表讲话。

(6) 领导讲话。

(7) 奏(唱)警歌。

(8) 宣誓大会结束。

宣誓时，若结合授衔、授装进行，应当先授衔、授装，后宣读誓词。

2) 工作礼节

(1) 参加庆典、集会等重大活动升国旗时，着警服列队的公安民警应当自行立正、行注目礼，带队人员应当行举手礼；未列队的公安民警应当行注目礼。

(2) 奏(唱)国歌时，应当自行立正。晋见或者遇见上级党政领导、公安机关领导时，着警服的公安民警应当行举手礼；因携带武器装备或者执行任务需要，不便行举手礼时，可以行注目礼。

(3) 晋见或者遇见本单位经常接触的领导和其他同事时，应当互相致意。

(4) 列队的公安民警在行进间遇见领导时，带队人员应当行举手礼，其他人员应当行注目礼。

(5) 公安民警交接岗时，应当互相敬礼；不同单位的公安民警因公接触时，应当主动致意。

(6) 公安民警在外事活动场合与外宾接触时，应当主动致意。公安民警因公与非公安民警人员接触时，应当主动致意；纠正违章时，应当先敬礼。

(7) 公安民警依法执行职务进入居民住宅时，应当主动出示证件，说明来意。

3) 阅警式

《公安机关人民警察内务条令》规定：阅警是地(市)级以上党政机关领

导、公安机关领导在重大节日、庆典、集会等重要场合对公安民警队伍的检阅。阅警式的主要程序：

（1）阅警指挥员向阅警领导报告。

（2）阅警领导宣布阅警开始。

（3）阅警领导检阅队伍。

（4）阅警领导讲话。

（5）阅警指挥员向阅警领导报告。

（6）阅警领导宣布阅警结束。

交通公安港区阅警式

交通公安水上阅警式

2. 值勤执法礼仪

（1）对可疑人员及物品治安检查时的礼仪

检查应由两名以上（包括两名）民警进行。应使用例行公务语言，如："对不起，例行检查，请出示您的身份证"、"请协助我们到某某处接受进一步检查"。检查中，经弄清事实消除嫌疑的，应表示歉意。

治安检查

（2）进行场所搜查时的礼仪

搜查时应首先向被搜查人出示工作证和搜查证。对当事人不理解或不愿配合的，应进行必要的宣传解释；对无理取闹、纠缠不清的，应向其阐明将承担的法律后果。不宜简单粗暴，任意行事。

（3）执行人身搜查时应注意的礼仪

执行人身搜查须由侦查人员进行，或在侦查人员的主持下，聘请具有执业资格的法医或者医师严格依法进行，不得有侮辱犯罪嫌疑人的人格或者其他侵犯合法权益的行为。公安民警对被害人进行人身检查时，应征得其同意，必要时可请其家属配合进行说服，不得强制检查，对被害妇女或女性犯罪嫌疑人进行人身检查时，应由女侦查人员或女医生进行。

（4）询问证人时的基本礼仪

在询问证人时要尊重证人，文明取证；积极宣传，耐心引导；安全保密，减少压力；顾及伤病，安抚情绪。

（5）询问青少年证人时的礼仪

民警应充分尊重他们的人格和名誉，避免使用轻视和不信任的语言，对他们表现出的优点和热情态度应及时予以鼓励；同时在矫正他们对犯罪嫌疑人的错误认识时，应多从正面加强教育引导。

（6）询问女性证人时的礼仪

应尽量安排女民警与之接触。询问时，应注意其情绪变化，避免使用可能激怒情绪的提问方式。在她们激动时，不要以斥责的态度同其争吵；在证人处于怀孕期、哺乳期时，应考虑她们生理上的特点和实际情况，必要时可登门拜访。

（7）询问受害人时的礼仪

询问语言应委婉、诚恳，不应强求受害人一定要记起和描绘出他所记不起来的事情；对强奸等隐私案件的受害人，应当由女民警询问，并应尽量减少询问时间和次数，注意为被害人保密；对被拐卖的妇女、儿童等被害人询问，应尽量避开人贩子或无关者；对生命安全受到威胁的被害人询问，应采取有效措施，切实保障其人身安全。

（8）处置精神病人、醉酒人时的礼仪

处置时应注意行为不失文明，切忌态度粗暴。对待轻微精神病人或醉酒程度不深的人，尽量现场处置，请其监护人或单位负责人将其带回加以监护、教育；现场不能处理的，带至就近的派出所处理。对待严重精神病人或醉酒程度深的人，在不得已的情况下可采取必要的强制措施，但要注意安全，避免对当事人造成人身伤害。在无法与当事人进行语言沟通的情况下，不宜与之针锋相对，严禁对当事人进行侮辱性人身攻击。

（9）接处警时当报警人难以正确表述时的礼仪

可适当加以引导，用“您讲的情况我已大致了解，还有什么情况请你再讲一下好吗？”等语言进行询问。如果报警人对询问不耐烦时，应告知其只有准确报警，公安机关才能正确处警。

（10）当报警人重复报警或催促时的礼仪

应耐心和蔼地答复，可用“我们已经通知民警马上就到，我可以再催一下，请放心”等语言回答，不应表现出不耐烦的情绪。

（11）社区民警走访居民的礼仪

社区民警走访时应选择恰当的时间，尽量避免在吃饭和休息时间打扰被访者。在居民门前应稍事整理警容，然后轻声敲门或轻摁门铃，切忌大声喧哗、猛力敲门或频按门铃。主人开门后，可先自我介绍或由陪同的居（村）委干部介绍。未获得允许，不可入内。如居民家中有客人或家务繁忙不便接待，可与主人约定时间再来走访。

（12）走访外来人口的礼仪

应首先明确外来人口在生产、生活中的应有地位，对其合法权益予以保护。在走访中，应以平等待人为原则，不影响其正常的生产、生活秩序，对他们持尊重态度、用文明语言；应耐心细致地询问和了解情况，热情宣传法律知识，提供宣传材料；当其遇到困难和需要帮助时，应及时提供服务；在处理外来人口治安问题时，应特别注意不要对外来人口持排斥或歧视的态度和观点，避免导致外来人口与常住人口之间产生隔阂和矛盾，避免造成不良影响。

（13）走访少数民族、宗教人士时的礼仪

应预先充分了解他们的礼仪禁忌，在访问中注意尊重他们的风俗习惯，防止“犯忌”，尽量不谈其忌讳的话题，不作其忌讳的举动。对宗教、民族等敏感问题中不是很了解的方面，应尽量回避，以免出现差错，引起主人的不快，造成不良影响。

3. 日常礼仪

交通公安人民警察日常工作和生活中的礼仪，包括谦虚恭敬的态度、文明礼貌的语言、优雅得体的举止、诸警种的执勤执法礼仪和日常生活的必要礼节等。交通公安人民警察的日常礼仪虽然没有法定礼仪的强制性，但是能更丰富、更形象地展现民警美的仪表、美的心灵、美的行为、美的情趣等礼仪习性。主要礼仪行为包括：

1）履行公务职责时的站姿

侧放式：两腿并直，脚跟并拢，脚掌分开呈V字形，双手自然垂放在腿部两侧，手指稍弯曲，呈半握拳状。

前腹式：两腿并直，脚跟并拢，脚掌分开呈V字形，双手相交放在小腹部。

跨立式：两腿分开，两脚平等，与肩同宽，双手背后轻握，放在后腰处。

丁字式：一脚在前，将脚跟靠于另一脚内侧，两脚尖展开90°，呈斜向丁字形，双手轻握，放在腹前，身体重心在双脚（此式限女性）。

值勤站姿（跨立式）

非敬礼状态时，站立姿势可以变换。但不得将身体倚靠在物体上，不可双手抱胸或叉腰，不得席地坐卧。

2）公务活动中的坐姿

坐姿的基本要求是：平稳、端庄。其要领为入座轻缓，在座位前面转身，右脚后退半步，左脚跟上，然后轻轻地坐下。女民警入座时，应把裙子向前拢平。入座后，上身正直，头正目平，腰背可不靠或稍靠椅背，两腿自然弯曲，两脚平落地面。坐姿切忌二郎腿、分

会场坐姿

腿、“O”形腿、抖动腿，亦不可重心极偏，频频移动，前俯后仰、过分仰靠等等。着警装时一般不得席地而坐。

3）执勤时的步姿

步姿的基本要求是：轻松、平稳，其要领为：抬头挺胸，两肩持平，两臂自然前后摆动，两腿步幅适中均匀，两脚步位正直朝前。集体出行除紧急情况或执行巡查任务外，一般步速应在每分钟116步左右。两名以上人民警察徒步巡逻、执勤时，应两人成行，三人成列，威严有序。

执勤步姿

4）接听电话中应特别注意的礼仪

（1）给领导同志打电话时的礼仪

给领导同志打电话时，应从尊重领导的角度考虑，如果与领导在同一层楼办公或与领导办公室距离很近时，尽量不要用电话联系，应直接当面请示或汇报工作。打电话时要称呼领导职务，然后通报自己的部门、职务和姓名。要把需要请示或汇报的内容简洁、准确地说明。领导的指示或意见应记录准确、全面，通话结束时应主动询问领导还有什么指示或要求，并主动说再见。通话完毕后应待领导放下电话后自己再挂上电话。

（2）给下级打电话时的礼仪

给下级打电话时，态度要谦和，不要居高临下打官腔。重要事项的通知，应记录受话民警的姓名、职务和部门，

以便日后查询。

(3) 对打错电话者的礼仪

接到打错的电话，态度要友好，应礼貌地告诉对方，这里不是其要找的单位或号码，请他重拨，不应不加解释地将电话挂断。如有可能的话，可帮助对方将电话转接至其所要的部门。

5）会议礼仪

较为大型的会议通常应安排席卡，其颜色、规格、字体应统一。主席台上的座位安排一般是尊者坐正中间，其左手为次尊者，右手再其次；依次类推（国际活动时以右为尊）。如果发言席设在主席台上，一般位于台上最右侧，主持人席在发言席的左侧；如在主席台外另设发言席，则主持人席设在主席台的最右侧。

主席台上的就座者在进入主席台时，要井然有序。与会者向他们鼓掌致意时，主席台就座者应微笑鼓掌作答。在会议进行时，主席台就座者要注意倾听发言人的发言，不应与主席台上的其他就座者长时间地交头接耳，若有重要或紧急事情须提前离开会场时，应与会议主持人打个招呼，在征得主持人同意后再离席。

6）向上级领导汇报工作时的礼仪

下级向上级领导汇报工作时应按约定的时间到达。过早到达，会使上级因准备未毕而难堪；迟迟不到，则又会让上级等候过久而失礼。当到达上级的办公室后，应轻轻敲门，待听到上级招呼后再进门。汇报工作时要注意自己的举止，做到站有站相，坐有坐相，文雅大方，彬彬有礼。

7）上级听取下级汇报时的礼仪

上级公安机关或领导同志听取下级汇报时应遵守约定时间，如有可能则应稍微提前一些，并做好准备。汇报人到达后，应及时招呼其进门入座，并泡茶招待；不可居高临下，盛气凌人，摆官架子。听取下级公安机关代表汇报时，应与之目光交流，配之以点头等表示自己认真倾听的体态动作，对汇报中不甚清楚的问题可及时要求汇报者重复、解释，也可以适当提问，但要注意所提的问题合乎逻辑，不致于打断对方汇报的思路。

8）陪同领导视察工作的礼仪

陪同人员应很好地起到引领的作用。引领时应稍侧身走在领导侧前方，与领导保持两三步距离，并适时以手示意（掌心向上），一面交谈，一面配合领导的脚步。切忌独自在前，背对着领导。

（三）着装规范

《中华人民共和国人民警察法》规定：人民警察必须按照规定着装，佩带人民警察标志或者持有人民警察证件，保持警容严整，举止端庄。公安民警应当按照《公安机关人民警察着装管理规定》着警服，保持警容严整。

（1）除不宜或者不需要着装的情形外，在工作时间必须着警服。

（2）应当配套穿着警服，不同制式警服不得混穿。

（3）应当规范缀钉、佩带警衔标志、警号、胸徽、帽徽、领花、臂章等，不得佩带其他与人民警察身份或者执行公务无关的标志。

（4）应当爱护和妥善保管警服、警衔标志、警号、胸徽、帽徽、领花、臂章等。

《公安机关人民警察着装管理规定》规定：民警着装时，应当按照规定配套穿着，不同制式警服不得混穿。

（1）执勤、训练、劳动、抢险救灾、处置突发性事件、执行追捕等任务时，通常着执勤服、作训服。其他场合通常着常服，也可以着执勤服。

（2）着常服、执勤服时，内着衬衣，扎系制式领带。外着制式衬衣时，衬衣下摆扎系于裤腰内，并扎系制式腰带。着长袖衬衣时，扎系制式领带；着短袖衬衣时，可以不扎系领带；三级警监以上警衔的民警，着白色衬衣、扎系深蓝色领带。一级警督以下警衔的民警着浅蓝色衬衣、扎系深蓝色领带。

（3）着多功能服附内胆时，内着衬衣、冬常服；不附内胆时，内着衬衣、春秋常服或者执勤服。

（4）着常服、执勤服时，佩带硬肩章。着作训服或者外着制式衬衣时，佩带扣式软肩章。着多功能服时，佩带套式软肩章。

（5）除工作需要或者其他特殊情形外，应当着制式皮鞋、胶鞋。

（6）参加授衔、宣誓、阅警等重大仪式或者外事活动时的着装，按照主管(主办)单位规定执行。

民警着装时，应当严格遵守下列规定：

（1）不得警服与便服混穿。

（2）不得歪戴警帽，不得披衣、敞怀、挽袖、卷裤腿。常服内着毛衣

着装规范式样

规范的执勤着装

(衫)或者衬衣内着内衣时，毛衣(衫)、内衣不得外露。

(3) 不得在外露的腰带上系挂钥匙或着饰物。

(4) 不得赤脚穿鞋或者赤足。男民警鞋跟不得高于3厘米，女民警鞋跟不得高于4厘米。

(5) 不得系扎围巾，不得染指甲、留长指甲，不得染彩发、化浓妆、戴首饰。

(6) 男民警不得留长发、大鬓角、卷发(自然卷除外)、剃光头或者蓄胡须，女民警发辫不得过肩。

(7) 除工作需要或者眼部有严重伤疾外，不得戴有色眼镜。

民警着装时，应当举止文明。不得边走边吃东西、扇扇子；不得背手、袖手、插兜、搭肩、挽臂、揽腰；不得嬉笑打闹、高声喧哗；不得席地倒卧。

民警着装时，不得在公共场所以及其他禁止吸烟的场所吸烟；除参加重大礼仪性活动需要外，不得在公共场所饮酒；非因工作需要，不得进入营业性娱乐场所。

（四）警容风纪

《公安机关人民警察内务条令》规定：公安民警应当保持头发整洁。非特殊任务需要，不得染彩发，男性公安民警不得留长发、大鬓角、卷发(自然卷除外)、剃光头或者蓄胡须，女性公安民警发辫不得过肩。公安民警不得纹身，不得染指甲、留长指甲，不得化浓妆。公安民警应当举止端庄，谈吐文明，精神振作，姿态良好。

(1) 着警服或者执行公务时，不得边走边吃东西、扇扇子；不得在公共场所或者其他禁止吸烟的场所吸烟；不得背手、袖手、插兜、搭肩、挽臂、揽腰；不得嬉笑打闹、高声喧哗；不得席地坐卧。

(2) 不得酗酒、赌博和打架斗殴；不得参加宗教、迷信活动。

(3) 两名以上公安民警着装徒步巡逻执勤或者外出时，应当两人成行、三人成列，威严有序。

(4) 外出时，必须遵守公共秩序和交通规则，遵守社会公德，自觉维护人民警察的声誉。

（五）窗口文明服务规范

《公安机关人民警察内务条令》规定：公安机关应当根据各警种的实际情况和特点，制定文明用语和忌语，严格遵照执行。基层公安机关应当设置群众接待室或者服务室，实行群众办事、报警、报案、求助、咨询接待领办制度。公安民警接待前来办事、报警、报案、求助、咨询的群众，应当首先问好并致意，然后认真、热情接待。接待时，应当态度和蔼，语言文明，认真受理，不得以任何借口推诿、扯皮、耍态度，严禁态度冷、硬、横。

《110接处警工作规则》规定：110报警服务台工作人员应当掌握和使用普通话，在受理报警、求助、投诉时应当做到：

（1）警容严整，行为规范，态度热情；

（2）接听电话时主动说："您好，××（市、县）110，××号接警员"；

（3）向当事人问明案（事）件的主要情况及当事人的基本情况；

（4）按照统一的表格认真登记、存储，做好接报、指挥、处警工作记录，并立卷备查。

《公安机关窗口单位服务规定》更加明确地规定了公安机关窗口单位的文明服务行为。

1. 在便民服务设施上，窗口单位应当做到：

（1）昼夜服务群众的窗口单位应当设置指示灯箱或警示红灯、公开电话号码；其他窗口单位应当在醒目地点、位置设置指示标牌。

（2）在接待场所设立警民联系箱（簿）、意见簿，提供办事指南，公布上下班时间和报警、咨询、监督电话，有条件的单位应设置触摸式显示屏服务指南，便利群众办事和反映情况、问题。

（3）根据需要和条件设置供群众使用的桌椅、纸张、笔墨，饮水设施以及其他相应的服务设施，并保持完好有效。

（4）接待、服务场所的提示标志醒目，环境卫生整洁，内务管理井然有序。

（5）城市和城镇派出所办公服务场所与民警休息室应当分设；其他单位也应创造条件逐步分设。

2. 窗口单位必须建立和实行以下制度：

（1）警务公开制度。依法公开窗口单位的工作职责、执法依据、办事程序、法定时限、收费标准、监督方式以及其他相关内容，主动接受群众的监督和评议。

（2）首接责任制度。接待群众报警、求助、咨询及外来办公、办事人员的首位民警，对属于职责内的事应当及时办理；对不属于自己管辖或职责以外的事，应当先行受理，做好接待记录，及时移交有关部门和人员办理，并向群众说明情况。

3. 昼夜服务群众的窗口单位和其他窗口单位的工作时间，应当确定民警专人负责接待工作，不得出现空岗或由非警务人员替代。窗口单位的民警在工作期间必须按照《公安机关人民警察内务条令》规定着装上岗，做到警容严整，举止端庄，精神饱满。

4. 在服务行为上，窗口单位及其民警应当做到：

（1）接待群众态度热情，语言文

明，举止得体，执法、服务规范。

（2）严格依法办事，提高工作效率，严格执行有关办事时限的规定。对符合法律规定、手续齐全的，应当当场办结；手续不全的，应当指导群众完备手续；对依法不能办理的，应当向群众说明原因。

（3）严格按照法定的收费项目和标准收费，严格执行有关罚缴分离和“收支两条线”的规定，严格执行票据的管理和使用制度。

（4）严格遵守警务工作纪律和有关廉洁自律的规定。

5. 窗口单位的民警不得有下列行为：

（1）对待群众作风粗暴，态度冷漠，语言生硬，行为蛮横，办事推诿、拖拉，刁难群众；

（2）工作时间从事与工作无关的活动；

（3）工作时间或工作之前饮酒，或在接待场所、执勤期间吸烟、饮食、闲聊、进行娱乐活动等影响工作形象和工作环境的行为；

（4）向服务对象及其代理人托办私事；

（5）接受服务对象及其代理人请客送礼；

（6）向服务对象及其代理人敲诈勒索或者索取、收受贿赂；

（7）违法实施处罚或者收取费用；

（8）玩忽职守、滥用职权，不依法履行义务；

（9）其他违法违纪行为。

第五章　交通公安物质文化

物质是组织存在的基础，每一个组织有其特有的物质需求，构成独具特色的物质环境。物质文化是交通公安文化的外表层次，它可以让人对交通公安这个组织的文化样式产生直接的印象，从中领会到该组织的文化内涵。而交通公安管理者可以通过物质文化的构建来传递本组织的文化理念，并不断提升本组织的文化品位。

交通公安物质文化，即交通公安人民警察群体创造的器物文化，是体现交通公安一定工作方式的那些具体存在，看得见、摸得着，最直接、最明了、亲和力最强，直接为交通公安人民警察服务。诸如在交通公安的警务标识、警务场所、警务交通工具、警务工作环境、警务环境导示、制式服装、警用装备造型等的物态外观形象、符号和标志上体现出的文化内涵等，是交通公安文化发展的物质成果和物质基础。通过优良的物质文化建设，形成具有现代气息和交通公安特色的高文化品味的物化载体，营造与优化人文环境，不断增强交通公安民警的警察意识、责任感、归属感和荣誉感，激发每一名交通公安民警自觉维护交通公安整体物化形象的良好意识，形成个人认识与集体实践、社会认同的良性循环，创造正气相济的熔炉效应。

一、交通公安的器物文化——视觉识别系统

交通公安机关物质文化建设，要突出解决的问题是构建交通公安的视觉识别系统。交通公安的视觉识别是理念识别的外在表现，是以交通公安建筑外观、交通工具外观、工作环境外观、民警风貌及民警形态符号——卡通形象等视觉识别形象为核心展开的完整的视觉传达体系，是交通公安价值理念、文化特质、服务内容、管理形式等抽象语意转换为具体符号的概念，塑造出独特、鲜明的交通公安形象。

在交通公安文化建设中，重视交通公安视觉形象的设计与培育，注重发挥

视觉识别系统的良好传播力和感染力作用，统一策划、设计体现交通公安人民警察外在形象的各类标识，优化办公环境，塑造交通公安在公众中良好的视觉形象，形成富有交通公安特色的人民警察形象，切实增强广大民警的责任感和荣誉感，提高人民群众对交通公安的认同感和美誉度。

（一）交通公安徽章

徽章，简言之，就是佩带在身上用来表示身份、职业、荣誉等特殊的标志。它有着悠久的历史，起源最早可以追溯到原始社会氏族部落的图腾标志。图腾，是印第安语“totem”的音译，本意是“它的亲族”。是氏族部落成员公认的与其有血缘关系的自然物。主要以动物为主，也有的以植物为标志。奥利地著名心理学家弗洛伊德认为：“图腾不仅是一种宗教信仰，同时也是一种社会结构，就宗教信仰而言，人们对图腾具有出乎自然的尊敬和被保护的关系；就社会观点而言，它不仅代表着同族内各族民间的相互关系，同时也划分出了与其他部族之间应有的关系”。可见，图腾具有受崇拜性和标志性。只是随着社会的进步和生产力的发展，图腾的宗教属性日益淡薄，区别性和标志性作用日益突出。封建社会早期，不少国家的族徽、国徽、王室徽章已有了独立的实体，只是它们大多不是供佩戴的，而主要是安放或镶嵌在建筑物上，像国徽、王室徽章一般是安放在宫殿上。中国古代较为有名的图腾是龙，我们的祖先把它看作是中华民族的象征，往往置于皇宫及贵族家庭中，大殿的屏风上。至今，在中国一些少数民族，仍有崇拜图腾的习俗。如云南西双版纳境内的基诺族，目前还沿袭着佩戴“族徽”的习惯。

而徽章真正有文字记载，则起源于我国。《战国策·齐策一》记载：“秦假道韩魏以攻齐。齐威王使章子将而应之……章子变其徽章，以杂秦军。”这是我国有文字记载的最早的一例。但此处所指的徽章，与现在意义上的徽章，是有本质的区别的。它实际指的是旗帜。高诱注：“徽，炽名也……变易之，使与秦旗章同。”。“炽”，通帜，徽是旗帜，章是指旗帜上的标记。我国佩戴徽章的做法始于宋代。据史料记载，宋太宗太平兴国三年（公元978年），李飞熊盗用驿马，诈称使者，阴谋作乱被朝廷识破处斩。为防止再有人假冒使者，朝廷规定给每位使者发一枚刻有特殊标记的银牌，入朝晋见或执行公务时佩戴于身，作为标识，成为一种加强宫政事务管理的手段。到了金代，女真族派遣使者外出，让贵者佩金牌，呼为“金牌郎君”，让次者佩银牌，呼为“银牌郎君”。这两种徽章分别铸刻有六、七个篆字，证明使者身份和地位。

此外，在中国古代，较为著名的虎符、鱼符、腰牌等均是现在徽章的雏形，已具备了现在徽章，特别是凭证类徽章的特征。但只是到了近代，特别是清代，徽章才真正具备了现代的意义。近人徐珂编撰的《清稗类钞》第13册《服饰类·徽章》一文写到："徽，帜也。古以旗帜为旌别，故设徽章。今谓凡可为旌别之记号者，曰徽。常用者以金银铜为之，暂用者以绸丝绫为之。"

徽章的种类繁多，包括证章、领章、帽徽、肩章、袖章、臂章、勋章、奖章、纪念章、像章等。形状多样，有圆形、方形、长方形、菱形、十字形、多角形等。根据作用不同，分成四个基本大类：一是组织机构标志类，如国徽、警徽、行业协会徽、社会团体徽等，还有中世纪欧洲一些地区的族徽、王室徽章等；二是凭证类，如出入证、会计证、毕业证等。三是奖励类，如奖章、勋章、荣誉证等。四是纪念类，章上常有"纪念章"、"庆祝"等字样。

交通公安徽章，属于典型的组织机构标志类徽章，由国家公安部专门组织设计颁用，包括警徽、帽徽、车徽、臂章、胸徽、肩章、证章、勋章、奖章等。交通公安作为国家派驻交通港航的一支专门公安力量，在徽章的悬挂、佩带使用上，绝大部分必须体现出公安机关的统一视觉识别形象，只在个别徽章上体现出交通公安的行业特点，是统一识别和个别区别相结合的视觉识别体系。

交通公安徽章，在公众中具有重要识别意义的主要是警徽、帽徽、车徽、胸徽、臂章、肩章等六大类：

1. 警徽

是公安机关最主要的识别标识，由国徽、盾牌、长城、松枝组成（图5-1），国徽是国家的标志和象征，表明人民警察是国家法律的捍卫者；盾牌是人民警察的象征，表明人民警察保卫人民的神圣职责；长城象征人民警察是维护社会秩序和国家安全的钢铁长城；松枝象征人民警察的品质和战斗意志。广泛饰用于公安机关办公处所和会议、训练、检阅、展览等活动中，以及公安网站、网页和书面印刷品中。

图 5-1

2. 帽徽

专门佩于人民警察警帽上的徽章，

基本形状同警徽，由国徽、盾牌、长城、橄榄枝、飘带组成（图5-2）。与

图 5-2

警徽的区别主要有三点：一是在警徽式样下面增加了一横飘带，上有“警察”及拼音字母“JINGCHA”，二是以橄榄枝象征人民警察是维护和平的正义力量，三是整个帽徽颜色改为银白色，并镂空，由轻质金属制成。

3. 车徽

专门贴于警用车辆规定部位的徽章（图5-3），以藏蓝色盾牌形状为基调，由五星、长城、橄榄枝组成，是随

图 5-3

着《2004式警车外观制式涂装规范》（见本章附录）的推行而广泛采用的新型徽章。一般采用反光材料和油墨丝印而成，具有反光效果持久，耐磨性能佳、抗紫外光、耐热、耐冷、耐水洗，图案颜色清晰鲜艳的特点。

4. 胸徽

专门佩于交通公安民警制式服装上衣右胸的小型徽章，分硬式和软式两种（图5-4），是99式警察制服各类缀饰中唯一用文字的形式区别人民警察地域性、专业性的徽章。交通公安民警的胸徽上标示的是“交通”二字，其他专业

图 5-4

公安机关民警胸徽上分别标示的是“铁道”（铁路公安）、“民航”（民航公安）、“森林”（森林公安）、“海侦”（海关缉私）等，地方公安机关则标示的是省份名称，如“北京”、“山东”、“湖北”等。

胸徽对于交通公安人民警察来说具有特别的意义，是国家以规范、醒目的形式标示交通公安人民警察身份的“形象勋章”，每一名交通公安人民警察从佩戴上这一胸徽的一刻起，都应当牢记使命，严格、公正、文明执法，热情为民服务，以实际行动为“交通”公安胸徽添光彩，展现交通公安良好形象。

5. 臂章

专门佩于人民民警制式服装左衣袖上的小型徽章，图案由文字、黄色五角星、飘带、长城和银色橄榄枝等组成（图5-5），文字都是“中华人民共和国”（臂章顶端）、“警察”（五角星两侧）、“POLICE”（飘带中间）。不同之处在于长城图案上的两个小字用

图 5-5

于人民警察系统属性的区别，包括“公安”、“国安”、“司法”（民警，不是司法警察）、“法院”、“检察”等五种，用以区分公安机关、国家安全机关、监狱机关、人民法院、人民检察院的人民警察。

6. 肩章

专门佩于上衣两肩上的徽章，即警衔标志，用于标示人民警察警衔级别。形状为剑形，分为硬肩章和软肩章两种，分行政警衔（图5-6）和专业技术警衔两类，担任行政职务的人民警察的肩章版面为藏蓝色，担任专业技术职务的人民警察的肩章版面为蓝灰色。

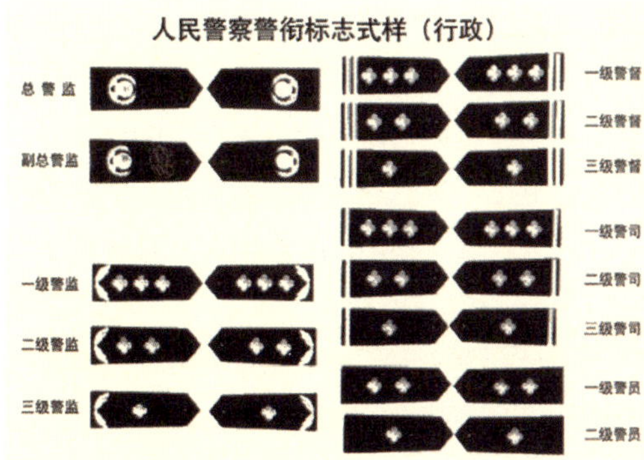

图 5-6

警衔是区分人民警察等级、表明人民警察身份的称号和标志，是国家给予人民警察的荣誉。为了进一步加强人民警察队伍的革命化、现代化、正规化建设，增强人民警察的责任心、荣誉感和组织纪律性，有利于人民警察的指挥、管理和执行职务，1992年7月1日，第七届全国人民代表大会常务委员会第二十六次会议审议通过了《中华人民共

和国人民警察警衔条例》，正式建立了人民警察警衔制度。警衔制度的建立，是人民警察队伍建设的一件大事，标志着依法治警、从严治警进入了一个新的阶段。

人民警察警衔设五等十三级，即：（1）总警监、副总警监；（2）警监（一级、二级、三级）；（3）警督（一级、二级、三级）；（4）警司（一级、二级、三级）；（5）警员（一级、二级）。担任专业技术职务的人民警察的警衔，在警衔前冠以“专业技术”。总警监、副总警监警衔标志由银色橄榄枝环绕银色国徽组成。其中，总警监警衔标志缀钉一枚橄榄枝环绕一周的国徽，副总警监警衔标志缀钉一枚橄榄枝环绕半周的国徽。警监警衔标志由一枚银色橄榄枝和银色四角星花组成。其中，一级警监警衔标志缀钉三枚四角星花；二级警监警衔标志缀钉二枚四角星花；三级警监警衔标志缀钉一枚四角星花。警督、警司警衔标志由银色横杠和银色四角星花组成。其中，警督警衔标志缀钉二道横杠，一级警督警衔标志缀钉三枚四角星花，二级警督警衔标志缀钉二枚四角星花，三级警督警衔标志缀钉一枚四角星花。警司警衔标志缀钉一道横杠，一级警司警衔标志缀钉三枚四角星花，二级警司警衔标志缀钉二枚四角星花，三级警司警衔标志缀钉一枚四角星花。警员警衔标志由银色四角星花组成。其中，一级警员警衔标志缀钉二枚四角星花；二级警员警衔标志缀钉一枚四角星花。

（二）交通公安建筑外观形象

1. 交通公安派出所建筑外观形象

近年来，公安部在全国公安队伍正规化建设中，对服务最深入、管理最基础，与人民群众联系最紧密、接触最广泛的基层公安派出所建筑外观进行统一规划设计，颁布了《公安派出所建筑外观形象设计规范》（见本章附录），按照同一标准，部署对全国公安派出所进行统一的建筑外观形象改造。

该设计规范中，公安派出所标识包括标牌和灯箱，标识的内容主要由派出所中英文名称和警徽组成。派出所标牌为蓝底白字，由派出所中、英文名称组成。其中，门楣横式标牌上部为横排的派出所中文名称，下部为英文名称；竖式标牌上为派出所中文名称，下为英文“POLICESTATION”。派出所标识灯箱上部为白色，配警徽图案；下部为蓝色，配白色中文派出所全称和英文“POLICESTATION”字样，并附有指示标志“→（或←）**米”和派出所电话。

这一规范的颁布实施，是公安文化建设的重大举措，在实践中已取得了良好社会效益。交通公安派出所的建筑外观形象应当严格落实《公安派出所建筑

图 5-7

外观形象设计规范》，力求展现交通公安派出所外观庄重大方、规范醒目、美观亲和、标识明显的视觉识别新形象。目前，交通公安所有基层派出所全部落实了《公安派出所建筑外观形象设计规范》，基层单位外观形象焕然一新。图5-7是交通公安派出所统一外观形象示例。

2. 交通公安警备码头建筑外观形象

在交通公安水域执法环境下，与派出所紧密相连的是专用的警备码头。警备码头作为交通公安的独特建筑形式，其外观形象也应纳入统一规划，形成与派出所建筑外观形象相协调的交通公安警备码头建筑外观视角识别形象。可以公安部《公安派出所建筑外观形象设计规范》的基本色调和形式为基础，设计符合水上执法特色的《交通公安警备码头建筑外观形象设计规范》，建立起既与全国公安派出所建筑外观格调相统一又独具水域执法特色的交通公安警备码头建筑外观形象识别方案。

（三）交通公安水陆交通工具外观形象

1. 交通公安警用车辆外观形象

公安部在近年来的公安队伍正规化建设和公安文化建设的另一重要成果是对全国公安机关警用车辆进行了统一的外观设计和推广实施，经向全社会广泛征集设计方案，最终形成并颁布了《2004式警车外观制式涂装标准》（见本章附录），形成了一套鲜明的富有动感和时代感的警车外观视觉识别体系。

该标准对于警车外观涂装，以藏蓝色和白色为基本色调，辅以黄色，由专用的图形、车徽、编号、汉字“警察”和英文“POLICE”以及部门简称组成。藏蓝色代表严肃、庄重、安全，白色代表廉洁和清明。两种颜色对比强烈，视觉冲击力强，可视认性好，且与现行警服颜色协调一致。“专用图形”由车身四周的藏蓝色底边、向前伸展的藏蓝色弧线和车尾的双色（黄色和藏蓝色）直线条组成。动感舒展的图形象征着警车的出动如利剑出鞘，也体现了公安机关雷厉风行的作风。位于前车门中央的“车徽”，由盾牌、五星、长城和橄榄枝组成，象征人民警察是中华人民共和国的卫士，进一步强化了警车的职能特点。“编号”由4位阿拉伯数字组成，分别喷涂于车身两边和车顶，既利于地面识别，又便于空中值勤的警用直升机识别调度警车。“汉字‘警察’和英文‘POLICE’”位于车头，加强了警车的正面识别效果，适应国际化发展的要求，方便在华外国人士识别警车，及时向警车报警和求助。

交通公安贯彻落实公安部《2004式警车外观制式涂装标准》，对所有白牌照警务值勤车辆全部按照部颁标准进行统一的外观制式涂装，既是交通公安队伍正规化建设的基本要求，也是交通公安物质文化建设的重要方面。目前，交通公安所有白牌照警务值勤车辆全部落实了《2004式警车外观制式涂装标准》规定的外观样式。示例如图5-8所示。

图 5-8

2. 交通公安警用船艇外观形象

鉴于目前公安部还没有制定统一的警用船艇外观制式涂装标准，公安执法船艇的外观制式涂装标准还是一个空白。无论是交通公安机关还是地方水上公安机关，所使用的水上执法船艇，在外观设计上五花八门，缺乏规范、统一、有特色的视觉识别形象。

实际上，水上公安执法由于水域环境的特殊性，受天气、季节影响的复杂性、多变性，统一设计、规范水上警用船舶的外观标准，对于方便人民群众视觉识别、方面水上公安执法，有着比陆上警车外观统一规范设计更为必要的现实意义。交通公安机关可以发挥自身水上执法经验较丰富、覆盖范围较广、船艇较多的优势，认真借鉴公安部统一派出所建筑外观形象和警车外观制式的成功经验，积极借鉴外警、中国海警、海事部门成功塑造的水上执法船艇外观形象范例，向社会征集方案，征求各方面意见，形成符合水上执法特色的、与2004式警车外观制式相协调的交通公安警用船艇外观制式涂装标准，建立起独具水域执法特色的交通公安警用船艇外观形象视觉识别体系。

港口公安的巡逻艇

（四）交通公安环境形象

环境是警察形象的外在表现形式。交通公安环境形象，是交通公安机关整体形象的外在表现形式。警察所处的周围环境，会直接影响他们的各种行为。优美、整洁的外在环境，对交通公安民警具有潜移默化的熏陶作用，齐心协力搞好办公环境，可培养民警爱岗敬业的精神。优美、整洁的外在环境，对在人民群众中树立美好形象具有直接的视觉感触作用。因此，在交通公安文化构建中，按照“人要精神，物要整洁，说话要和气，办事要公道”的要求，大力抓好环境优化工作，优化交通公安机关办公条件和物际环境，把环境优化作为增强交通公安凝聚力、彰显交通公安人民警察精神风貌的有效途径。

优化环境，形成具有现代气息、交通公安特色的高文化品味的物化载体，实践性强，内容丰富。

1. 优化办公环境

本着量入而出的原则，美化、绿化、净化、优化本单位的内外环境。办公室及宿舍内要切实做到“三无、四净”，即无灰尘、无杂物、无异味；地板净、门窗净、墙壁净、桌椅净。武器、警械、器材、交通通信工具，文件档案和个人物品放置有序，以适应工作和战斗的要求。保持办公环境的采光、通风、控温。禁止在工作场所吸烟，设立专门的吸烟室。建立室外停车场，车辆停放整齐有序。

2. 营造浓厚的警营文化环境氛围

建立具有气息浓郁的交通公安文化环境。文化布置要体现交通公安的职业特点和本地区、本单位公安文化的独特个性。对本单位从机关到基层所队的警务用品、日常用品和陈设等外观式样进行统一规范、富有本单位特色的文字、图案设计，如办公室门牌、民警座位职务标牌、档案盒、材料夹、证件挂套、一次性茶杯、船艇救生衣文字标志等都有统一的外观形式。在办公区间的适当部位设立文化墙、宣传栏、人民警察誓词牌、形象墙和荣誉室等。将本单位的宗

交通公安机关环境优化示例

旨、使命、价值观、精神、共同愿景等核心价值理论，岗位职责、管理办法等规章制度，先进单位、模范人物的事迹等布置上墙。这些环境设计，能增强民警的归属感，提高单位、部门的凝聚力，使每名民警察都能在浓厚的物质文化氛围里接受潜移默化的熏陶。

（五）交通公安警察卡通形象

卡通，英语cartoon（漫画）的英译词，卡通形象以其娱乐化、时代性和亲合力的形象而深受大众喜爱。设计并向公众推出警察卡通形象是国外许多警察机构有效加强公共关系、树立良好公众形象的通行做法。并逐渐被国内的北京、深圳、成都、广州、石家庄等大中城市的公安机关借鉴，设计出符合地域文化特质的警察卡通形象，将卡通夸张的艺术手法和警察严格、公正、热情、亲和的职业形象有机结合，在人物原型写实的基础上，融入卡通艺术元素，使警察形象亲和而不失严谨，热情而不失严明，兼顾艺术性和实用性，在使用中取得了良好效果。

作为具有鲜明行业执法特色的交通公安机关，应当设计、推出体现水域、港区执法环境特色的警察卡通形象，宣传和展现交通公安民警的时代风貌，树立热情、亲切、和蔼、亲民、爱民的服务型交通公安人民警察新形象，融洽警民关系，丰富和弘扬交通公安文化，搭建起一个全新的交通公安文化建设、传播的平台，开创出交通公安文化建设的新领域。

交通公安警察卡通形象的文化功能在于，运用于港口、码头、货场、船舶、船闸、客运站点、特种行业、安全保卫、大型活动等公共场所，港区交通要道、内保单位等重点部位，并配以服务性、提示性或警示性语言；运用于公安网站、公安杂志、宣传挂图、宣传手册、警务公开栏、提示牌、宣传栏、新闻发布会、警民联系卡、明信片、信封等传媒载体和印刷品中；还可以制作小徽章、小胸章、书签、不干胶、礼品袋、钥匙扣等交通公安纪念品。让交通公安警察卡通形象充当交通公安的“外交大使”，向辖区公众宣传交通公安的各项工作、规定和服务措施，形成一个连接交通公安与人民群众的桥梁，充分反映出新时期交通公安机关与人民群众关系的本质变化：从过去管理与被管理的关系，转变到服务与被服务的关系。

附：各地公安机关警察卡通形象示例

示例一：北京警察卡通形象

设计说明：

①男警卡通形象：最典型的设计是耳部形似耳麦的造型，表现人民警察正用最敏锐的洞察力及覆盖全方位的高科技网络维护着一方平安，从多方面体现人民警察的时代特点。

①

②

③

④

⑤

②女警卡通形象：月牙的眉形，灵秀的眼神，健美的身材，还有肩章的曲线变化，充分表达出女警在人民群众中的美好形象，同时突出了女警与其他警种相比的个性魅力。

③户籍警卡通形象：作为公安机关服务群众的窗口，户籍警卡通形象更加亲和、热情。以真实场景为原型而设计的人物背景，充分表现了户籍警的工作环境与特性，使之更加贴近百姓。

④交警卡通形象：头戴白色钢盔，身着交警服装。双耳配以代表着最新科技的雷达系统装置，使他们可以在最短的时间内迅速收集到所辖区域的交通信息。

⑤特警卡通形象：黑色代表威严勇猛，此款卡通形象以黑色为主色调。黑色的钢盔，犹如铠甲的黑色防暴服加上高科技武器——防暴枪，让特警成为社会治安的有力维护者。

示例二：广州“羊城警察卡通形象”

广州警察五羊将

设计说明：“羊城警察卡通形象”共5个，以服饰网站、装备等具有鲜明警种的卡通形象，分别作为治安警、交通警、巡特警、社区民警和消防警的形象代表。以羊象征羊城广州，强调了俊秀、乖巧、灵性的南粤地域色彩。

示例三：石家庄警察卡通形象

基本型男警

基本型女警

特警

交警

消防警

户籍警

巡警

设计说明：分男警、女警两个基本型和巡警、户籍警、特警、交警和消防警察等共7个“卡通警察”形象。男警卡通形象，其坚定的目光体现了公安民警捍卫国家安全的意志与决心，微微翘起的嘴角表现了对广大人民群众的亲切与热情；女警卡通形象，表现出女警的亲和形象及个性魅力；特警卡通形象以蓝灰色为主色调，表现了特警的威猛果敢；交警卡通形象，代表了其管理与服务并重的特性；消防警卡通形象以卡通人物面部自信的神情，紧张的工作状态，着力刻画了工作中的灭火英雄形象，极具感染力；户籍警卡通形象，表现出了窗口民警为民服务的热情与真诚；巡警卡通形象以110巡逻车为背景，巡警手中的对讲机和腰间的手枪，代表着其处理急难险情及打击犯罪的特性。

二、交通公安物质文化建设的重点领域

交通公安物质文化是交通公安文化的基础和载体，交通公安物质文化的概念不言而喻，就是从“交通公安物质”上反映出来的文化内涵的总和。但交通公安物质文化绝不是“物质”和“文化”的简单累加，交通公安物质文化的第一性是物质，第二性是文化，两者是一种相互关系的物质依托和文化内涵。同时，交通公安物质文化的建设是手段、不是目的，其构建过程本身就是一个创造的过程，如何全面、充分、准确地使交通公安物质文化建设成为交通公安文化的一个载体，并尽可能地将交通公安文化的核心价值体系隐含其中，使之浑然一体，便有了十分重要的现实意义。这就要求紧密结合交通公安核心价值体系构建的追求和交通公安物质文化发展的需要，重点加强交通公安水域平台、信息网络平台和科技平台物质文化建设，为交通公安文化的全面发展奠定坚实的物质文化环境。

（一）交通公安水域平台物质文化建设

交通公安的水域执法环境，决定了交通公安机关存在诸多不同于地方公安机关的物质条件和物质面貌，水域特色明显。紧密结合交通公安特殊的水域执法环境，在视觉识别上做足“水”文章，形成交通公安鲜明的水域物质文化，是交通公安物质文化建设的重点和亮点。

1. 水域物质文化的重点载体

（1）水上公安派出所；

（2）水上警务室；

（3）警备码头、趸船；

（4）治安、消防船艇；

（5）导航定位仪、测深仪、雷达等安全设备；

（6）通信电台等通信设备；

（7）水上救护、救生器材设备。

长航公安“趸所合一”式派出所（设计效果图）

2. 水域物质文化建设的重点要求

（1）加强投入，强化水上基础设施和装备的建设和配备，为基层民警开展水域执法创造充分的物质条件。特别是对于面向长江干线中央管理水域开展公安管理的长江航运公安机关，随着工作重心日益向水上转移的趋势，加强“趸所合一”式派出所和警备码头的建

设、加强治安巡逻和消防救援船艇的装备和更新换代，是当前和今后一段时期水域物质条件建设的重中之重。

(2) 加快水上执法建筑和交通工具的外观设计和视觉识别统一的步伐。鉴于公安部已通过《公安派出所建筑外观形象设计规范》和《2004式警车外观制式涂装标准》颁布实行的形式，对全国公安派出所建筑外观和警车外观制式进行了统一，交通公安机关应树立“全国公安一盘棋”的意识，按照“四统一五规范”的总体要求，充分借鉴公安部部颁标准的先进经验，征集、设计出与《公安派出所建筑外观形象设计规范》和《2004式警车外观制式涂装标准》格调基本一致的视觉识别形式，对交通公安的水上公安派出所、警备码头、警用船艇进行统一的外观改造和制式涂装，在人民群众中形成水陆一致的公安机关视觉识别形象，从而确保交通公安职能的充分发挥。

(二)交通公安信息网络平台物质文化建设

当前，以信息化为主要内容的警务革命方兴未艾。各级公安机关将现代化信息技术和通信手段应用于各项公安业务工作，实现警务工作的信息化、数字化、资源共享和综合利用。公安“金盾工程”的全面实施，以“数字化”信息生产为最显在的物质特征，把各种公安情报资料(话音、资料、文字、图像)通过计算机进行综合处理而形成数字化信息，进而通过计算机网络进行交换、存储、传输和利用，在公安工作以及队伍管理等方面发挥着极为重要的作用，极大地提升了各项警务工作效能和统一指挥、快速反应的战斗力，开辟了全新的公安工作物质平台，为信息时代公安文化的发展构建了重要的物质基础。

交通公安工作作要适应当前网络化信息时代发展的新形势，在大力加强“金盾工程”建设的同时，应以公安信息化建设为契机，以交通公安网站为平台，营造一种具有电子警务文化特征的交通公安物质文化。

作为交通公安文化建设阵地之一的交通公安网站，是交通公安机关弘扬先进典型，培植队伍正气的重要载体，在培育交通公安文化上要做到定位合理、目标明确。在定位方面，要营造以电子警务文化为特征的交通公安文化网络氛围，要站在加强交通公安队伍建设的高度来对电子警务文化加以建设和整体规划，一定意义上来说，随着信息化时代的发展趋势，只要把握住了交通公安电子警务文化特征的公安文化建设的发展方向，也就把握了交通公安队伍建设的方向。在目标方面，要提升服务意识，营造蓬勃向上的交通公安电子警务文化氛围，对内形成与时俱进、和谐发展的警营文化氛围，对外形成良性互动的警民公共关系和贴近社会、贴近群众的民本意识，努力创造出具有时代气息、符合网络时代的客观要求和现代人的审美要求、群众喜闻乐见的精品网站形象，从而树立交通公安文化的品牌形象。

具体做法上，主要在于加强交通公安内外两个网站的建设和提升网络文化含量。在加强内网网站建设上，科学设计网页栏目，提升网页文化品位，积极实施信息主导警务战略，建设好本单位警务信息交流平台，积极实施“电子警务”，业务部门加强“网上作战”、“网上办案”，机关和政工部门开展网上信息传递、网上统计、网络远程教育、网上考核等，实现网络无纸化办公。加强外网网站建设方面，普遍在互联网上建立对外信息网站，面向更广泛的公众实现网上警务公开和信息传播，提升信息化时代交通公安网络形象。同时，提升网站、网页的文化含量，普遍将交通公安宗旨、使命、价值观、精神和共同愿景等表述语链接到内、外网站的主页上，普遍设置交通公安文化专栏，汇集本单位、本部门文化精粹，提升专栏的文化品位，广辟信息化时代交通公安文化发展的数字化阵地。

（三）交通公安科技平台物质文化建设

交通公安科技，指的是交通公安机关专业科技人员运用现代科学技术器材进行公安专业技术检验、认定和控制的专门措施和手段以及科技运用过程和活动的成果。交通公安科技是交通公安物质文化的重要载体，同时又是一种特殊的文化现象。所谓交通公安科技文化，就是指交通公安机关及其民警在交通港航警务管理活动中，为了提高警务管理水平，适应不断变化的治安管理形势的需要，必须具备的技术装备、实践经验、知识技能，及其技术意识，由交通公安领导者组织和民警自觉参加的各种科技文化活动。

在现代科技飞速发展、治安新情况层出不穷的新时期，加强交通公安科技文化建设，大力实施“科技强警”战略，促进交通公安主体的科技化等方面，有着非常现实的意义。交通公安科技的一个根本任务就是增强交通公安控制的能力，而交通公安控制能力的大小，主要取决于交通公安主体的功能状况，所以，交通公安科技的实施目的首先是以现代科技手段强化交通公

青岛港公安局现代化视频监控系统

安主体，促进交通公安主体的科技化，或者说是实现科技化交通公安主体。第一，强化感官能力方面。由于人的生理与社会历史因素，感官是有限的，并非一切物体、现象与过程都能为人的感觉所感知，并不是在任何实践与认识过程中都是极为灵敏与精确的感性反映手段。而有关科技手段则可以大大改善我们的感知条件，从量的和质的方面扩大和改善我们的感知能力，将人的感官觉察不到的物质运动形式转变成被直接感知的现象与过程。这样，不仅简化了我们对周围现实的感性认识过程，而且使人的视、听、嗅、触等感官能力作用的广度、深度、速度等达到人力所不及的地步。如刑事技术方面的DNA鉴定、红外夜视仪、静电吸附仪、指纹图像自动识别系统等先进技术、设备的运用。这种用现代科技装备武装起来的感官，“就成为一种崭新的，只为人所特有的感觉器官”。①第二，强化对抗能力。交通公安科技延长和增强人的视、听、嗅、触等感官能力，不仅增强了交通公安民警同罪犯进行较量的智力，也极大地强化交通公安民警的体力。在许多方面，交通公安科技的实施，可以达到人体所不及的地步。如排爆机器人的应用，高技术灭火器材的使用，能起着交通公安民警体力所无法替代的作用。再如远程实时监控系统、烟雾识别火警系统和防盗报警系统等安全防范技术的更新和完善等，这些都加强了交通公安主体对治安危害的对抗能力。第三，强化协调关系。交通公安主体是个系统，它的功能的发挥要靠系统各要素之间的联系与协调。科技手段对交通公安主体各要素间的协调关系的强化，主要是提高其组织、管理的现代化程度。计算机信息网络、无线电通信、“警务通”、GPS卫星定位、远程视频会议系统等现代科技手段的运用，加强主体各要素之间纵向、横向的联系，强化协调机制，进而增强交通公安主体决策、执行、咨询、信息、监督等功能。

加强公安科技文化建设，一方面要求我们继承发扬人类历史上优秀的警务管理技术成果，吸收借鉴当今我国警界先进的科学技术和管理经验，明确发展方向，加大投入力度。另一方面，要增强交通公安民警的群体科技意识，加强科技人才队伍建设，激发他们创造性开展工作。具体地讲：

①格拉莫维奇：《刑侦技术基础》，法律出版社，1987年第一版，第7页。

1. 明确交通公安科技文化的基本方针和任务，把握其健康发展的方向

应坚持科学技术是第一生产力的思想，牢固树立向科技要警力、要战斗力的观念。交通公安业务工作必须依靠公安科技，公安科技工作必须面向交通公安业务，提高交通公安工作的科技含量，走“科技强警”之路的方针。在实践中，要注意把握“推广先进、实战实用、整体配套、逐步普及”的原则，确保交通公安科技健康发展的方向，切忌不能在急功近利的思想支配下，重建设轻管理，注重投入，忽视应用，盲目引进，缺乏管理和维修，这不仅浪费了财力，而且也挫伤了用科学的积极性。

2. 重视警用科技手段的建设

现代科学技术日新月异，违法犯罪分子的犯罪手段也越来越复杂化和多样化。为了适应时代，应对交通港航治安新情况、新特点，交通公安机关要采取积极的措施，加强警用技术力量和先进科技手段的应用。一是要加快步伐扩大现有警用科技文化的运用范围；二是完善科技成果运行机制。首先要完善价值与使用价值统一机制。对有应用价值的科技成果应立即让它们走出档案柜和实验室。其次是生产与使用统一机制。建立以实践第一线为导向，科技与使用相结合的适应产品竞争机制，建立科研、生产、销售、使用相结合的新型科技文化产业结构。再次是系统效用机制。按照系统论的观点，注重协调科技活动内部各环节之间的关系，使一项科技产品的使用有成龙配套的技术和配件，最后还要完善交通公安科技队伍运行机制，成立合理的组织结构，健全和稳定高效的交通公安科研队伍，在政策和待遇条件上为交通公安科技人员创造良好的事业环境，以推进交通公安科技文化的不断进步。

长航公安局DNA鉴定室

3. 抓紧交通公安队伍民警科技素质的提高

提高交通公安民警科技素质，首先要把提高交通公安民警的文化素质放在首位。目前，交通公安民警文化程度总体水平还不高，要掌握新的公安科技知识，适应时代不断发展的要求，必须以提高文化水平为基础。在此基础上不断推进交通公安民警理解科学技术，增强科技意识的能力。另外，还要从交通公安队伍的实际情况出发，大力加强公安科技的宣传教育。一是要向交通公安民警普及科学技术观念、思想和知识，使科学技术成为交通公安教育的重要组成部分，使交通公安民警的科学素质与现代科技知识同步前进，不断以新的科技技能和科技成就武装交通公安队伍。

二是使交通公安民警理解科学技术本身的特点和发展规律，为科学技术的发展造就更加协调的经济和社会心理环境，使科学技术的作用能够在交通公安机关得到最恰当、最充分的发挥。三是加强交通公安科技人才队伍建设。首先，要抓科技人员的培养，加大人才培养力度。除刑事技术、消防技术人员外，对各警种的基层干警及各级领导都应进行不同层次的培训，加强应用型科学技术的普及率，这样既能提高交通公安群体科技水平，又能缓解专职技术人员不足的矛盾。其次，要下大力气吸引和引进人才，在待遇上要给予倾斜，才能多吸收、多引进，从而改变队伍的知识文化结构。同时，也可将各地有一技之长的专家“请进来”传经送宝，相互交流，共同提高。再次，要发挥现有科技人才的作用。合理提高技术人员政治、经济待遇，关心、爱护、信任和重用他们，充分发挥他们的作用。

4. 加大对交通公安科技的投入

增加对交通公安科技的投入，是保证交通公安科技进步的必要条件，是实施“科技强警”战略的基本保证。随着刑事犯罪的复杂变化，治安管理安全防范工作的难度增加，水上消防减灾任务的日益艰巨，对交通公安科技的含量必将要求更高，这就要求各级交通公安机关要在业务经费中设立交通公安科技发展专项经费，多渠道、多层次增加对公安科技的投入。可以积极将科技成果推向市场，广辟经济来源。也可以积极争取上级投入和支持，把交通公安科技纳入上级科技发展计划，取得上级科技管理部门的重视和支持。还可以采取“借鸡生蛋”的办法，广泛与地方公安、司法技术部门联系，密切合作，借助地方公安、司法部门的先进技术来弥补自身的不足。

附录

（一）公安派出所建筑外观形象设计规范（节录）

1　范围

本规范规定了全国公安派出所建筑外观形象的基本色彩和要素。

本规范适用于全国范围内公安派出所。

2　基本颜色

公安派出所建筑外观形象基本颜色为警蓝和白色。

3　基本要素

公安派出所建筑外观形象基本要素为门头、檐口、窗户、墙裙、建筑外立面墙面。

3.1　门头

在入口处进行模块化、标准化设计，主体形象中间是警徽，左边是汉字，右边是英文，遇到有挑棚时，则三面围合，H最小值不低于50厘米，中间按照给定比例制作，两边根据现场尺寸制作。

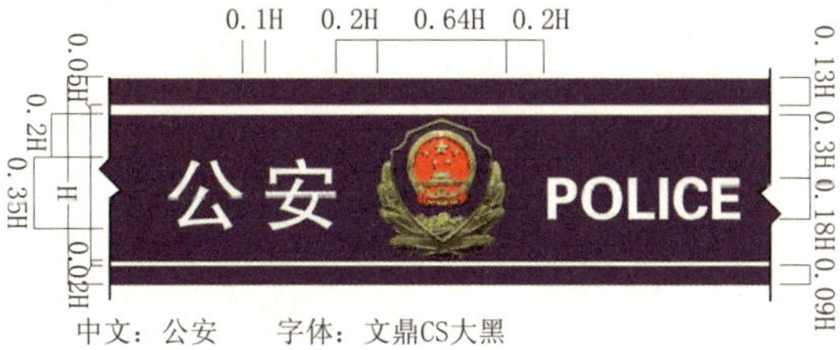

中文：公安　　字体：文鼎CS大黑
英文：POLICE　字体：FUTURA MD BT
蓝色：PANTONE 2745C

3.2　檐口

置放于建筑檐口或封檐板，或是墙头顶部，高度视建筑比例或现场特点而定。

3.3　窗户

窗户的概念设计。

3.4　墙裙

墙裙的概念设计。

3.5　墙面

建筑外立面墙面为白色。

4 应用举例

4.1 新建派出所应用举例

公安派出所建筑方案应用举例之一

公安派出所建筑方案应用举例之二

公安派出所建筑方案应用举例之三

公安派出所建筑方案应用举例之四

（二）2004式警车外观制式涂装规范（节录）

1. 警车涂装的标准色规范

白色
C/0 M/0 Y/0 K/0

藏蓝色
C/100 M/100
Y/80 K/0
PANTONE 281C

黄色
C/0 M/20
Y/100 K/0
PANTONE 123C

明黄色
C/0 M/0
Y/100 K/0
PANTONE 109C

说明：警车车身主色是白色；涂装的主色是藏蓝色；黄色分布于车身侧面尾部的线条；车徽中包含有黄色和明黄色。

2. 汽车车身侧面涂装式样示意图

比例： 1∶20　　单位：mm

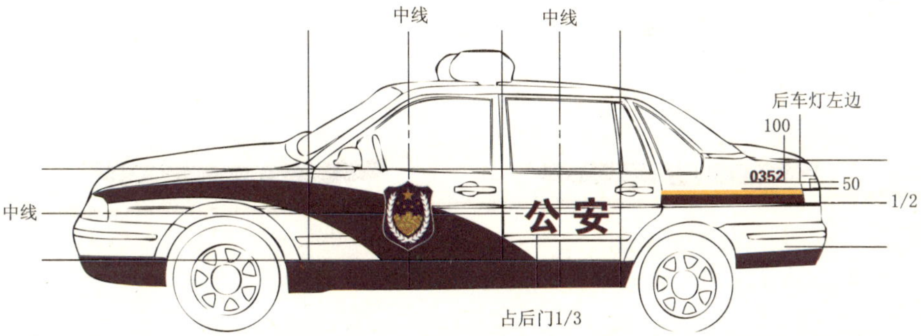

说明：（1）涂装示意图用于指导警车外观制式涂装的整体效果。在涂装中，在保证整体效果一致的前提下，可对外观制式的组成要素按比例缩放，使之与车身协调。

（2）具体车型的涂装尺寸由汽车生产企业按涂装示意图完成，报公安部装备财务局备案后，规范全国涂装。

3. 汽车车身俯视涂装式样示意图

比例： 1∶20　　单位：mm

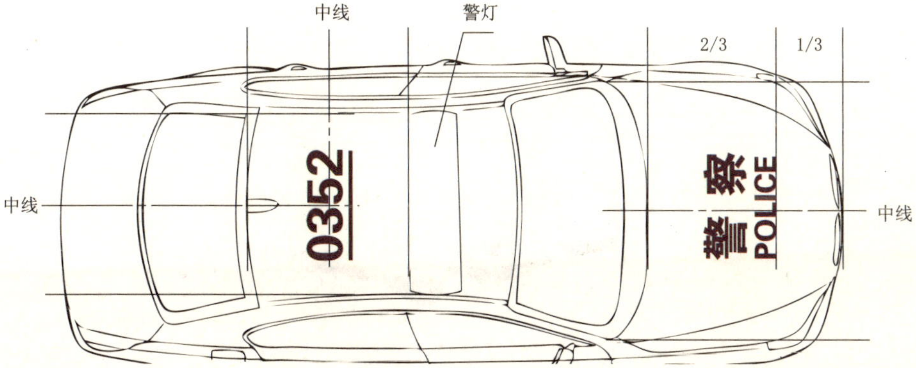

4. 汽车车身前、后涂装式样示意图

比例： 1：20　　　单位：mm

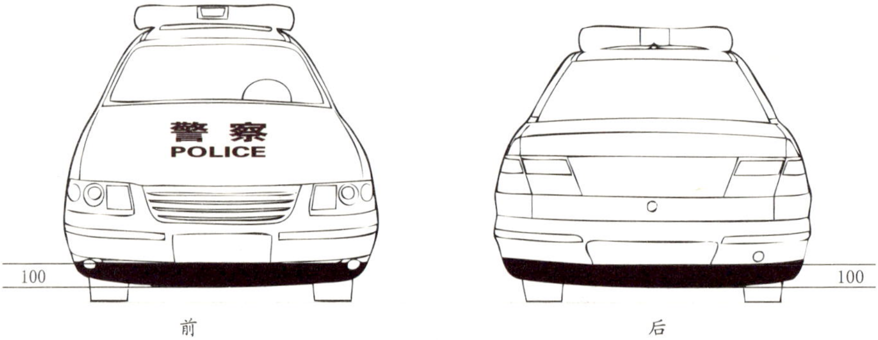

说明：

车身四周有垂直高度为100mm的藏蓝色底边。

5. 二轮摩托车涂装式样示意图

比例： 1：10　　　单位：mm

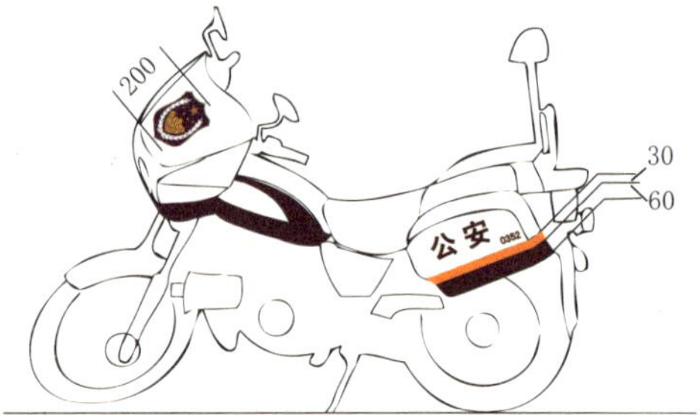

6. 三轮摩托车驾驶座一侧涂装式样示意图

比例： 1：10　　　单位：mm

7. 三轮摩托车边车一侧涂装式样示意图

比例： 1∶10　　　单位：mm

8. 三轮摩托车涂装式样示意图

比例： 1∶10　　　单位：mm

9. 专用图形

比例： 1∶10　　　单位：mm

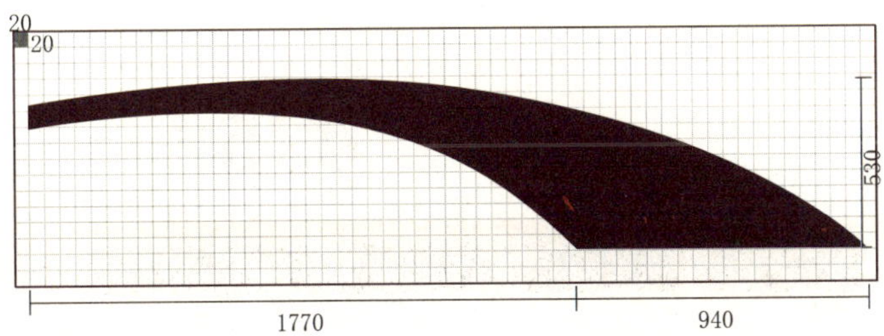

参照体系：汽车，弧线从后门舒展延伸至车头，一端和前大灯边缘齐，另一端在后车门三分之一处。摩托车，弧线从油箱后部向前延伸，贯穿整个油箱侧面。可按标准尺寸适当调整弧线的高度、长度和弧度，使之与车身协调。

工艺与材料：贴膜或喷漆，材料户外耐久性应在5年以上 。

10. 车徽

比例： 1：4　　单位：mm

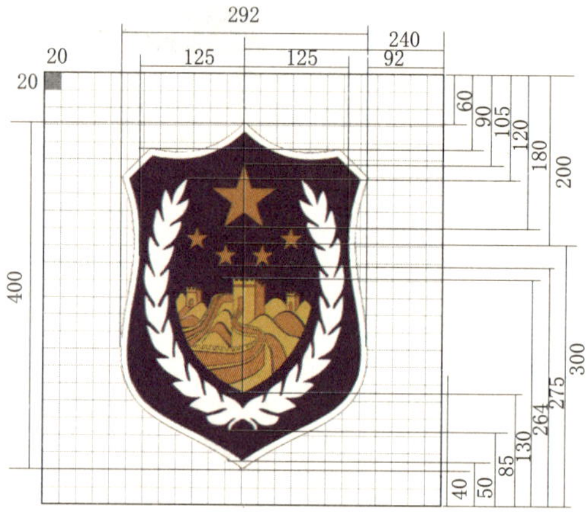

参照体系：标准车徽高400mm，可按比例缩放。

汽车，位于前车门中央，同时位于藏蓝色弧线上；二轮摩托车，位于前挡风玻璃的中央；三轮摩托，位于驾驶座一侧车头中央。

工艺与材料：

贴膜，材料户外耐久性应在5年以上 。

11. 车身侧面字符和线条组合

字体：大黑体　比例： 1：20　单位：mm

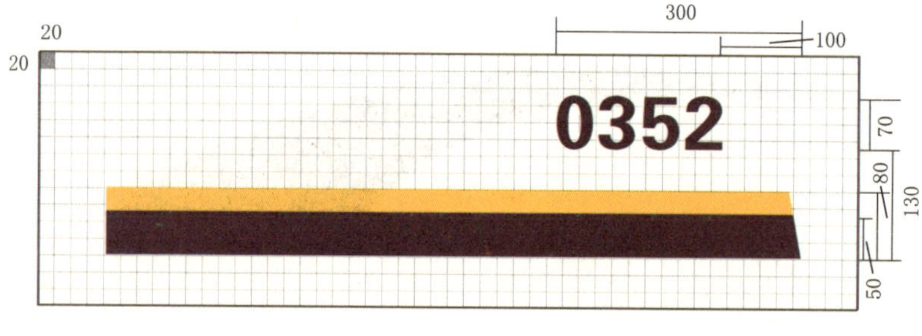

参照体系：汽车，线条的一端和后车门边缘齐，另一端和后部组合灯具边缘齐。整个组合线条的下边缘和车身尾部二分之一高度齐；二轮摩托车，线条贯穿配箱底边。

工艺与材料：警车编号和黄色线条采用符合GB/T 18833-2002要求的三级以上（包括三级）反光膜；藏蓝色线条贴膜或喷漆；材料户外耐久性均应在5年以上。

12. 车身侧面部门简称字符

字体：大黑体　　比例：1∶5　　单位：mm

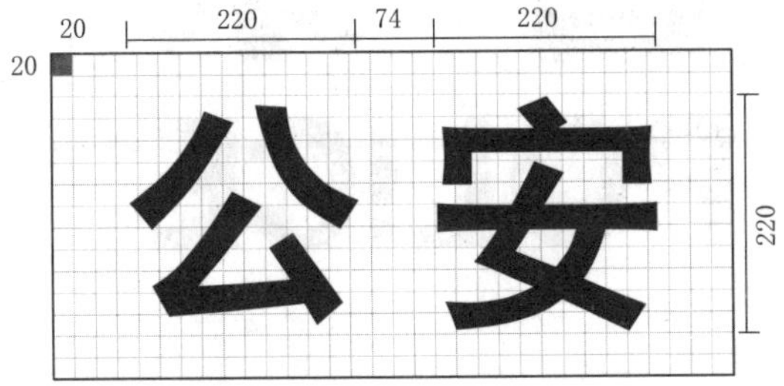

参照体系：标准字高220 mm，可按比例缩放。汽车，位于后车门中央；二轮摩托车，位于配箱上；三轮摩托车，位于油箱上。

工艺与材料：采用符合GB/T18833-2002的三级以上反光膜；材料户外耐久性应在5年以上 。

13. 警车发动机盖上的汉英文字组合

字体：大黑体　　比例：1∶5　　单位：mm

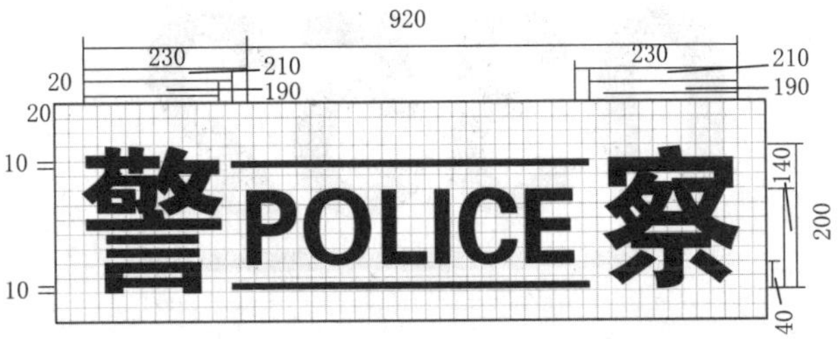

参照体系：标准字高240 mm，可按比例缩放；汽车，“POLICE”的底边位于发动机盖的三分之一处；三轮摩托车，位于边车头部中央。

工艺与材料：采用符合GB/T18833-2002的三级以上反光膜；材料户外耐久性应在5年以上 。

14. 平头车车头的字符组合

字体：大黑体　　比例：1∶4　　单位：mm

参照体系：标准字高200mm，可按比例缩放；应位于车头醒目位置

工艺与材料：采用符合GB/T18833-2002要求的三级以上（包括三级）反光膜；材料户外耐久性应在5年以上。

15. 车顶的警车编号字符组合

字体：大黑体　　比例：1∶5　　单位：mm

参照体系：标准字高210mm，可按比例缩放；位于警灯一侧的车顶中央。

工艺与材料：采用符合GB/T18833-2002的三级以上反光膜；材料户外耐久性应在5年以上。

第六章 交通公安文化载体与阵地建设

一、以硬件为主的物质载体建设

物质是文化建设的表层反映，也是文化赖以发展的物质技术基础。交通公安文化物质载体，是指开展文化建设的经济资源投入、物质条件和技术手段等诸多物质因素的综合体。为更好地建设和发展交通公安文化，就必须有坚实的物质基础作为保障，强化文化建设硬件载体。

（一）建设交通公安博物馆

博物馆作为人类文明进步的标志，烙刻着历史，是为现在和未来铺就的一条路。

全球博物馆正呈现着一个不断发展的态势。据不全面统计，全世界现有影响的博物馆已超过27000座，而其中有近1/2是近50年的作品。迄今中国大陆的博物馆数已达2000多座。据统计，在中国实行改革开放政策之前的1978年，中国的博物馆总数不过349家，2004年上升至1552家，现在已经超过了2300家。中国政府计划在2015年之前将博物馆的数量进一步扩大到3000家。北京现有118家博物馆，计划在奥运会开幕之前再修建30座，上海的目标是4年内建设100座新博物馆[①]。

十七大后，我国越来越重视博物馆在文化建设中的地位和作用。目前全国多个省市博物馆实行了免费开放，2009年除文物建筑及遗址博物馆外，全国各级文化文物部门归口管理的公共博物馆、纪念馆、全国爱国主义教育基地都将全部向社会免费开放。

1999年9月11日，共和国公安史添上浓墨重彩的一笔：全国首座公安博物馆——上海公安博物馆诞生。之后，北京、重庆等地相继建设了警察博物馆，公安部也在筹建中国警察博物馆，公安博物馆正呈现蓬勃发展的态势。

为集中展现交通公安文化的发展脉络，继承传统，发扬创新，有必要建设交通公安博物馆。虽然公安部和少数地方公安机关也建立了相关的公安博物馆或警察博物馆，但交通公安机关有些工作是其他公安机关所未有的，也就不可能在其他的公安博物馆或警察博物馆得到反映。比如船舶乘警、水上警卫、水上消防、反走私、反偷渡、港口安保等，需要有自己的专门呈列场所。通过建立交通公安博物馆，既是记载和反映交通公安机关历史和职能，也是激励全体民警集体荣誉感的重要途径，还是向社会宣传的重要方式。

交通公安机博物馆建成后，将成为交通公安文物和标本的主要收藏、宣传教育和科学研究载体，镌刻着交通公安民警每一个忠诚的足迹。

（二）建设局史室、荣誉室

历史是动态的，也是静态的。每一种文化的发展，都有一个传承发展的过程。

为体现这种传承发展的过程，分散在全国各沿江、沿海的交通公安基层单位，在编写局史或公安志的基础上，可以因地制宜地建设局史馆、荣誉室等，收藏和展示各地交通公安机关的发展历程。

中国人民解放军各作战部队都有自己的军史馆，对每一位新入伍的战士进行本部队的军史教育，激发士兵的集体归属感、荣誉感和使命感。借鉴之，各地交通公安机关通过本单位的局史馆、荣誉室等对全体民警，特别是新入警的民警进行适当的教育是必要的。

局史室、荣誉室，是依托本单位的发展史、档案资料等信息资源而构建起具有记录、保存和展示功能的场所。它们的建立将使记录局史、荣誉信息的各种载体档案的收集、存储规范化，将深入发掘历史、荣誉背后的故事，多层面地拓展信息量，同时揭示历史，承载辉煌，发挥窗口作用，引发今人思考，以供后人借鉴。

交通公安机关局史室、荣誉室的创建要素包括：

1. 硬件设施

硬件设施是荣誉室创建的基础。主要包括用房、陈列柜、展板、留言桌椅及视听设备等。

2. 信息资源

信息资源是局史室、荣誉室创建的基础。它包括可供荣誉室存储和展示的全部信息。按其载体形式的不同可分为三部分：

（1）实物部分

这部分以原件结合模型或复制品等形式予以展示:本单位在各个历史时期获得的奖牌、奖状、奖杯、证书等；上级领导和重要来访者留下的具有保存、展示价值的题词和赠品；不同历史时期的交通公安制服、徽章及标识等；曾经使用过的局址门牌、局名(包括派出机构) 牌匾；各式枪械、交通工具等装备的演变情况；电子、网络技术的运用情况等。

（2）展板部分

这部分在对外宣传上有着实际意义，需浓墨重彩予以展示，并要注重行业特点、受众效果和连续性。可以通过文字、表格、图片等形式完成对下列内容的介绍：本局的今天，如本局基本情况，现任局领导介绍，本局党群组织设置，各部门、各派出所（队）职能简介等。历史的回顾，如机构沿革、历任局领导简介、重大事件、重要案件的侦破等。业绩和荣誉，如历年公安业务数字统计一览表、建局以来所获集体荣誉一览表、个人光荣榜。包括历届英模、受省级以上表彰者、三等功以上获得者及业务能手等情况简介。工作亮点重点，如本局受省级以上表彰的综合性工作和单项工作情况简介，分专题全面展示本局公安工作和队伍建设多彩画面，根据当前形势和社会需要并结合本局的工作重心开辟专题宣传。

（3）视听部分

将以上实物部分和展板部分的信息内容进行数字化技术处理，使其转换为电子格式视听资料，并通过视听设备放映或网上传播。

（三）建设图书室和电子图书馆

图书馆是学校，是广义的教师，这是美国著名学者杜威对图书馆的评价。可以说图书馆是一所没有围墙的大学，图书馆是人们自主学习和获取知识的重要场所！

书籍是人类进步的阶梯。提倡读书，为读书营造良好的环境和氛围，对于交通公安文化建设具有重要的意义。交通部公安局可以建立交通公安图书资料库，各个基层交通公安机关可以因地制宜地建立相应的阅览室、图书室。

根据科学技术和形势发展的需要，各级交通公安机关也可以建立相应的电子书库（数字图书馆），为广大民警的阅读提供支持平台。电子图书作为一种新的知识载体，它不仅是纸质印刷图书功能的延伸和扩大，而且是方式上的更新和飞跃。

建设交通公安机关电子图书馆，它具有的突出优势是：

（1）存储的信息量大。传统图书馆拥有的馆藏有限，而电子图书馆在信息高速公路支持下，在网络信息趋于无限情况下，它拥有的信息趋于无限。由于数据压缩技术的进一步成熟，使利用小容量存储数据成为可能，电子图书大大地节省了存储空间。

（2）强大的检索功能。电子图书将提供多种检索查询方式，极大地方便了人们找书。可以进行简单的关键字查询，也可以针对书名、作者、出版社、关键字、分类等多种条目进行详细查询。电子图书馆的真正潜在意义在于能够对信息资源进行智能检索、分析和处理。检索结束后可根据用户需要在计算机屏幕上显示或将其打印出来。

(3)阅读内容多种多样。电子图书的在线阅读能够支持更多格式的媒体文件，包括文本文件、图像文件、PDF文件、Word文件、MPEG文件等。所有可以绑定和内嵌到浏览器中的多媒体内容，都可以在线浏览。因此电子图书可以容文本、视频、声频、图形、图像为一体，而且支持超文本链接，信息量更加丰富，阅读更加方便，电子图书的内容还可以随时更新。

(4)真正的资源共享。电子图书可以一次收藏(输入或复制)，多次、多人同时输出使用，实现了信息资源共享和远程阅览，可以做到远程和全天候服务，这非常适合于交通公安机关点多分散的特点，方便民警学习使用的需求。电子图书可进行远距离高速传输，读者可以通过网络阅读全部电子图书，不必办理繁琐的借阅程序，不必受到借书册数、时间的限制。信息利用共享化的广度与深度是传统图书馆所无法比拟的，达到真正意义上的资源共享。

(5)硬件要求不高。电子图书数据库一般都是基于典型的B/S架构，对设备的要求并不高，只要系统的环境是典型的网络环境即可，在交通公安机关目前的技术条件下完全可以做到。

(四)建设金盾网站，利用互联网络

互联网作为20世纪最具影响力的科技进步，带来了文化传播方式的深刻变革。当前，互联网得到了迅速的发展。网络对现代社会的影响越来越大，已成为具有巨大影响的第五媒体，是信息社会的重要特点。

胡锦涛总书记强调："要加强网络文化建设和管理，充分发挥互联网在中国社会主义文化建设中的重要作用，有利于提高全民族的思想道德素质和科学文化素质、扩大宣传思想工作的阵地、扩大社会主义精神文明的辐射力和感染力，以及增强中国的软实力。中国网络文化的快速发展，为传播信息、学习知识、宣传党的理论和方针政策发挥了积极作用，同时也给中国社会主义文化建设提出了新的课题。"

据权威部门统计，目前我国网民已达1.11亿，占世界网民总量的11%，成为世界上一个庞大的网络群体。而以即时、互动为特点的网络传播方式，更为公众表达民意、参与经济社会及政治生活，提供了一个方便快捷的舆论平台。计算机网络越来越多地应用在政府单位和各职能部门。从1999年国家40余个部委（局、办）共同倡导发起“政府上网工程”到2001年正式启动国家电子政务工程，我国政务信息化取得了巨大进展。公安机关因其特殊性，除了参与互联网的建设，也建设了独立的金盾网站。

为适应形势变化和公安工作自身发展的需要，1998年年底，公安部决定在全国范围进行公安信息化工程——金盾工程。加强公安信息工作和实施公安电子政务系统建设已成为实现公安机关职能转变的重要组成部分。同时随着“金盾工程”和电子政务系统建设的不断推进，交通公安机关大多都已开通了公安网站，并且开展了“网上追逃”、“网上人口信息查询”、“网上机动车驾驶员信息查询”等网络化应用。这一切表明交通公安机关迎来了一场电子政务的革命，交通公安工作的方式和内容正在一定范围内发生着明显的变化。网络在政治、经济、文化、生活等各个领域都发挥着至关重要的作用。它一方面利用以网络为核心的信息技术开展警务工作，有力地打击了各种违法犯罪活动，确保完成新时期各项交通公安任务，稳定了社会治安；另一方面弘扬交通公安文化，用先进的文化陶冶人，在促进队伍建设、展现新时期交通警察风貌、密切警民关系等方面也发挥了积极作用。

交通公安文化面临网络信息化的挑战。面对网络化信息时代的冲击，交通公安机关要充分认识互联网在文化建设方面的巨大潜能和不可估量的影响，重视互联网和金盾网的建设、运用和管理，把发展交通公安网络文化作为推动文化建设的新引擎，努力使网络成为交通公安文化的新阵地、文化服务的新平台、民警文化生活的新空间。

交通公安机关作为具有专业特色的公安机关，应该建设好自己的互联网站和金盾网站，坚持社会主义先进文化的发展方向，唱响网上思想文化的主旋律，加强网上思想舆论阵地建设，掌握网上舆论主导权，提高网上引导水平。切实加强网络文化建设的领导，把网络文化建设和管理作为事关交通公安改革发展的大事来抓，制定倾斜政策，加大扶持力度，培育人才队伍，为网络文化建设和管理提供有力保障。

①数据来源：《参考消息》2007年2月22日15版，中国掀起修建博物馆热，日本《读卖新闻》。

二、以文体活动为主的行为载体建设

文化作为一种实践存在，它往往以活动、过程等方式出现。文化的形态，除了有形的物质文化外，还有一种活态的、无形的非物质文化，主要是文化的活动。

在交通公安机关来说，基层警营文化活动是以文艺、体育等为主要形式的文体活动。文体活动是交通公安文化建设的一项基本内容和重要载体，丰富多彩的文体活动能够较好地活跃警营的气氛，陶冶民警的情操，激发民警的工作积极性。

文体活动的力量，深深熔铸在交通公安机关的生命力、凝聚力和创造力之中。任何艺术作品都具有教化作用。用血肉丰满的艺术形象浸润人的心灵远胜于空洞的说教。一个民族，一个行业的兴盛，有时首先反映在文化艺术方面。正如胡锦涛总书记在中国文联第八次全国代表大会和中国作协第七次全国代表大会上所说：“文艺历来是陶冶人们道德情操、抒发人类美好理想、丰富人们艺术享受、推动社会发展进步的一个重要领域。一部人类社会发展史，是人类生命繁衍财富创造的物质文明发展史，更是人类文化积累、文明传承的精神文明发展史。人类社会每一次跃进、人类文明每一次升华，无不镌刻着文化进步的烙印。”

交通公安文艺作品的繁荣不仅要看数量的积累，更要看质量的提升。因此，加强交通公安文艺创作，必须牢固树立精品意识，创作出思想性、艺术性和观赏性俱佳的文艺作品。利用各种力量，多创作精品力作。欢迎社会作家、艺术家深入交通公安一线体验生活，掌握第一手素材；培养交通公安机关内部民警的专兼职作家、艺术家队伍；建立交通公安文学创作的激励机制，营造重视交通公安文艺体育的浓厚氛围。

（一）唱响交通公安歌曲

音乐是文化的一种表达方式。德国伟大的音乐家贝多芬认为：“音乐是比一切智慧、一切哲学更高的启示……谁能说透音乐的意义，便能超脱常人无以振拔的苦难。”说明音乐具有感化人、塑造人、拯救人的作用。音乐是一门特殊的艺术，一方面它抽象，一方面却又最深刻，最细腻，最准确地反映人的情感。欣赏者感受歌曲（乐曲）的丰富情感和思想内涵，从中获取精神力量，使思想得到升华，浸润心灵，净化灵魂，改进德行。

中国古代就十分重视音乐的教化作用，“乐”作为儒生修身的六艺之一。在中国共产党和人民军队的建设过程中，也一直重视音乐的作用，创造和流传了大量的红色经典歌曲，起到了鼓舞军心、民心的作用，传播思想观念的作用。比如人民军队“三大纪律八项注意”，以歌曲的形式来反映，通俗易记，时时提醒着每一个士兵要严格遵守。在加强廉政建设中，中纪委也开展

天津港公安局警乐队

长江航运公安局警乐队

了广泛的廉政文化建设，要求唱响廉政歌曲。韩红的一曲《天路》，给了青藏铁路激动人心的赞美。《少年壮志不言愁》、《人民警察之歌》唱出了百万警察的风采。

交通公安机关也应该进行有关题材的歌曲创作，组织具有一定规模的警官乐团、警官音乐俱乐部等组织，在全体民警乃至全社会唱响交通公安歌曲，使音乐艺术在交通公安队伍中开花结果

大力创造反映交通公安民警的歌曲作品，抒发交通公安民警的感情，塑造交通公安民警的形象，弘扬了一种崇高的精神，在审美形式上达到一种高远的境界。对于广泛深入地宣传交通公安工作，让社会公众更加了解交通公安民警，加强警民关系，颂扬交通公安英雄事迹，树立良好的警察形象等方面都将起到巨大的作用。

（二）繁荣交通公安文学

一个单位有没有文气，有时也要看有没有文人。

近几年来，公安文学蓬勃发展，取得了比较多的成绩，而交通公安作为一个有特色的队伍，却几乎整体缺席了，出版的反应交通公安生活的小说、散文、诗歌等微乎其微。因此，必须加强交通公安文学的创作，包括交通公安小说、散文等形式的文学作品，条件成熟的话，可以成立交通公安作家协会或交通公安文联。

“文之为用，上所以敷德教于下，下所以达情志于上，大则经天纬地，作训垂范，次则风谣歌颂，匡主和民”，“文章本于教化，形于治乱，系于国风”①。英国蔼利斯说文学是“精神上的体操”。一般认为，文学有至少有三大作用：认识作用、教育作用和美感作用。

新中国成立以来的公安文学创作，迅速地反映公安战线的重大斗争，及时讴歌公安系统涌现的英雄模范人物，包括在公安改革中做出重要贡献的先进人物。可以预见，交通公安战线同样是文学创作中一块肥沃的土地，只要作家们不断地深入交通公安战线的生活实际，熟悉交通公安生活中纷呈的事件和人物，不断提高艺术修养和创作水平，交通公安文学就一定能够突破陈规、独辟蹊径，为当代文学奉献出独具特色的人物画廊，创作出更多的无愧于交通公安事业的文学作品！繁荣交通公安题材的

文学作品，是交通公安文化建设的重要方面，也是让社会和广大人民群众了解、理解和支持交通公安工作的一个有效途径。

为推动交通公安文艺的发展，可以创办一本专门的交通公安文艺杂志。目前刊物定位于“公安法制文学”的只有公安部主管、群众出版社主办的《啄木鸟》以及上海市公安局主管的《东方剑》。《啄木鸟》创刊20多年来，发表了一大批脍炙人口的佳作。作为公安部主管的一本大型文学刊物，《啄木鸟》被誉为“文坛武警”，为维护稳定、增强法制意识，发挥着她独特的“软性盾牌”作用。20年前，她就创造了每期发行量180多万份的“奇迹”，究其原因，跟她强烈关注现实、关注火热的公安生活不无关系。公安题材的热点往往既是文学的热点，又是一个社会大众关注的焦点。交通公安机关应该在这一热点和焦点问题上有所作为。

（三）创作交通公安影视

近几年来，国内电视剧年生产总量达到8000至9000集。在各类题材的电视剧中，公安题材作品的比例越来越高，达到电视剧生产总量的30%，并成为电视剧中一个重要的门类。但遗憾的是，在众多的公安影视作品中，几乎看不到交通公安的身影。不过，长航公安局已经制作了24集电视连续剧《大江作证》以及电影《警嫂》，开始了有益的探索和尝试。

20世纪70年代末，中国真正意义的大众文化开始产生了。影像(电影和电视)成为大众文化最主要的存在形式，将世界统治成一个“影像社会”。公安题材的电影故事片和电视剧以曲折跌宕的情节受到了人们的欢迎，公安题材影视作品所占的比重越来越大，说明公安题材影视剧深受观众欢迎，很有发展前景。近年来，影视作品塑造了许多有血有肉、生动感人的公安民警的形象，讴歌了人民警察无私奉献的英雄本色和崇高人格，赢得了观众的好评。这些作品展现了警察与人民的感情，在鼓舞警民士气、凝聚警心方面起到了很好的作用。

交通公安题材是一个非常适合影视作品表述的题材，从长远来说一定还会有重大的发展。改革开放以来，整个社会和交通公安队伍有了太大的变化。通过影视作品比较准确地反映出交通水运治安的基本状况，描绘出交通公安队伍的建设情况，这是一个新课题。需要仔细地研究交通公安题材跟社会的关系，研究交通公安影视创作可能带来的空间和契机。

交通公安机关可以由民警自行创作，或者邀请专业编剧创作有关水上警察生活、水上侦察破案、水上消防、水上救助、三峡反恐以及长江公安机关交流民警等有关题材的影视作品，与社会力量合作进行拍摄、制作和发行。

（四）丰富交通公安书画、摄影

视觉是一种特殊的感知方式。读图成为当代青少年最主要的阅读方式，图形、图像成为当代青少年阅读的主体内容。图像化不能替代语言性的话语，但却可以使之更易理解、更便捷，也更有效，因此有人称这是一个读图时代。交通公安机关在开展文化建设中，必须加强书画建设，在多姿多彩的书法、绘画、摄影中充分展示交通公安文化的魅力。

书法是以汉字为其面貌的艺术，是“情态、修养的表现，更是人的精神的寄托，人的难以表露的心灵迹化。[②]”书法是主体感知自然，表现心态情趣，曲折反映阅历、学识、才智的主观表达，是一种相对程式化但又微妙差别的“师法自然”的艺术积淀。

“丹青之兴，比《雅》、《颂》之述作，美大业之馨香。”晋时的陆机将绘画的作用和《诗经》三百篇中的雅、颂相提并论。可见绘画功用之大。唐代的张彦远说：“夫画者，成教化，助人伦，穷神变，测幽微，与六籍同功，四时并运，发于天然，非由述作。[③]”

从1839年达盖尔发明摄影术开始，摄影行为就在人类社会中扮演着重要角色，几乎在人类所有活动中，人们都在以各种形式利用摄影。在传播媒介和光电子技术高度发达的今天，摄影文化更是渗入现代人类生活的各个领域。

纵观当前的交通公安书、画、摄影文化现状，在民警队伍中有一些具有一定水平的创作者，但因为缺乏相关组织和必要的引导，导致创作量少质弱，高水平的交通公安书、画、摄影作品太少。这跟当前交通公安书画摄影创作自觉意识不够，理论研究与教育几乎空白的现状也有很大关系。交通公安机关应该加强对书法、绘画、摄影等方面的培训，经常性举办书法、绘画、摄影等比赛和展览，推动交通公安“眼球”艺术的发展。

（五）组织综合文艺演出

综合文艺演出是一场文化的盛宴。

作为公安机关而言，公安部一年一度的春节联欢晚会，已经在亿万观众中激起强烈的反响，留下难忘印象，成为文化建设的拳头产品。但交通公安机关的综合文艺演出，还处于开始和探索阶段。交通部公安局最近几年也举办了一定形式的文艺表演，长航公安局自2003年起每年组织综合文艺演出，但仍没有形成一定的规模和影响力，也很少有作品入选公安部春节文艺晚会。

公安部春节电视文艺晚会已走过20年历程。1986年举行了第一次公安部春节联欢晚会，以后每年一届，与中央电视台春节晚会等并称“新年四台晚会”。每年的正月初二，公安部春节晚会将作为百万人民警察献给全国人民的拜年礼物，表达警民共享佳节的喜悦心情，受到广大公安民警和越来越多的中国老百姓的关注和欢迎。1992年公安部举行了一次有一定规模的全国公安系统文艺汇演，2002年举行了一次为期8个月、由9场演出构成的全国公安系统大型文艺汇演。来自全国公安系统的1000余名演职人员参加了演出。这次汇演是建国以来公安机关参演人数、参演节目最多的一次，首都公安院校、社区群众、国家机关干部、武警官兵、公安民警约1万余人观看了演出。在2007年的公安部春节电视文艺晚会上，超过三分之一的节目是由警察参演的。在晚会筹备期间，公安部向各地公安机关发出了征集晚会节目的通知，鼓励选送公安队伍自编自演的节目。在遴选和组织节目中，剧组创作了许多以一线普通民警事迹为素材的节目。

交通公安“江海之盾”文艺汇演

近几年，交通公安工作和民警队伍建设也取得了显著成效，尤其是先后开展“大练兵”、“大接访”以及“基层基础建设年”等重大活动，显示出交通公安机关坚持执法为民的新形象。交通公安机关应该结合这些活动，适当地组织和推出反映交通公安工作和民警生活的综合文艺演出，大力鼓励基层文艺创作活动，同时争取有作品，乃至更多的作品能够在公安部春节联欢晚会上亮相。

（六）开展警体竞赛表演

体育是力量的象征，体育是强身健体的途径。

作为交通公安机关，应该广泛开展各种形式的体育活动，一方面提高民警队伍的身体素质，展示“除暴安良”的能力，同时通过体育活动，提倡一种健康的、积极的文化氛围，促进队伍的交流和凝聚力。

交通公安机关可以分级、分层次举办田径、篮球、武术等传统体育比赛活动，也结合交通公安职业特点举办射击、擒敌拳、武装泅渡、越野障碍跑、游泳、水上救助、水上消防等特色警体比武、竞赛活动或专项运动会。

结合大练兵活动和公共关系活动，也可以举办大练兵汇演、水上人命救助演练、港口、船舶反恐演练等，充分展示交通公安警体训练成果和良好风貌形象。

（七）进行文化基层行活动

基层需要文化，文化需要基层。

交通公安工作的重点在基层，交通公安文化的工作重点也在基层。多年来的交通公安文化实践证明：交通公安文化的发展源泉也在基层。文化在基层交通公安工作和队伍建设中发挥的作用越来越大，越来越受到基层民警的欢迎，因而也显示出了旺盛的生命力。交通公安文化只有植根于基层这块沃土，才能保持充沛的生命力。针对交通公安机关点多分散的现状，交通部公安局可以适当的时候举行文化基层行活动，丰富基层民警的文化生活。

公安部在2006年成功组织“公安文化基层行”活动的基础上，2007年继续从全国各地公安机关选拔30余名优秀文艺人才组成文艺小分队，奔赴基层公安机关进行慰问演出。文艺小分队历时两个月，先后赴全国11个省（区）基层公安机关，累计行程10万公里，为民警和群众举行了规模不等、形式多样的演出83场。有20余万民警及群众观看了小分队的演出，受到了各地公安机关和广大人民群众的热烈欢迎。文艺小分队深入基层、贴近群众、精彩感人的慰问演出，有效增进了上级公安机关与基层公安机关和广大民警的联系，加强了公安机关与社会各界的联系，密切了警民关系，也激励着全国190万公安民警，牢记宗旨，不辱使命。

文化基层行这种形式非常值得交通公安机关学习和借鉴，并形成自己的特色，把文化送到港口、码头、船舶等，让文化细致入微地渗透到交通公安的每个方面，发挥文化的巨大作用。

①《隋书•文学传序》，魏徵（唐），中华书局。

②陈方既，美学文札二则，中国书法，2004年6月。

③《历代名画记》，张彦远（唐），人民美术出版社。

三、以公共关系为主的环境阵地建设

外部环境是文化建设的基础。对于交通公安机关来说，与社会的关系是文化建设的重要外部环境。警民关系既体现为一种社会行为文化，也体现为一种社会精神文化。同时在许多情况下，也体现为社会的物质文化。

随着改革开放的不断深入和政治、经济、文化、社会的发展，各种社会关系越来越复杂，国家、社会和广大人民群众对交通公安工作的要求也越来越高。面对这种局面，交通公安机关在加强自身建设、努力提高工作质量和效率的同时，还要深入开展广泛的公共关系，取得社会公众对交通公安工作的理解与支持，创造和谐的人际环境，更好地完成交通公安机关所肩负的历史使命。

公共关系作为一种科学而系统的理论，发源于19世纪末20世纪初的美国，“公共关系”一词源于英文Public Relations，简称PR，也可以译作“公众关系”。在英文原意中，有多种指代，其中最常见的是以公共关系状态、公共关系活动和公共关系学科三种意思。公共关系学作为一门独立完整的应用性很强的学科，历史并不久远。在中国，它更是一门年轻的社会学科。

1978年8月，在墨西哥城召开的世界公共关系协会大会上，代表们对公共关系的定义形成了共识:公共关系是一门艺术和社会科学，公共关系的实施是分析趋势，预测后果。向机构领导人提供意见，及行一连串有计划的行动，以服务于本机构和公众利益。换言之，公共关系是社会组织为了塑造组织形象，通过传播、沟通手段来影响公众的科学与艺术①。

交通公安公共关系是指交通公安机关与其相关的社会公众之间建立的互动关系。它由交通公安机关组织、公众和信息传播三个基本要素组成，其中组织是交通公安公共关系的活动主体，公众是交通公安公共关系的活动客体，信息传播是交通公安公共关系的活动内容。这个概念包括了交通公安公共关系五个方面的基本含义:

（1）交通公安公共关系是一种公众关系，它几乎涵盖了交通公安机关执法、管理、服务的所有行为;

（2）交通公安公共关系是一种传播活动，这种传播不只限于新闻媒体的传播，而是几乎包括了交通公安机关为公关所从事的一切活动;

（3）交通公安公共关系是信息交流关系，这种交流是双向的，是交通公安机关与社会公众的一种良性互动;

（4）交通公安公共关系具有管理职能，即要求交通公安机关在公共关系中始终处于主导地位，凭借公共关系的不断推进，更好地履行自己的法定职责;

（5）交通公安公共关系是交通公安机关出于自身履行职责需要的自觉行动，是一项灵活性很强的工作，也很富创造性和挑战性。

（一）加强组织规划

近年来，交通公安机关普遍重视和开展了交通公安公共关系建设，但大多是零散的，具体表现为由各部门、各单位分别负责，各自为政、甚至互相矛盾，缺乏整体性、全面性，不利于工作的顺利进行。

为了使公共关系工作取得显著成效，交通公安机关应对公共关系建设进行归口管理，科学规划，统一部署，使其整体化、科学化、规范化。并通过建立公共关系建设的相关规章制度、强化民警整体观念等方法，提高交通公安公共关系建设的系统性、自觉性，以取得更好的社会效果。

（二）注重协调沟通

加强与外部的沟通联系，争取辖区各单位和公众的支持与协助。与港航单位党委、地方政府等领导机关和上级交通公安机关保持密切联系，了解他们对交通公安工作的意见和要求，不断为交通公安工作的发展创造良好的内外环境。

依靠主动沟通，把交通公安队伍建设的成果、业务工作的发展、面临的形势困难等，通过各种方式传播给人民群众，让群众了解交通公安，理解交通公安，进而将理解转化为行动的支持，达到警民合作、协调。

通过对外协调沟通，解决交通公安机关与公众之间的误会、矛盾、纠纷，使双方关系更加融洽，进而更好地支持交通公安工作。公共关系必须直接渗入到交通公安机关运行的每个过程、每个环节中去，以确保目标的实现。

在对外沟通交流过程中，通过信息采集、处理和反馈对公共关系的主体和客体的行为、态度作出监测。随时采集与交通公安有关的最新信息，以使交通公安机关做出正确的反应，采取必要的措施，让自身的运行与公众的要求相一致，并使这种运行持续在相对平衡的过程中，最终保证交通公安机关目标的实现。

（三）开展爱民实践

不断创新形式，开展丰富多彩的爱民实践活动，是推进交通公安公共关系建设最直接、最有效的途径之一。

在爱民服务活动中，形式要活，要便于开展，便于社会公众参与，如开展“招募义警”、“社会治安大家谈”等活动，互动性很强，宣传效果也很明显；内容要实，要贴近群众、贴近生活、贴近交通公安工作，内容要实实在在，过程要扎扎实实。如交通公安机关广泛开展的警务咨询、法律服务等活动，因为紧扣社会治安主题、与老百姓切身利益密切相关而容易被社会公众接受。

（四）实行警务公开

“警务公开”对公安工作提出了更高的要求，对交通公安机关来讲，这是一个挑战，同时也为强化民警的公共关系意识提供了一个良好的契机。

“警务公开”强化了民警的公众意识。具有公众意识的民警，能时时处处为公众利益着想，利用条件，创造条件，努力满足公众的要求，掌握公关工作的方向。“警务公开”强化了民警的信息沟通意识。通过有效的沟通，消除隔阂，减少摩擦，缓解矛盾，从而建立警察和公众之间协调和睦的关系。“警务公开”强化了民警的形象意识。“警务公开”使广大民警“公开、公正、公平”地接受人民群众的评议和监督，促使民警关注自己的行为效果，做到为公众服务与公众满意的有机统一。警务公开，增加了交通公安工作的透明度，能让人民群众更多地了解交通公安工作，从而更好地发挥监督作用，提高对交通公安工作的认同感。

为使交通公安工作更好地得到社会群众的理解和支持，方便群众办事，要认真落实警务公开制度，各单位在显眼之处开辟警务公开栏，公开受理报警的范围，公开交通公安民警办理刑事案件和治安案件的职权，公开各种办事程序，对办理各种事务需要提供的材料详细说明。对窗口单位在接待、服务群众中的服务设施、服务制度、服务时间、服务行为、考评制度和民警在服务中违反规定的处理等做出严格的规定。窗口单位将群众常办事项所需的手续、程序、时限、要求以及承诺内容和投诉方式印成“便民手册”，以便群众办事。为了方便群众夜间报警，设置报警指示灯箱并实行24小时值班。规定民警处警必须按规定着警服，戴袖标或佩带注有民警姓名、单位、职务的标志牌，以便群众识别。

开展“警营开放日”活动。为了实现警察与群众零距离接触，使群众与警察之间全方位沟通，消除隔阂，增进理解，取得信任。结合实际创造性地组织了一系列“警营开放日”活动，主动对群众开展正面公关，每年定期组织警察开放日活动，不断深化主题，丰富活动内容，增强活动的吸引力，最大限度地让群众了解交通公安工作和警察的生活，让群众亲身体会到交通公安民警为社会、为公众服务的艰辛。

（五）规范群众工作

在国家有关法律法规和公安部有关规定的基础上，交通公安机关应该建立内容详细、便于操作的群众工作行为准则，规范有关走访群众、服务群众、矛盾纠纷排查调处、健全群众工作机制、爱民实践、窗口工作、群众工作奖惩制度等方面，接待好每一位群众，热情接待报警、求助群众；受理好每一起案件，及时受理，调查走访，做好笔录，形成材料；制作好每一份笔录，态度认真，记录真实详细规范；调解好每一起纠纷，增强责任心，及时调查走访取证，秉公执法；处置好每一起报警，出警迅速，处警及时，当场调解，认真记录；回复好每一件信访，恪尽职守，查明事实，及时妥善处理。

采取多项措施，切实规范窗口服务，将为人民服务落实到具体的行动中，进一步促进了队伍正规化建设。创造整洁舒适的环境，改善便民利民措施，提供优质微笑服务，为坚决杜绝“冷、硬、横、推”、“门难进、脸难看”等现象，提高办事效率。对可以立即办理的事情做到不推诿、不拖拉，即时为群众办好。对一时不能办理或需要补办相关手续的事情，写清需要补充办理的项目、受理民警的电话和姓名，方便群众再次咨询。

交通公安机关民警应将“亲民、和谐、高效、诚信、沟通、谦逊”等六项原则作为群众工作的基本行为准则。

亲民原则——待人平等、树立人人平等的观念，不因人们的外表、年龄、职业、贫富、地位等因素作区别对待；尊重和保障人权，热情文明。

和谐原则——群众工作中，应以维护社会的长治久安和构建社会和谐为最大追求。

诚信原则——答应群众的事，就要努力办到。不允许对群众允诺以后，拖延办理、降低标准办理或借口不办。

高效原则——以提高能力素质为前提，高效办理涉及群众的工作事务。

沟通原则——强化对群众意愿和诉求的了解，强化有效沟通。提高组织群众的效力，提升发动群众的质量。

谦逊原则——认真对待群众的监督、善于接受群众的意见、理智对待群众的批评，真诚修正自身的错误，始终做到不将群众推向交通公安工作的对立面。

（六）构建评警机制

群众满意是我们一切工作的最高评价标准。建设良好的公共关系，理所当然要以群众是否满意为衡量的标准，为工作的导向。

积极引入群众评警机制，引导群众参与交通公安基层单位、民警的评价。在基层单位创优评先过程中，测评群众的满意率，听取群众的意见。

适当时候，可以举办如“我最喜爱的交通公安民警”、“十佳交通公安民警”等评选活动，通过现场活动、报纸、广播、电台让发动群众踊跃参与，让群众在评价交通公安民警中有发言权，从而促进对交通公安机关和民警的沟通、了解，增强交通公安机关和民警的宗旨意识，立警为公、执法为民的责任意识。

①引自江苏电视台陈芸生论文《注重公共策划，塑造良好社会形象》。

四、以传播为主的宣传阵地建设

传播决定影响。文化的影响不仅取决于内容是否具有独特魅力，而且取决于是否具有先进的传播手段和强大的传播能力。当今信息社会，谁的传播能力强大，谁的文化理念和价值观念就能广为流传。在发达国家，警方非常善于利用新闻媒介来提升自己的形象，加强与民众的沟通。

交通公安机关必须花大力气拓展传播渠道，丰富传播手段，加快构建传输快捷、覆盖广泛的文化传播体系，使文化传播能力有一个很大的提高。交通公安宣传是展示交通公安队伍建设成就和民警良好风貌的窗口，是交通公安文化建设的主阵地，具有不可替代的重要职能。

过去我们也做了大量的宣传工作，但尚未从文化的高度来认识，其文化功能没有得到充分的发挥。交通公安机关目前仍然不为社会所熟知，很多人对交通公安机关的机构设置、职责、队伍状况、工作成绩等很陌生，因此交通公安新闻宣传工作要适应时代发展的要求，积极宣传交通公安机关的职责使命，宣传广大民警无私奉献的优秀品质与感人事迹，促进人民群众对交通公安工作的理解和支持，推动专门工作与群众路线相结合方针的贯彻落实，不断树立良好的自身形象，并把自己独特的文化向社会推广。

（一）转变宣传观念

改革开放以来，社会生活发生了巨大变革，人、财、物的大流通使社会治安日趋复杂，交通公安机关的执法难度也显著增加，因此交通公安工作特别需要人民群众的理解和支持。交通公安机关借助大众传播媒介宣传自己的文化理念、工作成效、警察形象等，以取得相互理解、求同存异的社会效果便成为必然。所以，新时期的交通公安宣传工作对于推动和促进各项交通公安工作的顺利开展，维护交通水运行业的治安稳定，具有十分重要的现实意义。

宣传工作是精神变物质的转换剂，它能营造出强烈的文化氛围，使民警产生一种自我心理约束力和心理控制力，从而产生巨大的物质能量。宣传工作是增强队伍凝聚力的粘合剂。它能使民警在价值取向和职业精神上产生认同感，产生巨大的向心力和凝聚力。宣传工作是塑造良好警察形象的有力工具，从而改善执法环境，密切警民关系。宣传工作是改善队伍管理的有效途径，它通过关心人、尊重人、激励人、发展人的方式，促进以人为本的管理模式形成。宣传工作还可以使社会群众更多地了解交通公安文化，促进交通公安执法工作的深入开展。

贯彻文化理念，实施制度规范，推广形象识别系统，都离不开宣传这块基础阵地。交通公安的价值理念能否深入每个民警的心里，做到入耳、入脑、入心，为每个民警所接受和理解，与宣传工作密切相关；交通公安机关所制定的制度规范能不能为大家所熟知，起到规范指导言行举止的作用，与宣传工作密切相关；交通公安机关形象识别系统，能否为社会公众所认知，所接受，也与宣传工作密切相关。

面对现代传媒的飞速发展，交通公安机关无论是在思想观念上，还是在工作措施、工作机制和工作方法上，都存在诸多不适应的问题，一些单位对舆论引导工作的重要性认识不足，思想观念落后，对队伍中出现的问题总是一捂、二盖、三堵，结果往往适得其反；少数民警缺乏保密意识和纪律观念，把涉及交通公安工作的信息不加选择地提供给有关媒体，造成了不良的，甚至不应有的负面影响和后果；普遍缺乏有效的应对突发事件和民警违法违纪案件等负面报道的工作机制，对新型媒体特别是网络的负面炒作应对乏力等。

因此，新时期的交通公安宣传工作必须解放思想，与时俱进，改进宣传理念，充分研究群众的需求，采取群众喜闻乐见的形式、群众关心的问题，做到既贴近交通公安工作，又贴近群众生活。在单纯的法制教育、典型案例、先进人物、先进事迹的报道基础上，不断丰富宣传的内容，在宣传方式上逐步走向有计划、有部署、有组织的积极主动态势。

在开展宣传工作时，要善于运用宏观思维和动态思维，从全局和整体出发，用高屋建瓴、综合系统的方法来思考问题。针对客观环境的变化，在事物的发展变化中去把握反映客观事物。在开展交通公安宣传的同时，应该把交通公安工作放在社会生活的大背景下去观察，凡是有利于群众安全，有利于社会稳定，有利于密切警民关系的题材，都可列入宣传范围。过去交通公安宣传比较集中在刑侦、治安、水上消防等少数部门，因为这些部门集中了交通公安的一些热点、难点问题，但是在交通公安中还有许多方面，人民群众都不太了解，有很多内容可以挖掘，广大群众也有兴趣了解。

（二）加强宣传组织

交通公安宣传不是“新闻炒作”，它是为了争取更多的社会公众理解、信任和支持交通公安工作，因此交通公安宣传的所有内容必须有利于宣传国家法律和公安法制，必须从交通公安建设的客观实际出发，达到既传实，又传名；既传形，又传神的目的。所以必须加强交通公安宣传的组织性，主要包括三种组织形式：

日常宣传——交通公安宣传的主要任务是对交通公安工作和队伍建设所取得的成绩进行宣传。日常宣传是交通公安宣传的基本工作，为交通公安工作和队伍建设的推进和发展提供良好的社会舆论氛围和支持，这是基本要求。在日常宣传要做到“波涛不断、常年汹涌”，非常重要的一点是扣紧宣传点、抓着宣传核心、保持宣传连续性，形成一个步步紧逼、层次鲜明、逐步深入的宣传推进格局，从而形成规模效应，构成宣传的强劲态势。

典型宣传——先进典型宣传是塑造交通公安机关和人民警察良好形象、鼓舞交通公安民警的斗志、调动民警的工作积极性、激发民警无私奉献、忘我工作的精神和推动交通公安工作和队伍建设健康发展的重要手段。典型宣传对交通公安宣传工作提出了更高的要求，典型宣传尤其需要严密组织，通过结合实际，加大力度和深度，拓展广度来达到目的。

主题宣传——主题宣传是针对重要活动、专项行动、安全防范、重大灾害事故、政策法规、突发事件等的专门性宣传。它需要根据宣传的客体、主题、媒介环境和受众信息，研究制定宣传思路、宣传方式、宣传规模等。针对突发事件和重大灾害事故，还需要启动宣传组织的应急机制（预案）扩大交通公安宣传的覆盖面和影响力。

交通公安建设的各个层次、各个方面或环节，都可纳入交通公安宣传工作的视野，要把交通公安宣传作为协调交通公安系统内外关系、促进交通公安建设的重要途径。交通公安宣传，既要客观宣传警察建设的情况，即形，又要重在从中挖掘、展示警察群体的个性、风采，即神。只有形神兼备，才能使人感到真实可信。所以，在交通公安宣传中，必须遵循“可信、创新、有效、可行”的原则，不偏不倚，坚决杜绝制造新闻和夸大宣传等问题。

（三）加强宣传策划

宣传工作应该引入策划的理念，把握宣传的重点，突出宣传的影响力，掌握舆论的主导权。

精选主题——交通公安宣传组织工作的首要问题就是选好主题。主题准确是组织的关键。在每次宣传组织前，要通过深入调查研究当前中心工作和迫切需要解决的、人民群众普遍关注的、对推动工作发展有指导意义的问题，将这些主题进行提炼、深化，方可达到我们宣传的目的。

精选载体——交通公安宣传工作一直限于使用主流媒体——广播、电视、报刊进行宣传，而对主流媒体的补充媒体：电台、网络、手机等新兴媒体重视不够。加强交通公安宣传的组织必须在原有的基础上紧跟时代的步伐，创新和丰富交通公安新闻传播的方式和渠道，扩大宣传的覆盖面，实现宣传受众的最大化。

精选时机——时机就是战机，它的选择有时决定宣传工作的成败。在典型宣传和危机处理的组织中，特别需要讲究宣传的推出时机，要求宣传人员把握好时间、结合好社会大环境、控制社会舆论导向，从而达到我们宣传的目的，克服以往宣传工作层次浅、方式简单、手段一般、程序模式化等工作弊端，实现有计划、有步骤、呈波浪状逐步推出。

塑造精品——引入策划观念，进行科学的分析和定位，坚持交通公安新闻的行业特点，不断开拓创新，始终保持鲜明的个性特色，以特色去赢得更广泛的读者和观众，使宣传阵地发挥最大效益。通过深入的调查研究、有效的新闻策划，可以更及时地发掘有价值的报道选题，对重大问题、治安热点把握得更准确、报道得更深入、更全面，从而更能推出交通公安新闻报道的精品。

（四）整合宣传资源

现代社会越来越重视资源的整合。按照系统论的观点：1+1＞2，各部分的相互组合大于各部分简单相加之和。有限的宣传资源经策划后合理安排与组合，形成整体合力与效应，将发挥出更大的作用与力量。

交通公安宣传工作的资源整合可以使交通公安宣传机构高效率、有秩序地开展工作。在由少数专职宣传干部开展宣传的同时，尽最大可能调动广大民警参与交通公安宣传的积极性，培养一批优秀作者和通讯员，使交通公安宣传队伍不断扩大。要建立健全宣传工作激励机制、考核机制。

有条件的情况，可以创办交通公安专业报刊作为宣传的阵地。同时积极巩固已有的宣传阵地，特别是在重点面向《人民公安报》、《中国交通报》、《中国水运报》和中央电视台（三报一台）的同时，努力建立与其他中央和地方新闻媒体的合作伙伴关系。条件成熟的，可以在社会媒体上建立交通公安的专栏、专版和专刊。由于交通公安宣传的阵地依托的是大众媒体，当今传媒领域发展迅速，竞争相当激烈，要在媒体中巩固发展自己的阵地，就必须遵循新闻传播的客观规律，多从受众利益出发，办出特色，办成精品。要运用和谐的理念指导推动交通公安新闻宣传工作。本着互利互惠、合作双赢的目的，积极促进与新闻媒体的联系与沟通，建立和谐融洽的合作关系。

（五）建立新闻发言人制度

新闻发言人制度的使用是政府对于信息传播的重视，是由被动的信息源转变成为了信息的发布者。在信息传播过程中，政府作为传播者的角色出现，成为积极的把关人。我国的新闻发言人制度已有20余年的历史。1983年4月23日，中国记协正式宣布我国建立新闻发言人制度。2003年“非典”疫情后，新闻发言人制度的重要作用得到了政府和社会的关注。各级地方政府逐步建立或完善自己的新闻发言人制度，确保政府与媒体、公众之间的信息沟通。

交通公安机关新闻发布制度的建立有利于充分尊重和保障人民群众对各种公安警务信息的知情权。交通公安机关向人民群众公布警务信息，一方面，切实保护了群众的生命财产安全，增强了他们的安全防范意识，提高了他们的安全感，最大限度地压缩了犯罪分子的活动空间；另一方面，能够及时发现交通公安工作中存在的不足和缺陷，通过有针对性地采取改进措施，提高交通公安机关打击的精确性，加强防范控制。既满足了公众的“知情权”，同时也增加了群众对交通公安的了解和支持。

交通公安新闻发布首先要选择政策水平高、政治敏锐性强、业务熟悉、反应灵敏的领导同志确立为新闻发言人；其次要建立一个专门的新闻发布工作班子，并健全一套规范化的新闻发布工作运行机制。新闻发言人要深入了解媒体和公众的实际需求，准确把握舆情，有针对性地提供公安信息。据统计，国务院各部委的新闻发言人大多是办公厅或法规司的负责人，各省的发言人中，有70%以由政府办公厅负责人担任，还有些人的职务是政府秘书长、政策研究室主任等。

（六）建立舆论危机处理机制

在媒体高度发达、社会信息化程度稳步提高、人民群众民主法制意识日益增强的今天，对舆论危机的控制就显得尤为重要。危机处理原本是企业管理中的一个专业术语，现在已经被广泛用于政府管理、公共关系等领域。

在摩擦和矛盾发生之后，交通公安机关主要是通过各类传播活动争取公众的谅解，其中，进行信息交流尤为重要。当摩擦和矛盾发生后，作为矛盾主要方面的交通公安机关首先要听取公众的意见，然后在查清事实的基础上与公众交流，达成共识；最后了解公众对处理措施的看法，并把公众的看法反映给交通公安机关的决策者，以不断改进工作。交通公安的危机处理是一种良性的互动关系，使交通公安机关与公众处于一种相互谅解、相互合作的融洽关系中。

作为交通公安机关，为树立良好的形象就要重视信息的发布，做好与媒体、公众之间的正向沟通。在危机事件发生之时，通过强大的议程设置功能，把握话题主动权，适当引导公众舆论，避免谣言产生。在对外信息输出过程中，变媒体主动为组织主动，最大限度的满足媒体和公众的知情权，防止流言的滋长，维护交通公安形象。

第七章 交通公安文化创新发展与品牌建设

一、创新与品牌建设的意义

（一）创新发展的意义

创新是推动文化繁荣发展、提高国家文化软实力的不竭动力。胡锦涛总书记在十七大报告中指出："推进文化创新，增强文化发展活力。在时代的高起点上推动文化内容形式、体制机制、传播手段创新，解放和发展文化生产力，是繁荣文化的必由之路。"

在交通公安文化建设中，只有不断创新，才能形成名牌效应，产生影响力。创新，体现着创造能力、超越意志和追求变化的愿望。所谓"新"，是指相对于历史、传统、过去而言有着不同的涵义。因此，创新显示出自我更新的活力。

文化在西方语言里来源于拉丁文cutura，本义是"耕种"。耕种需要辛勤的劳作，需要赖以存在的田地，需要生根发芽的种子，也需要合适的气温、降水等外部环境。同样，交通公安文化建设，需要辛勤的"耕种"，需要不断地巩固和开拓它的阵地，营造它发展所需要的条件，需要因势利导地整合各种文化资源，创造性地"经营"和运作，这样，交通公安文化建设才能蓬勃地发展。

紧密结合新的实践不断创新，是建设和发展先进的交通公安文化的必由之路。交通公安文化要在全面提高民警素质中，切实发挥支撑作用，必须打开视野，拓展空间。既立足当代，又继承传统，既立足本行业，又学习其他行业，既彰显个性，又兼容并蓄，大力推进观点创新、体系创新、方法创新、机制创新，使之不断得以丰富和发展，始终富有生机和活力。

（二）品牌建设的价值

品牌是一种美誉度，品牌是一种影响力。交通公安文化创新的目标，就是培育出具有交通公安文化特点的文化品牌。

交通公安队伍作为交通行业的一支执法队伍，应该把文化工作纳入整个交通公安事业的大格局来整体策划和部署，不断地创新，不断地形成一个生动活泼的良好局面，初步形成一支有战斗力的交通公安文化队伍。

任何行业、团体都有自己独特的文化。交通公安文化是交通公安机关人民警察这个群体的自我表达方式，渗透在公安队伍建设和业务工作的方方面面。交通公安文化的提出和定位，从根本上来说是交通公安队伍走向人文管理的深化。它贯彻尊重人、理解人、关心人、信任人、教育人的基本原则，强调在人的因素中，哲学信仰、人生观、价值观、道德观等交通公安文化中的精神因素在队伍建设发展中处于主导作用。除了通过必要的组织、制度规章等手段对人实行硬性的管理外，更要采取文化等方法对人进行软性管理，以充分调动民警的积极性和创造性，培养民警共同的责任感、使命感、荣誉感和主体意识、形象意识，增强队伍的向心力、凝聚力。

文化建设的核心是群体共同价值观，也即警魂的塑造，最终的表现形式就是创造品牌，品牌是文化建设的重要载体。可以说，忠诚与奉献是交通公安文化的核心内容，由此文化内涵而产生出在公众心目中具有影响力的交通公安文化品牌。整合交通公安文化品牌资源，有效利用品牌公众效应是交通公安文化建设的重要内容和重要工作。

（三）创新发展与品牌建设的基本内涵

创新文化建设，必须努力在关键环节上实现新突破，不断增强文化发展的生机与活力。

1. 观念的创新

文化创新是一个系统工程，首要的是提高认识，更新观念，充分认识和理解文化创新在交通公安工作中的重要地位和作用。

文化观念的创新是文化创新和先进文化建设的前提条件和思想引领。任何创新实践总是从突破传统观念打开缺口的，是先有创新的观念，后有创新的实践。文化观念有两种含义:一是对文化整体上的认识和把握。如文化的地位和作用，文化与政治、经济的关系，文化与市场的关系，文化的管理方式等。二是将之作为文化内容的重要组成部分。如价值观、道德观、理想信念、精神理念等。我们这里说的文化观念是第一种含义。所谓文化观念的创新，就是要突破和摆脱陈旧过时、不切实际的观念和思维定式的束缚，敢于打破常规，解放思想，与时俱进，创造出符合时代潮流和实践需要的新型文化观念。

交通公安文化观念的创新，就是自觉地把思想认识从那些不合时宜的观念做法和机制的束缚中解放出来，从对交通公安文化建设的错误的和狭隘的理解中解放出来。

随着交通公安文化建设的深化，要进一步解放思想，转变观念，牢固树立与社会主义和谐社会相适应的新文化发展观，自觉以新观念看待新事物，以新思维研究新情况，以新办法解决新问题，敢于和善于用改革创新的思路和办法破解发展中的各种难题。

文化的作用在于提高人的素质，促进人的全面发展。人的全面发展是一个不断创造的过程，也是一个不断用先进文化取代落后文化的过程。在这个过程中，文化创新具有不可替代的重要作用。我们要牢固树立只有创新才有出路，只有创新才能发展的观念，通过积极的文化创新，繁荣交通公安文化，不断满足广大民警日益增长的文化需要，为广大民警谋取切实的文化利益。

2. 组织的创新

人是文化活动的主体，文化创新和文化发展离不开人的参与。从这个意义上说，文化发展过程实质就是人们不断挖掘自己的创新潜能，提高自身素质，不断开拓新的创造领域的过程。牢固树立人才资源是第一资源的观念，认真贯彻文化育警和人才兴文战略，不断健全文化组织，加强人才培养力度，着力培养造就一批政治上坚定可靠、改革意识强、熟悉思想文化工作、清正廉洁的高素质领导人才，一批政治强、作风正、勇于开拓、懂业务善管理的管理人才，一批文化工作的领军人物和拔尖人才，掌握现代传媒技术的专门人才。用事业吸引人才，用实践造就人才，用机制激励人才。为激发和提升交通公安机关文化人才的创新激情、创新勇气、创新素质和创新本领，提供创新发展的广阔空间。

3. 机制的创新

文化创新需要建立一套科学合理、灵活高效、富有活力的运行机制。没有这样一种机制，再多的资源、再好的条件也不可能创造出丰富多彩的文化成果，产生良好的社会效益。作为交通公安机关，主要是转换内部机制，最大限度地调动民警参与文化建设的积极性。

不断地完善文化建设的激励考核机制。民警是交通公安文化建设的主体，要充分尊重广大民警的主体地位，努力调动广大民警的积极性、主动性和创造性。特别是交通公安机关存在地区不平衡等情况，更需要各地交通公安机关立足各自实际，按照不同要求，在文化发展、文化创新上各尽其能。鼓励广大民警文化创新，一方面，要大力弘扬以改革创新为核心的时代精神，努力营造鼓励创新、尊重创造、保护创造的良好社会氛围，不断激发全体民警的创造活力，使交通公安文化创造能量充分释放，文化创新成果不断涌现。另一方面，要提高交通公安机关基层单位的自主创新能力，鼓励和支持各单位、各警种立足实际积极探索文化发展的特点和规律，大胆探索文化发展的新路子。

树立文化建设反省意识和制度，使全体民警能够定期检讨自己的价值观念和行为方式有哪些方面还有待改进，文化是否促进交通公安的发展，交通公安未来的发展需要什么样的文化，增强文化建设的自觉性。同时，应建立相应的沟通、培训等制度，营造民主、宽松的氛围，鼓励批评和自我批评、自我否定精神，使交通公安文化在自我否定中不断提升，形成“自我反省—发展创新”的良性循环，保持与整个交通公安建设的动态协调。

4. 内容的创新

文化内容是文化所表达的观念、知识体系，是文化的价值所在。交通公安文化是符合时代需要、推动交通公安前进发展的文化精粹，是凝聚和激励全体交通公安民警的重要力量，是交通公安综合素质的重要标志，能够为交通公安建设提供强大的精神动力和智力支持。因此，必须以“三个代表”重要思想为统领，以科学发展观为指导，准确把握交通公安生活的新特点和民警的新期待，在内容上进行积极探索和大胆创造，深入交通公安执法第一线，服务最前沿，真实表现交通民警的喜怒哀乐，热情讴歌交通民警的精神风貌。

5. 形式的创新

文化形式是指文化发生、表达、传播的载体，是表现文化内容的手段和方式。交通公安文化必须通过新形式反映新内容，在实现内容创新的同时，不断进行形式创新。文化的内容即使再丰富多彩、生动感人，如果不通过适当的形式展现出来，不为受众所理解、认同和接受，也不能发挥教育人、鼓舞人、塑造人的功能，结果不是曲高和寡、难觅知音，就是消解崇高，以至媚俗。善于运用现代技巧增强文化的表现力，不断创造新的文化样式，催生新的文化业态，实现题材、品种、风格和载体的极大丰富，才能使文化更具吸引力、感染力。

在文化形式多样化原则指导下，文化形式的创新必须把握好以下几个方面:第一，力求通俗性。文化的表现形式必须贴近群众，反映民警的工作生活实际，注重娱乐性，提倡深入浅出、通俗易懂，满足不同层次受众的需求和欣赏水平，使文化在传播中达到“润物细无声”的境界，摒弃简单说教、生硬直白、易让群众产生逆反心理的文化形式。第二，凸显特色。文化形式必须适应交通公安机关的行业特征，力求体现交通风格、公安气派。第三，体现前沿性。交通公安机关应该当仁不让地占领网络文化的阵地，积极运用网络的优势和特点展现和传播丰富多彩的先进文化，增强先进文化的穿透力、影响力和感召力。

文化创新的内涵是一个相互联系、相互作用的统一体。文化观念的创新是文化内容、形式、机制创新的指导方针和思想动力，文化内容、形式、机制的创新则是文化观念创新的实践状态和具体表现。文化机制的创新不仅是整个文化创新的制度保障，而且也是新的文化观念、内容、形式不断得以涌现的土壤。

（四）创新发展与品牌建设的优势

交通公安文化建设有不同于其他交通行业和地方公安机关的实际情况、优势和困难。

我们应当理性地审视交通公安文化现状的基础上，科学地衡量交通公安文化建设所涉及的各种关系，努力构建一个继承传统又充满时代精神、立足交通行业又面向社会的、具有公安特色的生机盎然的新型交通公安文化体系。

交通公安机关既有交通行业特色，又有公安职业特点。与交通行业其他系统组织相比，因其半军事化的武装性质，具有高度的组织性、纪律性和半军事化管理的特点。与地方公安机关相比，具有多样化的地域性、与交通行业的交融性、体制的开放性、文化的弹性等。

交通公安机关应善于从近几年来的交通行业和公安机关开展的各项活动总结出来的成功经验中挖掘符合先进文化要求的崇高思想、价值观念、行为特征、管理方法，使交通公安文化在继承的基础上有所创新，有所前进，得以不断地丰富和发展。

交通公安文化是社会文化的一个子系统，它源于社会文化，与社会文化大系统相互影响、相互联系，密不可分。积极的社会文化给交通公安文化注入了新的内容和活力。有力地促进了交通公安文化的发展。我们必须拓宽视野，善于利用和整合各种社会文化资源和社会力量，采取“走出去，请进来”的办法，培养出一大批专业人才。在审视并挖掘交通公安传统文化的同时，要积极注入时代精神，把适合交通公安民警特点、格调高雅的现代文化生活方式引进警营；要善于“借风行船”，借助所在地的历史文化资源、风土人情和地方特点组建特色文化队伍；要广泛开展文化共建活动，深入学校、企业开展警民共建。与当地政府机关部门和当地公安机关举办文体联谊活动，为交通公安文化生活增添气氛，缩小警地之间的距离，从而密切警政、警民关系。通过警地文化及媒介，丰富民警的文化生活，弥补交通公安机关自身条件的不足，提升警营文化生活品味，创建和培育自己的品牌。

（五）创新与品牌建设的措施

1. 坚持立足交通行业与学习其他行业相结合

交通公安文化作为交通行业文化体

系中的文化分支，天然地具有了交通行业文化的文化基因，无法避免地会带有以交通管理文化为背景的色彩。因此，交通公安文化在建设和发展过程中，必须立足于交通，自觉融入交通文化体系，使之置身于交通文化体系的大背景。另一方面也在与其他行业、部门的交往中，受到其他行业、部门文化的影响。因此，创新交通公安文化，不仅要坚持立足自身彰显个性，还要在建设发展社会主义文化的大背景下，与其他的行业、部门文化甚至地域文化和民族文化相协调。因此，创新交通公安文化，要善于借鉴其他行业的优秀文化成果，特别是地方公安机关成功的他山之石。我们要不断延伸自己的文化触角，拓展自己的文化视角，扬长避短，在吸取优秀文化的丰富营养中提升自我、不断发展。

2. 坚持彰显个性与兼容并蓄相结合

积极建设发展自己独特的行业文化，并向公众展示出交通公安文化的独特风姿。善于从军旅文化、企业文化、社区文化等其他行业文化中吸取富有特色和时代性、先进性的营养，将其转化为交通公安文化的最新成果，为交通公安机关的机制改革、内部管理、形象塑造注入新的社会因素。为进一步提高民警素质、发展警察公共关系创造良好的条件。如军旅文化中“一切为打赢”、“科技练精兵”和企业文化中的效益观、质量观、诚信观等，与警察文化中“破案是硬道理”、“科技强警”、“警务成本”、“执法质量”、“服务承诺”等，既各有特色，又相互包容，体现了个性与共性的统一。此外，还要不断扩大视野和知识面，注重从哲学、管理学、行为学、传播学、信息学、心理学、社会学中学习掌握有助于交通公安组织和民警树立正确的政治理念和价值取向，丰富良好的精神内涵，养成高尚的行为品格的相关知识，为警察文化注入新的活力。

3. 坚持理论与实践相结合

在研究和建设交通公安文化时，要强调理论与实践相结合，要在马克思列宁主义、毛泽东思想、邓小平理论和“三个代表”重要思想的指导下，进一步解放思想、实事求是、与时俱进，把科学务实和开拓创造精神结合起来，敢于突破一切不利于发展的旧观念、旧体制、旧做法。既要认真学习其他行业好的经验和值得借鉴的理论，又要善于对本行业长期以来文化建设取得的成功经验进行提炼总结，升华为理论成果，用于指导新的实践。不能搞出脱离实践的“玄学”式的学术研究，满足于对概念和原则的理解、背诵，浮光掠影，浅尝辄止；既要研究交通公安文化自身存在和发展规律，又要坚持从实际出发，立足于全面建设小康社会的客观实际，立足于交通行业的具体情况，立足于公安机关“三大政治和社会责任”的客观实际，立足于交通公安组织建设和民警素质的全面提高，创造性地进行新的探索，走出一条具有特色的研究和建设交通公安文化的路子。

二、群星璀璨的英模文化品牌建设

英雄模范是时代先锋，是时代发展和社会进步的风向标。无论是英雄人物还是典型集体，都是某种社会道德、某种时代精神的杰出实践者，他们的事迹和精神所产生的社会影响，不仅影响到当代，而且将长期影响今后数代人。

英雄模范是交通公安机关举足轻重的中坚力量，他们不仅是全体民警学习的榜样，更是交通公安机关价值理念人格化的重要载体。从某种角度来说，交通公安文化建设的目的之一，就是要产生更多集中体现交通公安机关价值理念的英雄模范，造就更多的先进集体和优秀人才，树立民警学习的榜样和行动的标杆。

在交通公安队伍中，涌现出了大量的英雄模范，并且将继续涌现出大量先进典型。从1980年至2007年，交通公安机关涌现出青岛港公安局消防大队二中队、武汉港公安局刑警队、烟台港公安局客运派出所等5个荣立一等功的集体；广州港公安局老港派出所、南京港公安局客运派出所、天津港公安局交通一中队等9个荣获全国青年文明号的集体；以及一大批荣获全国廉政爱民优秀公安先进集体、全国人民满意公安基层单位以及荣立二等功、三等功的优秀集体。全国公安战线一级英雄模范5人，全国公安战线二级英雄模范16人，全国特级优秀人民警察7人，立个人一等功24人，以及一大批荣获其他各类荣誉称号和三等功以上的民警。

群星璀璨的英雄模范，是交通公安机关与其他交通行业相比的突出特点之一，也是文化建设的品牌之一。虽然主流新闻媒体对于树立交通公安英模也做了大量工作，但宣传的深度、广度仍与交通公安队伍建设的要求有较大差距，缺乏家喻户晓的典型。交通公安文化建设，应充分重视英模的培养与宣传，始终围绕能高度体现交通公安精神、集中代表交通公安形象的“英雄”来开展传播沟通工作，以典型形象铸造整体形象，以个体形象展示集体形象。

美国警学专家沃克指出：“对警察和警察工作流行的成见，妨碍了对警察的正确了解。成见主要有两种，一种是反警察的，另一种是亲警察的，但两者都极大地歪曲了警察的形象。反警察的成见将警察人员看成是没有教养、缺乏训练、顽固偏执、耽于暴力、贪污腐化的人；亲警察的成见则将警察看成是面对公众、传播媒介和法庭的敌视而仍然献身于事业的圣人和英雄。”所以，我们要通过英雄模范的宣传，积极地树立交通公安民警的正面形象。

（一）精心发掘英雄模范典型

英雄模范，赋予了交通公安民警精神以鲜明的时代特征。能否培育和造就更多有亲和力、吸引力和感召力，体现时代精神的英模，发挥英模对社会的引领、示范作用；能否用时代造就的英模奏响社会主义和谐社会的最强音，体现社会主义核心价值的先进理念，是对交通公安机关执政能力的考验，也是一个现实而紧迫的重大课题。

作为交通公安文化建设的重要组成部分，要加强对先进典型的发掘和树立，进一步推动立功创模活动的深入开展，发挥出典型人物和典型事迹的示范引导作用。

建章立制，推进先进典型培养树立工作的规范发展。制订《交通公安机关立功创模表彰奖励办法》，建立表彰奖励标准、呈报立功受奖人员考核机制、集体审批制度、表彰奖励前公示等制度规范，确保先进典型培养树立工作的公平、公开、透明。

在先进典型的树立中，始终紧扣住了交通公安的中心工作，始终与交通公安改革发展的大局紧密，体现出交通公安发展的主题。充分体现英模典型干在实处、走在前列的本质要求。把“走在前列”这一要求，贯彻到衡量标准上，落实到工作上，从而将广大民警的期望转化为具体的目标，转化为可管理的活动。

准确掌握队伍状况，建立队伍定期分析机制，及时剖析现有民警队伍结构、素质以及优缺点，为立功创模提供合适资源。在认真核查，逐级审定的基础上，建立先进典型集体、个人数据库和先进典型培养树立储备库，使典型培养树立工作纵向到顶，横向到边，渗透到业务和队伍建设各项工作中。

编制先进典型培养树立工作规划，认真制定树立英雄模范先进典型长远和近期两个目标，制定英模人物和先进典型的培养选树计划，做到发现一批，培养一批，储备一批，力求使功模先进典型不断涌现。

通过精心发掘英雄模范，大力弘扬了交通公安民警精神，激励交通公安民警奋发有为，引领交通公安不竭发展。

（二）努力培育英雄模范典型

土肥而后苗壮，功模人物的不断涌现，离不开良好的环境。开展好立功创模活动，选好苗子是前提，精心培育是关键。要在交通公安机关逐步形成有利于英模成长的环境氛围，褒奖先进、鼓励典型的激励机制以及对英模典型持续教育培养的长效机制。

营造良好氛围，着重培养领导干部的“以人为本”意识、民警队伍的“争先创优”意识。定期开展好政治思想教育，做好思想引导，使民警牢固树立主人翁意识。以公平、公正的原则，根据不同性质岗位，安排不同民警，各尽其才，发挥出最大的潜能。

加强先进典型联系制度，领导干部定期定时开展联系工作，及时了解掌握先进典型工作、思想和生活情况，努力做到先进典型有人管理，有人培养，有人关心。

在政治上关心和工作上大胆使的同时，经常性地先进典型进行精神鼓励和谈心家访，了解先进典型存在哪些困难，单位尽力给予帮助解决。因长期加班加点的，要做好家属思想工作。积极改善工作条件，及时为业务能手配全工作开展所需装备、设施等，使工作得以高效开展。

综合测评、提选苗子。结合工作中民警日常表现情况（含政治思想和业务工作两方面）、绩效考评情况及其他民警或内部单位的评价等项目对民警进行综合测评，选出综合测评值名列前茅且有专项业务突出的民警作为立功创模活动的苗子。通过适时开展以追逃、破案等多种业务工作竞赛活动，结合全面质量管理考评，使警队与警队、民警与民警间同场竞技，以物质奖励等形式激励民警，营造出“比、学、赶、超”的浓烈氛围。

对要培育的苗子赋以“业务标兵”的要求，发挥“领头羊”作用。通过定期向组织汇报个人思想和工作情况，加强思想引导；指导苗子制定出个人季度、年度等奋斗目标，并督促其按计划加以实施；通过松紧结合的方式，重新调整苗子岗位，可适当实行弹性工作制，根据时间、地点等因素运用不同工作方法，有针对性地推进；通过为苗子提供对外经验交流、送培等机会，吸收先进单位好的工作法，提高业务水平，并成为业务多面手。

在环境给养上，把思想精神鼓励与物质措施激励结合起来。通过邀请功模人物演讲、做专题思想汇报和开展专题大讨论活动等形式，激发民警对工作和集体做出新的认识。

落实从优待警措施，按照按劳分配的原则，对民警进行奖惩，特别是对于先进典型，因长期以来加班加点超负荷工作，应适当予以鼓励或给予补休，调整状态，发挥更大战斗力。

（三）大力宣传英雄模范典型

英模典型的最大特点就是代表性，它体现一种先进思想，包含一定的先进经验，预示事物发展的趋向。英模典型是活的样板，最能扣人心弦，打动人心，发人深醒，富于感染力和说服力，给人提供正确思想、正确生活、正确工作、正确学习的榜样。因此，要大力加强对英模典型的宣传。

对英模宣传的作用主要表现为：一是示范作用。英模的事迹、经验，是对党的路线、方针、政策及党和人民要求的具体化，明确了应该怎么样做，不应该怎么样做，可以怎么样做，不可以怎么样做，为人们树立了榜样和标准，起到了示范作用。二是倡导作用。一般说来，树立什么样的典型，就表示要倡导什么，同样一个典型，宣传的视角不同，倡导的东西就不一样，作用自然也不同。三是激励、鼓舞作用。英模一旦树立，如果是个人英模，就会促使他们自身更加严格要求自己，保持荣誉，不断前进；如果是集体，就会促使他们不断发展自己的经验，以保持先进，永远走在前面。更重要的是对广大民警的激励、鼓舞作用，这种作用及它产生的力量是巨大的。

强化英模宣传的思想内涵，既要在平面上展开，在有效传播时间内传播最具新闻价值且时效性强的内容，更要注重开掘纵深，通过对同一主题的不同层次的把握，更好地引导舆论。要形成对英模典型的整体宣传，形成“集合”效应；要进行深入宣传，多侧面挖掘英模典型的精神内涵；要进行立体宣传，多角度地展示英模典型的良好形象。

及时总结英模典型的先进事迹，并通过发政工简报、编事迹汇编、举办先进事迹报告会、巡回报告团等形式，组织开展了一系列以弘扬英模典型精神为主题的学习教育活动，并适时召开表彰会、庆功会或组织演讲，在广大民警中大力宣传先进典型的好思想、好作风，积极营造了“学先进、比先进、争先进”的浓厚氛围。既要避免“见事不见人”、“墙内开花墙外香”等现象，又要使学先进活动学到根本上，真正使广大民警感到先进人物可敬、可爱、可学，从而使先进人物的先进思想深入人心。

各级宣传干部和基层所队通讯员，要深入一线，随警作战，采用文字、摄影、摄像等多媒体形式，多视点、多角度地做好先进典型的对外宣传报道，力求做到报纸有文，电视有影，电台有声，深入人心，家喻户晓。

主动邀请社会媒体，专业新闻记者、作家到交通公安机关体验生活，创作反映英模典型的报告文学、长篇通讯、散文、诗歌，拍摄英模典型的电视专题片、影视作品。

要积极创造机会，让英模典型作为学校、社区的法制辅导员等角色，走入社区、走入学校、走入社会，实现“一花独放”到“万紫千红”的飞跃，进一步凝聚警心，鼓舞士气，激发和调动广大公安民警积极性，努力建设一支“政治坚定、业务精通、作风优良、执法公正”的交通公安队伍。

三、水陆双栖的警务技能文化品牌建设

警务技能是在公安实践中总结出来、无数警察用鲜血和生命换来的宝贵财富，也是公安科学的重要组成部分。它除了对制止犯罪和抓捕犯罪嫌疑人有直接指导作用外，对保护警察生命，亦有至关重要的作用。

交通公安作为一个行业公安机关，服务于水运发展，其警务技能既要满足陆上作战的要求，也要适应水上工作的需要，成为“水中蛟龙、陆上猛虎”，这种“两栖”警务技能与体能形成了交通公安文化的一个特色品牌。

在当前社会治安形势日趋复杂和严峻的状况下，为切实履行交通公安机关职能、维护水运稳定，对交通公安民警的警务技能提出了更高的要求，必须确保广大民警以过硬的实践技能和强健的身体素质，从容应对严峻复杂的社会治安形势，使交通公安机关在与犯罪分子的斗争中始终立于不败之地。

周永康同志在第二十次全国公安会议上的报告中强调：“要认真贯彻落实公安机关人民警察《训练条令》，全面实施民警上岗和首任必训、职务和警衔晋升必训、基层和一线民警每年的实战必训‘三个必训’制度。进一步完善公安部和省级、地(市)级公安机关三级民警训练基地建设，努力建设一支专兼职结合的高素质教官队伍，科学制定分级分类的教育训练内容，积极创新训练方法，逐步推行“战训合一”的训练模式，不断提高训练水平和训练质量。”

广泛开展大练兵活动是交通公安机关主动适应现代化社会发展和现代公安工作的迫切需要，是不断提高交通公安队伍整体素质的重要途径，为新形势下的交通公安队伍正规化建设创建了新

长航公安机关的水上格斗训练

的载体和平台，要真正用大练兵的成效来树立良好形象，推动交通公安工作的发展。让人民群众切实感到，通过大练兵交通公安队伍的形象和作用有了大转变，各项交通公安工作有了新提高。

（一）突出重点进行警务技能训练

从实战需要出发，有针对性地选择训练内容。分警种、职级和岗位，无论在内容、形式、方法、手段及追求的目标上都要突出“面向实战，讲求实用，追求实效”的原则。

着力建立适应水警特点、贴近实战需要、组织形式多样的专业训练机制，组织水上警卫、水上救生、水上追捕、船艇操控等专业科目训练，演练水上突发事件、重特大灾害事故的处置和救助，复杂水情形下的搜捕和船艇驾驶技能，提高民警专业技能水平。

战训合一，搭建警务技能岗位练兵平台，突出交通公安机关水上执法的特点，使民警熟悉游泳、水上驾驶、救生、消防的步骤和技巧，增强了对水上突发事件的处置能力和救生、消防的实战效率。

在训练手段上，应尽可能贴近实战，多采用对抗性训练和情景式训练，模拟各种实践中常见的情景如绑架人质、突发事件、群体性事件和暴力恐怖案件等，让民警身临其境进行训练。

在训练保障上，应舍得投入，保证训练经费、场所、器材、枪支弹药的供应，确保训练效果。

加强训练基地和师资力量建设。训练基地是警务技能培训的硬件支撑，建立训练基地是警务技能培训工作发展的必然趋势。应尽早解决警务技能训练基地的政策、经费、场地问题。同时，师资力量是提高培训效果的关键，要采用专、兼职教师相结合的办法，建设一支能适应警务技能培训工作需要的师资队伍。建立教师与业务骨干双向交流制度，让优秀人才站上讲台，担当教官，以一流的教官训练出一流的精兵。

充分运用电化教学、计算机教学、网络模拟实战演练，建设一批声、光、电、气的训练器材，进行电子对抗、模拟仿真训练和野营综合演练。建立网上作战平台，开展网上练兵训练，增大练兵的科技含量，用科学的方法革新练兵，创新战法，研制新装备，拓展训练内容，设计科学训练项目。以全新的教学方式激发训练了民警的兴趣，启迪他们的创新意识，拓宽他们的思维模式，提高他们在警务技能训练中的思维能力和应变能力。

（二）持之以恒进行体能训练

做好高强度、难度大、节奏快、危险性强的交通公安工作，民警的优良品质和顽强的战斗力是重要因素，而这种顽强的战斗力除了民警的思想觉悟外，很大程度上是取决于民警的体能水平。

良好的警察专用技能和精湛的战术水平运用，必须建立在强健的体力基础之上。可以说，体能训练是工作的基础，战术训练是获胜的保证。据了解，在民警伤亡人数中有相当数量的伤亡是由于民警自身体能水平差、专项技能不过硬造成的，如果有较高的体能水平作保证，许多伤亡是可以避免的。如果民警的身体素质不能尽快提高、缺乏体能训练的状态得不到尽快扭转和解决，不仅民警的健康状况会受到伤害，而且还会付出更多血的代价。良好的体能水平是保证各项公安任务完成的基本条件，是体现公安队伍整体战斗力的重要因素，而提高民警体能水平的唯一有效途径就是要通过始终不渝、刻苦的体能训练来实现。体能训练是根据科学的训练原则、训练方法有计划、有系统地提高身体素质和技能水平的一个过程。

交通公安机关民警体能训练应该做到以下几点：

1. 实战训练

在民警体能训练中要使训练的手段尽可能接近交通公安工作的实际需要。实行战训结合，如室内和室外相结合，水上、操场、田间、山地、小巷、泳池相结合，跑步、翻越、泅渡、打斗相结合。

2. 系统训练

持续、循序渐进地进行系统训练。生理学研究认为人体生物要适应变化的负荷，需要有一个过程。人体在训练负荷下的生物适应过程，不仅是长期的，也是阶段性的。人体生物体能的提高有一个不稳定的特点，训练的中止可以引起训练效应的消失。因此，我们要不间断地、有规律地进行系统训练。在分散训练基础上，定期进行集中封闭训练，使民警体能处于持续上升或持续稳定的状态。

3. 全面锻炼

民警体能训练要选择全面、多样的内容，恰当地运用各种训练方法，使民警身体各部位、各器官系统的机能，各身体素质和运动能力得到全面锻炼和发展。人体是一个整体，各器官系统相互影响、相互制约，任何局部机能提高，必然会促进机体其他部位机能的改善。如果训练内容和方法单一，机体就不能获得良好的整体效应。因此，每个民警在针对自己进行体能某方面训练时，也要辅之其他项目进行全面训练。

4. 适量负荷

机体在训练中承受了一定的运动负荷后，必然会产生相应的训练效应，但并非施加负荷，就一定会产生良好的训练效应。根据科学研究，适宜的负荷才能使机体产生良好的适应效应。不适宜的负荷可能使机体达不到应激效应或产生劣变反应。因此，民警体能训练中，要给予适宜量度负荷。考虑到民警现有的身体状况和体能状况，遵循人体机能的训练适应规律，给予相应的负荷安排训练。

5. 区别对待

在交通公安系统中，由于警种不同，所承担的工作任务也有所不同，对体能的实际要求也不同。因此，要区别对待不同警种的体能训练，另一方面，警察个体性别、年龄、身体状况等不同，在训练中对负荷安排也应有所区别。根据区别对待原则，进行集中封闭训练时，安排同警种集中训练，有利于负荷安排，可提训练效果。

（三）完善警务技能训练制度

警体训练离不开健全的规章制度，要使警体训练长期、有效地开展，交通公安机关要立足实际，结合本单位、本地区的工作实际，切实制定出完善的训练制度，并加以落实。制定严格训练制度，推行训练责任制，实现一级抓一级，一级对一级负责，形成人人都来抓，人人都被抓的约束机制。

1. 健全训练组织机构

加强对警务技能与体能训练的领导，完善教育训练制度，把警务技能与体能训练纳入经常化、规范化、正规化、科学化管理轨道。针对不同警种制定详细具体的长期、近期体能训练目标，使每名民警做到练有目标，心中有数，变“要我练”为“我要练”。在用人上坚持公开、平等、竞争、择优的人事管理制度和德才兼备的任人唯贤的用人标准，大力倡导尊重知识，尊重人才，重视教育好风气。

2. 科学合理考评机制

建立民警训练活动档案，真实反映部门和个人的训练水平，按照“公开、公平、公正”的原则进行体能训练考评，发挥好训练质量的调控功能，促进警务技能与体能训练的协调发展。变革陈旧的考核办法，尽量减少观赏性成分，加大适应性训练、应用性训练、模拟训练、战术训练考评比重，让考核成为检验战斗力水平的标准。普遍开展警务技能与体能达标活动，大力调动广大民警参加警务技能与体能训练的积极性、主动性。把警务技能与体能训练融于各种形式生动活泼的趣味性、竞争性活动中，使民警乐于参与。

3. 建立训练保障机制

加强教育训练的投入，增强警务技能与体能训练的后劲。经费再缺，不能缺教育训练，在使用经费上要优先考虑训练经费。在人力、物力、财力和领导精力上向警务技能与训练倾斜。

4. 完善奖惩激励机制

奖惩是调动积极因素的手段，把民警的训练绩效列入考核的重要内容，作为民警晋升、年度考评、立功受奖的重要依据，切实解决“练与不练都一样”的弊病。善于充分发挥典型的示范引导作用，以点带面，充分调动了民警主观能动性，保证了训练活动扎实有效地进行。

四、和谐健康的心理文化品牌建设

心理处于文化结构的最深层，心理具有较强的内化色彩和感性情绪。心理健康是相对生理健康而言的。健康的心理一般是指一种内心世界平衡稳定、人格健全、能以社会认可的方式积极适应外部环境及其发展的良好精神状态。

交通公安民警作为一个特殊的社会群体，警务工作的特殊职能决定了其面临的心理健康问题较一般社会成员更加突出。交通公安机关拥有国家法律赋予的执法权与执法空间，但同时交通公安民警又是一个高应激、高对抗性和高危险的职业。交通公安民警在履行职责的过程中，很容易出现心理障碍，若不能及时排解、疏导，将造成严重后果。因此，正视交通公安民警个体的心理健康问题，采取一系列的措施加以干预，对于提高交通公安民警的综合素质，增强队伍的战斗力，建设交通公安文化具有十分重要的现实意义。

（一）心理疏导的必要

随着社会主义市场经济体制的建立，人的生存环境发生了重大变化，加之高科技、劳动市场的竞争以及错综复杂的人际关系，导致人所承受的心理压力越来越大，出现的心理健康问题也越来越多。心理学的研究表明，当人的心理压力不能得到及时而有效的调节和缓解时，心理压力就会转化为行为的反向动力，使人出现一些反常行为。这些行为轻则影响工作效率或对身心造成伤害，重则导致自杀或违法犯罪。

在心理健康方面，对于一个交通公安民警来说，其可能面对的心理压力主要有四个主要方面：工作方面，家庭生活方面，个人生活方面与社会生活方面。

对工作应激源来说，一是与工作性质有关的方面，也称为任务相关应激源，诸如在工作过程中身体受到的威胁，暴露在危险之中，以及面对许多不可知的事件，长期紧张、疲劳等；二是组织性应激源，如交通公安机关内部管理、交流合作、职业支持等。

家庭生活方面，如婚姻关系、子女教育、老人赡养、家人生病、经济收入、住房等问题，会对民警造成心理的压力。

个人生活方面，包括个人的身体疾病、不良嗜好、成瘾行为等，会对民警的心理造成压力。特别是有关身体疾病，因为交通公安民警的职业特点，以及年龄结构因素等，在体检中与职业相关的疾病非常突出，如心血管疾病、肝病、胃病等。个人生活也会对民警形成心理应激。

此外，交通公安民警因为普遍年龄结构偏大，也面对有关耗竭(Bumout)的问题。耗竭的英文原意是指燃烧物质耗尽而熄灭。把它引入到心理学中，就好比把交通公安民警看作是一个在不断发光发亮的燃烧物质，有一定能量的限制，而应激的过程以及应激失效、适应不良等则将交通公安民警个体的能量过多地消耗，最终达到一种无法继续职业过程的耗竭状态。一些个体在应对工作中的消极态度有时就是耗竭的表现。

长期受心理困扰的民警，会产生神经症，抑郁症等各类情绪障碍，强迫、恐惧等行为障碍，敏感、退缩等社会适应障碍以及失眠、高血压等身心疾病，严重的出现自残、自杀或犯罪行为。

除心理健康因素外，无论是在打击功能的体现上，还是在对社会的管理功能以及服务功能的体现上都要求交通公安民警必须具有极强的心理能力素质，如认知能力、情感控制能力、快速反应能力以及意志能力等。从打击功能的体现上，要求交通公安民警必须具有较强的心理控制能力、应激心理和应付挫折的能力；从管理功能和服务功能的体现上，要求交通公安民警具有较强的个性心理和社会交往心理。研究表明，当人与人的其他素质相同或相差无几时，心理素质的好坏直接影响着人的能力发挥。

（二）心理疏导的借鉴

香港特区有专门的警察心理“压力管理”机制，香港《警察通例》明确规定:凡是警员在执法公务中受到刺激、遭受到压力的冲击，如开枪，击伤、击毙人犯，身处险境而未受伤害等，都必须在事后咨询心理医生，以确认是否心理正常，并运用科学方法排解心中的焦虑和障碍。自设立心理服务组以来，香港警队中精神有异常仍持枪执行公务的警察被及时诊断出来，获得了及时援助，自杀率、事故率大幅度降低。欧美警界在心理服务方面的机制有过之而无不及，“9·11”恐怖事件发生后纽约市警察局下令全市5.5万名警察接受心理咨询。

中国最早的警察心理研究是在20世纪的30年代。1936年，余秀豪编制了“标准化警察测验”，郑静芳编制了“普通警察心理测验”，可以说是国内最早运用于警察选拔的心理学测验。1938年10月，当时内政部警政司设立了“警察智力测验室”，从事警察心理研究工作，由我国早期著名的心理学家萧孝嵘担任顾问。1941年后，当时的警察管理机构曾推行过“交通警察特殊能力倾向测验”，“在职警察品格测验”等，在警校和警察局进行了一定数量的测试，虽然由于当时的社会环境限制，这些工具没有得到广泛的推广和运用，但开创了我国警察心理研究的先河，积累了有价值的经验。1946年，丁祖荫撰写的《警政人员心理测验》出版，总结了我国警察心理研究早期的一些成果，是我国最早的有关警察心理方面的专著。新中国成立后的30多年中，由于多种原因，我国心理科学屡遭劫难，对于警察的心理研究更是无人问津。直至80年代之后，随着一些学者介绍了国外警察心理研究的成果，人们才重新开始慢慢关注起来。

2001年前后，我国开始陆续建立警察心理干预的机制和心理咨询辅导机构。2001年9月，中国内地有了警察在处理突发事件后48小时内强制接受心理服务的记录。2003年全国治安压力最大的广东省建立了第一个面向公安民警的心理健康服务中心。全国一些警官学院和公安学校近年陆续开设心理学课程。面向警察的心理咨询站和心理热线在南京、武汉、北京等地陆续建立，已经开始为警察进行了心理疏导工作。公安部已于2004年底开始对全国在职民警进行心理健康普查，计划以地市级公安机关为单位，开展建立民警心理健康档案工作；在新警录用和公安院校招生中增加心理素质测试，对有心理疾病和心理障碍的人员原则上不得录用、录取；并且委托有关院校开展公安民警心理健康机制研究。同时司法部也开始展开监狱警察的心理健康机制研究。

（三）心理疏导的措施

交通公安机关可以借鉴国内外的一些做法，抓紧建立警务心理干预机制。

1. 提高民警个人心理卫生意识

广泛开展心理教育，并把心理教育列入正规化建设考核制度，普及一些常用的心理知识、应对策略与方法。可以邀请专家开展讲座，在培训、轮训的课程中适当地加入相关的心理学内容。

从文化氛围上鼓励并帮助民警提高心理保健能力，学会缓解压力，自我放松。为民警订阅有关保持心理健康与卫生的期刊、杂志，还可开设宣传专栏，普及民警的心理健康知识，告知民警压力的自我调适方法，以增强民警的心理“抗震”能力。

2. 推进心理学在警务工作中的应用

（1）在组织机构上有实质性的发展举措

成立专门的交通公安心理咨询机构，通过建立心理咨询中心、开设心理门诊、咨询热线电话、咨询信箱、咨询网站等形式，为有心理障碍的警察提供倾诉场所，及时对警察中的各种心理失衡问题进行心理咨询和疏导，提供给警察排除压力和困扰的方法与技巧，增强警察的心理承受能力，防止意外事故的发生。将心理素质提高的关口前移，建立警察个人心理档案，了解警察心理状态，进行心理素质测查。培养交通公安机关自己的心理咨询师队伍，积极参加国家劳动和社会保障部等有关机构组织的心理咨询师培训认证，做到持证上岗。

（2）在招录新警时开展心理测评

在招收警察时，首先要排除有心理疾病、心理障碍的人员，确保新招收民警不仅具有较高的政治、业务素质，而且具备健康的心理素质。除了严把“招警”时的心理测试关之外，还应注意识别警力资源的特点，合理地安排使用民警，调整警力部署，尽量使民警的心理特征与所从事的工作相符，做到警力资源的最佳配置，避免将来无法胜任工作而产生巨大心理压力的现象。

（3）全面推进心理训练

为提高民警心理能力，可在民警教育培训中专门设置民警心理训练课目。在处级以上交通公安机关，建设民警心理行为训练基地，购买民警心理行为器材设备，并进行专人管理。没有条件建立心理行为训练基地的，可以委托当地经营性心理拓展训练机构进行训练。交通公安机关制定民警心理行为训练指导意见，规定训练内容、训练时间和考核办法等，通过定期的、系统的心理行为训练，全面提高民警的心理行为素质。

交通公安民警培训中心的心理训练

当前，交通公安民警应加强以下几方面的心理素质训练：

认知能力训练：主要包括对犯罪嫌疑人体貌特征、年龄，对车辆型号、号牌，对电话、手机号码和地名、地形、街景等环境具有的准确快速的记忆、辨别能力，应着重加强快速扫描、抓主要特征、找内部联系等认知能力的训练。

情感能力的训练：主要包括情感的自我控制能力和自我调节能力，如稳定情绪、自我暗示、学会放松、注意转移、乱中求静等情感。使交通公安民警在面临多种冲突和复杂多变的临战态势时，具有一定的自我调节情绪的能力。

应急能力训练：交通公安民警在临战状态下应对纷繁复杂的情形时，有时会遇到犯罪嫌疑人拒捕对抗、暴力袭警或时间延续、气候变化、环境转移、群众围观起哄等情况，此时需要对临战现场的空间方位、地形特征，对特定物体的颜色、气味、形态、血迹、温度等物理特性进行敏锐判断，对处置现场各种凶器如刀具、枪械进行辨认，对犯罪嫌疑人的行动企图、身体动作、逃跑路线进行预测，对他们的性别、年龄、方言、衣着等进行分析。通过对应急能力的训练，培养、提高民警处置突发暴力事件的能力和应急后的心理恢复能力。

意志能力的训练：主要包括心理承受能力和自制能力的训练。交通公安民警在临战行动中面对犯罪嫌疑人拒捕、反抗或人身攻击，难免会产生巨大的心理压力。一方面，平时应加强对交通公安民警意志品质的教育训练，可采用单警野外生存训练、恶劣条件下野营拉练式训练等手段加强意志品质磨炼；另一方面，进行各种处置预案演练，消除民警实战时的过度恐惧感，增强实战的信心。

（4）开展心理咨询与辅导

开设心理讲座，开办心理咨询热线，通过专家门诊来缓解警察内心的压力，从制度上落实措施真正缓解警察的心理压力。比如民警执行枪击任务或者出入凶杀现场后应接受心理检查；对于短期的心理失常，心理疾病，可以通过心理治疗，休假疗养，调换岗位等方式进行调整和缓解；合理使用警力，保证民警年度休假。借鉴国外已经较为成熟的紧急事件咨询(CISD)制度，在警察个体经历较大强度的应激事件，如发生警匪对峙，罪犯开枪或处理惨不忍睹的案发现场之后，都必须接受例行的咨询，以评估及缓解急性的职业应激。

3. 构建民警社会支持系统

社会支持本身来说并不仅仅指对于民警的直接帮助，还是一种多维度的推动、鼓励与肯定。就交通公安机关来说，在对民警队伍进行工作管理时，应该做到以人为本，多给予相应的支持，正性的应激源如表扬、赞赏、会减弱应激的程度。另外，提高组织内部的沟通、交流，化解组织性的应激源也是非常必要的，有助于民警职业应激源的减少。一线基层的领导干部应该积极的采用科学、先进的思想政治工作方法，研究解决民警心理问题的长期有效方法，不断地提高领导管理水平。民警所在单位应该给予警察更多的人文关怀、千方百计为民警解决后顾之忧，积极营造关心、互助的工作氛围。其次，家庭的作用是不可忽视的，研究中发现已婚组的社会支持明显高于未婚和离婚的民警。因而，在保证完成工作任务的同时，让民警能有更多的时间与家人相处能够使之获得稳定的支持。

五、服务交通的法治文化品牌建设

法治是现代文明社会的标志。法治文化相对于法制文化，内涵更广泛，内容更丰富。法制主要是静态的法的规则及其体系，法治除此之外，还包括动态的立法、司法、行政执法以及守法等活动。法治文化是观念形态的文化，强调依法治理的一种状态。

创建法治国家和法治社会是人类社会发展的必然趋势，也是国家现代化的必然要求。“依法治国，建设社会主义法治国家”的战略决策，已明确载入了我国宪法。交通公安机关为维护社会稳定、促进社会和谐，就要不断强化职能作用，提高维护国家安全、驾驭社会局势、处置突发事件和为经济社会发展服务的能力，符合全面建设小康社会、和谐社会和法治社会的要求。这不仅取决于硬件设施的保障，同样取决于精神文化的支撑。其中，法治文化是交通公安精神文化层面中最重要的内容之一，包括队伍的现代化警务理念、社会主义法治理念、执法能力与执法水平等。

（一）开展法治理念教育

把社会主义法治理念教育与开展社会主义荣辱观教育、与巩固和扩大保持党员先进性教育成果相结合，牢固树立正确的世界观、人生观、价值观和廉洁从政意识，坚持克服和有效防止拜金主义、享乐主义、极端个人主义的倾向。

牢固树立一切从实际出发的意识，始终坚持马克思主义在交通公安意识形态领域的指导地位，坚决克服和有效防止盲目崇拜、片面宣扬西方政治制度、法律制度、价值观念的倾向。

牢固树立立警为公、执法为民意识，始终坚持一切依靠人民，一切为了人民，坚决克服和有效防止脱离群众、骄傲蛮横、盛气凌人的倾向；牢固树立严格依法办事的意识。

牢固树立平等保护意识，始终坚持维护社会的公平正义，坚决克服和有效防止滥用权利、执法不公的倾向。

牢固树立交通公安工作为全党全国工作大局服务的意识，始终坚持法律效果与社会效果的统一，更好地为水运经济建设服务。

（二）实施执法培训

“知法”是提高执法水平的前提条件。在交通公安机关广泛开展一些法律普及培训，积极组织民警学习《刑法》、《刑事诉讼法》、《治安管理处罚法》、《公安机关办理行政案件程序规定》、《公安机关办理刑事案件程序规定》等与一线执法工作有密切联系的法律，切实提高民警的法律素养。

适当增加经费投入，提高基层民警学法、执法的积极性。同时，广泛收集各类典型案例，编辑成册，以案说法，使基层民警学会“在工作中学习，以学习指导工作”；积极树榜样、抓典型，建立明确的奖罚制度，调动基层民警学法的积极性，激发民警爱岗敬业、争先恐后的工作活力。

组织民警参加自学与辅导相结合的法制学习活动，对涉及交通公安工作的有关法律、法规知识组织经常性的灵活多样的考试、竞赛，巩固学习成果，系统地加强对民警的法律培训、执法指导和规范考核，夯实基础。

抓好对法制员和执法骨干人员的执法培训工作，有针对性地选择在执法中存在的共性问题，以及在执法中遇到的难点、焦点问题，结合执法常用的法律、法规辅导培训。通过培训把法制员和骨干民警培养成各单位能熟知法律、正确适用法律、有较高执法素质的执法办案能手，通过法制员和骨干民警把最新的法律知识、执法规定及时传递到基层每名民警。对基层民警学习法律知识、提高执法素质，起到传、帮、带的作用，推动民警学法、知法、懂法等提高自身法律素质活动的深入开展。

充分利用现代科技手段，借助公安网络，开展网上教学，将一些专家、学者的执法办案讲座放在局域网上，举办系列执法专题讲座，供基层民警学习。在局域网开设“学法专栏”，及时发布国家和上级公安机关颁布的新法律、法规及执法规定，为基层民警提供具体、明确、可操作性强的执法依据。

法制部门应当利用对案件办理进行审核把关的机会，针对在审核案件中发现的问题，对民警采取以案讲法形式，讲解法律知识、执法须注意和改进的问题。认真贯彻落实《民警参加法院庭审旁听制度》，组织基层民警参加法院旁听庭审，达到以案释法的效果。

（三）抓好执法资格认证，落实岗位职责

对全体民警进行执法资格认证，以培训和考试的形式督促广大民警深入学习政治理论、法律法规和业务技能。民警必须通过执法资格认证培训和考试，获得执法资格认证书后，方可从事交通公安执法活动。

明确岗位职责，推行民警职位说明书制度。民警职位说明书是界定所有岗位的工作内容、工作职责、业绩标准、工作目标的规范性文件。《民警职位说明书》至少包括6个部分：即职位标识、工作概述、素质要求、工作职责、职责细目和工作标准。通过制定《民警职位说明书》，对各单位进行科学的定岗位、定职责，对每个单位、每个民警的每一项工作进行量化、细化，使一些工作由软指标量化为硬指标，部门职能、岗位责任进一步清楚，各项工作都有了目的性、层次性、整体性，形成了完整的标准化管理体系。让每个工作环节、执法环节都有章可循、有标准可依、有明确的职责来履行，有明确的目标去奋斗。

推动民警执法档案建设，把纠正违法、法制培训、案件存在的问题及具体执法行为归入执法档案。为掌握每个单位和民警的执法成效和存在问题，注重

对过程的控制，强调管理细节的落实，做到了凡事有人负责、凡事有据可查、凡事有人监督，使“措施链”形成有效地监督和控制。规范部分法律文书，防止在执法活动中遇到现有的法律文书体系不健全，在适用上操作随意性较大，格式不统一，内容有繁有简，影响执法的效率和严肃性的问题。

突出考核重点和完善严格奖惩，规范绩效考核制度。探索建立科学的执法质量绩效考核办法。对民警执法质量实行月度评判、季度通报、年度排序的制度，奖优罚劣，切实改变目前执法办案存在的“干多干少一个样、干好干坏一个样”的不良现象。交通部公安局每年开展一次全系统的执法考评活动。

建立完善案件审核制度以及执法过错责任追究制度。对伤害群众感情、侵害群众权益、造成严重影响的执法过错行为和案件，必须严格按照责任追究的有关规定，对当事人和责任领导予以党纪政纪甚至法律处理。对由于工作责任心不强、办案能力低下导致案件质量差、群众反响大的民警，在给予适当处分的同时，要取消其办案资格，实行离岗培训，尽快提高执法水平。

（四）严格执法，履行职责

交通公安机关是国家执法部门之一，民警执法水平的高低直接关系到打击的力度，公民的合法权益的保护，党和政府的形象，社会主义法制原则的正确贯彻实施。

交通公安机关要进一步提高执法水平，打击各种敌对分子的破坏活动，严厉打击刑事犯罪活动，有效地管理社会治安秩序，提高交通公安工作的整体水平。在全体民警中树立对法律负责的观念，在严格执法，提高执法水平上多做文章。依法严厉打击各种刑事犯罪，加强社会治安综合治理以维护稳定。依法协调各类民事法律纠纷，防止由于民事纠纷处理不当或不及时，而引发的恶性群体性事件，以稳定社会秩序。强调民警依法办事，杜绝因滥用职权、以权谋私、执法犯法等而侵害公民的合法权益，减少影响社会和谐稳定的因素。完善各项执法制度，切实保障社会公平与正义。

（五）健全民警权益保护机制

《中华人民共和国人民警察法》总则第五条规定：人民警察依法执行职务，受法律保护。维护公安民警的执法权益，对于社会治安稳定，经济社会发展，有着重要而直接的意义。

通过法治建设，增强民警的法律意识，提高民警的法律素养，牢固树立正当执法权益意识。充分认识维护民警正当执法权益的重要性和紧迫性，进一步认清妨碍依法执行公务，对民警侮辱、谩骂、围攻、殴打等行为的严重危害性，从巩固党的执政地位、维护国家法律尊严高度，采取有力措施，切实加强维护民警正当执法权益工作，解除民警的后顾之忧。

建立健全专门机构，充分发挥维权工作职能。各级维权部门要选拔政治素质高、法律素质好，有较强的组织、协调能力，能承担起复杂、艰巨维权任务的同志，充实到维权的岗位。通过及时现场调查取证，认真澄清不实投诉，协调、配合、督促有关部门严肃查处抗法袭警、恶意诬告陷害民警、阻挠干扰民警依法履行职责的不法侵害行为，使维权工作真正成为交通公安工作的一个重要组成部分，使维权机构切实成为交通公安机关的一个重要组成部门，改变交通公安机关维权工作的被动局面。

强化舆论宣传，营造良好氛围，建立关爱型、人性化的维权机制。交通公安工作离不开广大人民群众，维权工作更是离不开社会各界和广大人民群众的理解支持，因此，要进一步加强舆论引导，大张旗鼓地宣传交通公安民警严格公正文明执法先进事迹的同时，对侵害民警执法权益的违法案（事）件也应及时公开曝光，努力营造公民知法守法、民警依法执法的良好外部舆论环境。

加大打击力度，树立交通公安机关的威严，保障交通公安民警正当执法权益。充分用足用好现有法律法规，对各类暴力袭警、恶意投诉、诬告诽谤、妨碍公务等违法犯罪人员必须依法严厉查处，沉重打击其嚣张气焰，震慑犯罪分子，绝不让其形成气候。同时，在所有涉警案件处理过程中，拒绝任何人向办案单位打招呼，绝不允许降格处理，使其逃避法律的打击。

六、崇文善学的学习文化品牌建设

从人本主义的角度来看，文化创新的关键是基于知识和素质基础上的学习创新，组织文化的创新关键是人员素质的创新。经济全球化的快速发展，知识经济的到来导致了对人的素质提出了更高的挑战。自从1965年联合国教科文组织成人教育局负责人郎格朗提出了“终身学习”的理念，1968年前芝加哥大学校长赫钦斯提出了“学习型社会”的概念以后，在世界各国尤其是发达国家引起广泛重视，认为这是现代教育的核心理念，是现代社会在知识经济时代的发展方向。

党的十六大报告提出：“形成全民学习、终身学习的学习型社会，促进人的全面发展”以来，学习型社会已成为我国社会经济发展的主要潮流，也是全面建设小康社会的重要目标之一。创建学习型组织是时代发展的需要，是当今高科技、信息化和经济全球化的要求，也是全面建设现代管理组织制度的一项重要任务。在当今的知识经济时代，学习、沟通对社会的发展起着越来越重要的作用。随着科技的发展和社会的进步，人类创造的知识总量急剧增加，更新速度也越来越快。要适应快速变化的时代发展需要，唯有与时俱进，创建学习型交通公安队伍。

（一）转变学习观念

建立学习型交通公安机关是一项系统工程，必须从观念、机制等方面认真研究，创新学习载体，完善运行机制，逐步构建起多形式、多层次、开放性的学习教育体系，提高交通公安机关持续学习的能力，从而保持持续发展的态势。

建立学习型交通公安机关不仅是一场学习革命，更是一场管理变革，只有让全体民警深刻领会学习型公安机关的内涵，转变思想观念，改变思维模式，树立共同发展目标，在内心产生“创造性”张力，才能产生强大的学习动力，推动整体学习，提升组织能力。

学习型交通公安机关中的“学习”绝非普通意义上的看书、读报、讲座、培训，它是一种与工作息息相关、与绩效处处挂钩的组织管理模式，所以，建设学习型交通公安机关首先要使每一名民警都要从管理的高度重新认识学习的意义，破除旧的思想观念，重新界定学习的概念，重新明确学习的定位，不简单应付，不盲目跟从，真正将学习融入工作实际，融入管理理念，这是抓好学习型交通公安机关建设的前提也是首要工作。

破除旧的传统观念，树立与学习型人民警察队伍建设相适应的新的理念。树立学习是生存和发展需要的理念。使每一个民警都明白，学习是为自己的未来投资，是为自己的生存而学，为自己的发展而学。树立终身教育、终身学习的理念。一个人要适应时代环境的变化，必须不断进行知识更新，终身学习。树立工作学习化、学习工作化的理念。把学习引入工作，使学习与工作有机结合。树立不断创新的理念。当今社会，真正意义的学习，不再是单纯为了获取知识或掌握技能，而是通过学习重新塑造自我、完善自我、创新自我，重新认识社会、环境与我们的生存关系，扩展创造性能量的过程。

（二）改变学习模式

学习型交通公安机关，就是以学习为核心，以全警为主体，以终身教育体系为基石，以学习型单位为基础，以运行机制为保障，以学习工作化和工作学习化为标志，以促进人的全面发展为目的，以营造学习氛围为环境，以实现与时俱进，开拓创新，促进交通公安发展为结果的全警学习、终身教育的组织。

“以运行机制为保障”，就是指学

长航公安机关大练兵知识竞赛

习型组织的学习需要相应的保障措施。在学习型组织中，要求组织具有配套的运行机制，才能确保学习有序进行。其运行机制至少应包括:管理机制、教育机制、载体机制、方法机制、制度机制等。为此，要建设学习型交通公安机关，必须抓运行机制的建设。

“以学习工作化和工作学习化为标志”，就是指学习型组织学习与工作不可分离。一方面把学习过程看作是工作过程；另一方面把工作过程看作学习过程。二者相互联结、相互作用、相互促进、相互转化。为此，要建设学习型交通公安机关，必须养成在工作中学习，在学习中工作的习惯。

“以促进人的全面发展为目的”，就是指学习型组织归根到底是“以人为本”，促进人的全面发展。建设学习型交通公安机关的最终目的，是提高全体民警的整体素质。

1. 制订学习目标

心理学家马斯洛晚年从事出色团体的研究，他发现这些出色团体的最显著特征是具有共同的目标。作为交通公安机关，要建设“学习型机关”，首先必须在对交通公安机关现有情况进行客观分析的基础，集中集体的智慧，确定短、中、长期的发展规划，让所有民警都有明确而共同的发展目标，激发民警的创造力和内在潜能，推动工作不断创新、发展。

2. 创建学习组织

根据实际情况，创建各种学习型组织，并且把创建学习型交通公安机关作为交通公安队伍建设的主要工作和手段。把创建学习型组织的目标分解到各部门、落实到基层，通过创建学习型组织的目标来实现，保证学习型交通公安机关总体目标的落实。创建学习型交通公安机关，通过广泛培育各类学习型组织，积极开展各项学习型活动，源源不断地汲取营养和积蓄动力，加强人力资源的开发和建设，始终保持较强的创造力和旺盛的发展势头，要做到坚持以人为本，适应经济全球化和知识经济的发展，只有通过不断学习提高自身素质，知法、懂法，才能面对交通公安机关在改革和队伍建设发展所面临的新的挑战。

3. 构建教育培训体系

努力构筑交通公安队伍的开放式、多层次的终身教育培训体系，营造处处是学习之所的工作环境。构筑终身教育培训体系是创建学习型交通公安机关的核心内容。构筑全警开放式、多层次的终身教育体系，就是要对现有队伍的教育培训资源和人才培养模式进行优化整合。即调整教育培训布局结构、改善教育培训条件、实现教育培训信息化、加强教培队伍建设、完善各种保障措施，使各类教育培训相互衔接和沟通。具体做到：把交通公安队伍的工作能力和业务知识的培养摆在教育培训的优先地位；大力推进教育培训现代化。树立符合时代要求的新教育培训观念，采用现代教育培训技术，增加教育培训资源供给。不断加大投入，实现教育培训设备、技术手段更新，全面提高教育培训质量；大力实施教育培训社会化。充分利用当地社会各种教育培训资源的作用，实现交通公安队伍学习环境的拓宽，受教育培训阶段的延长；重视教育培训设施和学习场所建设，增加投入。在创建学习型交通公安队伍中，要加大资金投入，完善学习设施，盘活现有资源，使基层的学习环境有明显改善，为创建学习型交通公安队伍创造良好的物质条件。

4. 加强学习理论研究

创建学习型交通公安队伍需要理论支持，要借鉴当前国内外的先进理念，结合交通公安队伍发展的实际和队伍建设的特点，在实践中探索，形成自己的特色。因此，加强理论研究尤为重要。在创建学习型交通公安队伍中，要充分调动队伍的积极性、创造性，加强理论研究：建立创建学习型交通公安队伍研究团体和组织，筹建创建学习型交通公安队伍研究小组。通过召开专题研讨会或座谈会等形式，组织民警围绕现实工作中提出的理论问题和实践问题进行研究；发动研究人员深入到基层调查研究，总结实践经验，帮助解决创建实践中遇到的一些问题；研究人员要自觉投身于创建学习型交通公安队伍的实践中，紧密结合实际，围绕学习型交通公安队伍的内涵、特征和要求以及基本工作思路等问题展开理论研究；在各种轮训中，要注重培养交通公安队伍终身学习理念，增加创建学习型交通公安队伍的课程；成立学习型交通公安队伍建设指导组，深入到一线跟踪指导和培训，推进学习型交通公安队伍建设不断发展。

5. 多元化学习模式

在建立学习型交通公安机关时，必须改变传统、单一的学习模式，采取多元化的学习方式，努力营造有利于学习的氛围。

注重个人学习：对交通公安机关而言，各项公安保卫任务十分繁重，维护社会稳定一刻也不能放松，个人自学当然就成为学习的主要形式。由学习者自主拟定学习菜单，设定学习目标，确定学习需要的学习资源，自己选择学习方法，与单位约定学习目标合同，所在部门为学习者创造出有利的学习环境与资源条件。

突出团队学习：在学习中强调学习主体的平等关系，使学员彼此之间都是互相学习的资源，进行资源互相交流，从而达到资源共享，相互学习，共同成长的目的。

坚持学以致用：紧紧围绕岗位的实际需要，针对薄弱环节，开展多层次、多形式的培训和练兵活动，使学习成果直接服务实战。通过开展专家讲座、专题辅导、模拟训练等活动，提高执法水平和实战技能。

搭建交流平台：充分利用网络系统，开设网上论坛，通过论文发布、交流体会等方式，为民警搭建沟通思想、交流体会、共享资源的平台。充分运用各种现代化教学手段，激活教学情境，启发民警多思考、多分析、多总结，从而互相启迪，增强学习效果。

（三）构建制度保障平台

创建学习型交通公安队伍是一项全员工程，是多种因素相互联系，相互作用的有机整体。为稳步推进学习型交通公安队伍建设，要建立健全协调、平稳、高效的运行机制，保证创建学习型交通公安队伍的目标和任务真正落到实处。

1. 构建领导机制

成立创建学习型交通公安队伍指导机构，形成层层负责，齐抓共管的领导机制。各级领导班子负起抓总的责任，在指导和抓好基层及分管部门学习的同时，督促各分管部门积极参与学习型交通公安队伍建设。各单位、各部门要与时俱进、各司其职、各尽其力，建立起有效的工作运行机制，营造良好的学习环境，实现交通公安队伍建设的可持续发展。

2. 建立激励机制

运用有效的激励机制，以奖促学。将学习成果与奖惩、创优评先等政治待遇挂钩。对学习标兵、岗位能手要予以表彰，充分调动民警的进取心和学习钻研业务和科技知识的积极性，营造比、学、赶、帮、超的良好氛围。将学习成果与民警的经济利益挂钩。将学习培训成绩纳入目标考核，兑现奖惩，克服学与不学一个样、学好与学差一个样的弊端。将学习成果与民警的上岗、晋升等挂钩。建立奖惩分明、公平竞争的用人机制，在交通公安机关内部保持优者上、庸者下、劣者汰的奋发向上环境，从而调动和激发广大民警学习的积极性和创造性。

3. 建立投入机制

要让民警学习，就必须具有一定的学习环境，有一定的硬件建设。要加大对学习的投入，加快培训基地的建设，为民警的学习提供必要场所，配备必需的书籍、报刊，把民警的业余时间吸引到读书活动上来。要充分利用网络的现代科技优势为民警学习知识提供便利条件，使民警开拓视野，温故知新。同时要加强规范化管理，使在职民警的教育培训逐步正规化、系统化、科学化。

4. 建立监督机制

建立民警学习检查监督机制，以查促学，从制度上保证学习效果。一方面要制定学习、教育训练计划，与其他交通公安工作同部署、同检查，并纳入各级交通公安机关的年度综合考评，实行目标管理、量化考评。另一方面，政工部门要汇同督察部门加大定期或不定期的检查督导，保证教育训练计划和目标的落实。把制度建设作为广大民警学习的“助推器”，引导民警从“要我学”变为“我要学”。真正形成工作学习化，学习工作化的良性运行机制。

5. 构建三个学习系统

构建反思学习系统、反馈学习系统、共享学习系统。反思学习系统：包括总结各类正反典型进行案例教育；对管理服务不到位、工作存在问题进行剖析；反馈学习系统：包括向群众征询意见、建议，下基层调研；共享学习系统：文件共享，建立文件共享平台；把隐性的工作经验总结为显性的经验并在单位传播；定期进行论文发布、交流学习体会、进行学习辅导，使知识和学习经验共享；定期召开工作讨论会，研究提高改进工作的方式方法；成立读书会，定期进行学习体会、学习经验交流。

建立学习型交通公安机关，从根本上来说，是人心灵改造、思维方式改造的过程，是一个由局部到全面、由低层次到高层次发展的过程，是一个不断进步，不断完善的动态的过程，绝不是建立几项制度，坚持几次学习就可以迅速建成的，我们既不能操之过急，也不能一蹴而就，要抓住关键，循序渐进，锲而不舍，上下齐心，才能建立起真正的学习型交通公安机关。

第八章　交通公安文化建设总体方略

系统论认为，世界上的事物特别是复杂事物都可以看成是一个系统，系统都是由系统内各要素有机组成的一个整体，系统整体功能大于各要素简单相加之和。我们研究和建设的交通公安文化，无疑是一项复杂的系统工程，也可以引用系统论的思维方法，分析交通公安文化系统的结构和功能，研究其系统、要素、环境三者的相互关系和变动的规律性，并着重将这一系统内的各要素有机优化整合成，从而最大效果发挥交通公安文化的系统性功能。以这种系统论整体整合的观点来指导我们的交通公安文化建设，明确总体方略，将对有效推进交通公安文化建设的繁荣和发展大有裨益。

一、交通公安文化建设的指导思想和基本原则

（一）指导思想

交通公安文化，作为中国社会主义先进文化的一部分，始终要求坚持以马列主义、毛泽东思想、邓小平理论和“三个代表”重要思想为指导，深入贯彻落实科学发展观，大力弘扬社会主义核心价值体系。

马克思主义是揭示自然、社会和思维发展规律的科学理论体系，是我们认识世界、改造世界的强大思想武器，是人类文化的瑰宝，是先进文化的核心和灵魂。科学发展观，是马克思主义关于发展的世界观和方法论的集中体现，是同马克思列宁主义、毛泽东思想、邓小平理论和“三个代表”重要思想既一脉相承又与时俱进的科学理论，是我国经济社会发展的重要指导方针，是发展中国特色社会主义必须坚持和贯彻的重大战略思想。在交通公安文化建设中，要紧紧围绕构建社会主义和谐社会的总目标，在全体民警中加强共产主义理想信念教育，保持正确的政治方向，树立共同的理想和精神支柱。要使马列主义、毛泽东思想和邓小平理论成为全体交

通公安民警自觉遵从的内在信念，确保交通公安工作和队伍建设的一切方式、方法，都旗帜鲜明地朝着邓小平理论和“三个代表”重要思想指引的方向去努力，按照科学发展观的要求，立足于当前，着眼于长远，保持交通公安文化的先进性质，确保始终走在先进文化的前列。

交通公安文化是交通公安机关人民警察性质的集中反映。要在社会主义市场经济条件下，始终按照科学发展观、社会主义荣辱观、社会主义法治理念教育以及社会主义物质文明、精神文明和政治文明建设的总体要求，始终按照上层建筑为经济基础服务的原则要求，紧紧围绕服务交通行业又快又好发展的大局和交通公安中心工作，立足为实现交通公安可持续发展提供精神动力、智力支持、制度保障和优良环境，在建设和谐交通的同时实现交通公安队伍内部的和谐局面。

提高全体交通公安民警的思想道德和科学文化素质是交通公安文化的本质要求。要在交通公安队伍中大力弘扬科学精神和人文精神，大力提高民警的科学文化素质，建立科学的思想道德体系，统一民警思想、锤炼民警意志、提升民警精神品格、鼓舞民警斗志，培养民警良好的价值共识、正确的道德意识和科学的理想追求，树立正确的价值取向，继承和借鉴一切优秀文化成果。

要增强建设交通公安文化的自觉性，要在重要战略机遇期，立足交通水运大发展大局，探讨交通公安文化建设与发展的新思路、新方法、新途径，并结合交通公安实际，不断开拓创新，弘扬主旋律，唱响正气歌。用科学的理论武装、用正确的舆论引导、用高尚的精神塑造、用优秀的作品鼓舞，通过用先进的精神、制度、行为和物质文化对全体交通公安民警持续的教育、引导和熏陶，使先进文化在民警队伍中长期积淀下来，内化为强大的力量，坚定对马克思主义的信仰、坚定对社会主义的信念、增强对改革开放和现代化建设的信心，从而牢固树立正确的人生观、世界观、价值观，不断提高交通公安机关的内部凝聚力、向心力和外部美誉度、知名度，激励全体民警立足交通公安工作岗位，保持昂扬奋发的精神面貌，团结一心，敬业奉献，为建设和谐交通、和谐社会和中华民族的伟大复兴而不懈奋斗。

（二）基本原则

我们加强交通公安文化建设，必须在交通行业和公安系统两种大环境下，从公安文化的特点出发，坚持围绕中心、以人为本，统筹规划、循序渐进，主体统一、兼容并蓄，软硬结合、相辅相成，虚实结合、重在实践，把握潮流、与时俱进和继承传统、创新发展等原则要求，找准结合点、把握切入点，确保交通公安文化建设沿着正确的路径健康发展。

1．围绕中心、以人为本的原则

交通公安机关是国家派驻交通港航的一支专业治安行政和刑事司法力量。加强交通公安文化建设，必须始终坚持服务和服从于交通公安中心工作。这就是维护交通港航政治、治安稳定，为交通港航经济发展提供良好的治安环境。检验交通公安文化建设绩效的根本标准，就在于其管理和服务对象——交通港航的政治、治安稳定与否。否则，交通公安文化就会失去其发展方向乃至存在的价值和意义。

交通公安文化建设要自觉坚持并积极服务于这个中心，注重交通公安文化建设的一切成果转化为现实战斗力，更好地完成各项交通公安工作任务，推动交通公安队伍建设。否则，交通公安文化就是无本之木、无源之水。

同时，交通公安文化建设只有融汇到交通公安工作和队伍建设的各项工作中，才能取得长足的发展，保持旺盛的生命力。要以文化的形式，热情讴歌交通公安机关在打击犯罪、维护治安、服务交通经济发展中涌现出来的先进人物，树立交通公安队伍的良好形象，要热情讴歌公安民警火热的战斗生活，艰苦奋斗、敢于创新、敢于胜利的精神，增强凝聚力，催生战斗力，激励广大交通公安民警以更大热情投入到维护交通港航政治、治安稳定的宏伟事业中去。并使之深入民心、深入警心，增进港航单位及人民群众对交通公安工作的理解和支持，融洽警民关系。

围绕交通公安中心工作开展文化建设，其成效的好坏，人的因素是最核心的因素。人创造文化，文化塑造人，交通公安文化建设必须坚持“以人为本”。交通公安队伍是实施交通公安保卫工作的主体力量，是警力构成中最具活力和潜力的资源。只有坚持“人物结合，以人为本”的原则，才能做到既从严治警，又从优待警、文化育警，从而最大限度地确保交通公安中心工作目标的顺利实现。“以人为本”的核心，就是要充分调动交通公安民警的主动性、积极性和创造性，最大限度地挖掘民警的潜在能力，通过“关心人、理解人、尊重人、提高人、激励人、发展人”的方式，引导广大民警自觉自愿地树立起正确的世界观、人生观、价值观和职业道德。并通过强烈的文化舆论氛围，使民警产生一种自我心理约束和自我行为控制，从而使精神变物质，产生出巨大的能量，求得人的全面发展。

以人为本在文化建设中主要体现在两个方面：一是交通公安队伍对社会倡导“以民为本”，即以人民利益为本，全心全意为人民服务，为交通港航经济发展服务；二是在交通公安系统内部，各级部门特别是领导者对每一位民警都给予多方了解、关心、尊重、培养、发展、规范、服务、激励和凝聚等。只有这样，才最有利于激发交通公安队伍的巨大创造潜能。

因而，加强交通公安文化建设，培育“文化”交通公安，就是要充分发挥先进公安文化的作用，去引导人、凝聚人、激励人、规范人、塑造人，从而塑造新时代的交通公安人民警察，确保执法公正与高效。采用教育、启发、诱导、吸引、熏陶和激励等多种方式来培养交通公安民警的命运共同感、工作责任感、服务意识、道德规范和行为准则，促使每名民警在个体全面发展的过程中，都能把其内在的主观能动性和创造性最大限度的发挥出来，使个体价值的实现融入共同价值的实现之中，自觉更新观念、转变作风、改善形象、联系群众、形成合力，为交通公安机关中心工作和队伍正规化建设的可持续发展提供必要的人本保障和智力支持。

“以人为本”的具体实现途径，首先是要满足民警情感归属上的需求。要为全体民警提供和谐的工作环境，使人人心情舒畅；提倡诚实的为人品质，使同事之间相互信任；提供丰富的文化生活，吸引大家参加各种有意义的活动。其次是要满足地位和受人尊重的需求。人人都希望被人尊重，能力强、资历深、职务高的人是如此，能力差、资历浅、职务低的人也是如此。通过多种形式的文化活动，让每位民警都能获得尊重。最后是民警自我价值实现的需要。先进交通公安文化的整合，是民警实现自我价值的一种有效途径，民警在他所热爱的工作岗位上发挥自己最大的潜能，表现出个人全部的情感、思想、愿望、兴趣和能力，把做好本职工作视为是个人价值的实现，达到个人利益与交通公安利益的高度统一。

2. 统筹规划、循序渐进的原则

伴随着交通公安队伍的发展壮大，交通公安文化也处在不断地发展中，在不同方面取得了一些成绩。但我们应当清醒地意识到，这种文化发展主要是自发进行的，缺乏广度和深度。要使交通公安文化紧跟党的新要求和时代新步伐，实现大繁荣大发展，就必须在宏观指导下，实现由“自发”到“自觉”的规划性、系统性建设。

有组织、有系统的交通公安文化建设，既是一项基础建设工作，又是一项长期、复杂的实践过程，需要长远规划、统筹安排，通过长期不懈地努力，不断总结新经验，解决新问题，积极稳妥地推进。需要长期围绕预定目标和模式，抓住建设过程中的主要矛盾和主导方面，分阶段有步骤地组织实施，并注意实施过程中不断出现的新情况、新问题，对原定目标和模式加以检验、修正、补充和完善，使其更具有可行性和指导性。

要打好交通公安文化建设基础，还离不开循序渐进的工作机制。首先，是要从实际出发，正确选择交通公安文化建设的切入点。宏观着眼，微观着手。从转变思想观念入手，使交通公安文化建设落到实处，实现协调发展。把交通公安文化建设中最现实、最直观、最迫切需要解决的问题和薄弱的环节作为突破口，从本单位实际出发，解决问题。然后，从单项突破拓展到系统化、制度化建设，使交通公安文化建设深入持久地开展。

只有牢牢把握住交通公安文化的内涵并一步步地培育和巩固，才能不断增强交通公安队伍的凝聚力和战斗力，不断提高交通公安民警的综合素质，不断提升交通公安队伍的外部形象和社会知名度、美誉度。

3. 主体统一、兼容并蓄的原则

建设先进的交通公安文化，必须在坚持主体统一性和彰显个性相结合的基础上，弘扬主旋律，提倡多样化。

作为社会主义文化中的一种特殊的文化，它既有其他社会文化的共同特征，又有区别于其他社会文化的显著特点。首先，交通公安文化体现公安机关人民民主专政工具的阶级属性。公安机关是国家政权的重要组成部分，是为巩固人民民主专政的政权服务的。在我国，人民的意志有相当一部分要由人民警察来实现，由此决定了公安文化必须更多地体现最广大人民群众的意志和意愿的要求，以便为警察完成巩固政权、维护最广大人民群众的当家作主的地位不变提供更可靠的保证。交通公安机关作为国家派驻交通港航的具有武装性质的刑事司法和行政执法力量，必然也体系出这一属性。其次，交通公安文化体现公安机关维护社会治安的职业特征。公安机关的职业活动是社会活动的一个特殊领域，与其他社会职业活动不同，具有武装性和刑事司法性等特殊的职业特征，配备着武器、警械，担负着刑事诉讼中大量的刑事侦查、刑事强制和部分刑罚执行的工作任务，因此对人民警察的职业宗旨、职业道德、职业纪律、职业责任、职业态度、职业形象等诸多方面的要求与其他社会成员都是有很大的区别的。最后，交通公安文化体现出直接为交通港航经济发展服务的性质。与地方公安机关相比，交通公安机关直接和主要担负着交通港航这一经济发展重要中枢和动脉的治安维护任务，为经济建设服务的性质尤为明显。因此，公安文化就是建设包含一般社会文化的共同特征，又具有公安机关明显的政治属性、职业特征和行业服务性的特色文化的需要。

交通公安文化还体现出整体统一性和个体多样性的结合。首先，为了建立一支目标统一、纪律化一和步调一致的交通公安队伍，交通公安文化的实施目的、原则、主要内容和基本框架等，在全国应该是统一的，不然，彼此之间就难以协调和配合，就难以形成一个整体。其次，交通公安机关是由不同部门、警种构成的，所处的东西、南北跨度大，警种、部门和地区的差异，势必对不同单位的文化内容造成或深或浅的影响。在不同地区、不同经济、文化的情况下，当有其地域特色。从而造成不同警种、部门之间在保持文化共性的同时，又各自具有本部门、本单位的鲜明个性特点。只有将统一性与特殊性结合起来，才能更充分地显示交通公安文化建设的巨大优越性和强大生命力。

交通公安文化的统一性与特殊性，要求我们进行微观研究的同时也要加强宏观研究。微观研究是对交通公安机关这个特定行业文化个性的研究，宏观研究是指对社会大文化背景的研究。社会大文化与交通公安文化的关系，是宏观与微观的关系，是外因与内因的关系，是共性与个性的关系，是对立与统一的关系。

交通公安文化是社会大文化的个体表现，它的形成和发展，是以社会的政治、经济、法制、道德等文化的存在和发展为背景。同时，交通公安文化的发展也为社会大文化注入了活力。因此，研究交通公安文化，不能离开了社会大文化的宏观背景。开展宏观研究，应坚持从社会大文化的整个系统出发，着力于研究交通公安文化与社会大文化的相互关系，揭示交通公安文化发展变化的宏观规律和制约因素，从更宽的领域和更高的层次上把握交通公安文化的本质特征，通过吸收人类文明发展的优秀成果，进一步充实和丰富交通公安文化内容，使之体现鲜明的政治性、时代性、民族性、科学性和创造性。开展微观研究，应从交通公安机关行业特点和各区域实际出发，着力于研究交通公安机关自身的文化现象、文化机制，文化样式及其发展规律。通过系统化研究，就是要大力发掘交通公安政治优势、法制优势、纪律优势、文化优势，与地方优秀公安文化经验相嫁接，与其他行业、部门文化，地域文化，民族文化相协调，还要善于吸收国内外具有时代性、先进性的警察文化、军旅文化、企业文化、社区文化等，择其有益部分，转化为交通公安文化的最新成果，为交通公安机关的机制改革、内部管理、形象塑造服务。如军旅文化中“一切为打赢”、“科技练精兵”，企业文化中的效益观、质量观、诚信观等，公安文化中的“执法为民”、“破案是硬道理”、“科技强警”、“警务成本”、“执法质量”和“服务承诺”等，既各有特色，又相互包容，体现了个性与共性的统一。此外，我们还要不断扩大视野和知识面，注重从哲学、管理学、行为学、传播学、信息学、心理学、社会学中学习掌握有助于交通公安机关及其民警树立正确政治理念和价值取向，丰富良好的精神内涵，养成高尚的行为品格，为交通公安文化注入新的活力，逐渐融合、构塑出能体现中国交通公安特色、具有现代气息和较高文化品位的文化建设模式。

4. 软硬结合、相辅相成的原则

交通公安文化有丰富的内涵，是包括精神文化、制度文化、行为文化和物质文化和的一个多方面、多门类、多内容的综合系统。其中，不论价值理念方面、工作规范方面、形象标识方面，还是文化教育、文体活动、生活环境方面，既有硬件方面的规范，又有软件方面的要求，它们互相之间虽具独立性，但又彼此密切相关，彼此渗透，彼此补充，共同构成一个内容丰富、项目完备的交通公安文化综合系列。

在市场经济条件下，一定的资金是公安文化建设得以开展的前提和保障，大量先进而科学的“硬件”上去了，文化建设才有沃土和水分。但是，建设公安文化不能只重视硬件建设，还要兼顾软件建设，并将软件建设放在首要的位置上。有专家指出:现代社会的核心竞争力，不是体现在资源优势上，也不是纯物质优势上，而是体现在组织结构、组织的文化和价值观念上。这种理论同样适合于交通公安队伍的建设。现阶段的交通公安工作是要为交通港航经济建设保驾护航的，如果交通公安队伍的建设滞后于港航经济建设，必将给港航经济建设带来障碍。因此，交通公安文化建设不仅仅是体现在建设几个文娱场所和举办几场文艺晚会上，而是在于如何去提高整支队伍的综合素质上，如何培育警队的核心价值理念上。

从公安队伍的正规化、规范化建设来讲，公安部确定的基本内容是“四统一五规范”，包括硬件上的统一外观标识，软件上的规范行为举止，这些都属于公安文化的范畴。统一醒目的外观标识，具有整齐划一、方便群众的功能。规范文明的行为举止应该说是一名民警是不是具有文化素养的最直观的体现，实际上也是事关公安队伍形象的问题。内在素质决定外部形象，外部形象是内在素质的表现，通过外部形象的塑造，促进内部素质的提高，从而实现辩证统一。

从内部队伍管理的角度来看，交通公安文化的建设和发展必须遵循社会主义文化形成和发展的规律，坚持以人为本，以提高交通公安机关和民警综合素质为目标。交通公安文化的提出和定位，从根本上来说是交通公安队伍走向人文管理的深化。在这种原则要求下，除了通过必要的组织、制度规章等手段对民警实行硬性的管理外，更要及时采取启发、诱导、对话、示范等方法对民警进行软性管理，以充分调动民警的积极性和创造性，培养交通公安民警共同的责任感、使命感、荣誉感和主体意识、形象意识，增强交通公安的向心力、凝聚力。

长期以来，由于交通公安工作的特殊性，在队伍管理上偏重于物质形态的管理，忽视对人的关心和潜能的调动发挥，而思想政治工作则偏重于理论灌输和说服教育，忽视民警个体与群体及社会之间利益关系的协调。随着时代的快速发展，交通公安机关要实现管理的科学化，就必须从经验型管理走向现代化管理，从重视民警的“硬”管理转向重视民警的“软”管理，从重视民警的监督管理转向重视民警的激励管理，切实把民警作为公安警务管理工作的主体，把调动和发挥广大民警的智慧和才能作为一切公安工作的活力和源泉。

而交通公安文化的管理效能正体现了这种以人为本的现代管理理念。如开展文艺汇演、读书活动、摄影艺术展、练兵比武等文体活动，丰富民警的业余生活，培养民警健康向上的兴趣爱好，既提高了民警的素质修养，又充实了民警8小时以外的生活，有效防范了民警违纪问题的发生，强化了队伍管理；建立评先评优制度，开展立功创模活动，不断的选树模范、标兵，通过典型的亲和力、吸引力和影响力，激发了广大民警的创新精神和工作热情；坚持以人为本，落实从优待警措施，关心民警生活，帮助解决遇到的困难，促使民警全身心投入公安工作。这一系列丰富多彩、健康向上的文化活动的开展，使思想政治工作从内容到形式都更加深刻和丰富，更易为广大民警所接受，也就有效地占领了民警思想阵地，从而更好地发挥思想政治工作的优势，教育广大民警自觉树立正确的世界观、人生观、价值观和道德观，形成良好的精神风貌，激发工作热情和积极性，促进整体素质和战斗力的提高。

5. 虚实结合、重在实践的原则

先进的交通公安文化理论源于交通公安文化建设实践，是交通公安文化建设实践经验总结在理论上的升华，而交通公安文化的先进性，需要先进的交通公安文化理论作指导，交通公安文化研究的最终目的是要为交通公安队伍建设实践服务，总结实践，指导实践。在正确处理务虚的交通公安文化理论研究与务实的交通公安文化实践活动两者之间的辩证关系问题上，应当在理论研究、理论指导的基础上，更加突出实践的重要性，原因有二。

其一，交通公安文化建设发展路线凸显实践的重要性。为交通公安中心工作服务的交通公安文化的构想和实施来自交通公安工作实践，先有交通公安实践而后有交通公安文化；交通公安文化建设的完善有待于交通公安工作的反复实践和不断完善。交通公安文化理论研究，在于总结、提炼交通公安工作及其文化建设实践，从特殊的实践经验上升到一般的理论境界，并指导今后的交通公安文化建设实践。交通公安文化理论研究在这一发展过程中，决不是学术性的纯文化研究，更不是狭窄概念上的文艺宣传，而是一种新型的队伍管理方法，是探索新时期交通公安警察管理的一门科学。其研究的目的，在于探讨现代交通公安队伍管理的内在规律，摸索“精神使其愿为，制度使其必为，行为使其应为，物质使其好为”的系统方法，为建立和完善现代化的交通公安警察科学管理机制提供理论依据。其研究的内容是如何以教育促素质到位，以素质促观念到位，以观念促形象到位，以形象促职能到位，综合形成交通公安人民警察核心价值理念定位，让交通公安文化与交通公安工作实践紧密结合，与交通公安队伍建设紧密结合，文化理论之树常青，从而结出更加丰硕的成果。

其二，交通公安文化的本质特征是实践性的。不仅文化本身就是一种实践观念，而且文化诸形式之间的结构变化也是实践发展在观念上的反映和体现。马克思主义认为，实践是一种活动，但不是一般意义上的活动，而是规定着“人类的特征”，即规定着人的本质的活动，是“自由自觉的活动”，是“实际创造一个对象世界，改造无机自然界，”进而创造人本身的活动。作为活动，实践综合了人之为人的所有根本特征：自由、创造性、社会性、超越性、目的性等。同时，实践是一种存在方式，它不是与自然界万有齐一的存在方式，而是人特有的存在方式，自由的存在方式；它以自身的存在（活动）赋予自然界其他一切存在方式以意义和价值。作为存在方式，实践构成人之存在的本体论结构，为人的活动提供了基本的框架。交通公安文化作为社会文化的组成部分，是广大交通公安民警在半个多世纪的交通公安实践中创造的精神和物质成果的总和，是随着交通公安事业的建立、成长、壮大和交通公安实践的不断深入而逐步形成和发展起来的。它深深扎根于我国的社会主义实践，深受中国优秀传统文化的影响，不断地从中华传统文化精华中汲取底蕴。交通公安人民警察在代表国家履行对交通港航行使治安管理的职能中，继承和发扬着中华民族的优秀文明成果，同时由于自身职业的特殊性和群体的特定性，产生出交通公安的职业文化现象，在思想、道德、精神、作风、意志、品质、气质、风格、仪表等方面表现出强烈的职业特点和独特的价值取向。这种独特的文化是交通公安实践活动的生动反映，如同人的灵魂与血脉，直接渗透和影响着各项交通公安工作，并在与时俱进中不断地为交通公安事业提供思想保证、精神动力和智力支持，极大地推动着交通公安队伍的现代化建设。因而，离开交通公安工作实践，交通公安文化就失其源，也就没有了交通公安文化。

正如知名公安文化学者曹凤在《对当前公安文化建设的几点思考》中谈到的："公安文化是实践性的，在实践过程中，它是一种行为准则、行为模式、行为规范，表现为它对社会伦理、道德、风俗、民情的承受性；可消解、析疑各种文化形态的过滤性；对人生哲理和时代精神的兼容性等。"交通公安文化的倡导和建设，以至计划全面铺开，工作有待于实践，方略有待于总结，经验有待于升华。各级交通公安机关都应当将公安文化的倡导与建设纳入工作日程，把交通公安文化的活力和实效显示出来，在交通公安文化实践的不断求索中，引领交通公安工作和队伍建设不断发展进步的正确方向。

6. 把握潮流、与时俱进的原则

交通公安文化建设要紧跟社会发展进步的潮流，体现时代精神。当前，我国正处在全面建设小康社会、加快推进现代化和全面建设和谐社会的新阶段，社会主义市场经济体制不断完善和发展，经济持续、快速发展，社会稳定。从交通港航来看，我国沿海港口蓬勃发展，吞吐量逐年攀升，一批主要港口逐步发展成为世界级大港；长江黄金水道建设步伐加快，运力持续攀升，已跃居世界内河运力第一的地位。从国际上看，以信息科学和生命科学为代表的现代科技突飞猛进，经济全球化趋势愈加明显。时代在发展，行业在进步，形势在变化。交通公安文化建设，只有紧密结合我国社会主义现代化建设的伟大实践，紧跟世界发展进步的潮流，适应改革开放和发展市场经济对公安工作的要求，牢牢把握时代发展的主旋律，才能真正成为社会主义先进文化的一部分。

交通公安文化要体现鲜明的时代精神，必须始终紧跟时代步伐，与社会文化发展的主流一致，与时代旋律合拍；必须紧紧围绕公安工作的中心开展工作，与公安工作的发展水平相协调；必须富有改革精神和创新精神，符合时代文化精神潮流，随着时代的发展进步和公安实践活动的深入而不断丰富和发展；必须根据社会发展的不同时期适时调整文化建设方向和重点，并随着交通公安中心工作的发展不断赋予新的精神内涵，使其发挥激励斗志、鼓舞士气、提升形象的功效，促使民警迸发出强大的战斗力，推进交通公安工作取得卓越成绩。

交通公安文化的时代性，在当前社会时期，一个显著特点就是要紧跟信息化时代的发展步伐，并充分利用现代信息手段为公安文化建设服务。信息化是时代发展的重要趋势，社会生活将越来越反映出以现代通信和计算机技术为标志的信息化特征，信息网络将成为现代社会遍布全球的神经系统。政府部门的信息化也在加快发展。交通公安机关要能一如既往地驾驭港航治安局势，为交通港航发展提供良好的服务和保障，一个重要前提是要加强公安信息化建设，树立信息意识，组织民警学习掌握基本信息技术，熟练运用计算机、网络开展工作，提高公安工作效力。

“数字化”是信息时代物质生产最显在的特征。信息化时代的交通公安文化建设首先要高度重视数字信息技术的物质建设。数字化交通公安信息就是把各种交通公安情报资料(话音、资料、文字、图像)通过计算机进行综合处理而形成数字化信息，进而通过计算机网络进行交换、存储、传输和利用。

信息化时代的交通公安文化建设还要充分利用信息化传播媒介和传播网络手段，通过与广播电视界、新闻出版界、文学艺术界、科学技术界及其他行业和系统的广泛交往和联系，大力开展交通公安题材影视剧的创作拍摄、交通公安网站的编辑设计，借助各种媒体报道交通公安警务活动，传播交通公安警事资讯，描绘交通公安民警形象，展示交通公安风采等，唤起全社会对交通公安工作的理解与支持，使交通公安文化成为一个开放系统，密切交通公安文化与社会整个文化及其他行业文化的交流，使交通公安实践在内外取得共识、共感的和谐社会环境和文化氛围中，更好地实现交通公安机关的职能作用。

7. 继承传统、创新发展的原则

公安文化有其自身的发展规律，随社会生产和文明进程的发展而发展，随新社会制度的产生而改变，随着人民警察队伍的建立、成长、壮大和公安工作实践的不断深入而逐步形成和发展。它深深扎根于我国的社会主义实践，深受中国优秀文化的影响，不断地从中华民族悠久文化中汲取底蕴。

在这一过程中，交通公安文化既受交通港航管理体制的变化和港航单位生产的发展而变化发展，又明显受全国大的公安文化氛围的影响而变化发展，具有历史的连续性。因而，在推动新的交通公安文化建设中，必须继承优良传统，在继承中创新发展。首先，要继承中华民族五千年的优秀文化传统。以教诲后来人，如“高节不屈”、“精忠报国”的浩然正气；“当说必说，激浊扬清”的求真务实态度；“忧国忘身”、“廉洁奉公”的敬业精神和“先天下之忧而忧，后天下之乐而乐”的人文胸怀，“国家兴亡，匹夫有责”的爱国精神，“厚德载物、自强不息”的理想追求等。同时，要继承和发扬公安机关在长期历史的发展过程中形成的优秀文化传统。如在长期、复杂的革命斗争中逐步形成的“八大纪律”、“十项注意”的好传统、好作风，“忠于党、忠于祖国、忠于人民、忠于法律”的政治纪律，“立警为公、执法为民”的时代要求；“严格执法、热情服务”的时代形象等，都蕴含了深刻而又丰富的文化内涵。

加强交通公安文化建设，仅有对优秀文化成果的继承和借鉴是不够的，还必须立足交通公安工作实际，结合新的实践加以创新，才能促进交通公安文化建设不断丰富和发展。

当前，我们正面临着一个知识创新、理论创新、科技创新的时代。同时，交通公安机关警务管理模式，正由以前封闭式、静态的被动型管理向开放、动态的服务型管理的转变。新的公安警务方式，强烈地呼唤着交通公安机关新的文化建设。这种难得的历史机遇，为加强交通公安文化建设提供了良好的宏观环境。交通公安文化的创新性包括两层意思：一是交通公安文化内容丰富，其实施项目不但要在实践中确立，还要在实践中不断发现和创新，使其内容更加丰富，项目更加齐全，构成更加合理，更有益于全面推进新时期的公安工作；二是在交通公安文化的开发、实施过程中，可以不断选用新的工作方式、方法，使其对公安工作的促进更见实效，更见其鲜活的实用性。以受惠于交通公安干警，受惠于交通公安工作，受益于交通港航安全稳定和经济发展。

没有继承，就无所谓创新，没有创新，就不能更好地发展。交通公安机关在代表国家行使对交通港航治安管理的职能中，应进一步继承和发扬中华民族的优秀文明成果，进一步在思想、道德、精神、作风、意志、品质、气质、风格、仪表等方面体现强烈的职业特点，培育先进而独特的价值取向，在继承传统中不断地为交通公安事业提供思想保证、精神动力和智力支持，从而极大地推动交通公安队伍的现代化建设。一是研究历史传统，找到其与现代社会、经济和警务实践的结合点，继承和发扬优秀的行为规范和高尚的道德准则。这是交通公安文化建设的基础工作。二是分析现实状况，找准市场经济对公安文化建设的有利条件、因素及负面影响，接受市场经济浪潮冲击的挑战和考验，坚持在长期警务实践中所形成的忠诚坚定、机智勇敢、无私奉献、廉洁奉公、爱憎分明等一系列体现优秀警察文化的精神成果，避免物欲化、粗俗化、冷漠化、浮躁化等社会消极影响，剔除警察文化中已出现的信仰色彩淡化，凝重风格减弱、朴素基调变音、享乐主义抬头的倾向，树立正确的警察价值观和科学的哲学观，适应改革开放的总趋势，符合建设社会主义新文化的要求，并根据内外环境的发展变化，及时调整警察价值目标，重塑警察文化。三是构想未来模式。新形势下，我国交通公安文化建设的模式，应遵循以交通公安人民警察为主体，以交通公安现代化、正规化目标为核心，以所处交通行业环境为基本出发点，以扬长避短趋利避害为优化原则，在形态上符合市场经济发展的要求和时代发展的趋向，在内容上注重质量建设，有利于协调一致执法行政，提高战斗力和执法水平，在结构上简练、规范，便于运转与操作，在本质上符合规律，体现历史发展的方向。

二、交通公安文化建设的战略目标

目标是激发人们动机的诱因。开展系统性的交通公安文化建设，首先是要明确其发展目标，充分发挥目标的激励作用，调动全体交通公安民警投入文化建设的积极性、主动性和创造性。科学、明确的交通公安文化建设目标还具有高屋建瓴的指导作用，使交通公安文化建设实现统筹规划、循序渐进，有领导、有规划、有步骤地进行。结合文化建设的一般规律和交通公安文化“四元”构成的协调发展，确定交通公安文化的总体目标和形象识别系统的建构目标，使交通公安文化建设在战略目标的激励和指导下，在我国全面建设小康社会和社会主义和谐社会的大环境下，在交通港航持续、快速发展的行业环境下，充分发挥交通公安文化在推进交通公安工作和队伍建设中的重要作用，开拓出具有交通公安特点、时代特征和与现代警务机制相匹配的文化建设新视界。

（一）总体目标

1. 理论研究目标

成立交通公安文化建设课题研究领导小组、协调小组和课题组，聘请公安文化研究知名专家、学者为研究顾问，紧密结合交通公安工作职能特点，有领导、有步骤、有系统地组织开展交通公安文化建设理论研究。于2008年出版《交通公安文化》一书，明确交通公安文化的概念、内涵、构成、特征、功能，分析交通公安文化建设的历史积淀、发展脉络、存在的问题和制约因素，找准交通公安文化的战略定位，形成开展交通公安文化建设的战略体系和实施方案，为交通公安文化建设的全面开展奠定坚实的理论基础。

2. 组织规划目标

依照交通公安文化建设的理论研究成果，按照“统筹兼顾、分层实施、循序渐进”的原则，力争用2年左右的时间，建立交通部公安局—各航运、港、海事公安局—公安基层所队三级交通公安文化建设机制。各级党组、党委、党支部将公安文化建设分别纳入议事日程，与业务工作和队伍建设同部署、同落实。同时明确各单位主要领导是公安文化建设的第一责任人，明确文化建设的组织机构和专门人员，制定各级交通公安文化建设发展规划、实施纲要和建设方案，分别确立本单位近期、中期、远景目标，强调针对性、操作性、阶段性和整体性，落实保障措施，确保交通公安文化建设有领导、有机构、有层次、有计划地进行。

3. 阵地建设目标

交通公安各级单位结合本地区、本部门实际，力争建立交通公安人民警察博物馆、英烈纪念馆、局史馆，记录交通公安机关不平凡的发展历程；普遍建立交通公安荣誉室，褒扬交通公安英烈的英雄事迹和各个时期先进模范人物为维护港航政治、治安稳定做出的突出贡献，强化警察意识培养，加强对全体民警的理想信念教育和光荣传统教育，陶冶民警情操，增强民警职业自豪感、荣誉感和使命感，激发为祖国、为人民、为港航建功立业的神圣感；加强基层派出所“五小工程”建设和局级机关警官俱乐部、警营文化陈列室、文化活动室、阅览室、健身室、运动场、食堂、浴室、寝室等文体、休闲和生活设施、场所建设，满足民警日益增长的精神文化需求，充分体现以人为本、从优待警的文化氛围，提升交通公安队伍凝聚力和向心力，努力创造和谐警营。

4. 实践发展目标

在社会主义和谐社会建设的大时代环境和交通港航经济持续、快速发展的行业环境下，全面开展交通公安文化建设，力争利用5年左右的时间，以交通公安人民警察价值理念的培育和塑造为核心，以规范化、人性化制度体系的构造和搭建为中介，以由表及里的物质文化、制度文化、行为文化和精神文化为内容结构，彼此互为条件、互相结合、互相促进、互融互通，形成一个“交公融合”、与时俱进、和谐统一，具有创新功能的、开放的、综合的、充满生机和活力的交通公安文化建设和发展机制，从而内聚警心，外树形象，在推动交通公安中心工作任务圆满完成的同时，不断实现交通公安队伍自身建设和交通公安民警的全面发展。

（二）构建交通公安形象识别系统

1. 交通公安形象识别系统（TPIS）的提出

随着国际经济全球化趋势和国内市场经济体制日渐成熟，当今市场竞争的主体—各类企业在激烈的市场竞争环境中，纷纷把企业文化作为市场份额争夺战的锐利武器，不惜投入人力、物力和财力，大力开展以CIS为核心的企业文化建设。CIS（Corporate Identity System），译为“企业形象识别系统”，作为一种创造企业形象、增强企业形象影响力、改善企业管理的有效工具，是欧美国家发展起来的一种经营管理策略。

现代化的企业管理者越来越意识到这样一个论点：一个没有文化的企业，是一个庸俗的企业，它在导入CIS战略系统过程中将因为缺乏自身独特的文化品质而无法确立自己在社会中的形象；一个没有形象的企业，则注定要在市场中失败。CIS正是通过对企业的整体形象设计，将企业经营理念与精神文化，运用整体传达系统（特别是视觉传达设计），传递给企业体周围的关系者或团体（包括企业内部与社会大众），使其对企业产生一致的认同感与价值观，使企业在复杂的社会环境中，得到社会的接受和肯定。在我国社会主义市场经济体制构建过程中，国内企业纷纷引进和导入CIS形象识别系统这一先进的企业管理手段。企业形象设计已成为我国企业管理中的新兴领域，正在逐步形成应用性很强、使用范围甚广、形式各样的一套可操作的方法与技巧。

CIS在企业文化建设中的重要功能性作用和一套成熟的技巧，以及取得的巨大经济、社会效益，日益引起其他文化建设领域的重视和借鉴。今天，我们系统开展的交通公安文化建设，虽然属于组织文化的范畴，但也可以从企业文化的视点来探究和开辟交通公安文化的纬度，积极借鉴CIS理论和实践，大力构建具有鲜明特色的交通公安形象识别系统——TPIS，紧密结合交通公安文化发展实际，在借鉴的基础上创新发展。

2. TPIS的概念、功能及构成要素

TPIS是交通公安形象识别系统（Traffic Police Identity System）的英文简称。T—Traffic：交通，交通运输业；P—Police：警察，警察部门；I—Identity：特性，同一性；S—System：体系，系统。

TPIS设计是交通公安核心价值理念的塑造过程，藉此改造和形成交通公安内部的制度和结构，并通过交通公安的视觉设计，将交通公安形象有目的、有计划的传播给社会公众，促进社会公众对交通公安的理解、支持与认同。TPIS形象识别系统，结合现代设计观念与警察管理理论，以刻划交通公安的部门特色为手段，突出交通公安的核心价值，是交通公安队伍内聚警心，外塑形象的

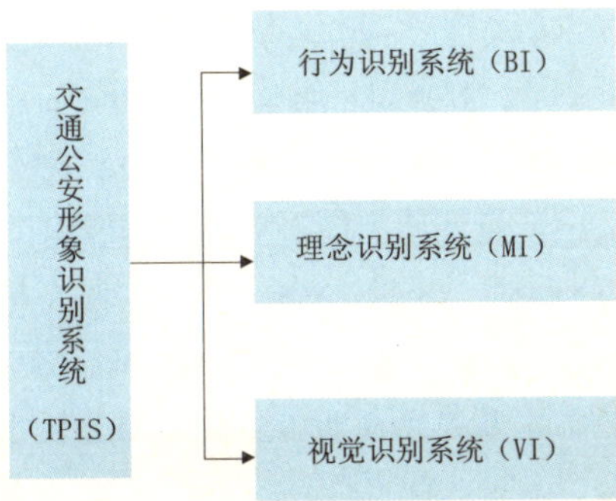

新型方式。

TPIS与CIS一样，主要由理念识别系统、行为识别系统、视觉识别系统三个子系统构成。关于这三个子系统的具体内容，本书前面分别在交通公安的精神文化建设、行为文化建设和物质文化建设中有具体的阐述。交通公安形象识别系统就是在整合前述的交通公安理念识别、行为识别、视觉识别三个子系统基础上形成的综合系统。

（1）交通公安理念识别系统（MI）

MI的英文全称为Mind Identity（Mind：精神；Identity：特性，同一性。）。交通公安理念识别系统构成要素主要包括交通公安宗旨、交通公安使命、交通公安价值观、交通公安精神和交通公安共同愿景等。

（2）交通公安行为识别系统（BI）

BI的英文全称为Behavior Identity（Behavior：行为；Identity：特性，同一性。）。交通公安行为识别系统构成要素主要包括交通公安的值勤规范、岗位职责规范、礼仪规范、着装规范、警容风纪和窗口文明服务规范等。

（3）交通公安视觉识别系统（VI）

VI的英文全称为Visual Identity（Visual：视觉；Identity：特性，同一性。）。交通公安视觉识别系统构成要素主要包括交通公安的建筑外观形象、水陆交通工具外观形象、环境形象和人民警察卡通形象等。

3. TPIS及所属子系统的相互关系

（1）三个子系统的功能结构

交通公安形象识别系统(TPIS)三大部分——理念识别系统(MI)、行为识别系统(BI)和视觉识别系统(VI)，它们本是一个不可分割的整体。如果把TPIS比作一棵大树的话，MI就是大树的根，BI是大树的躯干，VI则相当于这棵树的枝叶和花朵。

交通公安形象识别系统功能结构示意图

（2）三个子系统的相互关系

交通公安理念识别子系统（MI）是交通公安形象识别系统(TPIS）的本质和核心；交通公安行为识别子系统(BI)是理念识别(MI)的外在表现，理念识别(MI)是行为识别(BI)的精神动力；交通公安视觉识别子系统VI是理念识别(MI)的外在表现，理念识别MI是视觉识别(VI)的精神内涵。

（3）三个子系统分别与交通公安文化构成的关系

TPIS中的理念识别系统（MI）与深层次的交通公安精神文化几乎合拢，TPIS中的行为识别系统（BI）是中介性的交通公安制度文化的重要内容，TPIS中的视觉行为识别系统（CI）是表层的交通公安物质文化要突出解决的问题。

以上诸要素相互作用，共同推动交通公安工作的进步和队伍建设的发展。

4. TPIS的构建目标

把TPIS构建作为交通公安文化建设的操作性措施，实现理念识别、行为识别、视觉识别的统一化、标准化、规范化。对内，能不断形成强大的凝聚力和向心力，充分调动全体民警的积极性和创造性，更好地实现交通公安队伍服务宗旨和新的使命，促进队伍正规化建设目标的顺利实现；对外，能积极塑造交通公安队伍良好形象，增强交通公安新形象的传播效果，提升交通公安队伍亲和力，拉近与港航单位和人民群众的距离，为交通公安工作的顺利开展铺平前进的道路。

三、交通公安文化建设的普及推进

交通公安文化贯穿于各项日常交通公安工作中，体现在每一位民警身上，同时也在其他层面折射出来。把交通公安文化建设植根于全部交通公安工作和队伍建设之中，实现全警参与，全面覆盖，是保持交通公安文化旺盛活力的源泉。

（一）全警参与文化建设的重要性

交通公安民警良好的知识素质、文化修养和执法形象、服务形象、内务形象，具有无形的穿透力和显著的亲和力。交通公安民警的社会形象和独有的素质，离不开公安文化的长期培养和熏陶。交通公安文化又是交通公安人民警察群体在警政建设和警务实践过程中，所共同创造、积累和发展形成的具有交通公安人民警察特色、公安特质的物质成果、精神财富、制度体系、管理方式、行为规范等诸多文化因素的总和。可以这样说：在一切交通公安工作和队伍建设活动中，公安文化无处不在、无处不有。因此，广泛宣传、动员民警在工作之余参加交通公安文化活动，投身交通公安文化建设，是基层交通公安文化建设的重要任务之一。

在高度紧张和繁忙的警营生活中，文化活动就像扑面而来的一股清风，让民警在工作之余感受到警营生活多姿多彩的一面，唤起了他们对交通公安文化的浓厚兴趣，也增强了各级交通公安机关搞好交通公安文化建设的信心和决心，进而形成全警参与、全面覆盖、动静结合、整体推进的良好局面。

（二）培养民警的普遍认同心理

认同是指个体将自己和另一对象视

为等同，引为同类，从而产生彼此之间整体性的感觉，即不可分离的感觉。初步的认同处于认知层次上，较深入的认同进入情绪认同的层次，完全的认同则含有行动成分。个体对他人、群体和组织的认同，就使个体与这些对象融为一体，休戚与共。

交通公安文化建设获得全体交通公安民警认同的关键在于，通过宣传普及，使民警意识到交通公安文化建设对促进交通公安工作和队伍建设良性发展的作用，促进民警个人全面发展的作用，意识到组织目标与个人目标的协调一致性，从而增强参与公安文化建设的积极性。对交通公安文化认同感的最高表现形式，是从警的光荣感和自豪感，有着光荣感和自豪感的民警，必定对交通公安事业满怀着热爱之情，总是站在交通公安事业进一步发展的角度思考和行事，自觉地维护交通公安队伍好传统、好作风、好形象，使交通公安文化建设因群众基础厚实而获得不断发展。

（三）正确处理普及与提高的关系

坚持“在普及的基础上提高，在提高的指导下普及”的原则，做到雅俗共赏。所谓普及，就是要通过文化活动，最大限度地调动最广泛的基层民警积极参与，最大限度地满足全体民警的文化需求。所谓提高，就是要在“两个最大限度”的基础上，提高文化建设的质量和品味，实施“精品战略”。

普及必须面向广大基层民警，只有广大基层民警的文化素质得到普遍的提高，才能改变一直以来靠少数文体骨干支撑、少数人表演多数人观看的局面，动员全体民警变“被动欣赏”为“主动参与”，变“骨干支撑”为“全员活动”。提高的要求是要坚持弘扬主旋律和提倡多样化的统一，坚持思想性、艺术性和观赏性的统一，创作生产高质量的文化产品，创造交通公安品牌效应，引导和推动交通公安文化建设朝着正确的前进方向发展，逐步建立起代表先进文化前进方向的、与交通公安队伍建设相适应的、能够满足交通公安民警日益增长的精神文化需求的工作机制。

（四）层层推进与整体开展

通过广泛宣传，更多的民警了解交通公安文化的内涵，明确交通公安文化的作用，从而能层层推动交通公安文化建设的全面开展。

首先，各级领导高度重视文化建设，把交通公安文化建设作为交通公安领导工作和领导艺术的重要组成部分，把它放到日常工作议事日程上来，并不断总结经验教训，在动态中建设公安文化。既要不走形式，不走过场，真抓实干，又要抓思想，抓细节，全面塑造群体文化形象。

其次，注意充分调动和发挥宣传教

育部门、干部管理部门、教育培训机构、业务部门、党团组织的积极性和职能作用，充分挖掘专门文化人才、高学历人员的智力优势和资源优势。

再次，交通公安文化要积极推动基层群众性文化活动的广泛开展。每名交通公安民警都是交通公安文化的基本载体，是交通公安文化的实践者和建设者，是交通公安文化建设的主体力量。要通过教育引导，充分调动和发挥全体民警特别是基层民警的积极性和创造性，使其真正成为推进交通公安文化建设的主力军。

最后，交通公安文化的共同参与意识还体现在各级交通公安机关和部门在实际工作中自觉地根据本机关本部门情况研究交通公安文化建设，充分利用民主集中制的优势，通过座谈会等形式，动员、组织、激励本单位、本部门民警就如何建设公安文化及本机关发展大计等问题提出意见和建议，从而完善原有决策，制定新的措施，并对好的意见和建议给予奖励，然后由全机关通过研讨会及征文等形式对该研究成果加以总结、吸收，从而使本单位、本部门的公安文化建设从点到面全面开展起来。

四、交通公安文化建设的典型示范措施

在交通公安文化的建设过程中，确立先进典型，弘扬先进典型，循序渐进、从较低层次向较高层次逐步发展，不断发挥典型的示范、导向、激励作用是至关重要的，是开展交通公安文化建设的重要手段和方法。

（一）典型示范的重要意义

先进典型是践行交通公安价值观的体现者，是先进交通公安文化的代表。如果说交通公安核心价值体系是交通公安文化的灵魂和核心，那么，交通公安机关的功模、标兵以及先进单位等典型便是交通公安队伍总体价值观的化身，组织力量的缩影。功模、标兵是振奋人心，鼓舞交通公安队伍士气的导师，是交通公安人民警察信赖的偶像和心目中无形的精神支柱，交通公安先进单位是交通公安机关先进性文化的代表，是对外展示交通公安形象的“名牌”。因此，在交通公安文化建设和交通公安警察形象塑造过程中的不同时期，都要树立一批本地区、本部门的先进典型，发挥好先进典型个人、单位的示范作用，使其他民警、单位能对照检查，揭露矛盾，找准不足，迎头赶上，从而使交通公安文化建设在典型示范、以点带面中得到整体升华。

典型示范还能有效激化民警的模仿心理。模仿是指个人受到社会先进力量的刺激后而引起一种按照先进行为的相似方式行动的倾向，它是社会生活中的

一种基本的人际互动现象。不言而喻，模仿是形成良好的交通公安文化的一个重要心理机制。先进典型就是模仿的一个重要前提和根据。如交通公安英模人物作为交通公安文化的人格化代表，在他们身上蕴含着巨大的社会效应，他们受到全体民警的由衷钦佩、爱戴，自觉不自觉地在民警中发生了模仿，这也就扩大了交通公安文化的辐射影响力。而公安领导者通过表彰和嘉奖英雄模范、优秀民警、优秀党员、立功单位、先进单位等，使他的先进事迹及其体现的公安文化深入人心，就可以在全体民警中激发起模仿心理，掀起学先进、赶先进的热潮。

（二）典型示范的原则要求

首先，要善于挖掘典型的“时代美”。要使典型能紧跟时代步伐，散发出强烈的时代气息，能概括和代表交通公安队伍的时代主流。

其次，要善于捕捉典型的“大众美”。交通公安民警的工作是平凡的，我们在发现培养典型时要注意捕捉他们朴实无华的平凡之美。

最后，要注意保持和维护典型的“自然美”。要客观公正实事求是地确定典型，真实地宣传典型，使人们感受到展示他们面前的是一个活生生的现实中的人民警察、警察群体。“清水出芙蓉，天然去雕饰”，这是我们树立和宣传交通公安典型的根本要求。

（三）典型示范的主要措施

1. 树立一批交通公安文化建设示范点

制定交通公安文化建设示范点认定办法，明确示范单位的认定原则和标准，对交通公安中文化建设措施有力、特色鲜明、成效突出、影响广泛的局、分局、基层所队选树为交通公安文化建设示范点，充分发挥先进单位的示范和引导作用。加强对示范点的跟踪培养，建立联系制度，不断总结他们的先进经验并及时加以交流推广，为交通公安其他单位树立学习的榜样。

2. 塑造一批交通公安先进模范人物

在示范点建设的基础上，还要充分发挥先进典型人物的示范作用。把交通公安工作和队伍建设各个时期中涌现出的积极践行交通公安核心价值理念，在本职岗位上取得突出业绩，人民群众满意的优秀民警遴选出来，作为交通公安文化建设的先进典型，大张旗鼓地进行表彰宣传，提高其经济、政治待遇，发挥先进典型的示范、感染、激励、引导作用，营造“崇尚先进、学习先进”和“学先进、找差距、赶典型”的文化氛围。

3. 全方位的宣传和报道

对内，在交通公安各局、分局、基

层所队普遍建立荣誉室、陈列室、荣誉墙、光荣榜，把本系统、本部门、本单位历年来立功受奖民警的照片、姓名和事迹都公布上墙，让民警经常能感受到崇尚先进的浓厚氛围，在潜移默化中激发民警学习先进、追求卓越的进取意识；编辑出版交通公安系统先进典型事迹选编书籍，将先进单位的经验和典型人物的事迹汇编成册，在坚持事迹材料客观真实的同时，把文化价值、欣赏品位、可读性、感染力作为侧重点，在构思上仔细研磨，在文字上精雕细刻，力求每一个示范单位和先进人物的事迹材料都能吸引人、打动人、激励人、塑造人，使其真正成为一本交通公安文化塑造的生动教材。对外，通过报刊杂志、电台、电视台、网站等宣传媒体和现场经验交流会、巡回报告会等形式，大张旗鼓地宣传交通公安先进典型，进一步扩大交通公安社会知名度和美誉度。

五、交通公安文化建设的保障机制

有规划的公安文化建设作为一项系统工程，离不开组织、人才、制度和物质等方面的保障。组织保障的重点是各级交通公安领导对公安文化建设的高度重视和积极筹划。交通公安文化建设能不能上台阶、出成果，关键在于要有一批高素质的文化人才和相应的管理制度作支撑。而物质保障则是关系到公安文化建设举措能不能有效实施另一重要因素。组织、人才、制度和物质的综合作用，才能实现交通公安文化建设的可持续发展。

（一）组织保障

组织领导在交通公安文化建设中占有重要位置。文化建设必须有倡导者，有追随者，而倡导者就应该是各级领导干部。文化建设还要有合适的组织形式，有符合文化发展规律的组织结构。一个单位公安文化建设的优劣，关键就在于在领导的文化意识和组织效果。

交通公安文化是先进文化的重要组成部分，公安文化建设的好坏将对今后的公安工作产生越来越明显的积极或消极影响。因此，各级领导干部在组织开展公安文化建设中，带头提高文化修养，使自己的思想、情感在健康有益的文化活动中得到陶冶和净化，要把交通公安文化建设当作一项重要工作，分工负责，齐抓共管，健全组织形式，探索一套符合本单位实际的文化建设新路子，促进交通公安事业的可持续发展，使基层公安文化建设长盛不衰。

1. 优良的领导风格

“不怕众人心不齐，只怕没人扛大旗”。交通公安文化就是交通公安领导者扛起的一面大旗。但这面旗帜的感染力和号召力，不仅要靠旗帜的鲜红颜色，更是要靠旗手的身体力行。群众看党员，党员看干部。在交通公安文化建设中，公安领导者的榜样作用是第一重要的条件。交通公安领导者作为警务活动的决策者、组织者、指挥者和交通公安文化的主要倡导者，其个人的追求、意志、感情、风度，也就是他个人的心理素质，最鲜明地表现出其独特的领导风格，也有力地影响着公安文化的建设，对交通公安文化的建设起着举足轻重的作用，在具有同样的传统文化、制度文化等宏观背景下，甚至起着决定性的作用。俗话说“耳听为虚，眼见为实”，实际事件的意义对于全体观点的改变是极其重要的，对警务生活中和日常生活中发生的一切行为和事件，民警们都会作出自己的判断和评价，这些事件或者与集体价值定向相同，与交通公安文化协调一致，或者与集体价值定向相反，与交通公安文化大相径庭。若干正价事件的积累，最能有效地改变个体的观点趋向于集体的价值定向，从而自觉自愿地弘扬先进交通公安文化。

（1）人文化的管理手段

交通公安机关领导的管理风格对交通公安文化建设的开展具有很大的影响，与领导者个人的文化风格密切相关。各级领导只有形成扎实的管理作风，深入基层了解实情详情，与基层民警沟通意见、打成一片，才能营造情感融洽的工作环境，才有全体民警的心情舒畅和真正的领导权威。在这种和谐的气氛里，部门成员之间相互帮助、相互关心，并在这一过程中弥补因每个人的生活经历不同、学识水平不同、对问题的认识和采取的方式方法不同所造成的工作中的缺陷，创造一种多种民警人群都能适应的环境，达到民警个人与本单位文化建设目标的统一。

（2）民主化的决策风格

民主是现代文明的重要特征，先进的交通公安文化必然会给交通公安民主管理带来新的气象。先进交通公安文化首先要纠正少数领导认为由于交通公安工作属于半军事化性质，民主化管理会使公安队伍丧失战斗力，失去向心力，影响令行禁止的不正确观念。民主管理不是不要管理，不是放任自由，而是要求领导在管理中集中多数人的智慧，避免决策指挥上的失误。先进的交通公安文化要求领导要多倾听民警的意见，要多创造各种能够让民警有充分表达自己思想的机会。谋断分离，真正发挥交通公安机关的智囊层、决策层、管理层和执行层的职能。交通公安文化建设的民主化管理在交通公安领导者个人身上的表现，就是善于让群众在轻松愉快和谐的氛围中表达自己的思想，倾听群众的不同意见。领导在管理中注意发扬民主，就会赢得民警的信任，民警就会更多地关心部门工作。而领导广泛吸收多方面的意见，集思广益，并大胆采纳群众的合理化建议，民警的成就感、归属感就更强，工作积极性就更高。

2. 科学的组织机制

科学的组织工作机制是建设先进交通公安文化的关键。交通公安文化建设的健康发展，需要长期的建设和培育，是一项艰巨而繁重的基础性工作。需要各级交通公安机关领导干部进一步深化对交通公安文化内涵的理解和功能的认识，增强交通公安文化建设的责任感和使命感，建立健全交通公安文化建设组织机制。

(1) 把交通公安文化建设纳入交通公安工作和队伍建设的总体规划，因局制宜，科学设计和制定长远的公安文化发展规划和阶段性的建设纲要，提高公安文化建设的规范性与示范性，有系统、有步骤地推进交通公安文化建设扎实向前发展。要长远规划、统筹安排，积极稳妥地推进，不能急功近利和走过场，要把形式与内容、过程与效果有机地结合起来，与交通公安机关整体工作的推进相协调。要采取必要措施常抓不懈、推陈出新，不断丰富其内涵和形式，并努力在讲求实效上下功夫，使文化建设成为交通公安队伍建设的永恒“充电器”。

(2) 成立主要领导挂帅，政工、办公室、基建装备等部门为成员单位的公安文化建设领导小组，负责本单位文化建设的整体组织策划工作，制定落实各项有关制度措施。领导小组下设办公室，明确专人负责日常工作，并动员工、青、妇等组织协助开展工作。

(3) 各基层所队普遍建立相应的公安文化建设组织领导机构，确定专门人员，从而自上而下地建立了党委主管、政工部门主抓、党政工团与业务部门齐抓共管的交通公安文化建设机制。

(4) 加强交通公安文化阵地建设，建立交通公安文联、中国警察学会交通公安分会等文化组织，加强对交通公安民警培训中心和各级民警培训机构的投入和扶持，鼓励建立摄影、书法、文学创作、舞蹈、乐队、棋类、球类等各种兴趣小组并经常性组织培训、联谊、交流、采风、比赛等活动，促进警营文化活动的繁荣发展。

(二) 人才保障

1. 实施交通公安文化人才发展战略

要通过调整调研工作组织管理模式，对重点调研内容实行课题制管理，集中组织调研人力资源开展对交通公安文化系统性建设的调研攻关，开设交通公安文化论坛，举办交通公安文化沙龙活动，在各级交通公安网上开设交通公安文化专栏等多种形式，专题研讨，专家论证、为专家型、复合型文化人才的培养和脱颖而出创造必要的条件，积极营造有利于文化人才成长的良好环境氛围，从而真正激发起全体交通公安民警关心文化、热爱文化、钻研文化业务，争当文化行家里手，共同推进交通公安文化建设不断进步。

2. 重视青年民警对交通公安文化理论体系的学习推广

扎实的理论基础是弘扬交通公安文化的柱石，而青年民警是交通公安事业的希望和未来，是继承和弘扬交通公安文化的中坚力量。各级交通公安部门要把引导青年民警学好理论，尽快提高文化素养，用扎实的理论基础支撑起交通公安文化传播的稳固平台。要专门针对年轻人好学上进的特点制定理论学习计划，组织参加有关文化建设研究的专题报告会，做到见缝插针学理论、联系实际讲理论、结合实践用理论，为建好基层文化传播平台提供坚强有力的理论保障。因此，要结合交通公安实际，重点在青年民警中构建交通公安核心价值体系，加强职业道德建设、文明执法教育，开展健康向上的文艺活动，大力展示交通公安民警优良作风、气质、风格和形象，使广大青年民警在建设精神文明上，在学习掌握先进科学技术和业务知识上有所追求，形成积极健康、蓬勃向上的文化氛围。

3. 建立健全交通公安文化人才发展机制

（1）成立专家顾问机构

聘请公安文化建设专家、优秀公安思想政治工作者和文化界知名人士，成立交通公安文化顾问委员会，引入外力，作为交通公安文化建设的咨询、指导和技术评判机构。

（2）建设好交通公安文化人才信息库工程

采取自下而上、毛遂自荐的方式进行调查摸底，将交通公安队伍中具有文化理论研究，文艺创作、文艺表演、器乐演奏等文化特长和兴趣爱好的人员纳入视线，建立各类人才库，分门类积蓄人才。

（3）加强人才培养

组织好系列文化活动，为优秀文化人才脱颖而出、充分施展才能提供平台，让其在各个文化岗位发挥自己的特殊才艺；培养各类文化人才和积极分子，鼓励民警走自学成才之路，对学有所长、有各种文化技艺的民警给予重点培养；组织参加文艺业务学习培训，选送公安文艺骨干到高等学府进修。

（4）完善人才引进机制

坚持以我为主，按需引进，突出重点的方针，广泛吸纳社会专业人才投身交通公安文化事业。在招录新警时，以公开、平等、竞争、择优为导向，以业绩和能力为主要依据，积极引用具有文化特长的人员，壮大交通公安文化人才队伍，提高交通公安文化的水准和品位。

（5）加大人才投入

将文化人才划分为专家型、特长

型、爱好型等不同层次，按层次分别给予一定的生活补贴和研究、活动经费，搭建人才成长平台，从而在交通公安文化建设中形成尊重文化人才、培养文化人才，各类人才层出不穷，共推交通公安文化繁荣发展的良好局面。

（6）热情为人才服务

关爱交通公安文化人才，营造人文关怀环境，激发他们的贡献热情和创造潜能。在政治上，对德艺双馨的公安文化人才，优先入党、立功、评优；在工作上，引导公安文化人才，坚持业余为主，工作为主，正确处理工作与文化活动的关系；在生活上，竭力帮助解决实际困难的问题，消除后顾之忧。

（三）制度保障

1. 文化理论研究制度

先进的交通公安文化实践，离不开先进的理论指导。建立完善交通公安文化建设理论研究制度，对于党在不同时期对于文化建设的不同指导方针，以及交通公安文化不同阶段、不同领域的思想误区、模糊观点和不当做法，及时从理论上加以阐明、引导、澄清和规范，从而，永葆交通公安文化建设的先进性。

2. 文化活动制度

（1）完善各种节日开展文化活动的制度。规定元旦、春节开展新年文艺汇演活动，“三八妇女节”组织学习女民警先进典型和开展“巾帼建功”活动，“清明节”组织宣传、祭奠公安英烈活动，“五四”青年节组织开展弘扬“五四”精神、教育青年民警的活动，“七一”组织开展歌颂党、歌颂祖国的歌咏活动和宣传优秀共产党员先进事迹的活动，“十一”国庆节唱响祖国颂等文化活动。

（2）完善警体活动制度。把射击、游泳、武装泅渡、武装越野、消防比武等警体竞赛活动以制度的形式确定下来，定期开展单项比赛或全局性运动会，保证各种警体活动正常、经常开展，增强交通公安民警身体素质，活跃警营文化气氛。

（3）建立交通公安“文化艺术节”、“警营文化月”、“警营文化周”活动制度。通过警营文化活动的密集开展，营造浓厚的文化氛围，弘扬交通公安精神，提升交通公安文化底蕴。

3. 文化交流研讨制度

制度定期召开文化建设现场会、工作会的制度，推广文化建设先进单位工作经验，对阶段性的交通公安文化建设进行认真总结研讨，对下一步文化建设进行总体部署。

4. 先进单位和个人表彰奖励制度

建立和完善交通公安文化建设创先评优制度，激发民警队伍参加文化建设的热情。定期开展交通公安建设“先进单位”、“先进集体”、“先进个人”

等评选活动，普遍开展“十佳科所队长”、“十佳民警”、“优秀警嫂”、“每月一星”、“岗位能手”等评比活动。通过一系列的典型选树，进一步鼓舞、教育民警，在队伍中形成崇尚先进、学习先进、争当先进的良好风尚。

（四）物质保障

1. 注重经费投入

加强公安文化建设，必要的资金投入是保证。文化活动的顺利开展、文化组织正常的运转、文化基础设施和活动场地的标准建设、文化器材的足额配备，都需要专项资金保障。各级交通公安机关在开展文化建设中，优先确保文化建设专项资金投入是关键。已列于公务员序列的长江航运公安机关应做好每年度的公安文化建设经费预算，切切实实加以保证，特别对基础建设时期的经费有所倾斜。其他尚未列于公务员管理的港公安局、海事公安局等应积极争取所在党委的支持，多形式、多渠道地筹措公安文化建设资金，逐年提高文化建设经费在公安业务经费中的比例，实现最优配置， 专款专用，使有限的财力发挥了最大、最好的效用。

2. 加强硬件建设

将交通公安警察博物馆、警官俱乐部、警官艺术团、警乐队、文化网站、荣誉室、陈列室、阅览室、健身房、文娱室、体育运动场、派出所“五小工程”等场地及其器材建设列入本单位公安文化建设发展规划，不断加大对公安文化硬件建设的投入，逐步改善设施简陋、装备落后、器具缺乏，以及与现代文化发展水平不协调、不适应的现状。

同时，要处理好物质投入与实际效果的关系。如何使有限的投入产生最大的效果，是交通公安文化建设必须思考的问题。应本着循序渐进、量力而行、长远规划的原则，多做些基础的、能产生实效的工作，少做那些表面的、没有实际效用的工作，使有限的资源得到充分地利用，才能正在使群众性文化活动有阵地、有载体、有依托，为公安文化建设的开展奠定牢固的物质基础。

3. 探索市场化运作

经费保障不足是全国公安机关面临的客观现实，在一定程度上制约了基层公安文化的发展。但公安文化资源极大丰富，公安文化一定程度上也是一种文化产业。在交通公安文化建设的过程中，我们要树立品牌意识、精品意识，在立足服务公安工作和队伍建设中心任务的同时，积极培养具有文化实力和市场竞争力的文艺人才、文化产品，做大做强交通公安文化。

应积极挖掘交通公安文化现有的资源，探索和培养新的文化资源，形成特色，提升并体现交通公安文化资源的社会价值。通过合法的形式，尝试市场运作机制，探索交通公安文化建设的市场化运作，逐步解决制约交通公安文化建设的诸多问题和困难，为基层交通公安文化建设的可持续发展提供重要的物质保障。如举办面向社会的艺术展、艺术节、文艺演出时，可以通过出让冠名权的方式，无偿共享专业场所的舞台、灯光、布景、音响、司仪和联络电视转播等服务，大幅节省活动经费。再如交通公安警官艺术团、警乐队一旦形成一定品牌和成熟的演出模式，可以选择社会知名度较高的企业为合作伙伴，应邀参加一些企业举办的巡回演出和乐队服务，在获得一定演出经费的同时，还能更好地锻炼交通公安文艺队伍，使艺术团队有更多的机会向人民群众宣传新时期交通公安人民警察精神风貌。

六、交通公安文化建设的考核评估

交通公安文化建设成效如何，既要从交通公安业务工作、队伍风貌、外在形象、社会评价中不断体现出来，也要建立一套自觉的绩效评估模式。通过评估激励，鼓励先进、鞭策后进，在交通公安队伍中产生一种情绪高昂、发奋进取、竞争创新的效应，激发队伍整体及民警个人潜在的能量的自觉释放，从而在尊重人、理解人和关心人和社会性、知识性、趣味性、娱乐性活动中把追求交通公安整体价值目标与谋求民警个人正当利益有机统一起来，使交通公安文化对民警产生持久的动力，成为自我激励的一把标尺。

要达到这些的效果，就有必要把文化建设列入各级交通公安机关全年目标责任考核管理体系，与交通公安业务工作和队伍建设的其他工作同部署、同考评、同排位、同奖惩，以促进交通公安系统文化建设的蓬勃开展。同时，创新评估模式，实行“综合考查、横向评比、正向加强”的原则，制定交通公安文化建设考核评估办法及评估标准，科学设计考核评估项目和分值，定期对各单位公安文化建设实施效果实行量化评分，作为文化建设评先创优的重要依据。

（一）评估对象

交通公安系统副处级以上分支机构。包括长江航运公安局及其各分局、警校（交通公安民警培训中心），黑龙江航运公安局，各海港公安局及其分局，各海事公安局，各航务工程公安局。

（二）评估内容

分一级指标和二级指标。一级指标包括交通公安文化建设的组织领导、实施效果和综合成效三个方面。二级指标是对一级指标的分解，其中组织领导方面包括领导意识、组织形式、计划纲要和保障措施等四个评估项目，实施效果方面包括精神文化、制度文化、物质文化、载体和阵地等五个评估项目，综合成效方面包括队伍素质、先进典型、荣誉称号、媒体形象和社会评价等五个评估项目，同时对各个评估项目要达到的目标内容进行合理界定（详见《交通公安文化建设考核评估标准》）。

（三）评估等级

考核评估采用百分制，考核评估结果分优秀、良好、合格、较差四个等次。90～100分为优秀，70～89分为良好，60～69分为合格，59分以下为较差。其中优秀比例一般掌握在参加考核评估单位的15%以内。

（四）评估方式

交通公安文化建设考核评估工作每两年进行一次。考核评估主要通过听取汇报、查阅资料、实地考察、座谈了解、问卷调查、明察暗访等方法进行。

交通公安文化建设考核评估标准

一级指标	二级指标	评估内容	评估方式	权重
组织领导（20分）	领导意识	领导班子对党在现阶段关于先进文化建设的重要性有深刻认识，对本单位开展文化建设定位准确，思路清晰；积极应用交通公安文化建设研究成果，结合本单位实际部署开展。	听汇报，问卷调查，座谈	5
	组织形式	主要领导重视公安文化建设，与业务工作和队伍建设同布置、同落实；分管领导管理到位，思路清晰，部署有效；文化建设主管部门和专职人员明确，相关部门主动、协同开展。	听汇报，查资料，座谈	5
	计划纲要	公安文化建设发展纲要和年度工作计划科学合理，目标明确具体，落实措施得力。	听汇报，查资料	5
	保障措施	重视和加强本单位文化人才的培养和引进；文化建设管理制度科学、规范、完善；每年经费投入能够满足文化建设的需要。	现场考察，查资料，座谈	5
实施成效（80分）	精神文化建设	有统一、明确的核心价值理念并能得到本单位全体民警的接受和认同，化为全体民警共同的精神支柱和自觉行动。	现场考察，问卷调查，座谈	10
	制度文化建设	国家法律法规能有效贯彻实施，执法质量良好，无执法过错；内部管理制度完善、规范；单位秩序良好。	现场考察，查资料，座谈	10

续表

一级指标	二级指标	评估内容	评估方式	权重
实施成效（80分）	行为文化建设	领导决策科学、民主，民警行为礼仪、着装、警容风纪文明、严整，公共关系良好，大家关系和谐。	现场考察，访谈	10
	物质文化建设	建筑、车辆、船艇、服饰等视觉外观形象统一、鲜明、规范；办公和生活环境整洁优美。	现场考察，座谈	10
	文化载体和阵地建设	建立有局史馆、荣誉室、图书室、文化活动室、健身室、运动场、文化墙、文化网页或专栏，组织开展多层次经常性的警营文化活动；基层派出所“五小工程”落实到位，文体设施完好。	现场考察，查资料，座谈	10
	队伍素质	整体文化程度较高，精神面貌饱满；在上级组织的各种竞赛、比赛、考评中取得良好成绩。	现场考察查资料	6
	先进典型	有上级机关和地方政府、港航单位及其他有关部门表彰、奖励、树立的先进模范人物和颁发的荣誉称号。	查资料，座谈	6
	管理创新	公安文化建设与队伍管理结合紧密，推动管理创新，有突出的队伍管理成效。	问卷，访谈	6
	媒体形象	有在省部级以上新闻媒体上的正面宣传报道。	查资料	6
	社会评价	较高的辖区群众满意度和社会知名度。	访谈	6

（五）评估程序

1. 自评

由各单位在全面总结本阶段公安文化建设工作的基础上，对照《交通公安文化建设考核评估标准》进行自评，并量化出相应的分值，写出自评报告，报予交通公安文化建设考核评估领导小组。

2. 测评

交通公安文化建设考核评估领导小组派出考核评估组，听取考核评估单位的工作汇报，查阅资料，并进行民主测评，测评后量化出分值。

3. 考核评估结果的确定和审查决定

交通公安文化建设考核评估领导小组汇总评估结果，对考核评估对象进行综合分析，客观公正地形成评估考核意见，分别做出优秀、良好、合格、较差的考核评估等次，并上报交通部公安局局长办公会进行分析研究，形成最终的考核评估意见。

4. 公示

由交通公安文化建设考核评估领导小组办公室以一定形式在网上公示考核评估结果。

5. 考核评估材料归档

为有利于考核评估工作的连续性，建立交通公安文化建设考核评估档案，做好考核评估材料的归档工作。

（六）评估结果的应用

（1）各单位根据考核评估的意见，认真总结经验。对考核评估为较差等次的单位要责令整改，提出切实可行的整改措施，向交通公安文化建设考核评估领导小组上报专题整改报告。

（2）对考核评估为优秀等次的单位推荐上报，参加交通部、公安部文化建设先进单位或先进个人的评选和表彰。

（3）考核评估结果将作为评选优秀公安局和调整文化建设示范点的重要依据，作为被考评单位党政领导班子和领导干部工作实绩考核的重要内容。

（七）组织领导

成立交通公安文化建设考核评估领导小组，并负责组织交通公安文化建设考核评估工作。领导小组由交通部公安局主要领导担任组长，交通部公安局政治部主要负责人担任副组长，特聘交通系统、公安系统文化建设知名专家学者和交通公安民警代表为成员。领导小组在交通部公安局政治部下设办公室，具体负责考核评估的日常工作。

附录　交通公安出版作品撷英

（一）书籍

作　者：赵芸非（原交通部公安局局长）

内容简介：

该书是赵芸非同志自抗战初参加革命以来一生奋斗经历的生动写照，反映出他在党的教育下，从一个只具有抗日思想的天真少年成长为坚强的革命领导干部。在对敌斗争中对各种各样公开的、隐蔽的敌人的毫不留情的打击；在保护人民正当权利和平反冤假错案中极为认真负责的态度；在交通保卫事业工作岗位上做出的突出贡献。

作　者：李良君（原交通部公安局副局长）

内容简介:

该书是李良君同志为纪念交通部公安局成立30周年而作。全书分调查研究篇、业务工作篇、改革思考篇、纪实报道篇和文学作品篇，该书饱含着李良君同志对交通公安事业的深厚情谊，以鲜明的观点、深刻的见解、文学的风采，记载着交通公安改革求索的坚定探索、公安工作的壮怀激烈和这支队伍与时俱进的发展轨迹。

作　者：陈汉发（长江航运公安局政委）

内容简介:

该书是陈汉发同志为纪念长江航运公安局成立50周年而作。全书分调查研究篇、公安工作篇、法律研究篇、综合篇和《交通港航治安管理工作》选编。该书是作者参加长江航运公安工作以来发表的重要理论研究文章撷英。铭记着长江航运公安的发展历程，反映着长江航运公安民警的精神风貌，印证着长航公安依法办案的尺度，更展现出作者扎实严谨的文风和求真务实的领导风范。

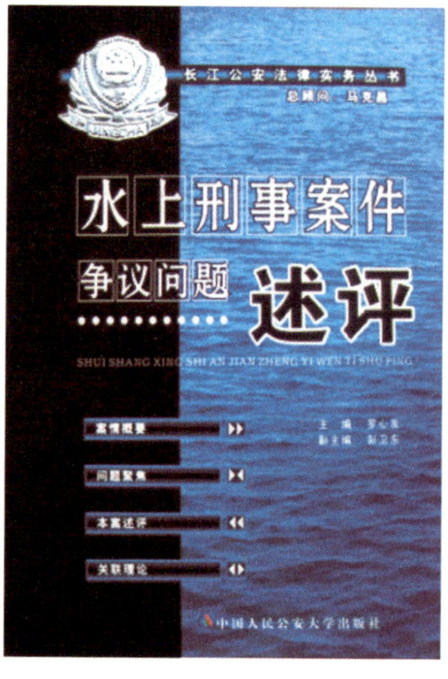

主　编：罗心发（长江航运公安局副局长）

内容简介:

该书是“长江公安法律实务丛书”的第一本，通过一个个鲜活的长江水上刑事案件来阐述其背后的与案件相关联的刑法理论及实务问题，通过较为系统而深入的专业分析研究与述评，归纳出长江上发生的各种刑事案件的认定与刑法适用规律，从个别到一般，完成从实践到理论的提升，从而更好地指导长江公安执法实践。该书在有效提高长江公安民警法律素质与执法水平的同时，也为我国水上犯罪与刑法应用研究积累了较为系统的理论资料。

主　编：长江航运公安局法制处

内容简介：

该书是“长江公安法律实务丛书”之一，将长江公安民警执法中必须了解、掌握的各种法律法规按照公安业务与相关业务两大类编撰而成，为长江公安民警提供了一部便捷、实用的小型工具书。

作　者：蒲选才（广东海事公安局局长）

内容简介：

该书主要收集作者十几年来在国内报刊杂志发表过的论文、工作报告、随记以及诗歌等文稿，是作者从事思想政治工作的深入思考和认真总结之作，贴近工作实际，颇有指导意义。书名谓之为“信言集”，是作者借用《老子》第八十一章里的话“信言不美，美言不信”。意即：诚实的话不漂亮，漂亮的话不诚实。

作　者：杨衍陶（烟台港公安局政治处主任）

内容简介：

该书分故土回眸、军旅思绪、警营放歌、都市情节、生活感悟和文章管窥几个部分。共收录作者从军、从警生涯发表于各大报刊杂志的散文、通讯和论文共110余篇。作者以质朴生动的语言特色、宽厚深沉的情感世界，在娓娓道来的童年、少年、军旅和警涯的漫漫人生旅途感悟中，凸现出对生活的热爱、对事业的钟爱、对同志的友爱和对家人的关爱。

作　者：梁伟成（广州港公安局）

内容简介：

该书分生命竹仗、心灵乐园、彩得缤纷、藏市观潮四辑。共收录作者从警以来发表于各大报刊杂志的散文、通讯、电视专题片采访词及古瓷收藏心得等文章共40余篇。既有反映海港公安民警侦破奇案的智谋胆略，也有运用文学"电视"进行公安宣传的独到眼光，更有展现业余收藏领域的奇趣逸事，立意悠远，感情丰富，文采斐然。

（二）期刊

主办：交通部公安局

承办：交通公安民警培训中心

主编：肖少华（交通公安民警培训中心常务副主任）

简介：

该杂志旨在宣传党和国家有关交通和公安工作的方针、政策，推进交通公安理论研究，开展法制宣传教育，提高交通公安民警的执法水平和整体素质，促进交通公安队伍现代化建设。

主管：中华人民共和国交通部

主办：中国水上消防协会　上海船舶运输科研所

主编：侯勇（长江航运公安局副局长）

简介：

该杂志是经国家新闻出版总署等有关部门批准，对国内外公开发行的科普期刊，是全国唯一的一份水上消防专业刊物，也是一本国家级的消防重点刊物，深受港航等水上单位、水上消防工作者和广大职工的欢迎和支持，是广大船员、港航、海事、船东、船检及相关领域的消防工作者的亲密伴侣。

后 记

《交通公安文化》是交通公安第一部文化建设研究专著。作为“交通公安文化建设”课题研究成果，该书如期付梓，与交通公安民警和读者朋友们见面了。

“交通公安文化建设研究”课题作为交通部“交通文化建设研究”22个子课题之一，长江航运公安局受命承担了具体的研究工作，抽调专人组成了课题组，并专门聘请知名公安文化学者、中国人民公安大学公安文化研究所副所长曹凤教授为顾问。课题组围绕交通公安文化建设的理论与实践，按照“研习理论——拟订大纲——调查研究——分工编撰——统筹完善”的研究方法，形成了这一研究成果。

特别感谢时任交通部副部长黄先耀同志（现中共湖北省纪委书记）百忙之中专程听取本课题组的研究工作汇报。交通部体改法规司何建中司长，体改法规司法制与文明建设处黄克清处长和“交通文化建设研究”总课题组执行负责人、交通科学研究院王先进研究员多次对课题研究工作提出了重要指导意见。大连、天津、烟台、青岛、上海、宁波、广州港公安局和上海海事公安局等交通公安机关对课题组的调研工作给予了大力支持。人民交通出版社对本书的出版发行工作作出了精心的安排。在课题研究过程中，其他一些单位及有关领导也提出了宝贵的意见和建议，谨在此一并表示诚挚的感谢！

本书撰写分工：第一章甘露、卢成禄；第二章郑纲、甘露、张晓军；第三、四、五、八章郑纲；第六、七章邹旭辉；附录由董三峰收集整理。

课题研究中，我们深切感受到，作为定位于交通文化和公安文化交叉领域的交通公安文化，有其自身的发展规律，短期的研究很难全面把握其内在规律，加之课题研究成员均为基层公安民警，理论功底不够深厚，作为交通公安文化研究的初步探索，本书错愕、谬误之处在所难免，尚祈有关专家、学者、同仁和读者朋友们批评指正。

编　者

2008年12月10日

参考文献

1．曹凤．对当前公安文化建设的几点思考．载于《中国人民公安大学学报》2004年第2期．

2．曹礼海．公安文化论．北京：警官教育出版社，1999年版．

3．张兆端．警察文化学．北京：中国人民公安大学出版社，2002年版．

4．张兆端．中国式警察管理．北京：中国人民公安大学出版社，2007年版．

5．朱希祥．当代文化的哲学阐述．上海：华东师范大学出版社，2006年版．

6．李良君．交通大动脉在呼唤．北京：人民交通出版社，2000年版．

7．黄强，王镭．扬帆奋进——长江航运文化建设成果集锦．武汉：长江出版社，2007年版．

8．陈汉发．足迹．武汉：湖北人民出版社，2004年版．

9．王庆功．警务理论与实践前沿问题．北京：中国人民公安大学出版社，2007年版．

10．崔北方，祝大安，孙国恩，于晓光．警民关系学．北京：中国人民公安大学出版社，2007年版．

11．王焕楷．人民警察职业道德教程．北京：中国人民公安大学出版社，2001年版．

12．全国高等教育自学考试指导委员会组．人民警察职业道德概论．北京：中国人民公安大学出版社，2005年版．

13．刘光明．企业文化（第四版）．北京：经济管理出版社，2004年版．

14．罗长海．企业文化学（第三版）．北京：中国人民大学出版社，2006年版．

15．秦建民．企业文化新论．北京：石油工业出版社，2006年版．

16．公安部宣传局．公安文化论坛论文集．北京：中国人民公安大学出版社，2004年版．

17．公安部宣传局．新时期公安宣传思想工作．北京：群众出版社，2005年版．

18．全国公安文学艺术联合会．以“三个代表”重要思想为指导推动公安文化工作．北京：中国人民公安大学出版社，2006年版．

19．北京市公安局．创造具有时代精神的人民警察文化．北京：中国人民公安大学出版社，2002年版．

20．易中天．读城记．上海：上海文艺出版社，2006年版．

21．李诗学．水警史略．载于警史钩沉2006年第2期．

22．长江航运公安史料编辑室编长江航运公安史料．

23．吕玉明．锻造一支人民满意的公安队伍．载于《公安研究》，1999年第3期．

24．孙茂利．新时期全面加强公安法制建设若干问题的思考．载于《山东公安专科学校学报》，2003年第5期．

25．王利斌．试论公安决策民主化、科学化、法制化．载于《山西高等学校社会科学学报》，2005年第2期．

26．贺成．试论公安领导的决策艺术．载于《当代经理人》，2006年第5期．

27．张跃兵．试谈人民警察人际关系中交往能力的培养．载于《公安研究》，2001年第4期．

28．武瑞清．“警务公开”的公共关系学解读．载于《山西警官高等专科学校学报》，2005年第2期．

29．柳斌杰．创新文化呼唤文化创新．载于《出版发行研究》，2006年第6期．

30．王树祥．论先进文化的创新内涵．载于《学术论坛》，2005年第4期．

31．史文芳．从传播学角度解读当前政府形象——浅析我国新闻发言人制度．载于《东南传播》，2005年第8期．

32．李迎春．警察心理素质的提高迫在眉睫，载于辽宁公安司法管理干部学院学报2006年第11期．

33．蔡天星，周玲．论当代公安歌曲的嬗变．载于《政法学刊》，2006年第5期．

34．刘燕燕．浅谈检察机关荣誉室的创建．载于《档案与建设月刊》，2006年第3期．

35. 闫爱华．危机处理中的政府公关—谈政府新闻发言人的作用．载于《新闻研究》，2005年第12期．

36. 曾桂，李曾．浅谈新闻策划在公安宣传工作中的实施．载于四川省乐山市公安局公安信息网．

37. 肖立山．浅谈公安宣传工作的组织．载于湖南省娄底市公安局公安信息网．

大学生如何企近经典

时间：2011年6月1日

地点：中央民族大学

对不起，因为路上堵车，本来二十分钟的路程走了一个小时，所以迟到了；真不好意思，让各位久等了。听说是慢了二十分钟，不过，没有关系，我会怀着一颗补过的心，来跟各位表示我的歉意；因为慢了二十分钟，我会多讲两个小时，大家不要见怪。我去年退休了，以前我在学校里教书的时候，如果迟到了，那我一定下课的时间不下课来补偿，所以学生对我，本来应该是很欢迎，后来因为这一点，好像不大欢迎了……照情况看，我会讲到十一点，如果大家没办法听这么久，没有关系，下个星期的这个时候我们还有一场。乃至于假如我们大学生能够不因为期末考太紧张，都还来听讲的话，我会连续讲四场。本来是想讲六场，后来我看看海报，只有四场，如果大家真的想听，我就讲四场；如果听得不够，我下学期再来讲！大家不要鼓掌太早，等一下听得好再鼓掌。今晚听好了，再决定以后要不要再来听；如果今天听得不好，你以后就不用再来听了。如果听得好，以后请你再来。但是我相信你一定会再来的！唉，不鼓掌啊？呵呵，这一次鼓掌是对我的信心。以后要多鼓掌，不要迟疑哦，不管为什么而鼓掌，我都很高兴。

“启进”与“企近”

我刚刚在外面看到海报，今天所要讲的题目是《大学生如何“启”近经典》。有一个插曲，我稍微说一下——这个插曲和今天的演讲内容也有点关系——贵校徐勇教授要我来和同学们做一个系列演讲，我读经推广中心的职员就问要讲哪些题目，我定了四个题目，第一个题目，我说是《如何企近经典世界》。他复述了一遍，然后问，是哪一个“qì”，我说是企业的“企”，他说“哦，是《如何“qǐ”近经典世界》”。用电话把题目传给学校，校方就在网上发布了消息，标为《如何“启”进经典世界》，启发的“启”。有人打电话到读经推广中心问，什么叫“启进”，是不是有错字？我们的职员问我，是不是有错字？对，这里有错字，应该是企业的“企”。在台湾这个字念“qì”，照古音的韵部，念去声才是对的，如果念“qì”的话，就不会写成启发的“启”；但我们大陆这边念“qǐ”，叫“qǐ业”，所以本来是“qì”就写成“qǐ”了。写成“启”，当然是比较不通的。

什么叫“启进”？当然也可以勉强而解，“启”就是“开启”啊，“进”，就是“进入”。开启而进入经典，经典里面好有一个世界——经典世界——通过开启而可以进入。通过这个题目，我们可以想到子贡所说的："夫子之墙数仞，得其门者，或寡矣。"提到子贡这句话，我想先说说子贡的故事，一方面可以帮助我们了解这句话的份量，一方面可以感受到子贡真是一个善于"启进"经典的人，可以作我们"启进"经典的榜样。子贡在孔门弟子中，算是最聪明的一个人，本来说他聪明，应该是可以的，虽然有人比他聪明，但是子贡好表现聪明，所以说他最聪明。因为子贡自以为很聪明，也擅长表现他的聪明，所以，子贡的聪明大家都看得见。有故事这样流传，或许不是真实的，但是依理推之，或许如此——所以很多故事是无其事但是有其理——有故事说，子贡听说孔子很有学问，是当今天下最有学问的人。子贡想，真的有人那么有学问吗？然后他就去见孔子，跟孔子谈了一谈，说，好，你果然有学问，我跟你学。但是他心里想，我三个月就要超过你！很有自信。结果过了三个月，好像没有超过，他就想，我三年一定要超过你。过了三年，还没有超过，就比较服气了。虽然服气，但还是喜欢表现聪明。所以孔子常常会压他，所谓"折节"。孔子打压学生，不像我们现在用的一般手法那样粗糙，他是很精细的。怎么压学生呢？比如孔子曾经讲，"己所不欲，勿施于人。"

各位，这一句话非常重要。"己所不欲，勿施于人"，大家再自己去想一想，多想、多在心中盘旋一阵，才会知道这一句话的重要性。"己所不欲，勿施于人"呐！在这个时代，在最近十几年，关心世界的学者越来越发现，国际间有一些潜在的危机，不是民族跟民族。国家跟国家争土地、争资源的危机，乃是思想上文化上的危机。美国一个叫亨廷顿的教授说这是“文化的冲突”，将会导致整个世界的不安，将成为世界动乱之源。世界将有哪些文化危机呢？亨廷顿说：来威胁英美世界——就是威胁西方人，所谓主流世界——最大的有两种文化，一种是伊斯兰教，一种是儒家。这叫“文化威胁论”啊。

很多学者都看到人类的文化根植于思想，思想根植于哲学，而哲学往往用宗教表现。世界上有很多宗教，而这些宗教往往有自是非他的一种性格，就是所谓的排他性。人类在生活习性上的不同，有时还容易妥协的；但是宗教，其中有所谓的终极关怀，由终极关怀而产生信仰，如果所信不同的话，是很难沟通的。为了这一点，全世界有很多热心的大学者，他们发起了一个学团、一个组织，称作“世界伦理学会”，研究世界性的伦理。就是整个世界如何在一个大家都可以接受的为人处世的标准之下，互相体谅、互相沟通；当然，最好是互相尊重、互相赞叹、互相学习。世界伦理学会的学者常常聚会，建议人类需要有一个人人都可以遵守的伦理底线，作为不分民族、不分宗教的普遍规则，使不同的民族、文化、思想、宗教，都可以在此标准下相安无事，称为“伦理黄金律”。这个“伦理黄金律”是什么呢？我们怎么能找到一种人人都应该遵守、而且人人都能够遵守、永远需要遵守的规则呢？这个黄金律哪里找呢？全世界学者，最后大家一致决定，有一句话可以当作伦理黄金律，这一句话就叫作“己所不欲，勿施于人”。所以这一句话非常非常重要。到了现在，这一句话都还是黄金，闪闪发光的黄金。各位，这叫作经典啊！

好了，我话讲远了。孔子说，“己所不欲，勿施于人。”这叫作恕道。忠恕的“恕”——曾子号称继承了孔子的道统，曾子是怎么继承的呢？曾子说：“夫子之道，忠恕而已矣。”所以“忠”很重要，“恕”也很重要。“尽己之谓忠”、“推己之谓恕”，尽了自己的本分叫作忠，而能够把别人当作自己看，推己及人，叫作恕。忠只是对自己说，恕是向外说，与人交际、待人处世就要用恕道了；这个“己所不欲，勿施于人”就是恕道。

子贡有一天跟孔子说：“我不欲人之加诸我也，吾亦欲无加诸人。”子贡说，“我不欲人之加诸我也”，我不想别人加到我头上的东西，“吾亦欲无加诸人”，我也想都不要加在别人头上。孔子就跟他说：“赐也，非尔所及也。”子贡啊，这不是你所能做到的啊！“己所不欲，勿施于人”是人人容易做到的，为什么子贡做不到“我不欲人之加诸我也，吾亦欲无加诸人”？问题就出在“勿”和“无”两个字份量的不同。“勿”是随时检验的工夫，“无”是完全达成的境界，所以孔子只教人“己所不欲，勿施于人”而不以为子贡能做到“无加诸人”，这样，不是压住这个聪明爱表现的子贡了么？

当然，孔子教学生是“如切如磋，如琢如磨”的——这两句诗原来也是子贡引出来的——在《论语》的第一篇，子贡问孔子：“贫而无谄，富而无骄，何如？”孔子说：“可也”——你凡是读到《论语》或者任何圣贤的书，说“可也”，你要注意了。这个“可也”，只是可以了、不错啦，但是还没有达到更高的成就。所以孔子说：“可也。未若贫而乐，富而好礼者也。”那么，子贡就说了，“《诗》云，如切如磋，如琢如磨，其斯之谓与？”“老师啊，我讲了一个道理，您又把这个道理提升了一个层次。《诗经》所说的切磋琢磨，是不是就是这样精益求精的意思呢？”孔子就很高兴地说，“赐也，始可与言诗已矣。”将来可以跟你讨论《诗》了。

这个“诗”啊，在古时候特指《诗经》。当然后代，我们也有所谓的诗，汉诗、唐诗等等，这些也都可以归入诗的范围，但是在孔子当时，是专指《诗经》而已。《诗经》的章句是可以引申的，叫作“断章取义”。不只是《诗经》可以做引申，其实任何诗都可以。因为诗的语言非常简洁，而内涵非常丰富，所谓言近而旨远。诗的内涵不只是它的文字所记载的表面的意思，而是字里行间都有弦外之音，所以诗具有让人无穷探讨引申的性格。因此孔子特别喜欢诗教，说子贡“可以言诗已矣”，是因为“告诸往而知来者”，告诉他前头，他就能知道后头、或者跟他谈一个道理，他就领悟到另一个道理、或者跟他讨论一件特殊的事，他就想到一个普遍的原则。孔子知道子贡引了这两句诗的意思，是因为子贡在一来一往的谈话间，已经感受到老师又把他的学问提升了一层了；不枉费老师的一片苦心啊！子贡是这样亲近孔子的，一拨便转；又是这样运用《诗经》的，随手拈来。真是聪明的子贡！

子贡虽然聪明，但他跟孔子学，学了一辈子，越觉得孔子的高明。对于孔子的高明，对老师的赞叹，在《论语》当中记载得最好的就是颜渊的那句话：“颜渊喟然叹曰”，喟然是形容叹气的样子；颜渊有一次深有感慨地说，“仰之弥高，钻之弥坚”。你越仰，就感觉越高，越钻，就感觉越坚。你不仰，不知道它高，假如一座山在你面前，这座山很高，但是你的头不抬起来、眼睛不抬起来，你不仰，怎么能发觉它的高呢？所以仰才知道它高。而且，越仰越高，永远看不见它的顶点。所以“仰之弥高”，不是只稍微仰一下，仰一下、再仰一下、再仰一下……永远再仰，越仰，它越高。“钻之弥坚”，钻啊，像钻子钻东西一样。一块石头在这里，如果你没有钻钻看，它跟豆腐有什么区别呢？也就说它的硬度，你要钻钻看才知道。所以钻普通的石头跟钻花岗岩那个劲道不一样，如果钻钻石，劲道更不一样了。所以“钻之弥坚”，你不钻，就不知道它坚，你越钻，才越知道它坚。“仰之弥高，钻之弥坚”这两句话太好了。不仅表现为生命上想要契合的热诚，而且，在文学上、文字上，它也是很美的。好，接下来“瞻之在前，忽焉在后，夫子循循然善诱人”，“博我以文，约我以礼，欲罢不能。既竭吾才，如有所立卓尔，虽欲从之，末由也已。”这连续的赞辞，美得很。

颜渊觉得自己对夫子是“仰之弥高，钻之弥坚”，子贡越到后来，也应该越有这种感受了。所以当有人对子贡说，你这是谦虚吧？其实我看你比你的老师强！子贡就跟他说：哦，你这样看啊，我告诉你，“譬之宫墙”，就好像人家的围墙，“赐之墙也及肩”，我的墙啊到肩膀这么高，从外面过的人，探头一望，就可以窥见室家之好，看到里面亭台楼阁建筑园林的漂亮。而“夫子之墙数仞”，我们老师家的墙呢，它高数仞——一仞是八尺，数仞就是八尺的两倍、三倍……总之就是比人高多了——“夫子之墙数仞”——万仞宫墙：我年青的时候，有一次到台北，坐在公交车上，车子在一个红灯前暂停，转头看到一片很高的红墙，上面刻着“万仞宫墙”四字，我问旁边的乘客：这是不是孔庙？

他说是的。这四个字的出处就是《论语》这一章中子贡的话，只有孔庙才配得这四个字。如果没有读到《论语》这一章，是不知道这个典故的。“夫子之墙数仞，不得其门而入”，假如你没有从门口进去，你就看不见其中“宗庙之美，百官之富”了。因为我家的墙高只到肩膀，我子贡的家当，你很容易就看到，所以你知道赞叹；而夫子的墙那么高，你没有走到里面去啊，你就不见他的宗庙之美，百官之富。所以子贡的富有，譬如民间的员外，而孔子之富有，就譬如诸侯或天子。但这是一般人不知道的，因为“得其门者，或寡矣。”能够得其门而入的人，是很少的。“夫子之云，不亦宜乎？”所以你这样赞赏我，说我贤于夫子，我看你是说“对”了。什么意思？意思是说你说错啦！那为什么又说你说对了呢？因为你没见识嘛，所以以你的见识来说，也算说对了……子贡真是善于言语的弟子，人家赞扬他，他还骂人哪，而且不带脏字眼。因为他知道学问道德的艰难，他知道人格修为的层次，他仰慕他的夫子，他心悦诚服！

我们今天或许也可以用“夫子之墙数仞，得其门者，或寡矣”，来自我反省一下，我们得其门没有？我们怎么得其门？所以叫作“启进”经典世界，开启，然后进去，这样，“启进经典世界”这个题目也讲得通了。

但是我原来的意思是“企近”，“qì”是企业的“企”。“企近”是什么意思呢？这个“企”啊，我们看怎么写。一般的中国字，你会认、会写，从字形上，往往就能够读出字音，甚至了解字意。这个“企”没有声符，所以无法看到它的音，但是呢，我们可以知道它的意，因为这个企，是一个会意字。会意字就是两个字合起来，然后来体会它合起来所组成的新的意义。“企”字上边是一个“人”，下边是一个“止”。“人”，我们知道了，“止”，我们要说一说。这个“止”是一个竖，这边一个弯，再一个弯……这个字，其造字的方法是象形，就像一个人的脚底板；看，有三只脚趾叉出向上——三为多，可以代表五只——整体就是一个脚底板，脚底板叫止。现在这个“止”字，我们写成“趾”，为什么还要加上一个足？因为原来的“止”引申为停止的意思，久而久之，忘了它原来是脚板的意思了，所以加了“足”字，还原“止”字的意思。这加了足的“趾”和原来的“止”是一样的意思。“止”叫本字，“趾”是后起转注字。本来，“止”字就完全表达了脚板的意思了，加了“足”，真的是画蛇添足，是不得已的、勉强的。因为“足”跟“止”是两个部位，这个“足”字下面是一个止对不对？而上面像口的笔划呢，是象征腿肚子。所以严格来说，“足”字是指脚板以上膝盖以下的所谓小腿部分——膝盖以上大腿部分另有一个字叫作“股”。古人把人的脚分成三部分，各有称呼，分别造字，叫“股”、“足”、“止”，但一般用法，“足”字可以作通称，譬如我们说“远足”、说“足球”，“足”字是通称整只脚的——我们既然是用脚板站着，站着就有停在那里的意思，所以“止”字就从原来名词的“脚板”引申为动词“停止”的意思了。从而又可造出地址的“址”字，代表所停居的地方。现在回头再看止这个字。一个“人”一个“止”，合起来，是什么意思呢？就是对一个人，我们特别注意到他的脚底板。是不是头痛医头脚痛医脚的意思呢？不是，这里特别说到脚底板是说脚底板用力。脚底板用力做什么呢？假如你曾有与好朋友来往或送客的经验就知道了。什么叫作好朋友？梁实秋先生曾经界定“好朋友”的意思：“他还没有来，希望他快来；他来了，希望他不要走；他走了，希望他再来。”这叫好朋友。那什么叫不好的朋友？“他还没来，怕他来；他来了，希望他赶快走；他走了以后，希望他不要再来。”你送好朋友，很不舍得，他走远了，几乎看不见了，还想多看一眼……当年刘备送徐庶投曹操，徐庶走远，被树挡到了，刘备下令砍掉遮眼的树；你没有军队帮你砍树，会怎么样呢？你会脚底板用力，踮起脚跟，你的身高就多出了一二十公分，就会看得远一点。这种情况叫作“企”。所以“企”的本义，就是举踵远望，引申为长远的期盼。

我们现在常讲，一个人有企图心，就是用了企字的引申义。这一个词用得最准确的，就是现在所说的企业。古人没有所谓企业，但是现在这个西方的商业模式，我们把它翻译成“企业”，翻译得非常准确、非常文雅。虽然“企业”这个词很新，但是它的意思是非常古雅的。为什么叫企业？要从“企业家”的心态来了解。既然叫企业，那个经营者就应该表现出一个企业家应有的心态。企业家应该像一个人踮脚尖一样，眼光看得很远，如果只顾眼前的小利害的话，那不是企业家。所以企业家赚钱的时机，跟摆地摊的引车卖浆者流是不一样的；摆地摊的人每天都要算账，盈亏多少，斤斤都要计较的。但企业家可以是投资、投资、一再投资，三年五年，甚至十年八年，乃至二十年三十年，才打算回本进帐。有这种信念的人叫作企业家，企业家经营的事业才叫作企业。以这个原始标准，放眼天下，我们可以领悟到，社会上有各行各业，但真正的企业并不多。因为世界上很少真正有远见的企业家，他的脚跟踮不起来。同样的道理，社会上受教育的人很多，但真正成学的人很少，因为世界上很少有真正立志求学的人，很少人肯踮踮他的脚跟了。

当想要企近经典，我们首先感觉到的是万仞宫墙，挡着我们的视线。怎么办？你不要面墙而立啊，不要只望洋兴叹，一步都不挪动啊！你要试试看，把脚跟踮起来，试试看，能不能就看到了？或增加看到的希望了？这叫企近。因为它高。至于有多高呢？是我踮着脚就能达到么？不一定。但是连踮脚都不踮起来一下，就代表这个人连一点诚意都没有。所以，不管夫子门墙有多高，我们都用最大努力，企一下近一下，试试看。我用这个讲题，是这个意思。因为“企近”这两个字啊，一般少用，所以我先解释一下。虽然只是解释题意，但也有助于我们去了解内容，智慧比较高、心思比较敏锐的人、善听的人，明白了题意，对内容的把握就八九不离十了。

民国初年的时候，东北有一位善人叫王凤仪，不知道大家听说过没有？假如不知道，你可以去上网查一查。这是一个了不得的人，请大家务必记住这个名字——王凤仪。姓王，就是我的王，凤是龙凤的凤，仪就是仪表、仪态的仪。王凤仪，他被称为一个善人。所谓善人，在《论语》中也有规定的：“子张问善人之道，子曰：不践迹，亦不入于室。”善人的意思是自然能为善的人，“不践迹”是说他并没有受文化的教育，不遵从古圣人的脚步，就自己能做出善事来，这是很难得的人物。不过，不免有些可惜。之所以可惜，也是因为没有圣贤的指引，他也很难进入到圣贤的堂奥。王凤仪，正是没有读过书，不认识字的，但是，他是一个悟道的人，他由于实践而悟道。他做什么实践呢？道德实践。他什么时候开始做道德实践呢？他是一个乡下人，但中华民族几千年来，教化深入民心，纵使在偏远的乡下，偶尔也会听到有人说到成圣成贤的话。当大家这边也说圣贤、那边也说圣贤，他就渐渐知道了，圣贤是很伟大很值得敬佩的人物，所以他从很小就立志要成为圣贤。后来有人跟他说："你知道圣贤是什么样子么？像你这样，怎么能成为圣贤？"他就说，"纵使我不能成圣贤，我赶也要赶他一步，我只要赶一步，也就够了！"怎么赶这一步？民间总有些教化的流传，他听说了事亲要孝，就当真，尽力地去孝亲；他听说了事主要忠，也当真，不管做人家的长工还是临时工，就尽力地去忠于主人；他又听说了对朋友要信，又当真，不顾死活地走了几天几夜，赶到城里要救朋友……就在赶路的时候，他开悟了！

你看，王善人这种"纵使不成圣贤，也要赶他一步"的精神，这种决心、这种志气、这种心愿，叫作"企近"。讲到志气、决心跟愿望，我就想起，今年的青年节。青年节前夕，五月三号，温家宝同志在中南海接见全国的青年代表，在座谈中对青年们讲话，他勉励这些年轻人——不只是勉励这几十个代表，他其实是要勉励所有的年轻人，甚至勉励全国的百姓——他的讲辞归结为五点，希望年轻人，第一，要有理想；第二，要善学习；第三，要讲道德；第四，要能自立；第五，要肯奋斗。这些话头，其实是一般人常常听到的，这种常听到的话，我们叫老生常谈。什么叫老生常谈？老生，可指唱戏的老生，又可指一般年纪比较大的人。老生常谈，就是说这些老生、老人常常挂在嘴边的话。我们现在用“老生常谈”这成语，意思是说我听腻了、听烂了、不想再听了。不过，我曾看过曾国藩写给他子弟的家书，有一封书写着写着，他自己觉察到了，这些岂不是常说的么？不只是我常说，别人也常说的么？所以就加了几笔，说：“以上虽然都是些老生常谈。但是，你要知道老生为什么会常谈？因为事关重要，所以才会常谈，切不可以其常谈而忽略了！”

自觉而后自决

所以，各位，我们应该具备做人的态度，也可以说是一种能力，就是能够从老生常谈中发现它新的意义。或许不是发现新的意义，而是发现，它本来就永远新鲜的，所谓“周虽旧邦，其命惟新”、“苟日新，日日新，又日新”，这叫“温故而知新”啊！这些不是“故”么？“故”就是大家都谈过了、从小就听过了，但是常常听，听多了，难道它的意义就真的淡了么？假如因为常听，所以忽略了，可见这个人的心灵也闭塞了、污浊了。所以一个开放而清明的心灵，是随时可以从旧的、老的、常常听的教导中继续地体会出鲜活的意义的。虽然温先生所说的五点是老生常谈，但它如果确是人生很重要的指导，那我们是不是可以温一温温先生的话？大家看这五点，有理想、善学习、讲道德、能自立、肯奋斗。各位你想，这五点，哪 点最重要？或者说哪一点你最有感觉，你可以体会出鲜活的意义，它在你面前还是活的，好像击中你的心灵，令你感动？当然，或者无感，或者有感，而每个人有不同的侧重。

我当时看到报纸啊，我就特别注意到第四点——能自立。我认为能自立一项贯通了五项，所以这一项最为核心；或者可以说，当代年青人，乃至于所有中国人，所缺的主要就是这一项。能自立了，一切都迎刃而解了。因为能自立后面有说明，说年轻人啊，要培养独立思考的能力和习惯，不要人云亦云。各位，这在我们这个时代和社会，不是很重要么？我用一个词语来表示，叫作“自觉”。自觉就是自己觉察、自己觉醒。什么叫作觉醒？觉醒就是原来是在梦中，现在忽然醒过来了。梦中的世界是虚假的，醒过来的世界才是真实的。或者说生命如果在梦中，那个生命的意义是虚幻的、可疑的。西方近代有一种学派，叫作存在主义，存在主义者说：我们走在街上，看到熙熙攘攘来来往往的人群，他们都是路人，路人是不存在的。在这里，存在主义者对存在有一个特别的定义：能够自觉的人，他才有其存在。意思就是说，能够为自己而活的人、知道自己是为何而活着的人，他才是存在的。如果他这辈子既不知道为何被抛到世界上、又不知道到世界来要做什么，他只会跟着别人走，至于为什么跟着走，一点儿也不知道；总之，他不曾为自己打算过，而这个打算不是要升官发财的打算，乃是为了活着的意义做打算：为何活呢？如何活呢？假如自己对自己没有这样的觉察、觉醒，就叫作随波逐流啊，就叫作浪生浪死，所谓行尸走肉，会走路的尸体……那么他就是不存在的，因为他整个人生恍如在梦中。何时觉醒了，他才算活着。这是一个存在不存在的抉择关键。

中国古人对这关键老早就很有感触，叫作“梦觉之关”。

“梦觉之关”是人生在世的第一个关口，也是读书人要过的第一个关口。其实也只有读书人才需要过这个关口，一般的芸芸众生，我们是不便苛责的，所谓“万般皆下品，唯有读书高”，你如果能善解这两句话，也很有意思；它不是士大夫的骄傲，而是知识分子自我的责任。像王凤仪，他虽然没有读过书，不认识字，只听到圣贤的名号，就立志做圣贤，像这种人是不多的。所以古时候的人，比如像孔子，他只责求君子。什么叫君子？在孔子以前，君子是社会地位的名称，是指士人以上的贵族；到了孔子这里，君子一词，就渐渐采取它的内在意义，而不是社会的意义。它的内在意义是由于古代只有贵族才读书、才受教育，而孔子把读书的机会下放给一般百姓。“有教无类”，这个类，是品类。但不是聪明不聪明的类，也不是贫穷富有的类，而是社会地位的类；就是不管你是贵族还是平民，都可以接受教育，这叫“有教无类”。所以，不论是贵族还是平民，凡是读过书受过教育的人都叫作君子了。在《论语》中，古人注解君子的意思是：“有德有才之人”，或者我们退一步说，向往于进德修业的人。对德与才起向往之心的人，就可以叫作君子了；如果能够一直依循所向往的道路前进，就是做工夫；工夫做到相当的程度，有所成就，叫作贤者；而如果能走到向往的极点，彻底地完成生命的理想，就叫作圣人。所以啊，一个士人、一个君子，他应该和一般人不一样的，他应该自我要求，也应该接受社会的要求。要求什么呢？要求他要有生命的自觉，要求他要醒过来、要活过来，他要为自己的生命负责。能为自己生命负责，叫作“内圣”，而内圣的同时，即包涵外王。大学所谓“在明明德，在亲民”，明明德就是内圣，亲民就是外王；明明德必包涵亲民。而这涵着“亲民”的“明德”，也同时涵着“止于至善”。对人生有这种觉悟，叫作自觉。

如果一个人受制于他原始生命的浊劣，他对自己内在的质量没有深度地反省、没有所谓的自觉，那他的生命就只停留在某一个层次。什么层次呢？最差等的层次、与动物相近的层次，他便难以称为是一个人。比较高一点的层次是停留在现实的层次，平生只有现实的计较，这叫作庸俗。庸俗是什么意思？大家都一样，你不接受教育，或接受教育而不反省、不努力，这就叫作庸俗。一个人很容易知道要追求现实的富贵享乐，但并不是每一个人都知道人生的真正价值别有所在。如果对这别有所在的价值没有清楚的认识和诚挚的追求，他在“人之所以为人的意义”这点上，是不存在的；因为他在历史洪流之中，是随波逐流，他在生死的大海中，像海浪一样起来了，好像生了，又像海浪一样下去了，好像死了……一辈子就这样折腾过来、折腾过去，不知在忙什么，有朝一日，与草木同朽了，不能在这个宇宙中留下一点儿痕迹，他的生命就白废了。所以人生的第一关口，读书的第一关口，就是要自觉，自己觉察、自己觉醒。

刚才针对能自立自主，说明一个年轻人应该有独立思考能力和习惯的真正意义，不过说得有点深远了。现在我们回到现实，从眼前日常生活中所谓的独立思考说起。什么叫独立思考？谁能够独立思考？谁在独立思考了？几十年来，我们常常听到许多政治领导及关怀社会、关怀教育的学界先进，感慨年轻人——尤其指大学生——缺乏独立思考的能力。面对这种评论，一般人往往解释成我们没有出科学家，我们没有研究的精神，我们没有科技的发明等等。这样解释，也对。但，为何没有科学？应该还有更深一层的道理摆在那里。要科学，不能只从科学上思考；所以前年，也是温家宝先生，他去探问钱学森的病，钱学森在去世前发出一个大疑问：为什么我们大学一百年来，培养不出大师？照钱先生的意思，大学应该是培养大师的地方，而堂堂的中国，这么多人，我们的大学建得这么多、这么大，结果一百年培养不出一个大师。这就是有名的"钱学森之问"。

这真是世纪之问，时代之问，民族之问！所以问题一出，震动全国，议论纷飞，但一年多下来，大家既然耳熟能详了，也成为老生常谈了，就很少人再去提那问题，也没有人再费神去想解决之道了。其实啊，要想一想啊，有心的、还活着的一个年轻人，要常常想这种话头。大家为什么不想了呢？或许各人有各人的理由，但我认为总体的理由是，一般人大概认为想也没有用。为什么想也没有用呢？一百年来不都这样过了吗？一百年来，大家也都是满怀希望啊，但一百年来就是不出啊，总是难出啊，所以干脆不要想了。有的人认为人微言轻、有的人认为兹事体大，想了也没有用，是不是？中国年青人是已经养成了一个不愿思考的习惯？还是真的思考过了，但确实思考不出一个道理？

各位，现在说能自立，最重要的关键是愿意常常思考。要养成思考的习惯，其中必须先懂得思考的方法，然后才做思考的实践。《中庸》所谓"思之弗得弗措也"，既然思考了，总是要一层一层地追索，一定要想出个所以然，不得到答案不罢休，这样才算是具备了独立思考的能力。每一个人随时可以扪心自问：平时有没有这样发现问题、对待问题？这句钱学森之问，就可以作为考察独立思考能力的范例，把它当作是你要解决的问题——这个问题确实是一百年来中国整个国家民族的大问题——所谓天下兴亡匹夫有责，这是每一个中国人都应该面对的问题！

不过，可能是我孤陋寡闻，我翻看了一些资料，到目前为止我还没有看到有人认真去思考这个问题；或者思考了，但不见有人提出什么有效的办法去解决这个问题。或许大家把它当成一个大科学家与大政治领导之间高来高去不切实际的问题了，所以虽然也曾激起一些人心里的惊叹，但惊叹过后，没有任何行动。各位，难道世界要这样过么？我们的人生就这样过吗？我们整个民族要这样过吗？假如没有人思考，就没有人活着，没有人活着，这个国家和民族就没有希望可言。

钱学森确实是个了不起的大人物，他胸怀广大，时刻为国家民族着想；我们暂且不敢说要为国家为民族着想，但每一个人总是应该为自己着想啊，孔子说："古之学者为己"，我们先为自己着想再说。其实也不是先为自己，讲到最后，一切本来就只是为了自己，我们要先把我们自己的生命活过来。其实只要把自己的生命活过来，刚才说过，一个人的生命既有主观的内圣，又有客观的外王，内圣是成德，外王是功业；而外王必由内圣而发，内圣必开出外王。自古儒者之教同时注重内圣和外王，内圣不可能没有外王，没有外王的内圣不是真正的内圣；同时，外王也离不开内圣，不从内圣开出的功业不能是真正的外王。

有的人或许会觉得用内圣和外王这些大观念来讲话，好似陈义过高，不切实际，还是用"自我的觉醒"比较亲切。其实如果知道它们的意义，讲自我觉醒和讲内圣外王，都是一样的。譬如有人听到“一个人要有独立思考的能力并要养成独立思考的习惯”这句话，这个人忽然有所感触，认为既生而为个人，本来就应该成为如此的人，这个人便有了理想；而理想，最后一定通于那最高的理想，唯有通透了最高的理想，生命才安得住，这就是所谓安身立命。有了理想之后，你一定会用功，而且肯用功，把用功看成是自己的事。不放弃自己、肯用功，便是对自己负起责任，便不会无所事事地辜负自己。负责任的范围是无止境的，首先对自己负责任，再来自然会对他人负责任。对他人负责任，首先要对自己的家族负责任，所谓“身修而后家齐”；然后对国家民族负责任，所谓“家齐而后国治”；然后对整个世界负责任，所谓“国治而后天下平”。要负这样的责任，一个人怎么可以没有学问呢？所以你会好学。这一切的根源都在生命的觉醒。

生命既然觉醒了，就会有理想，这个自觉本身就是道德的、同时是学问的，既有主观的要求、同时又有客观的要求。所谓的道德不是一般人说的存好心、说好话、做好事，道德的本义是“行道有得”。任何一个人，只有依循人生之道而行，才有道德。《中庸》说“天命之谓性，率性之谓道”，依照人性而行，叫作道，人生所应走的路；而人性由于天命而来，所以依人性，即是依天道。儒家自古以来，即是天道性命相贯通的，行天道人道而有所得，真正是自己身上见了工夫了，这才叫道德。所以道德不是去帮助别人、不是去做做社会服务，真正的道德本义是要通于道。唯有一个有自觉的人、一个知道生命意义的人，向往于他的生命意义并尽情地去实践完成它，才叫作道德。所以，讲到最后，道德一定以修身、齐家、治国、平天下的内圣外王之教为标准。

温家宝先生对年青人也提出讲道德一项要求，其实，假如有了生命的觉醒，必有所实践，这才是真正的讲道德。一个对自我生命有所觉醒的人，难道一般生活中为人处世还会出大问题吗？当然不会了，他必然会“己欲立而立人，己欲达而达人”做一个“坦荡荡”的君子了。如果德不够，他一定会对自己有所警惕、才华不足，他一定会自我勉励；孔子说“德之不修，学之不讲，闻义不能徙，不善不能改，是吾忧也。”一个人能以德不修学不讲为忧，念兹在兹地进德修业，还要人管么？近几年，我们常听到当政者忧心社会，提出“以德治国”、“和谐社会”、“八荣八耻”等呼吁，要学校加强道德教育，要青少年提升道德素质，我去每个学校，都会看见墙上高高地挂着红牌标语，但却很少人问，究竟什么是道德素质？怎么培养道德素质？一个人假如没有发自心底的自觉，去想自己该怎么做人，只凭几个口号，他能有道德的素质么？所以讲道德要从自觉开始。

再说“肯奋斗”，遇到艰难不会退缩，没有自觉的人会肯奋斗么？没有生命的自觉，如果有所奋斗的话，他的奋斗是为了什么呢？只是迫于外在的压力，或现实利害的驱使，那奋斗是不能得到自我肯认的；那种奋斗对自己来说，是生命的自我摧残，对他人来说，也不能造就世界的幸福。什么叫肯奋斗？要有生命的自觉，则那奋斗本是自己生命的事，乃至于“知其不可而为之”、“造次必于是，颠沛必于是”，才是真奋斗啊！

所以自觉自主，是所有德行学问成就的根本依据，借用温家宝先生的话，凡是有理想、讲道德、善学习、肯奋斗，都要通过自觉自主，才能真实化。而自觉可以从深远的境界去领悟，也可以从日常生活的每一当下去体会。总之，随时随地，事无大小，都要记住一个人生态度，就是要问自己：这是我所觉醒的吗？这是我所思考过的吗？这是我所决定的吗？所以“自觉”而后“自决”。第一个觉是觉醒的觉，醒过来的意思；第二个决是决定的决，你自己决定要如此，包括要如此说话、如此做事、如此做人、如此自修。如此，则学校的功课不是因为要修学分，而是我自己要学的，啊，这就很了不起了；孝顺父母，不是要给别人看的，是我本来就要做的，这一种孝顺才是真心的。从最小的事情做起，最当前的事情做起，从而达到最高的境界，这一切都离不开自觉与自决。可以说，一个自己觉察非常清明的人，才是真正活着的人。孔子说“下学而上达”，在当下的一举手一投足就含有无限深远的意义，因为你从道而来，而道是你的自决，这样你的生命就活了，而且是活得非常地充实饱满，有光辉。所以自决很重要。自己决定，任何事都要自己决定。

说任何事情都要自己决定，这样讲的话范围太广了，所以今天我们就用一个例子，来看看我们当中有没有自觉的；然后我们再讲应该如何自觉、自觉之后要怎么做某事。做哪一件事情呢？就是我们今天的讲题，“如何企近经典世界”。今天我先用这一件事做一个示范，并不是说只有这件事能这样做，每一件事情都可以遵循这个方法，所以所有演讲的精华都在这一讲了。以后你来听我演讲，每一讲讲的内容都差不多，呵呵，如果听懂了，以后都不用来听讲了，我讲一次也就足够了。

我们今天为什么要讲“如何企近经典世界”这个题目呢？这个题目，乍一看，还是很新鲜的话题，因为讲的人很少，虽然最近一、二十年来，讲的人渐渐多起来，但是以这个题目出现，估计还是第一次，讲的方式大概也不一样。但是我今天所讲的是从根源上说起，也就是说，今天听我讲完之后就不要再听别人的了。其他人讲的，各位，你要通过你的自觉和自决，自己觉察那个人讲得对不对，而且往往不只是对不对的问题，而是够不够，意思就是说，有时候讲的是对的，但是往往很肤浅，肤浅也可以对啊。他是讲得肤浅还是深刻呢？他是讲得一般呢、还是讲得很高明？这个要自我觉察。假如讲得对，而且讲得又高明，那么通过你自己的判断——这时候就是你独立思考的时候——假如你自己判断它是对的，告诉你，你在觉醒了，而不只是演讲人一个人在觉醒。演讲人可能会有自己的觉醒，但有时候也会出现演讲人不是很觉醒，他只是随便讲讲，讲一些老生常谈；你听了老生常谈之后，有了新的体会，这叫“温故而知新”嘛。所以不以人废言，自己觉醒，你会受益良多；就算人家讲得不好、不善讲，那你要善听，这样的话你也会有所收获。至于我，我是讲得很好的，所以你就更要善听了。

那么我们现在就从很简单的事情，也就是今天的主题说起。我们曾经有过独立的思考么？假如有，今天就不必讲这个题目了。为什么？因为两千多年来，所有的读书人，从一开始读书就是读经典的，他一辈子最重要的事就是要领悟经典中的道理，叫作悟道。所以这真的是老生常谈，不需要再讲，谁再来讲如何企近经典世界会被别人笑话的，因为从幼儿园就开始讲。但今天我们讲这个题目，大家觉得还是蛮新鲜的，为什么？因为我们已经远离了经典世界一百年了。刚好一百年。这个百年的百，有些时候会作为虚词使用，指的是很多，比如说三五成群不是说三个跟五个，而是一群一群人；十全十美，不一定刚好十个，还有什么百问千答、万紫千红，这里的数字都是虚数。但是今天说的经典已经断承一百年了，这个“百”是实数，刚好一百年。1912年元月十九日，当时国民政府很有名的教育部长蔡元培下令，中小学废止读经。意思是说，本来中小学生是读经的。什么叫中小学？中小学是属于新制的学校，或是可以叫作洋学堂，就是向洋人学习的学堂；古代的时候是自己私下开的学堂，也称私塾，这个是国家开的学堂，效法西方人，当然他们也叫学堂，洋学堂，其实也就是所谓的公立学校。公立学校是从清朝末年就开始逐渐产生并发展的，到了民国正式以学校形式建立。这个第一任的教育部长，在开国后的第十九天，就下令中小学废止读经。

各位，这是一件大事！这是两千五百年来的一件大事，但一般人注意不到，为什么？因为一般人丧失了思考的能力，一般人不能够做独立的思考。这样子下令废止，请问为什么会有这一场动作，还有，这个动作的产生的效果如何，一般人是不思考的。不要说一般人不思考，连教育界的人大体上都没有思考过。所以我常感慨，这一百年来中国的教育界丧失了思考的能力。这是一件能产生重大影响的事，不仅是对教育产生重大影响，还会对整个国家民族产生重人的影响！刚才不是说吗，很多国家政治领导人、学者，都在说我们年轻人要怎么样？告诉你，正中要害！乃至于现在还要提倡青少年的道德素质培养。以前受教育的只有君子，君子就要自我负责任，那现在人人都受教育，现在还有君子么？为什么现在读书人没有君子之德？甚至以君子之德自我要求、相互要求的人都没有，这样对吗？假如你认为对，而且你真的认为对，你真的思考过这个问题，认为一个人不需要做君子、在这个国家不需要做君子、我们的教育不需要教一个人成为君子，不需要修德讲学、不需要使自己的道德境界有所提升、自己的才华不需要长进……假如你认为对，你若通过思考认为这是对的，你就这样做，我会很佩服你！因为你是一个有独立思考能力的人，你做了独立思考了。假如你是这样想，只要生活着就好，不一定要追求生活的意义，假如你这样想过，生活的意义是不需要管的，你这样想、你这样自己觉醒、自己决定，不用别人管，我也佩服你！但假如没有想过呢？假如你没有独立思考过，而你还过这样子的生活，你对于你的大学生活是迷茫的，乃至于对将来做什么都是迷茫的，就算有一点意义，也是在你将来要如何讨生活，而不在于使你的生活有意义……如果这一点都不曾在你的心中盘旋，连这一点都没有想过，那你这个人就是行尸走肉，你的心灵就是死的。你就是随波逐流、浪生浪死，将来与草木同朽。庄子说“哀莫大于心死”啊，你没有活过、没有醒过来，就等于不存在，如同你没有来过这个世界！信不信由你。

各位，你不要觉得我们在给你高帽子戴，不是的，刚才不是说了么，你为什么要这样做事，乃至于你为什么要来考大学，你有没有想过？以前在高中时代，十七八岁，你没有想过，现在总该想想吧！你为什么要修学分？你总该想一想吧！你将来有什么愿望？你为什么会有这个愿望？你要想一想啊！我以前在大学里面教过一些科目，讲学问与人生，期末考试时出这样一个题目，叫《你是如何规划你的人生生涯的？》。学生们写道：我要在哪一年赚到一百万、在哪一年要周游全世界……差不多都这样写。不是不能这样写、不是不能这样想，只是这样想的话，就枉做读书人、枉费你读了这么多书。但是我们现在读的书，都没有教我们这些啊！为什么你知道吗？因为从一百年前，教育部就告诉你，这些书都不要读了。你知道是哪些书吗？叫作“经”。就是废除读经了嘛。什么叫作“经”，你想过吗？很少人想过。不然的话，诸位请扪心自问，你有没有清楚的意识？可能你会说：我又不是专家，我又不读中文系，我为什么要有清楚的意识？

不是这样子的啊！有些东西是分科可以分开的，有些是分不开的。所以我今天讲的题目并不是我老王卖瓜自卖自夸，说只有我这一科是重要的，不是这样的——虽然我姓王，同样也可以老王卖瓜——但是实际上你不能这样看，不能说天下的学问都分科了，其他科目就不关我的事了。有些确实不关你的事，但是有些却是关的。虽然从最深远的意义上来讲，任何事情都是相关的，但是我们现在先不讲那么深远，先不要一体化；我们只说某些相关、某些不相关，而有些是你不能够推辞的。你把所谓的“经”，这一种书废掉不读了，这不是你该觉得轻松的时候，你不能说没有它你就轻松了，这恰恰是你在做对不起自己的事啊……你好可怜啊，连这个问题都没有想过！所以各位，今天一定要好好想一想这个问题。你要做一个独立思考的人，不要被这一百年来演变的风气所淹没，除非你真的想过为什么不要读经，否则只是浪生浪死；假如想过，你就很了不起，你可以不读。

独立思考、独立判断

什么叫“经”呢？这个书，有无穷的义海啊！经有经的义海，道义之海。意义的海洋，可以用各种方式来说、可以从各种门路了解，最后总结出无穷的意义，讲不完、说不完。提到“经”，我们就想到，中国的书，在清朝整理出来的《四库全书》分为四部分，经、史、子、集。这是从书目上分。另外呢，有一点佛学知识的人便知道，佛家的书一大堆，但是它也分为三类，叫作经、律、论。大家要注意，虽然佛教的书是从印度传来的，我们翻译并分类为经、律、论，但是也不是中国人自作主张分类的，这有分类的道理，印度人也是这样分的。中国人把自己的书分为经、史、子、集，印度把佛教的书籍分为经、律、论，我们要注意一件事，不管四类还是三类，其中都有一个东西叫什么？经。而且经摆在什么位置？摆在第一位。光这个就够我们想一想。以前如果没有想过，现在就想一想，虽然这个很简单，但是以前忽略过去；现在开始，对每件事不要忽略，你就活了！你就活在当下，当下你就知道你在思考东西，你在做判断，而这个判断是你自己判断过的，这样你就活了。所以今天至少知道了，经是摆在第一位的。什么叫第一位？是不是因为它数目多一点儿，所以排在第一位？并不是。是因为它比较重要。那是不是比较重要就一定要排在第一位呢？是这样的！那它有多重要呢？跟其他的类别相比而言，它有一种特殊的重要性，它是超越的重要。

经、史、子、集，经跟史当然不一样啊，经最重要的是讲义理，史最主要是讲事实。虽然中国文化说经、史不分，可以不分，但是该分的时候还是要这样分。子也是讲思想，但是经跟子分成两类，而且子还排在史之后。什么叫子？"子曰"、"子曰"，我们翻译成"老师说"、"老师说"。所以"子"指的是老师，就是有思想、有成就的人，乃至于他的思想和成就能用来教导别人，所以"子"有"师"的意思。比如诸子百家，所谓"诸子"就是那么多有学问的老师、有思想的学者；"百家"，什么是"家"？凡是"子"就容易有"家"。"家"本来是家族的意思。但是"子"，这个老师，他传授他的学问，一代传一代，就好像我们自然生命一代传一代一样，一代传一代，就成为一个学派。

而"诸子百家皆是家，唯有儒家不是家"，你要知道诸子都是思想家，但这个诸子、这个所谓的百家，告诉各位，不包括儒家。一般说儒家是家，儒家的这些代表人物也是子，比如说孔子啊、孟子啊、荀子……不都是子吗？他们也是子。所以你可以把儒家看成是百家之一，也可以把儒家这些重要的思想家就看为诸子之一；但是呢，现在我们看经、史、子、集的分别，"经"特别指儒家的书，"子"就是指百家的书。所以呢，儒家是从百家中特别挑出来的，孔子、孟子，是从诸子中特别挑出来的。他们所传的重要著作，重要到什么程度呢，重要到它能够与孔子、孟子的境界相提并论，像这样的书才能够叫作"经"。所以荀子虽然是儒家的大师，跟孟子齐名叫作"孟荀"，但是《荀子》这一本书，就不列入在经中，而列入在子中。至于《孟子》，后来也从诸“子”列入到“经”里面，就跟《论语》一样，同时列入十三经里。那么什么叫作经呢？很简单，它是指儒家的重要著作，这是最简单的说法。至于为什么他们的书特别提升为经，是因为有它的特殊性。什么特殊性？佛教的经、律、论，律摆在中间，因为其相对重要。释迦摩尼佛要死的时候，弟子问他，请问老师，您死后我们哪里再求老师？他说，以律为师。以戒律做你们的老师，可见这戒律很重要，所以律摆在中间。律是戒律，是戒条等一些规范修行的规则，其实那里也没有多少有思想的，有思想的是在经和论中；中间隔着律，为的是把论压低一层。就好像经、史、子、集，集是文集不用说，但是经跟子都是思想，中间还隔着史，就是把子压下去，压低一层。

那么什么叫作论？什么叫作经？你去看看佛书，大体上，一打开来，假如前面记载着，现在，这个佛要说法了，不管是娑婆世界佛、释迦摩尼佛、还是远方的佛，只要这一本书记载的是佛说的法，这一本就叫作经。那么什么叫作论呢？论是菩萨所造。它的境界还没有到佛，他是一个修行者，一个高度的修行者，他可以体会佛所说的教，所以他来讨论这个教、他来说明这个教、来演绎这个教，就好像《春秋》有《左传》、《公羊传》、《穀梁传》一样——所以中国叫“经传”，印度叫“经论”。佛所说为经、菩萨所造为论；论是用来说明经讨论经的。经就好像是国家的宪法，论就好像法律；由宪法延伸至法律，法律不能违背宪法，宪法是只有少数条目，这个法律的条目就非常地精齐，所以叫作“论无精品”。论是很富有的、很丰富的；经是很贫乏的，只有几句话，那几句话，一讲再讲，一讲再讲。这个菩萨呢，读书人读得都烦了，一进入《金刚经》，于意云何、于意云何。到最后只这几句话翻来覆去，一部经，几乎只讲一句话，所以经是很贫乏的，只有少数的观念；乃至于三藏十二部经等，全部佛经其实也只讲一句话——不是一部经讲一句话，而是全部的经总加起来讲一句话——这叫作经的性质。所以经是很贫乏的，它的丰富性不够。但是你要知道，经有尊贵的地位，尊贵不是因为它贫乏，尊贵是因为它高明，它是原则性的表示。所以，经就是原创性的书籍，经就是永垂不朽、历久弥新的著作，叫作天经地义！

所以，如果你只人云亦云，你瞧，在古代，每个人从小就读经啊，那就读经吧、要说圣人很伟大，就说圣人很伟大吧、说我们要学圣人，你就去学圣人吧……各位，这叫作没有独立思考，没有独立的判断，这叫作人云亦云、浪生浪死、“与草木同朽”。所以胡适之在当时，所谓的五四时代，他借用袁枚——就是袁子才，清朝的一个诗人——的两句诗，来教导年轻人怎么去做学问，袁枚的诗是这样说的：“双眼自将秋水洗，一生不受古人欺”。“双眼”，两个眼睛，“自将”自己来用，“秋水洗”，秋天的水来洗，一生不受古人欺，这一辈子不受古人的欺骗，“双眼自将秋水洗”。为什么叫秋水呢？“秋水”是有来由的、有典故的，“秋水”的典故可能有两个意思。第一个意思，最早用，最脍炙人口，耳熟能详的“秋水”这个词，是来自于《庄子》一篇文章，又名叫《秋水》章；一开头，就是“秋水时至，百川灌河。径流之大，两涘渚崖之间，不辨牛马。”“秋水时至”，秋天下雨了，发洪水了，这个时刻到了；“百川灌河”，所有的小川都灌到河里面去；那个这个河水涨啊，涨到多少呢，“两涘渚崖之间”，两岸，从这岸到那岸；“不辨牛马”，看上去好像有动物在那边走来走去，但是牛啊、马啊，都看不清楚了，你看这个水面有多宽。然后水神，“河伯”啊，他很高兴，说你看我的水这么大，但是他顺流而东，跟着水一直走，向东走，走到海里去，才看到海那么大；他就感叹啦，我以前认为我的水已经很大了，看到海，我才知道我实在太小了。这个故事叫“河伯观海”，也叫“井蛙窥天”，这个可以下对的——河伯观海，井蛙窥天，这是成语的来由。

河伯观海是比较积极的，这个河伯，自己已经有醒悟了，原来我是不够大的，我不能够妄自尊大，他就醒悟了；至于“井蛙窥天”呢，是不醒悟。所以这两个成语，还是“河伯观海”比较好一点儿，用“井蛙窥天”就真的是讥笑人了；虽然“河伯观海”也是有讥笑的意思，但是他现在醒悟了。所以“双眼自将秋水洗”，因为秋水是大水，两只眼睛啊，用一点点水洗不够，要用很大的水来洗，可以这样子解释。另外一种解释是说，这个秋水是最清的水、干净的水。为什么呢？因为暴雨啊，大概都在夏季，夏天的雨水是比较污浊的；到了秋天，就不下雨了，所以这个水就清了，这个水也叫作秋水。

不过你可以想一想，这里可能有一个问题：庄子是周朝人，春秋时的东周时代。而周朝的日历啊，是所谓的建子——夏朝是建寅，商朝是建丑，周朝是建子，所谓子丑寅卯嘛，十二地支来代表十二个月。那么夏朝呢？是从我们现在所说的一月这里开始算，所以我们现在一月是夏朝的正月；商朝呢，是推到十二月，十二月是它的正月，春天开始是十二月；周朝呢，是推到十一月。其实推到十一月也有道理，因为十一月中间有一个冬至，那时候已经进入冬天了，冬至的那一天就是春天的开始，所以你可以这样看，周朝的正月是十一月开始的。至于秦朝，灭了六国之后，秦国来了一个很特别的举动，就是再往前推一步，它建亥，是以十月为岁首；秦朝以十月为岁首，这个算法就跟我们不一样，因为我们到了汉朝之后啊，汉朝又把它改回来，以夏朝的夏历为准，所以我们现在称我们的日历为夏历。孔子说："行夏之时，乘殷之辂，服周之冕。"如果要用日历的话，最好的是夏朝的日历，孔子这样说。汉朝改为夏历，从汉朝以后我们就用夏历，直到现在，夏历就是我们现在所谓的农历啊，总之不是所谓的"公历"、不是阳历，是阴历。我们用的夏历就是阴历，夏历的正月就是现在所谓的一月，从一月开始算，一、二、三月是春，四、五、六月是夏，七、八、九月是秋，十、十一、十二月是冬。但在庄子那个时代，就是周朝时，十一月、十二月、一月是春，二、三、四月是夏，五、六、七月是秋；五、六、七月正是下大雨的时候，叫作"秋水时至"，所以庄子的"秋水时至"，其实在我们现在看应该是夏天的水。"双眼自将秋水洗"，你可以用两种解释法：用很多水来洗，才能把眼睛洗得很干净、很明亮，或是说我用很清澈的水来洗；总之秋水是形容这个人的眼睛眸子非常地明亮，叫明眸如秋水。庄子所指的"秋水"，是指清澈干净的水，所以"双眼自将秋水洗，一生不受古人欺"，这是古诗词教导我们年轻人要这样做学问：不要受古人欺骗，把眼睛擦亮一点儿。各位，这种教导不是很好么？是的，是很好。我们一直延用到现在。胡适之，他是五四运动的健将，五四运动是从1919年开始，胡适之大概在那个时候就已经成为青年导师，他教年轻人做学问，要“双眼自将秋水洗，一生不受古人欺”。袁枚认为我们常常不自觉地就被古人欺，所以我们要自觉，胡适之更提倡这个自觉。所以有人说五四运动是我们的启蒙运动，就是说我们每个人要自觉，不要只是被古人牵着鼻子走。

这讲得没错啊，古人会欺我们啊，古人欺，这个也有典故的啊。“双眼自将秋水洗，一生不受古人欺”，这个“古人欺”三个字，也不是袁枚自己杜撰的，这是在《孟子》上就有的：孟子引颜渊文，颜渊说：“舜何人也？予何人也？有为者亦若是。”说舜是什么样的人呢？我是什么样的人呢？我当然不如舜啊，但是“有为者亦若是”，只要我有为，我也可以像舜一样，也能成为圣贤。这句话之后，《孟子》又引一个公明仪曰：“文王我师也，周公岂欺我哉？”文王是我老师，我应该跟文王学，而且涵盖地，我愿意和周公学；“周公岂欺我哉？”，周公难道会欺骗我吗？各位，孟子引了两个人的话，一个是颜渊，一个是公明仪，我们再来体会这个话。颜渊说：“舜何人也？予何人也？有为者亦若是。”颜渊这样讲，颜渊有没有在骗我们？我们可以想这句话。因为公明仪说嘛，“文王我师也，周公岂欺我哉？”文王跟周公都没有在欺骗我们呐！这个文章的意思就是说，他们没有骗我们，他说的是实话。意思是什么呢？我们应该听他的话，依照他的话去做。“道一而一”，天下的路只有一条，对的就是对的。什么路是对的呢？颜渊讲的话是对的，公明仪所讲的话，也是对的。因为公明仪是学周公，他说周公也不欺骗我们，文王跟周公讲的话是对的，这个意思是说，古人不欺骗我们；到了袁子才，他说“双眼自将秋水洗，一生不受古人欺。”各位，颜渊跟公明仪，他们骗了我们吗？或者说文王周公骗了我们吗？那我们现在说，我们不要受古人骗，哪个人骗了我们？要想一想。确实，很多人都受古人骗。有人说，古代不是从小就只读经么？就是要读这些书，而且读经为主，读儒家书为主，其他的书老师是几乎不教的，看别的书就要被老师责骂。读儒家的书要我们做什么？做圣贤！所以因为老师这样教，书也这样写，所以我就是做圣贤。告诉你，你被古人骗了，所以袁枚说“双眼自将秋水洗，一生不受古人欺”是对的，不是只引这一句话是对的，这叫作不要抱残守缺，不要两千多年的传统都不敢变化。但是，我们再用另外一种方式来思考，那就是我们把经典废了，蔡元培用政府的力量把经典废了，一般的民间呢，用民间的力量也把经典废了，废了一百年；到现在，各位，我请每一个人，包括我，扪心自问，我曾经想过要不要读经典么？我曾经想过我要不要照着经典做吗？我曾经想过经典有骗我，还是没有骗我吗？假如你没有想过，讲这些话是没有意义的，古人骗你还是不骗你是没有意义的，你“双眼自将秋水洗，一生不受古人欺”，讲这句话也是没有意义的。而一百年来，中国就在一个没有意义的情况下过了这一百年，中华民族整个没有意义。

你有意义吗？有意义，钱学森怎么会说这样的话？不是每个人都要成科学家，不是每个人都要成大师，但是连一点儿我要怎么办的想法都没有，你不是太懦弱、太愚昧了么？所以我们今天不要讲我们要读经，讲这个问题时，我们先讲有没有想过要不要？刚才讲了什么叫经，经的意义是什么，它只是中文系的专科才需要读的么？还有，假如它不是，是全民都应该学的，每一个人都要学，它是至理名言，是天经地义，那我们现在为什么不做呢？接下去，假如我们认为应该去读，应该怎么读起呢？没有人想这个！所以今天我们就要讲这个问题，这个“双眼自将秋水洗，一生不受古人欺”，我们一定要常想。这个古人包括谁，你知道么？中国自从学问成熟以来——从孔子开始算，是两千五百多年；孔子之前的学问，从黄帝开始算，五帝加三皇，五帝之前，还有伏羲、神农，那些渺渺茫茫的岁月。假如从伏羲神农开始算，从渺茫的岁月开始算，到孔子也是两千多年，而孔子到现在又是两千多年，加起来是五千年。所以中华文化五千年，这不是虚问，这是实词，这是实实在在地说。中华民族自从有思想以来，思想从哪里开始，一般都是说伏羲画卦，那是灵光的爆破，是人的心灵与天道有所感通而开启的文明，像这样子从伏羲开始算，到现在将近五千年。五千年整个华夏民族，她的所有的经历遗留下来的一些痕迹，这些痕迹纵使非常简洁地记录，那也是汗牛充栋啊。经史子集，四库全书所收的，不到王宫藏书的十分之一，乃至不到百分之一，大部分的书不收了，不收的书统一都湮灭了，从古以来不知道有多少人的心血被湮灭了，但是留下来了这些。留下的这些又把它分类，分列为比较高的一类，就是经典。请问我们要不要特别去认识？所以我们今天就先讲一个文化的态度。

文化的态度，我们说，去面对经典的态度。这些所谓的经典，为什么能成为经典？在佛家，刚才我们说，佛所说叫作经。什么叫作佛？彻底了悟的出家人，在修行历程中有高度的修行，还没有彻底了悟出家的是菩萨。所以菩萨只能了解佛，但是他毕竟不是佛。彻底了悟，彻底了悟了他的心灵，就叫作“如如”。如其所知，该怎么样就怎么样，所以又叫作真如；真如是他对于世界的观感，他的生命本来就是如此，叫作本来面目，这叫真如。真如即是彻底了悟。一个彻底了悟的修行者，他的所言所行，那是永恒的，一举手、一投足，都有永恒的意义；他说的话，都是从最深的法界等流而出，这就是经。他的内心就是一个法界，一个已经领悟了的生命内涵，它里面有无穷的法，三千世界全部变成功德，为功德海。他的心灵是通透的、丰富的，从这个法界等流而出，所以他们所讲的每一句话，所做的每一件事，不只是一句话、一件事，你不可把这些最高智慧者的一句话一件事当作普通的一句话一件事来看，因为他是从最清净的法界等流而出的，所以它有特别的意义。

各位，如果我们的思考当中，不曾有一种想法，或是一种向往，告诉你，我们的生命就永远是庸俗的。你相信居然有人能够如此么？人就是人嘛，活着吃喝拉撒，你也是人、我也是人，人所作所为，所说的只不过是一句话、做的也只是一件事；但古人认为不然，而且凡是读过万卷的人，凡是在进德修业的路上曾经精进过的人，他会告诉我们，有的一句话不只是一句话，有的一件事不只是一件事，他们这一句话、这一件事，连通到整个清净的法界，是从清净的法界等流而出！所以虽然也是文字的记载，也是由一字一字记载成一句，由一句一句记载成篇，由一篇一篇变成这一本书，但是这叫作文字般若；文字就是般若，般若就是智慧。有些文字就是文字，有些文字如果你多看了，你就会变成和他一样庸俗，跟他一样污浊，但是有些文字本身是般若、是智慧，这叫作经典。因为这种智慧，一旦流出，它就是永恒的，它一到永到、一成永成，它涵盖虚实、遍及万世；这一种书，叫作经。

你不要说这是宗教的词语啊，不是的，凡是圣人的表现，虽然用文字记载下来，你读的也是这几句话——“学而时习之，不亦说乎”、“巧言令色，鲜矣仁”、“弟子入则孝出则悌”，就这么简单，但是你可以当作这么简单来看吗？世界上没有高明的人吗？这是必须要想一想的。如果连这一点都不想，就永远不得醒过来，永远不得觉醒，永远都是随波逐流，浪生浪死，将来就与草木同朽，你就不知道活着的意义，不知道人生之广大，不知道义理之深远，不知道圣贤之高明，不知道这世界是可喜可悦！所以，我说每个人都要自觉。从哪里自觉？从“双眼自将秋水洗，一生不受胡适欺”、“双眼自将秋水洗，一生不受元培欺”、“双眼自将秋水洗，一生不受独秀——陈独秀——欺”、“双眼自将秋水洗，一生不受鲁迅欺”开始。信不信，由你！

古人随时都在骗你，当然也可以说“双眼自将秋水洗，一生不受孟子欺”、“双眼自将秋水洗，一生不受孔子欺”、“双眼自将秋水洗，一生不受文王欺”、“双眼自将秋水洗，一生不受周公欺、不受尧舜欺”；至于做教育的人，则是“双眼自将秋水洗，一生不受杜威欺”。但是谁欺谁不欺，这不是谁能说了算的；尧舜、孔孟都在骗我们，这是胡适之、陈独秀说的，告诉我们要小心，但现在你连他讲的话可信不可信你都未曾思考过！而自从五四运动以来，中华民族已经过了八十几年、九十几年了，这九十年来，请问，你想过么？经典是要废除的，是不需要读的，我们这个中华民族如果读中国的经典、读儒家，我们就被害了；如果你这样想过，你把理由说出来，说得有道理，并且是你自己说的，不是胡适之说的、不是陈独秀说的，你说得有道理，我佩服你，你不要做，我佩服你，你这辈子还是活过的，虽然活得不见得很好，但你是活过的，了不起！能活就了不起啊！假如连这句话都没有想过，你就在这个氛围之内，一百年来，都被它所笼罩。而你自己是一个读书人，从三岁开始读书，一直读到现在，已经二十几岁了，读了十几、二十年的书了，号称是大学生，号称是重点学校的大学生，居然连这一点都没有想过，请问你有什么资格做大学生？有什么资格做年轻人？有什么资格做中国人！

想要企近经典世界，就要有这个态度去问：经典是什么？有了自己的觉醒，自己再决定要不要。假如你要，我一下就讲如何企近经典世界，进入主题；假如你不要，那就算啦，我也不讲啦！大家如果要，我就讲。今天来这里做讲座的时候，一些年轻的朋友，号称是我的学生啊，就一直叮咛我，不要像今天这样，铺垫铺得太久——以前讲两个小时，铺垫是要铺一个半小时的，铺垫讲完后，大概人都走光了，你还没有进入主题，不知道在讲什么。我说："我会注意、我会注意的。"我是一个有自觉的人；但是我又告诉他们说，你听我的讲听那么多次，你应该知道我所有的讲座，铺垫的那段最重要，铺垫越久，就越有意义。而虽然铺垫那么久，听得人都听厌烦了，但是往往再回头看录像的时候，那铺垫还是很有意思的。最有意思的是铺垫，因为铺垫懂了，后面就不要讲了。你懂了自觉，以后该怎么做，还用我讲么？自觉和自决的道理是永恒的，是经典。至于如何去读经典、如何从经典受益，这个事很多门路的，不一定要照我说的做，我只是提供了一个可行之道，所以以下讲的是比较不重要的。刚才有一些人，他听到了一半走了，我很佩服他，他已经听懂了，只有不懂的人还在这里。

企近经典世界

这个意义讲不完，这是对时代的感慨；你不要认为我是发牢骚哦，我会对时代发牢骚，但不是骂人。什么叫骂人？我有情绪、我不理性，我脾气发起来了，我责备，尤其是不恰当的责备、过分责备，这叫骂人；但我是照道理而说，不是骂人，我也很尊重他们，他们也相当了不起，他们也是性情中人，只是他们讲的没道理的地方，我们也要指出他们没道理，所以不是骂人。再说我不是发牢骚。什么是发牢骚？看到一些缺点，他就不安，这种不安有些时候表现得不好，他就会唠唠叨叨的；有些人发牢骚，发得很切中，真的讲到要害了，那么有些呢，只是模模糊糊；总之发牢骚有两种，一种是精明的，一种是糊涂的。但纵使是精明的，我认为还是没有意义，所以我不发牢骚。那我刚才不是讲了很多的时代遗憾么？这是发牢骚么？不是。假如我讲到这里，没有提供解决的方法，我就是在发牢骚。但我提供了解决的方法，就是包括去思考问题、然后去解决问题，这就不是发牢骚。在解决问题之前，一定要把那个问题点出来，所以刚才点出问题，现在才可以解决问题。所以我不是为发牢骚而来的。

我们如何企近经典世界？有几个步骤。第一个，端正你的态度，就是自己要，自己决定，不要受一百年来的欺骗：经典是不要读的、中国文化的传统是没有意义的，乃至中国文化传统是害人的，害得中华民族受欺负……各位，你要去读一读历史啊，远从汉朝，我们不要讲别的，就讲GDP好了；远从汉朝唐朝，我们中国整个GDP都是占全世界百分之五十以上，全世界其他国家合起来的经济能力不如中国，一直到清朝初年，那算作很衰败了吧，明朝末年开始衰败嘛，一直到清朝初年，我们的GDP都还占到全世界的30%以上。中国古人害人么？要读读历史啊，你要跳出来，跳出时代看整个历史，才能把时代定位啊！所有的人都不要再受欺负、欺骗，一提起来就是中国古人害人，中国古人没有尽到责任，使我们现代人没有尽到责任……是我们近代人对不起祖先，你知道吗？

所以第一点，先端正心态：经典是什么？要不要读？谁来读？假如说大家都要读，非读不可，那么读它是有助于自己的生命的觉醒的。为什么？因为它每一句都叫你觉醒。除了这个书之外，没有一本书有这么强大的力道。罗大经的《鹤林玉露》——这是宋朝的一个笔记集，很有名的——里面有一条，有一个人跟他说，哎呀我读那么多书，读得都累了，没有一本书是可以醒人耳目的，书读到最后，读得糊里糊涂的，越读越糊涂，越读越想睡觉；他说，你为什么不去读《论语》呢？他回答说，听到《论语》我更想睡觉了。他说，你不会读书，《论语》是醒人之书啊！所以各位，你去读《论语》，要是读到睡着啊，你就完了；

越读越高兴，法喜充满啊，你就是会读书的！因为它是从最清净等流的法界而出，智慧之言，每一个字都是智慧。你读得出来么？读不出来，你当然说这书没有用啊！是你没有用，还是书没有用？先想一想！

接下来讲要怎么读。各位，每一个人自己，就现在，从今天开始、从下一秒钟开始，你就立志去读，读这些所谓的智慧之书，看看能不能也启发你的智慧。那么当这个智慧之书启发你的智慧的时候，你是不是跟孔子、孟子去随波逐流，随他们的波？不是的。刚才讲了，假如说胡适之、陈独秀，这些五四时代的运动人物，他们所讲的，要你打倒传统，你思考过了，这个对，这就不是随波逐流。什么叫随波逐流？人家说，你就跟着这样走，包括圣人，圣人跟你这样说你也这样走，你这叫随波逐流。什么叫不随波逐流？自己读书，能够独立判断，判断了就是自己的；所以圣人的教导，你若体悟的话，不是圣人牵着你的鼻子走，是你自觉的，要这样读书。怎么读呢？这经典那么深，它的境界那么高，我怎么读呢？每个人都这样想，对不对？你受胡适之骗了！胡适之在骗诸位，我告诉你他怎么骗你的，你自己被骗了都不知道，你是很可怜的。胡适之在当时就写了一篇文章，这篇文章叫作《我们不配读经》。怎么叫不配读经呢？他说，就算国学大师王国维，也说他对《诗经》还有十分之二三不懂、对于《尚书》，有十分之五六不懂。胡适之就问你，你是何许人？你怎么敢说要读经？你自己都不懂，你还敢教你的孩子读经？这叫作自欺欺人。所以胡适之告诉你，你不配读经。从此以后，中国人心里面就想了，哦，经典那么深，经典真的很难了解，我不配去读它；假如有人不甘愿，我就是要读一读，一打开经典，这个真是有字天书，望洋兴叹，颓然而返，就不读啦。

现在我要告诉你，“双眼自将秋水洗，一生不受胡适欺”！胡适之骗了我们八十几年，骗了整个中华民族十四亿人口，现在我们就要问，第一问：这些经书深吗？高吗？“夫子之墙数仞”，高吗？深吗？这是第一点。第二点，如果它真的高深，究竟是我不懂、你不懂，所以不可以读呢？还是我不懂，我就一定要去读，读读看看会不会懂？胡适之的推理是这个样子的：经书很难，你不懂，所以你不能读。但最后的结果是什么呢？永远不懂！听懂了么？我再讲一遍：经书很难、不容易懂、所以你不可以读。结论是什么？永远不懂。正中他的下怀！胡适之就是要达到这个目的。现在我们要独立思考，经书很难，我不懂，但是，它里面是精华，“宗庙之美，百官之富”，那我怎么能得其门呢？我至少要读一读嘛。就是因为这书难，我不懂，所以我才更要去读一读，我读了看看会不会懂；这是我的推理。这个结论是什么？我可能会懂。

所以如何企近经典世界，只有一个办法，就是去读。但刚才说了，经典那么深，我怎么去读？我先解答第一个问题。经典深吗？难吗？请问哪一本书最难？很多人都说，他看到哪一本书都难啊，凡是古代的书都难，何况是经典，那更难，每一本书都很难。最后大家往往得出一致结论：《易经》最难。好啦，我们用《易经》做例子。易经真的很难哦，《易经》很难，是因为它的高度很高，不只是“墙数仞”，那你的程度这么低，“仰之弥高，钻之弥坚”，所以就把你难倒了。在这里我们要独立思考了，《易经》这么深，你的程度这么浅，所以它很难，现在我们要问，是客观的《易经》真的很难？还是你的主观没有能力？所以你要记住，不要因为自己的无能，而去说什么书很难。谁来对我说哪一部经很难、《易经》很难，我就马上笑他，你是无能之辈。为什么呢？因为你的能力提升了，《易经》就不难了，你的能力高超了，《易经》就很容易了。不是么？客观的难度是既定的，主观能力是可以提升的，客观的难度不会增大，但主观的能力可以长进；所以你终有一天，会让《易经》不会再那么难。你为什么不去做这个事？无非是你认为做这个事没有意义。那我现在就告诉你，做这件事有意义，而且有重大的意义。你为什么不做？所以，最终还是态度没有建立起来。

还有就是糊涂、被骗，被五四时代的人所骗。因为他们的目的就是要打倒中国传统文化，要打倒中国文化的最好办法就是让中国人不再读中国书，而让中国人不再读中国书的一个策略，不是让你不再读而已，它是让你连读的能力都没有，你只好放弃。各位，它怎么让你连读的能力都没有，你知道么？就是从蔡元培开始，在学校里面不教你读经，到了五四更咒骂读经，然后让父母亲不可以教孩子读经，让老师不可以教孩子读经。经过九十年，整个中国，十四亿人口，没有人能够读经。不仅是不能读经了，连中国书都不能读，刚才说了，什么叫中国书——经史子集，五千年来的书，我们都不能读。你还是一个中国人么？你不要再说那是中文系的事，你是中国人啊！

各位，如果这是强求——这太难了，我们的工作太多了，你还叫我们学这个，我们现在只要能过生活就好……但如果它不难呢？追也要追它一步，要追一步是很容易的啊！我现在就依照语文教育的理论，来介绍怎么开始读经。

怎么开始读经呢？第一，我们要选择，因为我们的时间不多；不是这里讲座的时间不多，是我们一辈子读书的时间不多。所以我们读书要求到最高效果，求到最高效果的第一个办法就是选择有最高效果的书、最高内涵的书，就是无穷的、从最高法界等流而出的书，那就是圣人之书。中国的圣人你都知道，所以第一本书就是《论语》，请你选《论语》。怎么去读呢？依照语文教育的道理，语文教育的道理就是熟能生巧的道理，要通过反复诵读、自我酝酿，然后渐渐自我成熟。

我们从小受语文教育，小学、初中、高中、一直到大学，我们的语文程度是很差的、不及格的，不能够读经史子集，为什么呢？因为你没有按照语文教育的方法。语文教育的方法是什么呢？有教就有，没有教就没有。你要他将来能写作什么语文，你就要提早用这个语文教他；假如是能够从小教，最好，现在你已经长大了，你已经失学了，就从现在开始“三年之病求七年之艾”。怎么做？按照语文教育的方法：反复。儿童容易记忆，一个儿童反复读，读到很熟，就让他背书；但我们大人对背书没有兴趣啊，所以就反复读。

我现在介绍一个读经的方法。大家去选一本《论语》，《论语》有很多种印刷的版本，不一样，但是没有关系，最好是全本，不要选选本。为什么？你不要吃那些别人嚼剩下的东西，你不要吃人家的吐哺，要原汁原味；所以你不要读《论语》的选本，你要读《论语》的全本。拿来了，你就开始读。怎么读？从第一个字开始读。读完第一个字怎么办？就读第二个字。读完第二个字、读第三个字……读完第一句话怎么办？读第二句。第二句读完怎么办？就读下一行，一行一行读完。读完一页了，怎么办？你要记住，一定要翻到第二页，再从第一个字开始读。读完第二页怎么办？一定要读第三页。你不要笑哦，这是救国救民之道啊！

你不这样读，你就永远没有了，中国文化就永远没有了。这样一句一句读，直到把这本书读完。号称是大学生的人，居然中国圣贤的书都没有读过，而孔子的书这么少。一本《论语》，有多少呢？一万五千七百个字。多久可以读完呢？你读得结结巴巴，“子曰：学而时习之，不亦……说乎？有朋……自远方来……”这样，一个半小时。一个半小时就可以把圣人的书读完，你居然没有读！我告诉你啊，你对不起祖先、对不起你自己、对不起天地！你良心不安！好，可以读。但是，这样读有效么？有，这样有效，不过效果还没有太大，只是有一点基础；必须再从这基础上进，你的收获才会越来越大，所以你要再读第二遍。

当你读完第一遍后写个一，读完第二遍的时候画一竖，第三遍后画一横，第四遍的时候画一竖，读完第五遍后画一横；读完五遍，写下了一个“正字”。每读一遍就记录，最好是记录一下哪一天读完的。还有，最好呢，如果你想鼓励你自己，我请你去找两个见证人，你跟他们说，“我要开始读《论语》了。”朋友若说：“你发疯了是不是？”“我就要做！”然后朋友说：“我不相信。”这样用激将法，你就开始读了。每读完十遍，就跟他们说，你看我读完十遍了，你叫他们给你签个名，一生留下美好的回忆。总共读多少遍呢？读一百遍。当你读到二三十遍的时候，就比较熟了，就能“子曰：学而时习之，不亦说乎？”一个小时就可以读完。读到五十遍，就更快了，“子曰学而时习之不亦说乎？有朋自远方来不亦乐乎？”四十分钟可以读完。你读过七八十遍、一百遍以上，“子曰学而时习之不亦说乎有朋自远方来不亦乐乎……”三十分钟读完。所以读一百遍一共要多久呢？平均下来，一百个小时。你每天花半个小时，五十天读完、每天花十五分钟时间，一百天读完。这个，各位，宗教说发愿，我们儒家叫立志！

那读了有什么效果呢？告诉你：如人饮水，冷暖自知。依照我们推广过程中积累的经验，任何人读过了，不管是谁，只要他十三岁以上，稍微有点自觉——十三岁以下不用说，就是读，呆呆地读，就是要先做个书呆子——自己稍微有个领悟，什么领悟呢，不知道，每个人领悟的点是不一样的，但是你毕竟有领悟，而你所领悟的那一当下，那几句话是重要的，那一个当下是你生命的觉醒！你会发现你精神焕发，你会发现你好像开了天眼。各位，这只有自己去体会，没有读，就永远没有体会，你读了，就有机会；而且，保证每个人都有机会。所有读过《论语》一百遍的人，他们都有一个共同的结论，就是：“脱胎换骨”！

我推广读经，最早是推广儿童读经，后来发现，幼儿也可以读，所以推广到幼儿园；后来发现六岁之前这一阶段很重要，所以推广零岁到三岁读经；后来又发现胎儿阶段非常重要，所以现在推广读经胎教——读经从胎儿就开始了。近来又发现，要让这个怀孕的父母能够给孩子做胎教，一定要在他们结婚之前，一定要了解这个道理，而结婚之前最重要的阶段是大学，所以我们就推广大学生的“论语一百”。现在已经有很多大学生参加了，今年暑假，我们还再办一个“论语一百”的夏令营，就在北京，也有其他的学校都响应——去年我们是七百人，今年我们是六千多人要读“论语一百”，就是把《论语》读一百遍！这个夏令营是比较集中的，它只要一个月就可以把《论语》读一百遍以上；这一个月，大家就住在一个营里面，早上五点起床，晚上九点睡觉，一天读经八个小时。我保证你三十天内，把《论语》读过一百遍以上，那你就“脱胎换骨”，一辈子过不一样的人生！有理想、肯读书、能读书，而你读书了、肯奋斗了、讲道德了、能独立思考、能自立了，将来子子孙孙，受益无穷。所以现在，假如你还没有开始做，赶快开始做！

我还有一个更重要的效果，我这一套方法可以顺便教你如何去谈恋爱、找对象。这方法不管你有没有恋爱对象，有了，可以用，没有，也可以用；你要问对方，男孩子要交女朋友，女孩子要交男朋友，一定要问对方：你读过“论语一百”么？如果读过，准没错，如果没有读过，你考虑考虑。因为他胎还没脱、骨还没有换，他还没有自觉嘛！他不知道自己在做什么，他不能理性地跟你讨论问题，所以你要考虑考虑。假如有读“论语一百”的，那就有理想的共勉，比较情意相投。结婚以后呢？怀孕了，两个人才会有共同的做法：要开始让孩子读经啦。从胎儿就开始读经，读经十个月，教孩子十个月，这个孩子终身就没有教育的烦恼了，他十个月就应脱了胎换了骨了。任何一个做读经胎教的孩子都是天才儿童，这个天才包括两方面，一方面，是学习的天才，叫聪明；一方面，是品德的天才，他的性情比较平正，智慧比较高超。教育就在十个月完成。你如果想要了解其中比较丰富、比较细的道理，请你多多注意读经胎教这一块的消息。你可以上“全球读经教育交流网”，我再讲一遍，“全球读经教育交流网”。为什么叫“全球”呢？因为我要把读经教育推广到全球。世界上任何一个民族都要读经，不是都只要读《论语》，是都要读自己祖先最高明的作品，行有余力，再读其他民族祖先的最高明的作品。所以人与人之间、国与国之间，就在文化的深度吸引和引导之下，大家相互欣赏、相互赞叹、相互学习；国与国之间就会“选贤与能，讲信修睦”，“大道之行也，天下为公”。

我今天带来一本书，每个人赠送一本，这是去年参加暑期夏令营的七百多人读完《论语》一百之后的心得体会，选出比较好的做成的选集；其中有一些理论的介绍，也记录了我在开营仪式和闭营仪式的演讲，大体上也都是鼓舞我们读书的态度以及文化的情怀。希望大家能够自己读，最好是自己读；你自己不能读，就来参加这个夏令营。今年也有暑假夏令营，在科技大学，参加办法可以上网查询，书上也有介绍。等一下每个人都有，我们带足了，书的数量是超过今天来的人数的；所以不必太急忙，慢慢地来，谨此作为我迟到对大家的一些弥补，希望大家不要再怪罪。那今天这演讲，你一定要跟别人说：“他的演讲很好”，千万不要说“他又迟到又晚退”，千万不要这样讲啊，这样讲会影响学习的。好，今天的演讲就到这里。

谢谢各位！

为什么性善论是不容反驳的

时间：2011年6月8日

地点：中央民族大学

各位朋友大家晚上好！

我们继续上个礼拜的主题，有关于读经的教育。因为上个礼拜我讲的铺垫比较多，对于怎么做却没有讲很多——我一向都如此——有些人希望我多交代一点实施的方法，让听的人有把柄可寻，知道怎么去做；我们讲读经应该是付诸于实践，但怎么实践呢，应该讲求一些方法，至少介绍一些方法，很多人都跟我这样反映。我每次都讲啊讲，讲一些道理，讲“为什么”要读经讲得比较多，至于“怎么读”讲得比较少，有人不大满意。不过我常这样想，如果知道了道理，知道了为什么，至于如何去做，应该是比较容易的，知道道理是比较难的，要去做是比较容易的，所谓的知难行易；也可以这样说，其实不是知难行易，是知行合一，知道了那就非做不可。至于做的步骤做的方法呢，那是有相当的方式的，它是多样的，每个人可以有自己的方法，个人去选择自己的方法，到最后呢，可能所选择的方法都差不多。当然介绍一些方法也很好，所以如果上个礼拜来听的人，还有遗憾的话，我就再多讲几句，讲讲年轻人如何读经的问题。

大学生如何读经

大学生如何读经？刚才吃饭的时候我们有位教授问，也希望我多多鼓舞我们大学生，尤其是民族大学的学生，可以有比较多的人来读经。那怎么读呢？方法很简单，上次也说了，就是“论语一百”啊，把你要读的经典拿来读。不过上一次只说到要拿来读，还没有说一个能够读下去的可靠的模式。什么模式呢？就是只管读，不要管了解不了解，或者也可这样说，只读原文，不要先看注解。为什么只管读原文不要看注解呢？我们可以想到，为什么我们这一百年来不读经？上次我提到，我们被胡适之骗了，胡适之跟我们说经典很难，我们没有资格去读经。那我们就说，正因为我们不懂，我们才更要读，看看它是不是真难。上星期曾谈过这件事，今天我们就再从这里讲起。

你打开经典，原文固然很难，不过呢，如果去看注解，注解比原文还要难，那你就怕难嘛，所以不读；这么一来，岂不是更不能读了吗？所以想想我们自己、我们的同学，以及现代的所有的国民，你看有几个人是看这个书的？很少！为什么很少？因为都是一面读一面看注解。一面读原典一面看注解是很难读下去的，那就需要人来教啊，请问谁来教呢？好，你说现在学校有啊，就是不读经典也读读古文。怎么读呢？初中、高中语文老师不都教我们怎么读古书吗？至于读法呢？应该就是读一句就要懂一句，乃至于每个字都要懂，这样子教。教几年呢？教六年。那请问我们的语文程度在哪里？所以，失败的路不要再走，我们已经失败将近一百年了。为什么失败？就是因为这种教育方法失败。为什么方法会失败呢？因为从理论上失败。我们现在语文教育的理论是错误的，导致语文的学习、语文的教学方法错误，因为理论与方法的错误，工夫往往就白费。

初、高中的语文教育错误还不在于讲解，因为初中高中本来就是他要理解的时候，所以是可以理解的。初高中的语文教育错误在什么地方呢？错误在初高中已经不是读语文的时候了。十三岁以前就要把一辈子所需要的语文能力培养好，不管是自己本族的，比方说汉文，中国的语文，你一辈子要用的，都要在这个时机内培养好；乃至于外国语文，比如我们国家要求我们学习的英文，也要在十三岁以前培养好。你一辈子要用的英文十三岁的时候就要达成了，如果不是这样，就是在浪费生命。因为你越往后再做语文的学习，是费力多而收功少，这个叫“时过然后学，则勤苦而难成”。你的时机过了，这是教育界人人都懂的事情，不要说教育界，一般人也应该懂，叫作学习的关键期。语文的学习关键期是在十三岁之前，到了十三岁你才开始学语文，或是要学比较高深的语文——语文也没有什么高深不高深，就是你一辈子要用的——那么中国的汉文要用到什么程度的呢？就是我们要能读经、史、子、集。所以我判断一个中国国民语文程度及格不及格的方法很简单，不是你高考考几分，是拿来经史子集丢给你，你打开一看，像看报纸一样，这你的语文程度就及格了；如果没有，这个民族就将要走向灭亡。或者说这个民族将要走向不再是这个民族，将要走向这个民族的相反，这个叫亡天下！

顾炎武有亡国、亡天下的分别，什么叫亡国？就好像明朝亡了，满清入主，这个叫亡国。什么叫亡天下？士大夫阶层忘了智慧，忘了自己祖先的文化，这样叫作亡天下！也就是说，将来没有中华民族了。现在我们的教育政策岂不成了亡天下的教育政策？让中国人不会读中国书。为什么？因为他不教你怎么读中国书，十三岁之前不教你怎么读中国书。什么叫中国书？经、史、子、集。经史子集会读了，白话文只有读得更好，经史子集不会读，哪一个中国人能拍胸脯说我是中国人？你不敢这样说的。我们其实都已经不是中国人，我们不敢承认我们自己是中国人，而西方人也不承认你是中国人，中华民族现在是危急存亡之秋。因此我们要好好的，至少要把我们的语文程度锻炼起来。

我们虽然超过十三岁了，假如用的方法正确的话，都还能用勤苦的方式补回来，这叫勤能补拙；要能够自己补过，补过的方法就是把我们读书的心理年龄回归到三岁。你看三岁孩子怎么读书的？徐教授今天去看的那个幼儿园，号称是读经的幼儿园，就是从小班三岁就开始读《论语》。怎么读？一遍一遍地读，读到滚瓜烂熟，这是三岁孩子读《论语》的正常状况。我们大人来读《论语》，心里就会想，这是什么意思？因为要学以致用，只是学而不用叫作死读书、叫书呆子，这是每个人自己这样想。但是三岁的孩子你就不可以这样想，他读《论语》不了解，叫死读书，叫书呆子？你不可以这样认为。大人如果是这样只读书不了解，他真的就是书呆子，但一个幼稚园的三岁小孩子他还会长大，他现在是死读书，但你安知道他长大不会用呢？不会了解呢？“幼而学，壮而行”，你不可以随便笑三岁的小孩子这样学是书呆子，你只能笑长大了还这样读书是书呆子。但是如果小时候没有经过这样子的功夫，你永远先要把自己当书呆子。你要先做做书呆子，没有做过书呆子是不可能聪明的；所以先要做做书呆子，先要读几本书，然后再看看有没有学问，这是我们当今能够真正复兴中华文化，能够重新做中国人的唯一的方法！

我们虽然是大学生了，或者我们已经长大了，但我们必须再补这个功课，不补则是永远的隔阂。你补是很简单的，问题只是如何把自己变成儿童。这比儿童要艰难一点，因为儿童不需要变成儿童，儿童本来是儿童，所以他们本来就可以这样读书的，我们本来也可以这样读书的；但一个成熟的大人他要能够心灵变化，能进能退，可有可无，当自己要做一个成人的时候，你应该做个成人，当自己要做一个儿童的时候，你也能够做一个儿童，这样你就可能把经典读起来。你先可以读《论语》，《论语》读完你可以读《老子》，或是读《大学》、《中庸》，各读它一百遍。有的人不是这样读，他先把《论语》读两百遍、三百遍、五百遍，就是读它一千遍也很好！蔡琴有首歌叫《读你》，有没有听过？“读妳千遍也不厌倦，读妳的感觉像春天”。大家以为这首歌是恋爱的歌，后来经过几十年之后，那个作词的人出来宣布，这首歌不是恋爱的歌，这首歌是读经之歌！不过他们不是读四书五经，因为那个作词的人他是基督徒，后来蔡琴也跟着信基督教了，所以她唱这首歌的时候越唱越诚恳，到了她近老年的时候，每唱这首歌可以唱到痛哭流涕。读《圣经》啊！为什么西方信基督教的人，可以在基督两千零十一年之后，读《圣经》读得像读“春天”，而我们作为中华民族的炎黄子孙，作为孔子的后代，我们到了孔历两千五百六十二年，我们不可以读孔子的经？为什么？这是每个人要想一想的，不这样想你就不能够了解时代，不能够自我觉醒，不能够自我奋发！

五四时代的人叫我们全盘西化，基督教不是西方人共同的信仰吗？它不是西方的文化吗？你中国不是要全盘西化吗？他们读经，你为什么不读经呢？所以怪！怪！我们要觉醒啊！不要再受骗了！

我们希望民族大学的同学，能够有这一方面的觉醒，或者有相当的比例，十个里面有一个人开始读经。怎么读呢？不要有太大的压力，不要变成功课，不要每天规定时间，到点了必须读，这样子是很难继续的，除非你真有定力；所以一般人啊，就是随时读，随时书包里面、手上就有一本《论语》，下课了就读它五分钟。熟悉以后五分钟可以读二十页，你一天五六个下课，大概就可以读半本以上。乃至于读它一本《论语》，只要有下课时间，有时一天就可以读一遍《论语》。这样子三个月，一个学期不就读完一百遍了嘛！为什么不做呢？这很奇怪！如果有人做，或者影响到他的朋友做，全班的同学有一半都在读，整个民族大学有一半的同学都来读《论语》，那这个学校在半年一年之后，校风就会不一样，整个风气都变了。这个事是提升学校的读书风气，振兴学校名誉的最好的方法。因为《论语》是有用的书，跟你读别的书不一样的，读别的书读来读去，可能等于零，空的、虚的、假的，没用的、浪费的。

要不然大家回想一下，请问你从小学读书，有的从幼儿园就开始入学读书了，你幼稚园三年、小学六年，你这九年学了哪些的学问而有用的？等于零！九年浪费了，你这九年如果是读《论语》，小朋友可以读三百遍、五百遍，整本会背；读《大学》、《中庸》，读《老子》、《庄子》，读《易经》、《诗经》；读完《唐诗三百首》，读到一定遍数，自然全部会背；再读三百首宋词、一百首元曲，读一百篇古文，然后读读佛经的重要篇章……九年一定可以全部读完，乃至于可以同时把英文底子打好。

马英九曾是蒋经国的英文秘书，他英文好得很，常常去各个学校演讲，有的年青人就问，请问马先生你的英文怎么这么好？他说我也不知道，可能有一个原因，我年青的时候会背一百篇英文名家演讲。各位，你未来想不想当总统什么的？要想当，赶快背一百篇英文名家演讲！英文就好了，就发迹了，就可以起来了。没有用过功夫，是永远没有前途的。什么叫作功夫？功夫就是里面有功力、有力道、有劲道，功夫就是要花时间、花生命；但是有的时间花了、生命花了，没有劲道，累积不起来。你要做能够累积起来的功夫，就是要读有用的书，不要读没有用的书。现在大家可以回想一下你这辈子，如果你二十岁，从三岁到现在，这十七年来，你读过多少书？如果三十岁，你二十七年来读过多少书？哪些是有用的？哪些是没用的？一定要这样想过，将来才有可能另外改造自己的命运。要不然的话，你照以前这样走过来，将来还是如此，空的、假的、虚的，没有功力。你看那些拳击手，或者中国功夫的高手，拳击手一拳打过去，五百磅，这叫功力；那个武术高手一出手，掌风好像移山倒海一样不可抗拒，这叫功力。现在我们呢？花拳绣腿，一出手软绵绵的。为什么呢？因为你这里是一肚子草包。人家这里是精金美玉，叫满腹经纶，出口成章，有劲道。所谓李白斗酒诗百篇，为什么？满肚子都是学问，一开口便是千古名作，酒一斗诗就百篇啊！现在你人生也有感慨了，也想喝酒，酒两斗看诗也没有一篇！为什么？人家李白是读有用的书啊，人家所累积的是学问啊，我们累积的不是学问啊。所以要想改造自己的命运，首先改造自己读书的方式，要改造自己读书的方式，要对读书这件事情有深入的了解，不要再读没有用的书。

民族要有救、要出人才、钱学森之问要有解答，就请让我们的孩子一开始读书，就读有用之书！那些没有用的书，或者用处很少的书，不是禁止他读，是消遣消遣可矣。什么叫消遣？就是要“杀”时间；因为生命太长了嘛，太无聊嘛，所以拿些东西来把时间杀一杀，要不时间太多了嘛，这叫消遣。有很多书是消遣用的，我们孩子时间很多，让他偶尔看看杂书，消遣一下也是可以的。但是在课堂上教学，尤其是老师在教，这个时候就不可以消遣他的生命；他课外时间去消遣是可以的，调剂一下，但你有老师在这里教，在教室里面花了这么多金钱，花了这么多时间精力，这么庄严的教学之地、学术殿堂，你怎么可以消遣我们下一代的生命呢？所以凡是教育，只教一种，就是有用之书！什么最有用就教这种，教一句就可以让他用一辈子，取之不尽用之不竭，温故而知新，与天地同在，与日月同辉，永垂不朽的。这种文章是有的，大家都知道，故意不去注意，故意不去做；你故意没有关系，圣人不会因为你注意不注意而有增损，圣人就是圣人，他的真理永留天地之间。但是你故意忽略，这是对你自己生命的不尊重，是对于自己的浪费。我们为了自己也要好好地思考，要自己觉醒！以上不是今天的主题，不过我们这次是几场连续的讲座，来听的人大略相似，上个礼拜没来听到的人，刚才讲的都是精华，现在等于听到两场，这样我们比较占便宜。

又有人和我说要留时间给大家发问，所以今天不要讲太久，留一些时间做现场讨论；我们也欢迎年青朋友提出一些问题，针对问题我再做解答，比较有针对性，大家可以一面听讲，一面准备问一些问题。问问题是没有关系的，不要怕把我问倒了，我是不会被问倒的。为什么呢？因为我能答的就答，不能答的我就说我不知道，呵呵，于是就百问不倒。我这是遵从孔子的教导，孔子说："知之为知之，不知为不知，是知也。"学术的讨论只要一个诚意，那么见仁见智是可以的，一时之间有一些灵感也是可以的，见识不到的地方，或者偶尔记忆错误的地方，也都是很常见的事。虽然拿麦克风讲话的人要负点责任，不过天下的学问那么大，可能也讨论不完，所以先只要一颗诚恳的心就可以了。那问问题的人呢，也不要怕问的问题太简陋，怕被别人笑；因为我们中国的学生，大家都有这个感觉，不善于讨论，不敢问问题，这是爱面子。其实求学就是求学，求学就是因为无知嘛，因为无知才要求学，因为不懂才要问。所以无知跟不懂是一个学生的权利，那每个人都是学生，像我也是学生，我不懂也可以问啊！这样我们就有很自由很坦然的心来讨论，所以没有关系。

今天我们要讲的主题和让大家发问是有一点相矛盾的，也不该说矛盾，就是说有一点不搭调。矛盾不可以说有一点，矛盾就是矛盾，矛盾没有一点两点，矛盾是绝对的相反，绝对的相反才叫矛盾，这是在逻辑上说矛盾；假如说正反合，正反合就不是矛盾。矛盾是有确实的意义的，在逻辑上的意义不是辩证法上的意义；一些人把这两种意义混淆了，这是造成现在中国人思考混乱很重大的原因之一。为什么说今天的讲题让大家发问，这有些不搭调呢？因为今天的讲题是《为什么孟子的性善论是不容反驳的》，我如果真的把它讲得很清楚，都说了不容反驳，你还问？呵呵，这样不是不搭调了嘛！但是也不能说这个讲题如此，所以大家不能讨论，其实在我心里面，这个主题是不可以讨论的，谁讨论谁就是愚昧，当然，我们刚刚说愚昧没关系，可以求知嘛！

什么是人性

为什么孟子的性善论是不容辩驳的，这个题目很惊悚啊，令人觉得很讶异。这个学术就是学术啊，论点就是论点啊，刚才不是说见仁见智吗，怎么不容反驳呢？哪有什么道理不容反驳呢？说真理，天下真理在哪里呢？只不过是公说公有理婆说婆有理罢了。你说你公道，我说我公道，到底谁公道，只有天知道！为什么不能反驳？各位，确实有些学问是不能反驳的，有些是可以反驳的，或者说有些学问是不容置疑的，有些学问是可以商量的。要分清楚什么学问是不容商量的，什么学问是可以商量的，千万不要把这两种学问混淆了。

现时代的年青人，乃至整个国家的国民之所以生命不得清净安宁，那么多的烦恼痛苦，往往因为思考混乱，不得清明，不知道如何立定自己人生的方向，也就不得安身立命。你的安身立命一定要立在不容反驳的地方，假如你安身立命的所在还允许质疑，允许别人质疑，乃至自己都在质疑，请问你怎么站得住脚？你不是自讨苦吃吗？这叫自作孽！你安身立命所在，要安在你不可动摇之处，你才安得住。那个不可动摇之处至少在你这里是不容反驳的，但这只是主观的不容反驳，我们要问，有没有客观的不容反驳？因为我们每个人都很容易主观上不容反驳啊，我信这一套，就不允许你反驳，有些时候这个就变成不讲理，不讲理的生命哪里是清净的生命呢，你立得住也是假的嘛，你自我安慰而已，阿Q嘛！

要有客观的立得住，就要从一个主观的立得住寻求一个客观的立得住。假如真有客观的立得住了，那就有一件事情会发生，有人会认为是很可怕的，就是天下只有一个道理、天下只有一条路！它客观的嘛，客观而不容反驳不是只有这一条路吗？有人听到这个，就恐惧了，而且一定要反对到底：天下哪有这样学问？现在是什么时代了？多元的时代，你还讲天下道理只有一个，每个人都要走同样的路，那岂不是每个人都变成了工厂里出产的，标准化的规格了吗？是这样子吗？所以我们今天要探讨一些这一类的，很不容易分辨的，或是不容易说服别人的道理——当然可能你不能说服别人是因为你不能说服自己。一般人很难接触到这种学问，不敢去想这种学问，所以他的学问就任它随波逐流，浪生浪死，与草木同朽。这是每个人很难去决定却不得不做决定的事。

我们回头看我们的主题——孟子的性善论是不容反驳的。我们从头说起，首先要把题目隐含的意思先讲清楚，假如讲清楚也就全部都清楚了。性善论是什么意思？说性善论之前要知道什么叫作“性”。为什么会有性善论？关此还有没有其他的论？我们又该如何看待这些论？看待之后通通了解了，我们或许才能选择其中一种，或者这些通通都不在我们的选择之列，我自己可以另创一套；另创一套论，然后我自己来守，这也是可以的——只要自己决定的，都是可以的，只要不是自己决定的，通通都是盲从、通通都是迷信！假如人生在这个点上以前没有做过自我觉醒的人，今天晚上你就要醒啦，你的人生就不会糊涂。

预先说一下，为了清楚起见——假如要论“性”，当然是对人说的，我们这是对于“人性”的讨论，所以有所谓性善。当然关于人性，也有其他的讨论，有人说这是见仁见智，你怎么可以确定是哪一种呢？是不是孟子的性善论不容否认，其他的论也不容否认、不容辩驳？那如是这样我们怎么办呢？确实有这个问题。现在先说一个可能的处理的模式，就是回到见仁见智这个成语的本身，来思考一个所谓的多元化，所谓的众说纷纭的解决之道。

刚才说学问或论点好像是见仁见智，见仁见智往下说好像是众说纷纭，莫衷一是；其实本来没有什么所谓众说纷纭，天下道理只有一个，没有那么多个。那怎么又说见仁见智？见仁见智的意思不是最少应该有两种看法吗？乃至见仁见智不是只有仁跟智，有了仁跟智两种就可以有三种、四种，五种、六种，乃至于无限种。假如有见仁见智，怎么可能有一定的道理呢？我现在就要说，如果真正了解见仁见智，也就了解天下道理只有一个了。怎么说？我们回归到见仁见智这个词语的来源。这个词语是出自《易经》的《系辞传》，它有一句话是这样说的：“一阴一阳之谓道，继之者善也，成之者性也。仁者见之谓之仁。知者见之谓之知。”这是见仁见智成语的来源。“一阴一阳之谓道”，一阴一阳来说明道；不是阴阳是道，阴阳不是道，因为道是属于理，理是属于形而上，所谓“形而上者谓之道”；而阴阳是属于气，气是属于形而下。形而上的道，它假如只是道，它就跟天地万物不相干，所以这个道它要透过阴阳——阴阳就是两种性能的变化——来衍生万物。所以道是一层，万物是一层，而阴阳就是道衍生万物的过程。所以阴阳是属于宇宙论的，道是属于本体论，而天地万物就属于现实世界。那么道展现为一阴一阳，一阴一阳就是道的作用，所以说“一阴一阳之谓道”。我们很难说明道，就用“阴”、“阳”来展现道；我们不能够了解本体，我们只好退一步，从作用、从变化、从宇宙论来了解本体论。

这个和老子的了解法是很类似的。老子说“道可道，非常道”，然后又马上说，“无，名天地之始；有，名万物之母。此两者，同出而异名，同谓之玄。”“此两者”，就是“有”跟“无”；“同出”，就是同出一道；“异名”，就是两种名称、两种作用。所以“有”、“无”是“道”的两种作用，这是道家的说法；儒家的说法，说成阴、阳，或乾、坤。如果要对比的话，“阳”或“乾”就属于“无”，“阴”或“坤”就属于“有”。当然，必要时，“无”或“乾”或“阳”，皆可上升于

“道”的格位，而以无摄有、以阳摄阴、以乾摄坤，因为功能虽然有二分，但其全幅本是一体；二而一，一而二，这是哲学的模型。任何的哲学其实都有这种模式，这叫“共法”——共同的模式、共同的方法。

“一阴一阳之谓道”，阴阳不是道，能够造成一阴一阳变化的那个背后的根据叫作道；程子曰：“一阴一阳非道也，所以一阴一阳者，道也。”“所以”就是所用来，所让它一阴一阳的，就是道，那个“所”就是背后的意思。而“继之者善也，成之者性也”，能够一直变化无穷，这是很美的、很妙的、很广大的作用，因此用“善”来称呼。假如它没有“继之”，没有阴而又阳、阳而又阴，整个世界就毁灭了；生生不息就是因为阴阳永远变化，叫作“继之者善也”。那这个阴阳的变化呢，它不是在那边做无聊的变化，它所变化一定要成就事物，所成就的万事万物，任何的事物由阴阳各种不同的比例调和而成。而一调和，成就哪一种事物，就有哪一种事物的特质，这种特质就是这种事物的“性”；“成之者性也”，凡成就出就一定有万物的特质，万物就分成我们看到的各种表现——不只是类别的表现，就在类别中，就在每一个个体当中，它也都有性。比如说人，人这个类，和其他牛马羊的类是不同的类，因为阴阳的造化不同。成之者都各有其性，“成之者性也”，就一个人来讲，这个人的个体也有他的性啊，你的骨头和你肌肉的性不一样，你的肌肉和你的毛发的性也不一样，这个也是阴阳造化。

往小处看，任何一个越分越细的细节都有它的性；往大处看，一大类、一大类的，“方以类聚，物以群分”，也有它的性。统观来讲有八种性，就用八个卦来代表，叫八卦；如果统为五种特质，就用五行来代表；再统观为二，就是阴、阳两种特质；这叫作“性”。所以“阴”是一种性，“阳”也是一种性，它有它的特性、特质，而道是没有性可说的；这叫作“继之者善也，成之者性也。”

我们人，既然生长在天地之中，人为万物之灵啊，秉五行之秀气，所以人比较灵活，灵活从哪里说呢？不是从你的动作说灵活，我们的动作也许不如老虎狮子灵活，不如猴子灵活，但是我们的心灵灵活，所以只有人，与天地相往来，只有人能感应天地造化的功能。人呢，也有各种心灵的表现，大体分为两类，一类叫作仁者，一类叫作智者，《论语》上说：“知者乐水，仁者乐山。知者动，仁者静。知者乐，仁者寿”。《易传》在这里也分仁、智两类，这个仁者，心中倾向于仁德的人，见智；什么叫见智？见就是去望见。讲望见不大对啦，因为“望”和“见”不大一样，跟“看”也不大一样，这个见跟望，跟看、跟观、跟察很类似，但不一样。陶渊明的诗：“采菊东篱下，悠然见南山”，这个见字用得好；你说，采菊东篱下，悠然“望”南山，就比较不符合这个时候的情境了；你说，采菊东篱下，悠然“观”南山，更差；采菊东篱下，悠然“察”南山、采菊东篱下，悠然“瞪”南山……那太差了。就要用“见”这个字。仁者见之，这个见的意思比较广大，尤其比较少那种生理的作用，乃至于也渐渐少了心理的作用，是一种灵性的作用、体悟的作用。悠然见南山，不只是看见南山，乃是体悟了南山，跟南山当下一体，不知谁是南山，谁是我。这个叫作悠然！

所以仁者见之——那个“之”是指道——仁者在芸芸众生红尘世界当中，他能够见这个道，就是体悟这个道；仁者见之谓之仁，他认为这个道是仁德的，而“智者见之谓之智”，智者见之，认为这个道啊，是属于智的。为什么？人只能这样做啊！人只能这样观察，这样思考，这样体悟啦，各位，这是两千多年前的书，没有一个字，你可以改它！它有深远的意义，而且天下只不过如此，天下始终就是这样，你还能怎么样？

好了，这样岂不是大家对道的了解不一样了吗？各位，也可以这么想，也可以不这么想。如果这么想，你仁者见之，见这个道、思考这个道、体悟这个道，体悟道的仁德这一面；而智者，体悟道的智的这一面。那么道在哪里？那不是各说各话了吗？你如果这样看，就是一个没有智慧的人，也不懂古人说这句话的意思。孔子除了“学而时习之，不亦悦乎”之外，还有“有朋自远方来，不亦乐乎”，当仁者与智者相遇，或是当这个仁者，有一天发智心的时候，因为心灵是整体的，一个仁者不是只有仁啊，一个真正的仁者必定含有智，或是必定去追求智，乃至于他听到智者的语言，一定有深刻的感悟。如果一个“仁者”不去追求智，他怎么可能算作仁者呢？一个智者，他也必定想要追求仁，一个智者而不仁，他怎么可以叫作智呢？因此孔子才说“仁者安仁，智者利仁”，什么叫作智者？就是对于仁，他有相当深远的认识，而且努力地追求仁德，这叫作智者。所以以“仁”来规定“智”，以“智”来完成“仁”，仁、智本是一体。

读中国书要了解这个问题啊！你不要像现在的西洋学术分科，越分越细，越分大家越不相干。中国学问不是这样的，中国学问可以分、可以合；这个合呢，不是把两者合为一，而是本来就是一！不得已说为二，虽然说为二，它还是一；所以叫二而一、一而二。仁者必定希望他有智，智者必定希望他有仁；不过在主观的现实生命中，每一个个体都有他的特殊的倾向，这是不能够强求的，但是这个特殊的倾向，不能够执著为一个生命死板的偏见。所以孔子说“毋意，毋必，毋固，毋我”、说“君子不器”、说“见贤思齐，三人行必有我师”……这些是什么意思？心胸开朗啊！随时追求一个完整的人格、完整的学问。当这样的时候，请问还见仁见智吗？是的，还见仁见智。但这个见仁见智互相妨害吗？是仁者妨害智者，智者妨害仁者吗？不是的！不仅不互相妨害，反而是相辅相成，互相尊重、互相学习、互相赞叹！各位，这不是《易经》上的一句话，这是整个中华民族的学问的态度。所以不要往分开的地方想，要往整合的地方想，当往整合的地方想的时候，天下道理还是归于一，虽然表现可以多，但是道理归于一。自己在表现的时候，往往还要心存道的念头，即使一时不能够完全表现道，但是对于道的向往是永恒的！

中国在吸收佛教的历史上，表现是非常令人赞叹的。中国的学问跟印度的学问有不同的表现，但它们都在表现人性，都在表现道，所以最高的追求是一致的，都要到达一个完美的人格，追求一个永恒的意义，这是一样的。它们只是追求的模式不一样，追求的进度不一样，乃至追求的起点不一样，这里我们也可以用这句话，“仁者见之谓之仁，智者见之谓之智”。而印度人没有遇到中国文化，中国人却遇到了印度文化，中国人好学，这是中国人求来的。只听有中国人去印度取经的，印度人既然知道天下有个中国，怎么没有印度人来中国取经？所以印度人就不如中国人了，从这就可以看出来，因为印度没有像孔子这样的圣人啊！那中国人遇到印度文化的态度是什么？当时的中国学者，读佛家的书，经过了五六百年，终于把佛教吸收进来，从此，中国文化的主流成为“儒、释、道”三家，这是很大的成就。

我们现在遇到西方文化，理当也要如此。刚才说中国和印度，都还算是东方，而东方和西方的差别是比中国和印度的差别还要大。不过这个见仁见智，难道就要你死我活吗？上一个礼拜用很多的时间讲这个问题，了解的人就知道这是不需要的，到最后它还是可以归于一。归于一的意思是，理想是一，表现是多；但是表现多的地方你不可以随波逐流，你不可以糊里糊涂，你到最后还是要归于理想之一，同时允许表现之多。这是一个人作为君子，作为一个成人之美的君子的基本态度，如果我们有这样基本的态度，就既对得起自己，又对得起别人。

讲完“仁者见之谓之仁，智者见之谓之智”，我们底下再讲人性论。现在我们讲人性也可以有多种讲法，比如说亚里斯多德就曾经定义人性，什么是人性？这个“性”就是性质的意思，我们再增加使它更有重量的一个字——“本性”。性本来是性质的意思，亚里斯多德对人性有一个定义：“人是理性的动物”。我们这个时代可能经常听说什么人是政治的动物、人是经济的动物、人是群居的动物、人是形而上学的动物……这些学者专家的话，我们也听不太懂；大意就是说人是有这种性质的，乃至更严肃地说，人是有这种本性的。而性质和本性还有另外一层意思：它不是造作出来的，它是原来就如此的。凡是原来就如此的，我们就说它是自然的、天生的；所以人性，就是人之所以自然为人的天生品质。他们认为，这样了解就对了，这叫人性；如果人自然天生的品质会追求经济、对经济有兴趣，就是经济的动物；会对政治有兴趣，就是政治的动物……等等，只要你认为人有这样天生的品质，就可以这样讲人性。

人的道德性

但是我们今天讲孟子的性善论，我们在这个善的地方说性的时候，我们就没有那样广泛地讨论人性，我们把人性集中在讨论人的道德性上。什么是人的道德性？其实如果真正对人生有所了解，对于人的品质要有所讨论，就会发现有些讨论是比较次要的、是比较支流的，是由基本的性引发出来的，由基本的性来做它的主导，比如说人的政治性、经济性。但从这样子的性，你就可以想到人有道德性，为什么？因为没有道德就没有政治、没有道德就没有经济。要深切体会这一点啊！论性的层次有多种多层，最高一层应该是对人的道德性的讨论。能够讨论到人的道德性，这个人叫哲学家，假如讨论人生而居然对人性没有看法、没有规定，这个人的哲学程度是还不够的。当然还有人可以这样说，我们可以讨论到不只是人的本性，哲学可以讨论到天地的本性、宇宙的本性，这些不是更高吗？各位！更高假如高到空虚的话，也是没有什么意义的啊，乃至于它往往会产生错乱，而且这个错乱是自我不能解决的错乱，这个错乱你让它错乱下去，你信了，就可能是天灾人祸一起来！所以不要随便去讨论什么是宇宙的本质，不要随便讨论这个问题，你先了解人再说吧！所以讨论所谓的性，我们集中地讨论人性就好。讨论人性，最高的层次是讨论人的道德性。讨论人的道德性，算作对人的一个了解，是人生的哲学很高明的、很重要的一环，我们今天就是要讨论这一环——人的道德性。

关于人的道德性可以有多少种说法呢？这光讲一个“道德”让人不容易分辨，不容易了解，就好像刚才讲那个“道”，不容易了解，所以讲到阴阳、有无。现在我们讨论人性、人的道德性，我们也把道德分为两面来了解，一面叫作善，一面叫作恶。所谓善就是合乎道德，所谓恶就是违反道德，把道德分开来正反两面，就比较好了解比较好讨论。那么什么叫人的道德性？就是人的道德的品质，道德的本性。什么是人的道德的品质和道德的本性呢？这个性跟质有什么意义呢？“性”其实就是根据的意思。什么叫有根据？就是你要有道德，请问你凭什么而有道德？或者你说，人凭什么应该走道德的路？道德的根据在哪里？人为什么要追求道德？不追求道德可以吗？人的本性不是追求道德的，甚至是可以追求不道德的，你好像也可以这样想啊！在还没有决定之前，你都可以想。总之，论人的道德性有各种论法。

而既然有善跟恶，那么我们就用善跟恶这两个观念，再加上是跟不是，是跟非这两个观念，综合起来分作两组命题，来讨论人的道德性，所以人的道德性的讨论只不过四种。天下的道理是可以定案的啊！我们今天就定案了，对于人的道德性的主张只不过四种，古今中外乃至于千万世之后，讨论人性善恶的问题、人性的道德性问题，不出这四种。这四种是哪四种呢？第一种就是甲是乙非，第二种是甲非乙是，第三种两种皆是，第四种两者皆不是。懂吗？不就只有这四种嘛，这叫逻辑。所以没有多少种啊，学问是很好了解的。这四种呢，其实老早老早我们的祖先也讨论过了，我们后世不需要再什么讨论了，了解就可以了，中国古人不是省油的灯啊！

我们读《孟子》，因为孟子讨论人性。当时有人跟孟子讨论人性，孟子也跟他的学生讨论人性，这些人是何等人物呢？这些人叫作圣贤人物。他们既然讨论到这个问题，告诉各位，他们已经讨论完了、讨论尽了，这四种都讨论过了。我们去看《孟子·告子篇上》，其中有一章："公都子曰：告子曰：'性无善无不善也。'或曰：'性可以为善，可以为不善；是故文武兴，则民好善；幽厉兴，则民好暴。'或曰：'有性善，有性不善；是故以尧为君而有象；以瞽瞍为父而有舜；以纣为兄之子，且以为君，而有微子启、王子比干。'今曰：'性善'，然则彼皆非欤？"第一个，告子说性无善无不善，没有所谓善，没有所谓不善，这叫两者皆非。告子怎么说性无善无不善的呢？"性犹湍水也，决诸东方则东流，决诸西方则西流。人性之无分于善不善也，犹水之无分于东西也。"他说人性就像一潭水，水没有所谓东西，我们东边掘一个口，这个水就往东边流了，我把西边掘个口，水就往西边流了；水没有东西之分，以此比喻人性没有善恶之别，这是告子的主张。性无善无不善，所以可以为善，可以为不善。他们举例了，这个要看环境，如果文王、武王在位，那么百姓都好善，都变成善人，如果是幽王、厉王这种暴君在位，百姓都倾向于恶；可见人性是可以善，可以不善——这个在现在很流行，叫环境养成说。还有一种，性有善有不善，两者皆肯定，这个叫两者皆是。什么叫有善有不善呢？就是有人生下来专门是好人，有人生下来注定是坏人，好胚子、坏胚子。他的举例是，尧做君王时，而却有个舜的弟弟叫象，这么坏的一个人，专门想杀他的哥哥，尧不是圣王嘛？而有百姓却是“象”这样的坏人，这个坏人无论谁在位都是坏的，象是坏胚子；而纣做君王，有像启像比干这样的人物，微子和比干都是忠贞之士，那么虽然有暴君在位，却也有忠贞之臣，可见他们的忠贞是天生的；所以说有人天生是善的，有人天生是恶的，这也是一种肯定。无善无不善与可善可不善是两者皆非，可善可不善可归入无善无不善，也可以是无善无不善归入可善可不善；总之这里有两种，就是全部肯定或是全部否定。

现在还剩两类，一类是肯定甲，一类是肯定乙。公都子就问，老师啊！你现在主张性善，那刚才这些说法，无善无不善、可善可不善，或有善有不善，他们都错了吗？孟子是主张性善的，他一定否认性的不善，他只主张一种。孟子之后还有位大儒叫荀子，荀子主张性恶，他批评孟子的性善论，可见荀子主张的是性不善，他否定性善。孟子肯定性善、荀子主张性恶，加上前面两种，正好四种。这四类的辩论在两千多年前，就已经全部地展现了。

中国人讨论人性是不是只有这些呢？不然，后代还有一些说法，关于性善恶的说法。比如汉朝初年的董仲舒，他一方面说人有仁贪两性，就好像天地有阴阳二气一样。天地有阴阳二气，人有仁贪两性，得其阳气者为仁，为仁德等好的，得其阴气者为贪，为贪婪等不好的；也就是主张人有定性的善和定性的不善。他还有另外一种说法，就是性三品说，性有上中下。为什么他这样说呢？因为他读到孔子的“唯上智与下愚不移”。上智就是上智、下愚就是下愚，读到这句话他有所领悟了，于是他说，有人是上智，生而知之，有人是下愚，他就是愚昧的，他怎么教都不行的；而大部分人都是中性的，就是可善可恶的。好像这种说法也相当完整，而且现实上不需要举证，现实上大家都承认，这叫性三品说，性的三个品质。后来王充也主张性分为三种，也是上中下。到了更后来唐朝的韩愈，他也主张性有上中下三种，也就是说性三品说在历史上是有很多人主张的。

为什么有这么多人主张？刚才说过了，这是很庸俗的，所谓庸俗就是很平常。庸就是平，俗就是非常多人这样看，满坑满谷的人叫俗；所以大家都这样看。其实大家都这样看，不见得不对，所以庸俗不见得就不好，庸俗而你知道它的意义，就不庸俗了。假如庸俗你就跟着走，盲从，那叫真庸俗！因此我们不一定要违背群众，当然也不一定要跟随群众。这个态度孔子做得最好，孔子说：“君子之于天下也，无适也，无莫也，义之与比。”君子对于天下的事情，对天下道理，没有一定赞成的，没有一定反对的，那么是墙头草两面倒吗？不是！义之于比，道义在哪里我就站在哪一边。各位啊！这种生命漂亮啊！他不会人云亦云，不会随波逐流，不会结党营私，他只看对与不对，正义与不正义。

你要跟哪个站在一起呢？那义在哪里呢？没有经过自觉你怎么知道义呢？所以这叫作活出来的生命，叫作存在的生命。那么对群众，对大家所认同的，要不要认同呢？这孔子也做出了一个示范，孔子说："麻冕，礼也；今也纯。俭，吾从众。拜下，礼也。今拜乎上，泰也。虽违众，吾从下。"麻冕，麻织品，用麻织的布来做礼帽、礼冠，这是古时候传下来的礼，现在用普通的白布来做，不用麻了，比较节俭，比较容易取得。我也跟大家一样用布的帽子，似乎孔子也赶时髦啊。古代的宫殿，为表示它的崇高，都有很多的台阶的，见国君的时候，要在台阶下行拜礼，先拜再登台阶，这也是古代传下来的礼；但是现在大家都跑到台阶上再拜了，为什么呢？因为你在下面拜国君没看到，跑上去拜国君可以看到。孔子说，这太自大了，不够谦卑，所以虽然大家都上去拜，我还是下边就拜。你看，孔子到底是跟着时代走呢？还是不跟时代走呢？跟刚才一样，"君子无适也，无莫也，义之与比"，经过自己的抉择，到底孔子抉择是不是正义，你可以讨论——你为什么拜下，为什么表现谦卑呢？你这个不是愚忠嘛！你可以这样讨论，那你就不要拜下。但孔子不是这样想的，孔子自己决定要拜下；你不可以说孔子你不可以拜下，因为他拜下你就看不起孔子，你不要专门跟圣人作对，人家孔子是想过的，自己决定的，你要尊重他，何况如果这样做是合理呢！合乎人与人之间相处的关系，这叫伦理，有伦就有理，不是你随便想就好的啊！不是什么现代化的人就比较会想啊！这些问题是留在下个礼拜我们讲《论语中的"糟粕"》时再讨论。

回头过来说刚才性善的议题。我们既然知道有这四种的议论了，公都子问他老师孟子：现在你说性善，难道他们都错了吗？因为那时荀子还没有出现，所以公都子还没有举到性恶。为什么当时性恶论不出现呢？这也是有道理的，因为当时天下的人没有人敢说性恶。这是很自然的，所以荀子啊，真是倒了大霉了，讲了一句性恶，呵呵，两千多年来中国人不原谅他，犯众人所怒嘛！谁敢讲性恶？就荀子敢讲！各位啊，荀子不简单啊，大儒啊，与孟子齐名！这叫先秦儒家的三个重镇：孔、孟、荀。谁敢讲性恶？荀子就敢讲，讲得头头是道。当时没有讲性恶的，但孟子和其他人讲的不一样，他们都不对吗？孟子就说他性善的道理——这一段话非常非常重要，这一段话就是我们今天的主题，性善论之所以不能反驳的原因——“孟子曰：‘乃若其情，则可以为善矣，乃所谓善也。若夫为不善，非才之罪也’”。接下去就讲：“恻隐之心，人皆有之；羞恶之心，人皆有之；恭敬之心，人皆有之；是非之心，人皆有之。恻隐之心，仁也；羞恶之心，义也；恭敬之心，礼也；是非之心，智也。仁义礼智非由外铄我也，我固有之也。”

这段话前边是比较重要的，这段话很有名，很多人都读过、也了解过，但是今天责任所在，我们还是要稍微解释一下。“乃若其情”，这个乃是个发语词，没有意义，也可以解释成“如果”；“若”也有如果的意思，但在这里就是“顺着”的意思。《尚书》上“若”往往解释成顺，所谓“瞽叟亦允若”，允就是诚信，所以允文允武啊，就是真的有文真的有武；信者实也，实实在在的有文有武；允若，就是实实在在地、诚诚恳恳地，很顺畅。本来瞽叟白般地要害死他的孩子舜，没有害死，舜呢还是百般地孝顺，最后瞽叟也被他感化了，叫作“瞽叟亦允若”，也非常地诚恳了，也非常地顺当了。“其”，就是一个人；“情”，一个心字旁一个青，实也。为什么年轻人叫作青年呢？年轻的人年纪还没有很重，像我现在六十几了，年龄称起来就很重，你们才一二十岁，称起来就很轻，你的年纪累积不够嘛，所以轻，所以叫年轻，呵呵。青是青春的意思，青是一种颜色，是春天的颜色；它是草木刚刚生长的颜色，青色，因此青是春天的颜色；春天代表生机旺盛，希望无穷，所以叫作“青”。青是很美的一个词语，凡是很美的事物，都可以用青来表示，比如说水很美，一个水字旁加一个青，就是水很好，矿泉水浊了它就卖不出去了；再比如米很白，米碾过好几次——古代是舂米，舂米舂一次去掉壳，再舂一次去掉麸，舂完了再舂，然后磨啊磨，磨到整个米都白了——白米就是精米，叫作精益求精，精就是好的米；青上边加个草，念做菁，菁就是草很美，或是说草木非常地茂盛；青若加上一个人呢，就是倩，也是美女的意思，倩女幽魂嘛——不是说美女都是幽魂啊。青如果加上一个心，就是情，什么叫情？就是很美的心。什么叫很美的心，就是实实在在的心。所以情者，实也，实实在在的感受叫作情。什么叫感情？就是你内心真实的感受。现在我们把感情往往放在男女的爱慕上边说，这也是可以的，因为它是让人特别动心的一种实感；你有实实在在的这种感受，感受到实实在在的善和美，你也让人家感受到你实实在在的善和美，这样就叫两个人感情很好。假如你的爱是虚的、空的、不实在的，你感受对方是这样的，你们这就不是“感情”，不是真正的情。情真意切才是美的。

孟子说“乃若其情”，这个时候不是说普通的感情了，是一种道德感情，真有实感，实实在在感受到你的道德的涌现，道德的意识，这叫乃若其情。而如果你顺着你心灵的真实表现，则“可以为善矣”，那是可以为善的，那是可以做出善的行为的，那是可以过善的人生的；“乃所谓善也”，这就是我说的性善啊。什么意思？孟子说，我所说的善，不是说现在社会上的人都是好人，没有一个坏人，也不是说我们时时的心念，一动念就是善念，没有恶念，我不是这样说性善的。我是说“乃若其情，则可以为善矣”，假如一个人顺着他真实的感受，他是可以做成一个善人的，这就是我所说的善，这就是我所说的性善！各位，孟子不是普通人啊，他不会让你随便抓到小辫子的！他用的是假设语气，这个假设语气是逻辑上非常好用的一种讲法，假如怎么样的话就怎么样，那你要反对他什么呢？这个用词当然也有主张，不是随便说一个假设。假设顺着人的真实之表现，或是假如顺着人的真实之感受，假如人顺着他真实的愿望而行的话，他是可以做善人的、做善事的，这就是我所说的善；其实这里还省掉一个字，这就是我所说的性善，因为刚才公都子还讨论性善嘛，所以他说，这就是我所说的性善。

接下去孟子就比较不客气了，不是假设语气了，他直接断定，说：“恻隐之心，人皆有之；羞恶之心，人皆有之；恭敬之心，人皆有之；是非之心，人皆有之。”恻隐、羞恶、恭敬、辞让、是非，这四端之心，在《孟子·公孙丑篇上》，有比较详细的解释：“先王有不忍人之心，斯有不忍人之政矣，以不忍人之心，行不忍人之政，治天下可运于掌上。”所谓不忍就是不安，你的心灵感受非常地灵敏，这叫作不忍；相反，你没有“不忍”，就叫残忍。你常常有痛切之感，假如你能以不忍人的心，行不忍人的政治，天下可运于掌上，也就是说，要治理天下原本也是很容易的。“所以谓人皆有不忍人之心者”，“不忍人之心”，现在简单说为同情心，人都有同情心。孟子为什么会讲这些话呢？他是怎么证明性善的呢？各位，我现在就举孟子讲的例子证明给你们看，证明性善是不容反对的。为什么要举例？因为这不能再用论证的方式论了，善不是一种理论，它不能用理论的证明。那么孟子用什么样的方式来证明呢？他用这个例子——这个例子是不准确的，用这个不大准确的例子——来说明；所以如果说证明，也不是知识的证明，不是知识系统的理论的证明，乃是另外一种系统中理论的证明。

启发式的语言

要说明孟子的论证，首先我们对于人类的语言，要有些分类。牟宗三先生把人类的语言，分为三大类：一类叫作科学语言，一类叫作文学语言，一类叫作启发语言。科学语言也叫作逻辑语言，就是从逻辑而来推理，表现你确定的判断，然后得出结论，像这样叫科学语言；包括各种的逻辑、数学、物理、化学、各种科学的知识的讨论，都应该用科学语言，明明白白、清清楚楚，一步一步地推理，不能够滑转，不能够跳跃，每一步都要很清楚。自从我们吸收西方文化以来，现在学校里面教授写论文，大体都是要求你用这种理论性的语言，这种叫科学语言。但难道人类的语言只有这一种吗？现在的语言好像弥天盖地，所有学者都说这才是人类应该有的，或说是学术应该有的语言。其实不然！人类的语言还有另外的方式，另外一种叫文学语言，也叫情感语言，用以表达你的情感；情感是不能用科学来衡量的，有人硬要用科学来衡量，杜甫有首诗《春望》，他说："国破山河在，城春草木深；感时花溅泪，恨别鸟惊心。"有人就分析了，鸟真的惊心吗？鸟会因为国破山河在而惊心吗？花会溅泪吗？花只不过因为刚下过雨了，你看好像有泪水一样，你怎么说花溅泪呢？你应该说花淋到水了它有水滴，不可以说花溅泪。这叫什么？这叫莫名其妙！这叫不伦不类！人家是情感语言啊！还有另外一种语言，更难了解，叫作启发语言，启发性的语言。为什么？因为有些事物，不能用理由来说明，它不是逻辑、不是知识，它也不是一般的感情、一般的情绪，不是文学艺术，它是一种人生的智慧，它是离开语言的语言。所以老子才说："道可道，非常道"，假如这个道可以说的话，就不是真正的道，可见真正的道是不能说的。但那种不能说的才是最高明的、最真实的；只是它不属于科学的真实，不属于你的心理感情的真实，它是另外一种真实。

这是不容易了解的，尤其在近代的社会当中，我们忘了这种学问，所以启发性语言自从牟宗三先生提出来，就非常重要。有些语言是这种语言，凡是属于宗教的、道德的，都是启发性语言。所以宗教的语言你不要去辩论，你既不可以用科学来辩论，也不可以用文学来领受，你不要说这个基督耶稣讲的话，非常地优美，你这样讲是离题的，它不是让你欣赏优美不优美啊！你也不是说它讲得很科学，现在很多信佛教的人，为了证明佛教是可信的，他说你看，佛陀两千多年前讲的话都很科学，我们就只好笑笑，这叫作佛法的末落，还要用科学来支撑佛法，你何必呢？你不必的！这是枝微末节。不是佛教两千多年前说的合乎现在的科学，你就觉得了不起了，它的了不起不在这里，你知道吗？佛是要指点你人生之可悲，人生之烦恼无尽、痛苦无穷，叫你赶快剃头出家，这叫智慧，不是要证明合乎科学啊。你是要悟道的啊！你为了他合乎科学信佛教啊，那你不是释迦牟尼佛的好门徒。

好了，这种语言要分别，信基督教的人他从来不会用科学语言去证明耶稣的话，假如有的话也都是末流，都非主流；你去看西方真正的神学家，他们从来不用科学的语言来证明耶稣的讲话是对的、《圣经》讲的话是对的。《圣经》讲的话你怎么可以证明呢？翻开《圣经·旧约》第一页，《创世纪》，上帝第一天就造了光，第二天造什么第三天造什么，造了六天之后他休息，所以我们才有所谓礼拜天——还好上帝休息了一天。你用科学去证明吗？没有，科学只有宇宙爆炸论，它那里不讲上帝创造。那么它们相冲突吗？人家西方人才没有那么笨！怎么会相冲突？这是不同的领域啊！只有现在的中国人才这么笨。西方人可以信他那个不了解的神，叫作唯一真神——上帝——胡适之就不许中国人去拜观世音，不准中国人去拜关公，这就是五四这批人，真是该骂！什么叫作全盘西化？人家西方人是怎么看待这些事情的？你怎么教我们中国人看？人家西方人可以有宗教、有信仰，为什么中国人不可以？信教难道不科学吗？你为什么非要在这里讲科学呢？这不是很怪吗？而且这种怪，我们中国人居然就接受了，接受了九十几年，到现在还有那么多人在讲这些话，这叫莫名其妙！

语言是不一样的，人生的学问不一样，用不同的方式表现，你要用不同的方式了解。《圣经 · 创世纪》就是启发性语言，启发你对于形而上的一种追求，乃至一种信仰，你要用科学来比哪个更重要吗？乃至有人说什么叫诺亚方舟——各位，诺亚方舟不是《2012》那个影片，那个影片是模仿诺亚方舟的——洪水将至，一个叫诺亚的人被上帝启示：你赶紧做个大船，洪水来了你可以保存很多动植物等等的物种在船上，等洪水退了，这些生物还可以继续繁衍下去；诺亚就做了一个方舟，除了方舟之内的其他生物都死了，只有方舟里的生物可以活下来。每一个民族几乎都有洪水的故事，中国也有大禹治洪水嘛，这是人类共同的经验。这么远古的时代，这么长久的历史，当然会有很多天地的灾难，洪水是其中一种，他们因此会有诺亚方舟的神话。有些人又要说了：笑话！这个发洪水了，只有在方舟里的生物才能生存，其他生物都死掉了，那鱼也死掉了吗？呵呵，有些信基督教的人居然不能回答这个问题，这是不可以不回答的，这要回答的。怎么回答？你这个问题不伦不类，我不给你回答！这叫最好的回答。你要跟他辩吗？你不可以辩的，他既不应问、你也不该辩。懂吗？这不是那种科学语言，这是启发性语言。

世界有末日，现在科学家来证明世界有末日，这是不能证明的，这是启发性语言，它警告人，你不要随便作恶，有一天你会受报应，这是启发性语言。至于有没有报应，你不要用科学来证明，否则你就是走错了路。

孟子在这里的说明也是启发性语言，因为他不能证明性是不是善的，至少不能用科学语言证明，他也不是文学家，不会写本小说让你感受性是善的。他是圣贤人物，他教化人生，所以他只要点到为止，点到了而你居然不醒，圣贤对你也没有办法；假如点到了，你醒过来了，就叫指点。以手指月，你不要看那个手指，要顺手指去看那个月亮，读到启发性语言的人，要自己用点功夫，要自己有点智慧。你读科学性语言不需要用智慧，下功夫就好，一步一步跟他走。现在学术界写的论文都没有什么意思了，你读那种论文不会有什么进步的，你只按照他的论文所写，一步一步走，这没有什么意思的；启发性语言有意思啊，你去读读《论语》，读读《孟子》，读读《老子》、《庄子》，有些时候会震撼心弦，开天眼发天光！字还是字啊！但就有这个效果，这叫启发。你要读懂启发语言，要有愤悱之情。什么叫愤悱之情？《论语》上说“不愤不启，不悱不发”，有愤悱之情，对人生的内在感受有些要求，想要人生更上一层楼，有这种要求，你看圣贤的语言，他就可以给你启发；如果这种要求都没有，你的人生是平板的、死的，你去看那些语言，会觉得没有什么意义，反而会觉得很烦，觉得他们都不科学，都没有证据——所以只要看一个人能不能读这种书，就知道这个人有没有智慧——不要以不能读这些书为荣，不要以天天去考查这些书有什么糟粕为荣，这些书不是让你考察糟粕的啊，它是让你得到启发的，下一个礼拜我们就要讲这个——我不是要结束了，今天这才刚刚开始讲。

孟子讲了一个什么例子来启发人呢？他讲了一个千古以来没有人可以再超越的一个例子，这个例子实在太妙了！太伟大了！有很多有学问的人，他一举例啊，就成为千古以来的模范，比如说亚里斯多德，他要讲三段论法，他就举一个例子，“凡人皆有死”、“苏格拉底是人”，那么结论是什么？“苏格拉底会死”。苏格拉底是他的师公、师爷，柏拉图的老师，他是柏拉图的学生，他举这个例子居然拿他师爷来开玩笑，呵呵！而中国开始翻译西方逻辑的时候，翻译到这句话就稍微作了改变了，凡人皆有死，孔子是人，所以孔子有死。我们专门咒诅圣人？其实不是，这个名字可以随便换的，我们只是举大众所知道的名字。西方举苏格拉底让人觉得最亲切，中国人举孔子，我们也认为意图顺当；如果你举，凡人皆有死，王某人是人，王某人有死，好像给我做广告一样，不恰当。你看这个例子就永远做下去了，牟宗三先生在写他的《理则学》时，他写到一个分析命题——什么叫分析命题？就是这个谓语已经含在主语当中的命题，谓语是从主语分析出来的，叫作分析命题；这种命题是绝对真的命题，不会假，一定对，因为它的谓语已经含在主语当中。什么叫谓语？谓语就是它的性质，属于它的属性。那么主语呢？主语就是他的本体。本体－属性用命题讲出来，就是主语－谓语。举个例子说，牟宗三先生就举这个例子——因为牟先生是做老师的，教书匠，我们说教书匠是拿粉笔、吃粉笔灰的——所以他举的分析命题例子是：“白笔是白的”，这个例子就变成了后来讲理则学逻辑学的人常常用的例子。像我教理则学的时候也常举这个例子：“什么叫分析命题？比如说白笔是白的。”这个例子太好了，太平常了，老师手里常拿着粉笔说，“白笔是白的”，对不对？你不用想，就说对。会不会错？永远不会错。为什么？因为谓词含在主词当中。懂吗？既然是白笔，那一定是白的嘛，那还能是别的颜色吗？这还用讨论吗？

现在孟子要证明人性是善的，他也举了一个例子，在千秋万世之后所有读儒家书的人，都一样举这个例子。各位，你不要说这是中国人不长进，中国人两千多年前讲的话，后代子孙都不会发明、不会创造、不会批判，只会照着讲，中国的读书人不行啊，封建、迂腐、复古……你怎么能这样批评？你怎么不批评西方人？你怎么不去批评刚才讲苏格拉底的那个例子？真是莫名其妙！有些事情是可以变化的，有些事情是不可以变化的，乃至有些事情是不必变化的。你当然可以有求变化的心，但孟子这个例子已经十分切中他所要表达的意义，好像射箭一样，一箭射中了红心，你再射一遍，中的还是红心，这有什么意义？因此不必要嘛，射中红心就是红心了嘛，不要再自作聪明，那些聪明留下来做别的用，你不要在圣贤这里耍聪明。

孟子在这里举的例子，只要稍微知道些中国的学问，大概都很了解了。他说："今人乍见孺子将入于井，皆有怵惕恻隐之心，非所以内交于孺子之父母也，非所以要誉于乡党朋友也，非恶其声而然也。"现在有一个人忽然看见一个小孩子将要掉到井里面去了，也许是爬啊爬到井边要掉下去了，他看到了肯定会惊悚一下，心里面会好像针刺一样，忽然此时痛切一下；惊悚叫作"怵惕"，痛切起同情叫作"恻隐"。虽然要掉下去的人不是你是别人，但你远远看到，一定有这种感同身受。你为什么会这样子呢？孟子说，难道你是为了要结交这个孩子的父母吗？当时你会是想要这个孩子的父母因此而感激你吗？还是为了乡里面的人、邻居左右都会对我赞赏？难道是这样吗？孟子说，不是这样子的。大的方面不是为了父母的感激，广泛地讲也不是为了社会上的赞赏，说小一点也不会是为了孩子掉下去大声叫得很难听，所以才赶快去救一下……这些都不是。他连续举“三非”，各位，不是只有这三种想法，三就代表多，举三个非就是一切皆非。什么叫一切皆非？用康德的话来讲就是无条件的，不为任何目的，而你居然有怵惕恻隐之心，要这样了解啊。这么古老的一个简短的举例，它到现在还是鲜活的，而且不只是中国人看得到，就是西方十八世纪的康德，在讨论什么是道德的时候，他也说，道德之所以为道德，它要服从无条件的命令；就好像有一种机制在命令你一样，叫你一定要如此做、非如此做不可，而为什么这样做，是没有条件的，假如有条件就不叫作道德。

各位，孟子的这个例子意境深远，对着康德的理论丝丝入扣。你当然可以举别的例子，但都不如这个好，而且孟子很聪明，这个乍见的“乍”字很重要，乍就是忽然；假如你不是忽然看见，你不是转头一下看见，这个还有话说，你就忽然看见。如果一个大人，他到井里面去了，他可能是有目的的，但孩子却是无知的，而且还不是离得很远，快要掉到井里；假如是爬到泥巴里或小水沟里去，还无所谓嘛，但是井就代表很危险。因此乍、见、孺子、将入于、井，每个字都很重要，让你逃避不了这种景象。接着下面结论就是“皆有怵惕恻隐之心”，这个“皆有”，有的人会说你有科学证据吗？你有科学实验吗？这种问法叫不伦不类。有人会问，假如这个看见的人，是还没成熟的小学生或幼稚园的，他会有怵惕恻隐之心吗？甚至有人说，如果这个人是个神经病，他会吗？莫名其妙啊讲这些话！你何必呢？真是不伦不类。这是指点啊，他指点谁？指点那个心还活着的人，指点听到这句话的读书人！每一个人读到这里，你要问问自己：我是不是也是这样？是一定也会这样吗？孟子说，是一定的。

所以他又讲："由是观之：无恻隐之心，非人也；无羞恶之心，非人也；无辞让之心，非人也；无是非之心，非人也。恻隐之心，仁之端也；羞恶之心，义之端也；辞让之心，礼之端也；是非之心，智之端也。"这是你仁爱之心的表现、爱心的一种端倪。我们电脑有终端机、有主机，前面展现的叫终端，这一头可以连到那一头，所以用"端"来讲爱心的头绪。这个讲法了不起，为什么呢？刚才我们讲"恻隐之心，仁也"，这里讲得更详细，"恻隐之心，仁之端也"，这当然不一样，你要两篇文章合起来看；"恻隐之心，仁也；羞恶之心，义也；辞让之心，礼也；是非之心，智也。"仁、义、礼、智叫作性，"仁"呢是从性上说，而现在讲端，仁的端——"恻隐"——是从心上说。你害羞、你有羞耻心，这是有义的表现；义之端也，义的一头，这一头让你觉醒，让你的道德实感从心中涌现，这种涌现，叫道德意识。辞让的心，就是谦退一下，是"礼"这一头在你心中自觉的表现；判别是非，是"智"这一头在你心中自觉的表现。仁、义、礼、智叫性，恻隐、羞恶、辞让、是非判断这叫作心。心就是我的心灵的活动，性是我的本性的存有。

这里说得细了。讲仁、义、礼、智是从性上说，讲恻隐、羞恶、辞让、是非，是从心上说；而这个心又不只是心，又是心的一种真实感受，这种实感叫作情；因此性、心、情是三个观念三个层次。孟子说恻隐之心，这个恻隐之心是能够发恻隐的这个活动，发出来的恻隐就是心的实在性，叫作心的情；这四端也叫作情，但是心之所发，而这四端连接的，不是你直接感受到的那一头，而是你更远的另一头。是什么头？就是仁义礼智的性。什么叫性？刚才说了，性就是性质。这个性质是根据、依靠，注意哦，这个很重要。我们现在当下能够感受到的，叫情；能够发这个情的这个活动力，我们叫它心——不是心脏的心，心者活动义，这个心是活动的能力；我们人类之所以能活着，之所以能动，最能代表的地方就是心脏，你睡着了身体不动，心脏还在动，因此以心来说那个能动的力量，叫动力。有动力才能够发作，而发作你才有意识，你才能够自己觉醒——所以自己觉醒的真实感受，叫作情，而发动的能力叫作心。

为什么你有这个心？这个是很难了解的，指点之所以叫指点就在这里了。你为什么有这个心，这是不能说明的，不能说明就不可以说明。孟子说我们有一种本性，那一种本性叫作仁义礼智，我们有仁义礼智之性，所以才能发恻隐羞恶辞让是非之心、才能够有恻隐羞恶辞让是非之情，所以“乃若其情，则可以为善矣，乃所谓善也。”但是，仁义礼智此四者从哪里来，这又要探讨一下，孟子说，此四者是“天之所与我者，非由外铄我也”，是老天爷给我的，不是外面来塑造成的——现在我们从情说到心、从心我们推到性、从性我们推到天了，“此天之所与我者”。刚才说过，天道以阴阳造化万物，而万物各有其性；这个性可有各种方面的解释，但儒家集中在道德性，道德的本能、道德的本性，而道德的本性，是天之所与我者。这个说法最有名的是《中庸》，《中庸》说“天命之谓性”、“一阴一阳之谓道，继之者善也，成之者性也。”天之命，就是天之造化万物，而给万物有它的本性，本性如果从道德看，就是道德性；“天命之谓性”，我们率这个性之谓“道”，这叫人应该走的路；去修这个道之谓“教”，所谓教化是这样来的；这个是一种说法。“天命之谓性，率性之谓道，修道之谓教”，中国人读起来很熟，但是请你不要随便举这样子的文献，来证明人性是善的，因为这个漏洞是很大的，除非你已经有相当的哲学功力，有中国的智慧，你举这个例子不怕人家质疑，要不人家很快就会质疑，有思想的马上可以质疑。这句话是不好说的，虽然它很有名，它也不见得不对，但只有有能力的人才可以知道它没有漏洞，才可以应对质疑，不然它是有漏洞的。它漏洞在哪里？在第一句，“天命之谓性”，这句话是非哲学的，这句话是欠思考的、是独断的、可以反对的。

我举另外一个例子，说明怎么可以反对。耶稣不是在传道吗，开口闭口就说上帝，他的门徒听烦了，有次就跟耶稣说，老师啊你天天跟我们说上帝、上帝，请问上帝在哪里，我们怎么都不能看到？意思是，怎么只有你看到？老天给我们的性质，这就是我们的本性啊，你如果也这样问耶稣：你怎么知道老天给你这样的性质？老天在哪里？没话讲了对不对？但耶稣了不起啊，宗教家，他来一个指点语言就给你指点过去了；他可以避开你这个问题，而且有意义地解答你这个问题，他说：“你天天跟我在一起，难道你没有看到上帝吗？”请问如果你是他的弟子，当时会怎样感受？你怎么回答？你还跟老师辩吗？你跟老师辩就不是他的门徒了，对不对？你不能跟他辩嘛，这个疑惑永远在这里。这个时候如果没有基督教的智慧，就是没有立刻把自己的傲慢放下，当下跪在地上对上帝忏悔，没有这样，你就不是基督徒！听到这句话是要这样子做啊，这叫作指点，有人是点不醒的。这是启发性语言，你不可以在这里要求科学证明，西方人在这里分得清清楚楚，科学是科学，宗教是宗教，不相妨碍互相尊重。了不起呐西方人，我们学习西方也要学习这个。我们回头再看《中庸》说的“天命之谓性”，差不多也是这个意思，你会问啊，老天在哪里？你怎么说老天给我们性？这个是很难说的。

但是孟子讨论人性不是这样子，孟子讨论人性和天的关系不是这样讨论的，《中庸》这种讨论叫作从上面说下来，从上面说下来就是先说天、再说命、再说性、再说道、再说教，天、命、性、道、教，一步一步地落实，这个原点是天；我们要照着天赋予我们的命来修道德之教，所以我们一定要行道德，一定要用道德来教化百姓，因为我们的人性是老天给的，所以我们要照这人性来做教化，于是我们要做道德之教。这个因为和所以啊，是有问题的，因为那个“因为”有问题，懂吗？因此《中庸》这本书到现在，一些写中国哲学史的人，还在怀疑这本书不是真正的儒家之书，因为《中庸》的这个论点就不对，讨论道德不可以这样讨论。了不起！讲得好！不过呢，也未必要这样讲。要有智慧啊，你要整本书来看，《中庸》不只是这样讲，之所以这样讲或许有它另外的道理，而这个道理要在《孟子》中找。孟子讲天、命、性、道、教怎么讲的呢？孟子先讲“怵惕恻隐之心，人皆有之”等等，用恻隐这个例子带动其他的例子，不用再举其他的例子——虽然也可以再举，但也不必要再举，因为举怵惕恻隐也就够了——用仁来涵盖仁、义、礼、智四德，一德就可以涵盖四德，用仁来涵盖是最好的涵盖。虽然义也可以涵盖四德，礼也可以、智也可以；你义当然有仁啊，没有仁怎么叫义呢？你义德一定要有礼啊，也要明辨是非啊，所以义可以涵盖四德、礼也可以涵盖四德；最后王阳明用是非，用智来涵盖四德，叫良知。良知是从智这个知上说的，知是知非，谓之良知。孟子以仁来领四德，王阳明以智来领四德，先后相距两千年，前后辉映都是真理！所以你不要再问，为什么孟子你举个仁的例子，就把义礼智也一起推出来了？就是可以推出来！这叫指点语言，他不是像我们写作文一样，每个地方都要论一论，他不需要这样。懂了就是懂了，不懂还是不懂，你懂了举一个例子就懂了，你不懂，举一百个也没有用，要有智慧才能读懂这种智慧的书。

孟子是从哪里说起的呢？刚才说了，从心说起。心从哪里说起？从情说起。情就是实感，你到底有没有感觉？你有。这个感觉从哪里来？从心来嘛，从你生命的心的活动中来。你心是活的还是死的？问你这个问题。你说我心是活的，有活的会不会有同情心？你应该说会啊。那问为什么这颗心是活的呢？这个活起来为什么会有同情心，也就是道德心呢？这叫作不知其然而然，我不知道什么道理，就有了。不知道什么道理，叫作“自然而然”，“自然”在这里叫作“天”，“此天之所与我者”，在哲学上就这样说。孟子是从心说性，我加上一句：“孟子是从情说心，然后从心说性。”从性说天，各位，这不是倒过来了嘛，跟《中庸》是相反的，对不对？你要讲天、命、性、道，讲天跟人，天道跟人性的关系只不过是两条路，一条是从上面说下来，一条是从下面说上去；告诉各位，两千多年前中国的儒家都已经把这两条路讲完了，而且讲得都非常透彻，你去了解就好了，不要再发明了！你说，为什么就没有进步了呢？你何必进步呢？释迦摩尼两千多年前成佛，这些菩萨跟和尚还要进步吗？你就是进步也是成佛，千佛同一佛，全世界、全宇宙只有一个佛啊，你还会进步吗？你为什么不说印度人不进步？印度人还可以修证成佛，跟佛一样高。你看西方人出了一个耶稣，后面还有耶稣、还有救世主吗？没有了！要等到世界末日他才下来给你审判。谁当救世主啊？他连一个救世主都不可以让你再有，印度还准许你成佛咧。你为什么不说西方人霸道？为什么不说西方人不长进？专门讥笑中国人不长进！他就不长进。孟子说对了，为什么要人家长进？《中庸》说对了，为什么还要长进？你长进，不是说错了嘛，说错了难道就是进步吗？这叫莫名其妙！

一成永成的智慧

这个道理早就讲完了，你不要以为自己了不起，这是智慧，智慧是一成永成、一到永到，一到了就是永远的。科学不可以永远的，所以科学一直在进步，科学是日新月异，为什么？因为科学永远不到头。科学从某种意义讲，永远不是真实的学问嘛，它永远在进步中，永远到不了最高点；知识和科学是一直要进步的，这是它的本性，不是因为西方人了不起，不是因为西方人聪明，它本来就是这样。而智慧呢，它是一到永到，不是印度人不聪明，不是中国人不聪明，不是中国人就喜欢复古，都是愚忠愚孝才不进步。你求进步做什么呢？在这个地方西方人也不求进步，耶稣就是耶稣，永远的耶稣。我们中国人还可以成圣和孔子在一起，还可以成佛跟释迦牟尼在一起呢，你西方连一个跟耶稣在一起的机会都没有，你为什么不去骂西方人？

要读书啊！有些书读了是永远的书，有些书是一直在进步中的书；在进步中的书你在某个阶段随便读读就好了，永远的书你要认真读啊！讨论天道和人性的关系就这两条路，刚才说《中庸》那条路引人疑窦，这使人疑惑是有道理的，因为它从上边说下来，是不清楚的，独断，就是自己断定。“天命叫作性，顺那个性叫道，修证这个道叫教”，讲起来很顺，一般人就接受了，你不可以随便接受；而孟子讲的是你不能随便反对，为什么？因为他从你现在当下，“今人乍见”开始说起，你当下没有感受吗？最后说，“求则得之，舍则失之”，你有求就有，没求就没有；“若夫为不善”，假如真的有人到最后表现为不善呢？“非才之罪也”。这个才就是刚才那个才，方才那个才，那个才是什么意思呢？它是一横一竖，现在写的这一撇，其实以前古代是点一点，在一横下面的竖上点一点，这是一颗种子埋在土里，向下生根、向上发芽，突出土地，这个叫作才。所以“才”有两个意义，第一个意义是生长的意义，第二个意义就是“刚刚”的意思，刚刚发生叫方才。因为刚刚跟发生这两个意义，“才”是有力量的，比如说这个人有才能、有才华。才又是最初，它从它最初的地方发出来的能力叫“才”；有时做天赋，有时做内在讲，都叫作才，源出而内在的能力叫才。因此孟子这里是说，不是那个源出的本性的罪过啊！是什么的罪过？是“陷溺其心而然”，陷溺就是你把你的心埋没了，你的心溺死了，不是最初的源出的心。最初的源出的那个心是没有这个罪过的，这叫作性善。

孟子的性善是从你的真实感说，从你的心说，以“心善”证“性善”。然后性善的性从哪里来呢？不知其然而然。就是天然，天然就是天，从性说天。从心说性、从性说天，这个表现在《孟子·尽心篇》第一章：“尽其心者，知其性也。知其性，则知天矣。”你从你的心认识你的性。孟子不是直接说你的性是什么，因为直接说人性一定是“天命之谓性”，所以不可以直接说人性，你一说人性的时候，人性已经在这里面了；程子说：“人生而静，以上不容说，才说性便已不是性。”人生下来为什么会这样？这“以上”叫形而上，是不可说的，我们只能从形而下说起。这个形而下也不只是一般的“现象”，是道德之情感、道德之实感，这种实感和一般现象界的现象不一样。一般的现象、自然界的现象，是在因果的锁链当中，有因有果，由因生果，在时间空间中流转，这是现实之所以现实。为什么叫存在？存在者，在时空中留有痕迹之谓也。处在时空中的事物才是真实的存在，假如它不在时间空间中，怎能叫真实的存在呢？天下的事物怎么规定？它在时空中。而真情实感它从哪里来？没有原因、没有来由。任何在时空中的事物都有原因、都有后果，这叫因果，认识事物一个特别重要的特质就是因果性，这是西方哲学一直强调的因果；而天地的万事万物只要存在，都在时空中、都在因果中。在因果中就是有条件的，比如这瓶水为什么在这里？它是有条件的，它需要某一个人制造、某一个人送来……等等这个条件一直推就是时空的转换，在时空中转换，它必定有它的来由，而且必定有它的去处；这瓶水不是我喝一定有别人拿去喝，如果没人喝也有人把它丢了，两千年后烂掉等等，这就是它的结果。至于道德之情感、道德之实感，它源出形而上的人性，而在现象界中发生为实际的行为，它也有因果性，但不在自然界的因果锁链中，所以康德称道德的发源与结果的因果性是“特种因果性”。

那么道德的形而上的根源在哪里？你就要问问自己，自己证明，叫作自证。这个自证不是往外推，不要问别人，是要返回来问自己：有没有觉醒？这叫“逆觉”。逆觉，然后自己去体证，叫“逆觉体证”。所以要了解道德不道德，要了解自己的本性是善的呢、是恶的呢、是有善有恶、还是无善无恶的呢？要反头过来逆觉体证。你如果了解这样子的学问的特色，又知道了这个学问要这样说，而且只能这样说，就不会在现代的学者面前感觉到惭愧，感觉到孟子并没有把道理说明清楚。我们并没有什么科学方法来证明什么是道德，这样西方人会责备我们，会笑我们，你这样的担心也是不伦不类的；别人不了解，不伦不类，有什么关系呢，你就大大方方地这样说嘛。他不承认也没什么关系，你就学孟子：“无恻隐之心，非人也，是禽兽也”，他只好也承认自己会有恻隐，有恻隐也要这样做。你这样也是有德者啊，就证明自己是性善的，因为你不可以推诿，你这个善的性不能推出去，既不能推给天，也不能推给环境、推给任何人，论“性”只有一条路！为什么那许多论性的话好像也很对呢？这也很简单，因为那不是从超越面来看人。孟子是从人的超越性，或者是从道德的超越性，来说人有道德的超越的根源；他从人的超越的道德性说人的道德性是善的，是清净的。意思也就是说，孟子从人的善的性，来说人的性是善的。你为什么要反对？人性有很多面，有超越面有现实面，现实面是多样的，但孟子是从超越面，从你善的性说你是善的，你还要反对什么？这叫分析命题，谓词含在主词中。

我再讲一遍："我说性善，就是因为你的性是善的，所以我说性善。"我专指你性是善的这一点，说你是性善。因为性可以有很多的了解方法，而孟子只有从善的那一点来说，而善的表现在整个人生的表现中，是非常微小的——这叫作"道心惟微"——是很容易被泯没的，是很容易危险的，叫"人心惟危"，因此才告诉你要"惟精惟一，允执厥中。"这个也是《中庸》说的隐微之处，这个隐微，它虽然很小很细，但又很明显，所以"莫见乎隐，莫显乎微，故君子慎其独也。"你自己回头过来，静静地感受一下你自己，你自己知道的，那个地方是非常明显的，那个声音是很大的，那就好像是鲁迅所说的呐喊——但鲁迅那个呐喊是非常无聊、痛苦、烦忧、不幸的呐喊，呐喊到整个中国真的是不幸了。你要做一种光明、伟大、优雅而永恒的呐喊，中国就有救了！那是一种人性的呐喊啊！你应当这样做，你为什么不这样做？你应当这样说，为什么不这样说？人性的呐喊你是压不住的，这叫作慎独，你自己独自的地方、独自的时候，外人都不知道，你自己要谨慎你的心这里，你就可以知道你的性是什么；这个不容你忘记，不容你抛弃，它与生俱来而且跟你一辈子，永远在，随时都在。随时都在，叫作良，因此这个知是良知。良知者，常知也，常常知、永远知、不可不知，叫作良知。

你这不是明明知道吗？孟子说性善，是从人性的超越面，或者是说，他是从人性有超越的根源那里说人性，而且认为只有这里是人性。其他都是从现实上说人性，一般都是我看上去啊，整个社会都是乱七八糟的，诸位，这通通都是从现实看人性；从现实看人性就有各种说法，所谓各种说法合起来也不过三种：就是全部承认，有善有恶、可善可恶；全部不承认，无所谓善、无所谓恶；还有一种就是性恶。你可以说他们都有见识，持之有故、言之成理，当然都不能反对。告子等人是从现实上，无穷的变化那里说，那有什么不对？都对！甚至荀子说人性是恶也是真理，也不能反对。但孟子说的善跟你说的不一样，刚才说他是从人的善的那一点说人性是善的，你还怎么反对？它们都是不能反对的！

你要去读读《荀子》嘛，不要用孟子来反对荀子，也不要用荀子反对孟子，你读了《荀子》，就知道荀子怎么讲性恶了，他有他的道理，他的道理和孟子是不一样的，但都是道理。他的道理是什么呢？他说人性恶，为什么？“今人之性，人生而有好利焉，顺是，故争夺生而辞让亡焉。”人的自然品质，有对利的喜好，顺着对利的喜好，人心对利的追求无穷，而世间的利有限，因此必定起争夺。一争夺哪有辞让的呢？在利的争夺场合谁让谁啊？这时辞让就没有了。孟子刚才不是讲辞让之心，讲你的真情实感嘛，而荀子讲的情是顺着你的好利之情。“人生而有嫉恶焉，顺是，故残贼生而忠信亡焉。”人生下来也是经常嫉妒、经常容易厌恶人的，顺此则残忍和害人的动作就出来了，忠信之德就没有了。“而有耳目之欲……顺是，故淫乱生而礼义文理亡焉。”人生来有五官，顺着五官的欲望就很容易过分，因此而丧失伦理法制。但荀子讲性恶，不是来证成性是恶的，他没有说你顺着性恶做，就做成一个君子了，不是这样子嘛！孟子讲，人性是善的，你顺着你的性去扩充，尽其心，你就是一个君子、一个圣人。孟子讲的是人的超越性和人的光明性，当然要讲扩充，荀子讲的是人可能走向恶的现实性，所以他说要节制、要化掉，叫“化性”。那怎么化性呢？要用圣人的教导，圣人的教导就是人间的文化，人间的文化就是道德的教导。道德的教导包括两面，一方面是礼制、一方面是法制，还没有犯错时用礼熏陶，既有犯错就用法来防治；礼法的提出是对人类恶性的调理，乃至于是对人类恶性的防堵。为什么？让人不至于倾向于恶，转头过来成就善，叫作“化性起伪”。

为什么孟子荀子都是大贤？因为他们讲的话都是真理，从光明性当然要讲扩充，从黑暗性当然要讲节制；扩充就要讲尽心，要尽，越多越好，节制就用礼跟法来防止、教化，让他化掉他的恶性，回归到善。孟子希望人人都成圣人，荀子也希望人人都成圣人，孟子跟荀子，性善跟性恶并没有针锋相对，两者皆对！千万不要再跟别人在这里辩论了，听到别人有这个辩论，你要会心一笑：他们没有读书。中国人不可以再做这个辩论了，这个人家两千多年前说的都这么清楚，为什么还要辩论？你不是浪费时间嘛！

只是中国人对孟子一向是比较尊重的，对荀子一向是比较鄙视的；到了现代，荀子又占了上风了，孟子反而被贬低了，说孟子是唯心论，都只讲理想，人哪有那么好？荀子呢，注重法治，你看人家西方人法治多么好。各位！这叫作功利、叫作庸俗，你不懂学问。为什么中国古人会看轻荀子呢？因为荀子无本。程子说荀子“只一句性恶，大本已失”。他没有本源。古人不是省油的灯啊！这句话判的荀子逃脱不掉，一半已死，大本已失。韩愈就讲：“荀与扬，大醇而小疵。”荀子和扬雄大的方面讲得很纯粹，但有小小的瑕疵，到了程子一说，就是大瑕疵了。什么叫没有本？他不是讲要有礼法吗？礼法从哪里来？从圣人那里来！圣人从哪里来的？

懂了吗？有圣人制作礼法，周公制礼作乐，先王一直传礼乐，礼乐越到后王的时候越粲然大备。因此荀子“法后王”，礼乐大备；孟子“法先王”——孟子言必称尧舜，因为越早的时期人性越单纯，越好做寄托——不要认为他们两个见解不一样，他们是仁者见仁，智者见智，而仁、智双彰。我们要把仁智两个都彰显出来，既要法先王又要法后王，法先王法的是他的理想，法后王法的是他的制度。但是，没有理想哪有制度？孟子认为有理想必有制度，如宋明理学家都认为，有德性必有事业，有内圣必有外王。有人说，孟子是内圣之学，荀子是外王之学，好像是各占一边；你要知道，这一边不是东边跟西边，这是上边跟下边，要有这种思考。你不要以为各占一边、各有是非，不是这样看的！是有上下两层，孟荀的价值不一样，他们都是真理，都有可取，但孟子为本、荀子为末，“物有本末，事有终始，知所先后，则近道矣”，要这样了解学问，你才不会偏颇、才不会孤陋，又要全盘了解，也要安排次序，这叫判教。你要去分判，判教不是只判东西，还要判上下，让它形成一个整体，这种形成整体的方式，叫作立体的思考。

今天我们从孟子的性善论一路说起，提到了四面八方的各种论点，到最后我们好像可以形成一个蓝图，这个蓝图不是平面的，是立体的，让我们完全了解人性的论法，让对人的道德性的看法各安其位、各得其所；如果这样，我们心中的疑惑会减少，我们社会上的一些辩论可以免去，我们的智慧就可以日渐地提升，而能够在这里安你的身，立你的命！今天在这里讲中国的学问，只讲儒家，你也可以引申到道家，他怎么看人性，先看他是不是讨论道德性，如果不是，你不要就拿过来把他和孔孟比；你再看佛家，讨论佛性，他是不是讨论道德性，如果不是，你也不要随便拿过来和孔孟相比。各位，不要混乱啊，要各安其位，让它各得其所，我们就能够安身立命！今天就讲到这里。

谢谢各位！

如何看待《论语》中的“糟粕”

时间：2011年6月15日

地点：中央民族大学

各位晚上好。很不好意思，这是这一次系列讲座的第三场，前两场是太晚开始了，这一场是早了一点，三场都没有遵守时间。不过，大家的兴致都满好，今天外面下了一点雨，大家还赶过来参加听讲座。在我来讲，虽然在场的人比较少，我也照常会讲得非常认真，不过呢，如果没有人来听讲，我讲的效果也比较少；既然办演讲会，主办单位也希望来听的人是多一点比较好，今天外面有雨大家都还赶过来，我跟主办单位一起感谢各位！

今天这一讲是《如何看待论语中的“糟粕”》，本来是要讲两次，讲详细一点，有一个上，有一个下，现在浓缩成一次，所以我就比较简略地讲这一讲。如果大家有意愿的话，我们或许下个学期、或许在明年、或许在后年，总之后会有期，大家还可以来！

不过，听我讲一场，跟三场、五场大概也都一样，其实听过一场应该也就够了，并不一定要讲很多场，因为每一场都一样。为什么都一样呢？纵使题目不一样，里面的精神态度是一样的。既然内容不一样，那当然是讲一场跟讲多场，听一场跟听多场会不一样啊，这样子想也可以，不过，假如第一场我所讲的能够听进去、领会了，其实第一场所讲的就可以让每个人自己去走这条路了；也就是说，假如这里有学问，就可以按照这个态度、方向来追求自己的学问。学问是自己要做的，道理是自己要明白的，所以多听讲是没有什么大的益处的，孔子说“不愤不启，不悱不发”，先要有愤悱之情，才能够受人启发。我当然不敢说我可以启发人，但是不管是谁，总是不能够因为听了某个人的演讲，就有所谓的“功力大进”。有个俗语说：“听君一席话，胜读十年书”，去求明师、听大师讲话、听一些明白人讲话，好像如果能够这样子的话，会让自己学问有很大的长进，但我对这句话的解读不大一样。

为什么“听君一席话，胜读十年书”呢？这是因为这个人已经读了十年书了。读了十年书，但是他的了解还没有到达纯粹的地步，他或许是一知半解，或许是有一种模糊的了解，或许是他真的已经了解了，但是还没有自信；所以当他遇到一个人能够给他点拨一下，就好像拨云雾而见青天呐，或许给他来个印证，让他自己原来还不很自信的而有了自信。所以有些传道的地方，比如说禅宗，禅宗的道场有相当的功能，是做印证的工作的，那些祖师、大师常常给人印证。所谓给人印证，有些时候并不是他的徒弟，不是在他的教下修行，而是自己有所修行，像永嘉大师自己修行有所证，但是有人告诉他：你已经有所证，但虽然自己认为能够自证，还要反过头来再自证；也就是说，有所证，再自己去回观自己，然后再自证。“自证”之后还要“证自证”，再自证一次；因为怕自己自证地还不真实，或者还不正确，所以自证之后，还要证自证，永远地往上翻。经过这样自证以后，还不够，还要有别人来印证，所以佛教说除了雷音王之外，都要有人印证才算作真了悟。雷音王是第一个佛，除了第一个佛之外，后世的佛都要有前辈的佛来印证，印证他已经成佛，要不然他不能够自己认为成佛。这个故事讲得很好、很美，人的修行能够这样一层一层地往上超升，一遍一遍地清澈自己，这是一种很好的提示。

所以虽然今天我们讲儒家，而我刚才用的是佛家的故事，但是有关于这个自己印证自己、自己明白自己的生命，一再地明白，然后能够与朋友所谓“以文会友，以友辅仁”，乃至于能够寻求有道之士，能够取得印证。这是一种生命的交流，一种对于真理的肯定，一种生命的长进，是很美的一件事。或许有人自己读书，自己做学问，自己修身养性，而有所证得，但是他还需要与人互相地交往，互相地印证，这样也算作一种“听君一席话，胜读十年书”。

所以不管是一知半解、略有所见、具体而微，还是想要再次印证，不管如何，能够找到高明的人，他几句话，或是一个眼神、一个手势，就能够给你点拨，像这样子豁然开朗，这叫“听君一席话，胜读十年书”。他的条件是什么呢？他的条件有两个：一个是“读十年书”，一个是“听君一席话”，而“读十年书”是在“听君一席话”之前。所以我常说，先要自己读十年书，然后才有可能听君一席话，要不然自己都没有读过书，做过工夫，我看听君两席话也没有用！所以书要自己读，学问要自己做，修身养性的工夫要自己下。

如果我们听人演讲，能够听出这一个层次，那已经是很了不起。如果有互相的印证，那是更好的了。如果是能够自己有志于读书求学，那我说听我一场演讲或几场演讲都是一样的，因为第一场开始，几乎每一场开始，都是在与大家共勉：我们共勉于对文化的向往，共勉于对圣贤之教的体会，甚至不只是体会，乃至于应该是去实践；我们都如此地共勉，每一场都这样，而且只是为了这个目的。不管改变任何的题目，都是为了这个目的。

今天讲的我们如何看待《论语》的“糟粕”，其实也是为了这个目的，所以我说态度跟精神都是一致的。假如因为题目不一样，而态度、精神就不一样了，那么这样子我觉得也不是一个正常的人，不是一个已经成熟的人。不管如何，我是认为我自己有一个一致的想法，这个一致的想法不只是自己认为的，我也常常与人互相地讨论，互相地取益，甚至是互相地印证，不管是在学问上，还是是在教育的观念上，我都持这个态度；今天我也希望跟各位共同地讨论，而且共同地勉励。

讲到共同讨论，我又要跟大家抱歉一下，因为前两场讲得太久了，讲到最后没时间让我们同学来提问题，今天主办人特别来交待了，说大家有许多问题。这个有许多问题我不知是为了什么啊？可能有两个原因，不知道是哪一个。第一个就是我讲得太差了，漏洞百出；第二个是大家都很好学，希望找个机会来印证印证。我不知道是哪一点？如果是第一点我讲得太差了，你的问题丛生，让人越加迷惑，那我要赶快逃走才好。但是如果是第二点，就是很令人高兴的，大家不仅是对于文化、对于学问有很好的所得，而且非常愿意跟人分享，那我就很欢迎。所以今天可以讲简短一些，好让大家有时间发问，尤其今天要讲的题目是《如何看待论语中的“糟粕”》，说不定我所举出的一些例子之外，你还有许多对《论语》的疑问，也认为它是“糟粕”，而我居然没有想到，没有来解说一下到底我的看法如何，那你就可以趁机提出来问，所以今天一定要留出来时间给大家问。

为什么说《论语》有“糟粕”

一讲到这个题目《如何看待论语中的“糟粕”》，这个说《论语》有“糟粕”，乃至于说经典有“糟粕”，这观念我在古人的书上很少见的。比较常见的有这种观念的人呐，是从清末开始，尤其是从民国初年五四运动以后，这种论调才大行其道。因为古代读书人一提到《论语》——圣人之书，圣人之书你只能够信啊，怎么可以怀疑、怎么可以说有糟粕呢？这个态度，我们说在现代好像行不通，因为以前就举个例子，胡适之说“双眼自将秋水洗，一生不受古人欺”，我们要重新衡量经典的价值，到底经典真的像古人说的那样精金美玉吗？价值那么高吗？我们一定要有怀疑的精神，要重新衡量衡量，所以不像古代读书人啦，认为《论语》每一句话都是精华。如果不是每一话都是精华，那不是精华的那些话呢？那就说是“糟粕”。所以说《论语》中有糟粕，或者说经典中有糟粕，这样讲也有相当的客观性，相当的一致性。为什么呢？因为我们可以设一个这样子的想法：天下没有任何一本书是完美的。甚至我们也可以设一个这样的想法：天下没有一个人是完美的。因为要达到完美是很难的，或者几乎不可能的。这种设想大体是可以被接受的，因为确实很少有人说他是完美的，纵使是孔子他也不敢说自己是完美的；自己都不说他自己是完美的，何况我们后人看他？我们当然可以怀疑的精神来看，我们当然可以重新地衡量孔子是不是完美的、古人是不是完美的。

那么，对于一本书呢？有哪一本书可以自称是完美的呢？它总是有一些缺点吧？以这个观点来推演下去，就可以认定——没有一本书是完美的。没有一本书是完美的，意思就是，任何一本书都有糟粕。既然任何一本都有，那么包括《论语》，古人所说的经典，当然也有糟粕，所以我们应该重新来衡量我们是不是要以那种推崇的态度，来把所谓的经典——《论语》这本书推崇得那么样地高尚、完整。我们是不是要你这样做呢？这种论点一说出来得到许多人的赞同，因为我们确实可以这样去想事情：很难有人是完美的、很难有书是完美的。

不过，我是这样看，我就问，谁能够有资格说这句话呢？如果泛泛地说没有任何一本书是完美的，没有任何一个人是完美的，泛泛这样说或许还可以。他如果指明说：经典有糟粕、《论语》有糟粕，为什么他要这样指明呢？因为以前也讲过了，胡适之的时代有一个文化上的见识、意见，这个文化的意见是因为当时国势衰弱，许多爱国志士他就有痛切之感，这个痛切之感转为激愤之情，然后就把国势的衰弱归罪于文化的不足，而这个文化的不足就集中在文化的主流。中国文化的主流儒释道三家，道家跟佛家是不负责任的，只有儒家负责任。那么既然你负责任，你为什么没有把中华民族保佑得让她永远地富强、安乐？为什么中华民族还会出现乱世？为什么中华民族还会亡国？为什么中华民族还会被欺负？可见这里文化有问题。文化有问题就是儒家有问题、儒家有问题，儒家的始祖孔子一定就有问题、孔子的书叫《论语》，所以《论语》一定就有问题，于是就说《论语》是有糟粕的。假如没有糟粕，我们的民族怎么会落到这个田地呢？所以《论语》有糟粕、经典有糟粕，这样的话才会这么样地甚嚣尘上。

五四运动到现在已经九十几年了，现在一般国民，你如果跟他提到经典、提到《论语》、《孟子》，他很容易反应：那些经典是有糟粕的。而这种反应会造成什么样的后果呢？后果就是：这些书既然有糟粕，我们为什么还要推崇它？这些书既然有糟粕，我们不必推崇它，我们为什么还要读它？所以这些话所造成的后果就是让国民不再读经典、不再读《论语》。

现在我要先把这个心理做一个分析，看看我们怎么面对这样的心理。“双眼自将秋水洗，一生不受古人欺”，胡适之这样说，我现在也这样说：“双眼自将秋水洗，一生不受‘胡适’欺。”他也是古人啊，他所讲的话，我们也要衡量衡量，重新评判胡适之言论的正确性。乃至于我以前说过，对于任何的言论你都要重新评判，包括圣人的言论；这些言论包括中国圣人的言论、西方圣人的言论，我们都要自己从心里面过过一次。

你不要认为这样子把那些言论都过过一次，那是兹事体大，很费功夫的。不然、不然！心如明镜，假如你的心能够到达像明镜这个样子，要过过是很简单的；照妖镜摆在这里，一下子它就能照出是真的、假的，高的、低的就可以很明白了。所以能够养成这一种能力跟这一种习惯，这是一个号称知识分子的人非常重要的一个标志。如果一个人居然没有这种能力，而且没有这种习惯，他怎么可以被叫作知识分子呢？他怎么能够为天下担当千秋万世的文化事业？他连自己都担当不起来，他的生命是混乱污浊的。所以要养成这种能力，而养成这一种能力之后，我们就可以来看看，我们如何面对这一种说法。

经典是有糟粕的、《论语》是有糟粕的。我常想：如果是早期的五四时代那些人，他们说《论语》有糟粕，我们还需要敬重一下；为什么需要敬重一下？因为他们一定读过《论语》，而且对《论语》相当熟悉。但如果是批孔扬秦的这些人呢，我们就有一些抱歉了，因为他们并不一定读过《论语》，对《论语》并不一定熟悉。五四时代那些人，他们真的有一种性情，他们真的想要救国救民；后来的那些人我就不晓得是为了什么样的心态，来作这一种所谓的批判？至于第三种人——一般人——刚才说了，一般人到现在，全国、整个民族，你如果跟他说我们要去读经典、读《论语》，他心中很容易产生一个观念，这个经典有糟粕、《论语》有糟粕，我们干嘛读它呢？如果一般人是这样想，那就更令人觉得可怜啊！为什么可怜？我曾经这样问人，有人说《论语》有糟粕，他说：“为什么我们要去读《论语》呢，《论语》不是有糟粕吗？”我问他说：“请问你读过《论语》吗？”

他说：“没有。”我说：“你没有读过《论语》，你怎么知道《论语》有糟粕呢？”他就没话说了；后来呢，搪塞一下，“我听人说的。”我说：“你读书读到什么样的学位？”他说他大学毕业。我说：“大学毕业读了一二十年书，你这样子讲话，你到底有没有为自己负责任？一个读了一二十年书的人怎么可以这样子信口雌黄，人云亦云？”所以“《论语》里面有糟粕”这一句话不是一般人可以说的，从此以后不可以再说这一句话；将来各位朋友遇到有人在你面前说这一句话，你马上学我，问他：老兄你读过《论语》吗？他如果说：没有。你再问他：那你为什么说《论语》里面有糟粕？他一定跟你回答说：我听人家说的。至于你问他听谁说的，他连听谁说的都不知道。不过这是情有可原，为什么？因为整个中华民族十四亿人口，大部分的人都这样说，所以他不必举证谁说的，大家都这样说，这就是中华民族的悲哀！

我认为一个知识分子，一个读过书的人，要为自己的判断负责任。古人读十年书就不得了，“十年寒窗无人问，一举成名天下知”。什么叫一举成名？就是考上状元嘛。你说这是功利，读书为了成名，这也是古人的不得已啊，现在三百六十行，行行出状元，所以现代人比较幸福；但是你不要因为现在的社会的开放，你就来讥笑古人，你不一定胜得过古人的志气，我们做人要坦荡、公正。有句话说：“在古人之后”，就是你处在现在的时代；“议古人之失”，你认为古人这件事情做得不好；“则易”，那是很容易的；“处古人之位，为古人之事，则难。”你如果处古人之世，而做古人之行，那是很难的。所以我们要设身处地一下，尤其是我们要只管自己，有多少的学问、多少的德行，而不必一直再去批判古人，批判古人那样功利、读书是为了考状元，难道我们现在就不功利吗？现在功利可能更令人惭愧，现在的功利是，读书为了什么？读书为了去美国。这样不是更功利吗？这个功利不是更可悲吗？

所以要说经典有糟粕，《论语》有糟粕，首先第一个条件是你要读过它；我常说，你要说经典有糟粕、《论语》有糟粕，你也要有相当的学问，没有相当的学问不可以讲这句话。所谓“知之为知之，不知为不知，是知也。”有人问你说：请问经典它的价值如何？《论语》的价值如何？你应该老实地说：我不知道。为什么不知道？因为我都没有读过。这样讲这个人是可佩的，这个人也才有机会去读读看。动不动就在茶余饭后随便讲一些自以为现代化的话，自以为他很进步，马上露出马脚。所以要说《论语》有糟粕，要讲这一句话，首先要有相当的学问。

但我刚才也说了，有些人是真的读过，他们真的是有研究过的，那么他们说《论语》有糟粕，我们怎么面对这个情况呢？首先，读过、研究过《论语》的人，他们所讲的话也要经过我们来印证。要不然你说你看过胡适之在批评哪一句《论语》、你看过鲁迅在批评哪一句的《论语》，你说我看过谁谁这样说那样说，说完之后有人问你：那你的感受如何？你应该说：我没有感想。为什么没有感想？因为我自己没有读过《论语》、我自己没有研究过《论语》，他们讲的是真是假我不知道——常常要自己知道我们无知，就好像苏格拉底，这才是求真的精神——如果读过、研究过，你或许有权利这样讲。不过有权利这样讲，讲的是有意义、没意义呢？这个意义大呢？小呢？是正面的意义呢？还是负面的意义呢？这个也要衡量衡量。那我们怎么来衡量呢？我们也必须要有学问，而且要比那个人更有学问，我们才能够衡量他的是非。所以讲不知道比较容易，你要衡量是非就不很容易。

还有，怎么衡量是非呢？这是一个所谓读书方法的问题，也可以说是一个哲学方法的问题。怎么衡量是非，不容易啊！有的人讲起《论语》来证据确凿，经典里就这么讲，我把它翻译成白话就是这个意思，这个意思难道是精华吗？讲这个意思它就是糟粕。就算不是糟粕，它也不是什么远大的道理，我们不需要去敬重它！所以有人就说：“孔子只不过是一条丧家的狗。”为什么？因为他读过《论语》，他从《论语》里拿出好多句子来翻译，你看，《论语》不是这样讲的吗？孔子不是这样的行为吗？这样的行为只不过是一个想要去求官、热衷于求官，而居然在政坛上失意的人，没有人要用他，他只不过是这样过一辈子。这样的人还值得我们敬重吗？他想孔子只不过像一条丧家犬。我老老实实，我一句话一句话地跟你讲，岂不是这样子吗？这叫作什么？这叫作平看孔子。

他不认为《论语》有糟粕，他只认为《论语》这本书没有什么价值，讲一些老太婆也能讲的话，纵使有一些嘉言懿行，也是很平常的，比如说教一个人要“入则孝，出则弟”，谁不知道呢？教一个人不要“巧言令色”，谁不知道呢？教一个人要“己欲立而立人，己欲达而达人”，谁不知道呢？大家都会！教一个人要成人之美，这个太简单了嘛，不是平常的道理吗？教一个人“己所不欲，勿施于人”，这个谁不知道呢？这个我的老祖母天天在说，幼稚园的老师从幼稚园就开始这样说了，这样唠叨有什么意义呢？这叫平看孔子。我去平视地看，我没有把孔子解释成贵族的拥护者、压迫农民的罪魁祸首，我并没有这样解释，就已经不错了，对不对？但是我们也绝对不可以把他看成是多么高远的所谓圣人，他没有什么高远。我也不低看、我也不高看，我平看。这种态度不是相当动人吗？不是相当可接受吗？

我们是不是可以平看孔子？西方近代以来有一种治学方法，叫作解释学，又翻译成诠释学。这个解释学有一个很重要的理论叫作解释学的循环，为什么叫循环呢？因为解释文献的方式，他认为有两种：一种是了解部分然后能够了解全体；如果部分都不了解，如果一句一章都不了解，你怎么可以了解整部书呢？所以了解部分然后了解全体，这个有道理。另外一条路呢？是了解全体然后了解部分；你如果对整体不了解，你怎么可以真正地了解一章一句真实的意义呢？这个讲得也有道理。那么，你如果问：到底是先了解部分？还是先了解全体？他就给你回答：两条路同时并进。这个回答非常聪明，而且很真切。我们去了解文献，其实本来就是这样子的模式，就是部分与全体同时增长，既从部分了解到全体，而了解了全体之后更能够深入到部分。

所以你要解释《论语》，并不是拿一章来、拿两章来，然后我照文句给你翻译，翻译起来孔子只不过是这样子的人；你这样子叫割裂、叫浅化，不是鄙看、是浅看。中国有一句俗话叫“什么眼看人低”，你用什么眼来看，就看出什么来。你可以把《论语》简单的某些话，解释得非常深远，你也可以把非常深远的话，解释得非常简单；都解得通。各位，这一种书叫作智慧之书，这一种书叫作圣贤之教，只有圣贤之教才有这个功能。要不然你学着写一篇论文，如果这个论文很深，深就是深，深不会浅的，你不可以浅着解；如果你写得浅，浅就浅，你不可能深的，你不能深着解。但是，像《论语》这种书，像孔子这种人格，你可以深看，可以浅看。那么，谁来深看呢？有深的学问跟智慧的人，他就深看，他就看出深的来。谁来浅看呢？自己很浅薄的人就浅看了。所以，假如有人来解《论语》，一章乃至一句，立刻就泄露了他的身份、程度，所谓“行家一出手，便知有没有”。各位，以后不要随便解《论语》，你不要在高人面前解《论语》，你会被笑话的，默默地体会就可以了。

读书要能够切己

比如说：“子在川上曰：逝者如斯夫，不舍昼夜。”就只有这么几句，孔子在河边说了一句话，“子在川上曰：逝者如斯夫”，这个水是如此如此地一直流过去，“不舍昼夜”，昼夜都没有停过。各位，这不是三岁小孩都懂吗？孔子哪有什么学问？有一个为人父亲的跟我说，说他孩子读过经，读经有相当好处，有一次他带他孩子去海边，海的旁边有山，山里面有小水沟，小水沟的水流下来，流到海里去；这个孩子看到这些水沟的水，跟他爸爸说：黄河黄河，他爸爸说，黄河不是在台湾，黄河在大陆呢，这里不是黄河。他说：黄河入海流啊，不是黄河吗？三岁的小孩都知道“逝者如斯夫，不舍昼夜”，那弟子记载这句话干什么？古人就这样注解了：“此夫子见道之言也”。这是我们老夫子啊，见道，体悟到天地之道所讲出来的一句话啊！有人就抗议，这么浅的话，就是水不停地流嘛，白天晚上都不停地流嘛，这个叫什么见道？古人乱说！各位，是古人乱说，还是你乱说？我看不大容易判断，因为他讲的也有道理，古人可能讲的比较没道理。这里又没有说道，又没有说见，只有说水一直流。但是，如果这两个解释都在你面前，请问你采取哪一个解释？你用我刚才的说法说：我不知道。这样没罪。不过，我们现在可以问：哪一种解释对读书人比较能够产生读书的效应？这是第一种我们要考虑的。因为“古之学者为己”嘛，我们读书先为己着想再说。

程子曾经告诉我们读书的方法，他说：读《论语》，要把弟子问当作是我在问，要把孔子答当作是我今日耳闻；读书要切己，叫作切己体察，要关切到自己。读书不可以与自己无关，尤其是读圣贤之书，以前讲过，这些语言都是指点性的语言，它不是逻辑语言、科学语言，它也不是情感语言、文学语言，它是一种生命语言、智慧语言、指点语言，假如连这个都分不清楚，我们还能读书吗？我们能把所有的书都当作科学来读吗？都当作文学来读吗？对这一种人类学问的分类一点概念都没有，这个人怎么能读书呢？所以读书要切己体察，当你切己体察的时候，还可以产生某一种效应，我们先求自己有没有受益这个效应。

不要说读《论语》，像孟子赞叹大舜，他说：“舜好问，而好察迩言。”“舜好问”，当然好学啦，喜欢问人家。但是别人的回答，“迩言”，“迩言”就是很浅近的话。舜在还没有当天子之前，或许“与木石居，与鹿豕游”，“其所以异于深山之野人者几希”，与野人在一起啦，野人所讲的话当然比较粗鄙、浅陋的；但是舜呢“好察迩言”，对于浅近的话他都能够去听、去体察出其中很有深刻的道理，所以即使听浅近的话，大舜都能够自己受用。我刚才说读《论语》，智慧深的人见其深，智慧浅的人见其浅。现在我们看舜，他所读的不是《论语》，他所听的不是圣人之言，是平常的话，平常的话都能够好察，都能够有所感悟。各位，这是一个人做学问、乃至于做人的一个最高明的境界，为什么？因为他随时都在长进。为什么随时会长进呢？因为他的心灵是通达的。通达什么呢？通达上下、左右，所以任何一句话在他的世界当中都可以是圆满的，这样子叫作了不起。

有些人很不满，不满于《易经》的《传》，尤其是那些《象传》。比如“天行健，君子以自强不息”，因为乾卦都是阳爻，阳爻代表天，所以“天行”，是一爻一爻的长进，叫天行，而且“乾，健也”，有健的德、有健的意义，合起来就叫作“天行健”；“天行健”就是日往月来，寒往暑来，循环不息。下面来一个“君子以”，这个“以”就是用之于、借之于、体会之于，君子体贴了“天行健”而用来“自强不息”；所以“天行健”是他的观察，观察以后体悟，体悟以后，也以此来称自己德性的一个向往，想要把自己德性仿效于天之行健，于是自己的德性便能够纯亦不已、自强不息。又比如“地势坤，君子以厚德载物”，“地势坤”，坤卦代表地，代表柔顺、丰富，这个地表现了柔顺以及它生长万物的丰富，君子看到这个象就“以”，拿这个象的意义用在自己身上，让自己能够像地一样厚德载物。

那么，有人就这么说了，说这些个都是道德的幻想，为什么？因为天它是由于万有引力、由于宇宙大爆炸，所以它才一直循环、一直循环。它一直循环也不是为了德，你干嘛效法它自强不息？地就这样子，用地质学来分析，它就这样子能够提供万物的生长，它也没有什么德，为什么君子要来效法它而有德呢？

各位，刚才说了，读书要能够切已，这是第一义。当然你可以去分析这些问题，但是在分析这些问题的时候，一定要记住刚才解释学的话：了解部分才能够了解全体，了解全体然后能了解部分。而这个全体，不一定只包括这一本书。比如说你去读《易经》，你说把《易经》全部的理论，它的精神你都了悟了以后，然后你才用这个精神去了解每一句话，这样每一句话就带有整体的意义，这样对每一句话的了解就更深刻。除了这个之外，《易经》从孔子之后已经成为儒家之经典，自古以来注解《易经》的几千家，这个注解一代一代地累积。古人读《易经》都有相当多的体会，相当详细的解释，所以真的读《易经》的人，最好不只是以《易经》这本书为标准，最好以后世对于《易经》的传统解读以及《易经》、易学的整个传统来作为它的全体，你才能够了解一句话。乃至于《易经》既然是儒家的经典，儒家的经典有所谓的五经、六经，或者有所谓的四书，要以儒家整个的理论、智慧来了解每一部书的任何一句话，你的整个程度越高，你所了解的就会越深刻。如果不是这样，你单挑一句出来，“天行健”，为何君子要“自强不息”？你是很容易把它攻破的。但是这样攻破它又有什么意义？所以读书不容易啊。首先第一个要切己体察，第二点要能够知道解释的门径，最后，你才可以去做批判。

刚才孔子说的“逝者如斯夫，不舍昼夜”，可以深看，也可以浅看，浅看就是三岁小孩之言，深看就是见道之言。孔子又说：“下学而上达。”你也可以说我从简单的开始学，我越学就越高明，我从眼前的事情做，越做我就越广大，所以叫作“下学而上达”。但是孔子讲这句话的后面是“知我者，其天乎？”为什么“下学而上达，知我者其天乎”，只有老天知道我呢？所以就有人解释这个“下学而上达”的意思，不是累积下学而上达，乃是即下学即上达，在下学处就是上达。这是什么意思？这叫作圆教——圆满的教导。整个智慧是圆满的，所作所为是圆满的。为什么圆满呢？虽然所作所为的事情是有限的，但是它具有无限的意义，所以即下学处即是上达。这样子的境界才是仁德与天德合而为一，仁德而透露了天德，这样子才叫作“知我者其天乎”。你说怎么可以这样解释呢？古人有这样解释的。请问哪一种解释对你有益？

再举一个例子，孔子说：“言忠信，行笃敬，虽蛮貊之邦行矣。”“子张问行”，子张问，我们怎么可以在人间世行走，可以在社会上走的通？子张就问这个“行”，问怎么走人生之路。子曰：“言忠信，行笃敬，虽蛮貊之邦行矣。言不忠信，行不笃敬，虽州里行乎哉？”如果“言忠信”，你的讲话忠信，你的行为笃敬，“笃”就是很实在，“敬”就是很恭敬；你“言忠信，行笃敬，虽蛮貊之邦行矣”，就到了美国都行得通，“蛮貊之邦”，夷狄嘛。你到美国不是也要“言忠信，行笃敬”吗？很可惜啊，听说有许多我们的留学生到了美国、欧洲，“言不忠信，行不笃敬”，不仅是自己行不通，乃至于造成外国人对于中国学生的一个刻板的印象，中国来的人就是这样“言不忠信，行不笃敬”，欺诈、小器、好吃懒做、不用功而马上想要得学位，你“言不忠信，行不笃敬”，可以行得通吗？所以“言忠信，行笃敬，虽蛮貊之邦行矣。言不忠信，行不笃敬，虽州里行乎哉？”“言不忠信，行不笃敬”，在一个小范围，一州一里都行不通的。这一句话有什么道理呢？没道理啦，这一句话太简单了！每一个人都会讲。但是程子——不知道是程伊川，还是程明道？可能是程明道。因为下面讲的这一句话很开朗、高明，而开朗、高明就是程明道的人格特色，比较恭敬、谨慎就是程伊川的特色；兄弟俩人生命特质不一样，讲话的口气也不一样——程明道曾经说：“言忠信，行笃敬，此是彻上彻下语，圣人原无二语。”说“言忠信，行笃敬”这两句话是圣人“彻上彻下语”。什么叫“彻上彻下”？“彻”就是通彻，通于上又通于下，就是通于上学又通于下学，通于天、达于人，通于远、达于近，就是“彻上彻下”；“言忠信，行笃敬”，是彻上彻下的话，“圣人原无二语”，圣人一开口只是这一句话，没有别的话了。

各位，这叫作了解一句才能了解全体，程明道就在这一句上，从这一句话进入，而了解整部《论语》，乃至于了解整个圣人的人格。圣人讲话没有第二句话，只不过“言忠信，行笃敬”。孔子说：“《诗》三百，一言以蔽之，曰：思无邪。”照程明道来讲就是，《论语》五百章，只不过“言忠信，行笃敬”这两句话。这叫作读书，这叫作切己，这叫作智慧。谁读出这个智慧啦？“言忠信，行笃敬”谁不会讲呢？讲这个只是一条格言嘛，而且这个格言古今中外比这个讲得好的，多的是啊！孔子讲这一句话做什么呢？为什么弟子还要记录呢？我们千载之下还要读这些话呢？我们不是无聊吗？他为什么是圣人呢？所以不容易啊。如果这样看，《论语》到底哪里犯着你啦？这个是见道语、是圆教语、是彻上彻下语，而且每一句话都是这样，不是哪一句话特别。

有弟子问陆象山：老师，你常让我们读《中庸》，请问《中庸》哪一句话是要语？哪一句话是重要的话，“要语”，你给我们指点指点，我好对这些话另眼看待。“陆象山不答”，陆象山没有回答。“须臾”，“须臾”就是停了好一阵子，他才讲了一句话：“句句是要语。”每一句话都是重要的话，有答跟没有答一样！什么意思？彻上彻下语啊。从第一句话“天命之谓性”到最后一句话“无声无臭”，每一句话都是“要语”。每一句话都是“要语”是什么意思？每一句话都是一样。各位，这就是智慧，这就是读智慧之书的方法，这叫作了解全体然后能了解部分。所以我们先要端正读书的态度。端正读书的态度之前，要分清这个学问的特质，如果这是智慧的学问，就要用智慧去读，自己也要稍微有些智慧。智慧是什么？什么叫作智慧？这一个词语用得很多，常常被用到；在我演讲的脉络里面，这个智慧可以说是对于深远的道理——或者可以简单称为“道”——对于“道”的洞见之能力，叫作智慧。

智慧这个词语在古人简称为“智”，一个字就够了，而这个“智”可以写成知道的“知”，所以古时候知道的“知”跟智慧的“智”，两个字是相通的。《论语》中说：“知及之，仁不能守之，虽得之，必失之。”又说：“仁者安仁，知者利仁。”什么叫“知者”？“利仁”的人叫知者。以仁为有利、认识仁的价值叫作知；“仁者安仁，知者利仁”，能够安于仁的价值、能够体现仁的价值，这种人叫作仁者。“知及之”，知可以“及之”，什么叫“及之”？远远地能够达到。不是真正地达到，而是远远地达到。什么叫远远地达到？能够洞见，洞然望见仁的方向、仁的所在、仁的高度，这一种能力叫作智慧。假如圣人是有高度的，假如《论语》是有智慧的，你能够洞然望见，乃至于只是模模糊糊，只要能够若有所见，都是已经有智慧了。假如毫无见识、感动，那就是没有智慧的人。

康德解释“哲学”这个词，philosophy，他用古代希腊最古老的意思，philo就是爱，sophie是智慧之神；所以philosophy就是爱智慧。什么叫智慧？含有了最高尚的概念的那一种事物叫作智慧，所以智慧就是最高的善。这个“最高”有两个意义：一个是成绩最高，一个是最圆满的意思，也可以说人格的最圆满；能够含有人格的圆满的那一种事物，把最高善包含在其中的一个概念，叫作智慧。而人为什么能够去爱那个智慧？首先你一定要“知人者智”，你一定要知道。老子说“知人者智”，用《论语》的话，就是刚才所说的能够“仁者安仁，知者利仁”，你首先要能够知道，你才能够去爱。再来，爱了以后呢？你要真实地去爱。真实地去爱是什么意思呢？让自己的生命一步一步地走上智慧，这样子才叫作真的爱智慧。康德这样子解释很接近中国的意思，很接近孔子的意思。

“仁者安仁，知者利仁”，一个利仁的人他假如只有看到仁的高度、重要，而居然没有行动，真的是知者吗？所以一个知者必定走上安仁；能够走上安仁，也就是能够付诸实践，这个智慧才是真实的。所以智慧有两层意义：一个是洞见仁德，一个是一步一步地实践仁德。

当一步一步地实践仁德，而居然完成了仁德，他就从一个“知者”变成一个“仁者”；所以孔子之教是仁智双彰，一方面说仁，一方面说智。而一个人是先要有智，才能够有仁；孟子用射箭来比喻，“智，譬则巧也；圣，譬则力也。由射于百步之外也，其至，尔力也；其中，非尔力也。”射箭有一个箭靶，箭靶有一个红心，你在这里射箭，你射箭的力道要够，才能够达到那个靶的位置。这就好像说你有实践了，你实践力够，可以说是仁；但是你能不能射中红心，要靠你的知。一个瞎眼的人，一个眼睛看不清楚的人，或是你的手不能够瞄准的人，怎么能够射中那个红心呢？所以能够射中红心是要靠你的知，至于能不能射到，则是要靠你的仁的力量。这个就把仁跟知暂时分开，以射箭的方向对不对来说知，以能不能够尽力去实践而达到箭靶来说仁。假如原来的知丧失、远离了红心，你的方向根本地错误，你怎么可能射中红心呢？你就是有很大的实践力，也不可能把仁真的实践出来，那个仁就是假的啦！所以儒家的教导是仁智双彰，而且知还在仁之前。

新儒家的智者——牟宗三先生

要认识圣人之道，要能够读读书，首先必须要有一点知；自己有一点智慧，你才能够去感应那个智慧，而越感应你的智慧越增长，这个增长就含有一种催促你去实践的那一种动力，这才是真正的知、活的知。要不然就是死的知，你把它当作知识来看了、当对象来看了，你去研究它，这些知识对象是死的，跟自己的生命是不相干的。所以真正的智慧还是要回到切己体察，真实的生命的这种学问还是要从生命做出来。智慧的学问要用智慧的方式来达成，智慧的学问不可以只用知识的方式去达成，乃至于不只是一种赞叹、一种美感；智慧的学问也不能够用文学的、感情的、艺术的心灵来达成，虽然所达到的最高境界它有美感，它也是一种艺术，但是它起初不是用艺术的感叹就可以达到的。像这些学问，都要分辨清楚之后，我们才能够对一本书定案；对一本书定案，我们才能够对某一句话定案。

当然这样讲不大科学，为什么呢？明明某些话就讲得不对嘛，你怎么可以用笼统的整体主义来笼罩？这样笼罩下来，每一句话你都可以对它打圆场，你也可以这样讲对不对？所以如果真的是如此，我们或许也不便对每一句话去打圆场。不过我们可以想一个问题：《论语》总共四百九十八章，号称五百章，如果真的去把《论语》读一读，一般心态正常的人，就是你不是专门依一种要批判的、打倒的、找茬的心，你不是依这种心去读，你平心静气地读，不需要你有学问，不需要你有智慧，大体上四百九十八章里面，它都是合理的。纵使跟一般的教导所讲的差不多，它也是合理的啊，纵使没有那么高的智慧，它也是合理的；在文句上就合理、道理上也合理，只是道理的深浅由自己来体会而已，总之是合理的。至于有不合理的，所谓的不合理有三种：一种是在文句上解释就不通，第二点在道理上解不通，第三个在实践上有障碍——甚至有些人要求更进一步，因为在古代没有障碍，在现代却可能有障碍，所以他说我们现代人不应该读，因为古代不是糟粕，在现代就是糟粕了——最后这种讲法，是比较值得同情一点的。

好了，纵使用各种方式来发现《论语》的不合理之处，各种的不合理都举出来，我想请问：四百九十八章里面，你到底能举出几章是你所说的不合理的？本身就不合理、放在人情世故上不合理、放在现代社会不合理……请问你举得出几章？而假如为了真的有几章的不合理，你就说《论语》有糊涂，请问你不是画地自限吗？拿砖头砸自己脚跟，你何必呢？一个中国人何必如此呢？这是一种做人、读书的态度吗？四百九十八章里面只有几章你认为是不合理的，你为什么就不读了？所以我们首先建立这个不败之地，因为《论语》大部分是合理的。

那么，有哪几章不合理的呢？我可能孤陋寡闻，我不知道别人所举的不合理有几章，但是我自己想一想，我所读到的、听过的也只不过几章嘛，大概只有三章半，常常被提到是不合理。我们现在来看一看这三章半到底是真的不合理吗？如果不合理，你把这三章半不读算了吧——但你为什么为了这三章半就把整部的《论语》抹杀掉呢？有人说：一颗老鼠屎，就坏了一锅粥，哪一章不对，整部《论语》就不要读了。我告诉你：这一句话是一种责备人的话、求全的话，这一句话不是真理。一颗老鼠屎是真的坏了一锅粥了吗？你有没有看过老鼠屎？一颗有多大你知道吗？一颗就比米粒大一点，最多是两个米粒大。但一锅粥有多大你知道吗？尤其是古人他并没有计划生育啊，这个家是一锅，而且是五代同堂，一锅粥是很大的，我不相信一个家里能发现一颗老鼠屎，就把这一锅粥都倒掉的，这是一家人的性命所寄啊，你把老鼠屎挖掉不是就好了嘛！所以刚才说那一句话是责备的话，一种过甚其辞的话，不是真理。

《论语》如真有几章糟粕，你不要读就算了嘛，要不然就学人家把它挖掉嘛！怎么挖掉？有一个学校教读经的老师，他在班上教《论语》，有一位家长说：你教《论语》我是赞成的，但是这个不可以有宗教的氛围，尤其不可以有东方宗教的氛围，你们不可以传教。老师说我们没有传教。家长说：没有传教，也不可以有这种氛围。老师说：有什么氛围呢？家长说：我是信基督教的，你们的书上有佛这个字。老师听了吓一跳，《论语》怎么有佛这个字呢？有，“佛肸召，子欲往”。这个“佛肸”是一个人哪，他的姓是读“必”的，但那个字就是“佛”，有一个“佛”字。这个家长说，我的孩子读《论语》是没有关系，但是这个字不可以出现。那怎么办？于是就用刀子把这个字割下来。这个叫作一颗老鼠屎，但并没有坏一锅粥，这个老师有智慧。你不要读你说的这三章半糟粕，不是就好了嘛？何况这三章半是真的糟粕吗？还是因为你自己是糟粕人，所以你看出糟粕了？

近代有一个很有名的人，或许我们大陆朋友比较不认识，叫作徐复观，徐复观是所谓的当代新儒家的第二代的三个代表之一。当代新儒家第一代有好几位老先生，但是学问能够真正传下来的大概只有一位叫作熊十力，其他梁漱溟、马一浮等，他们的学生比较少，传得比较没有那么广，所以假如很严格、集中地说，那么当代新儒家的开宗祖师就是熊十力。熊十力先生有三个有名的弟子，一位叫作唐君毅，一位叫作牟宗三，一位叫作徐复观，他们三个人的个性、为学的风格各不一样。唐君毅代表仁者，因为他心胸广阔，包容各种的学术。牟宗三号称智者，因为他剖析明确，论断非常地精到——所以各位如果要进入学问之门，你应该看看牟宗三先生的书，尤其要懂得新儒家，更要从牟宗三先生的书看起；牟宗三先生他的哲学体系非常地完备、明确，条分缕析，井井有序，所以要训练自己思考的模式，最好你去读牟宗三先生的书。

在座诸位不知道有没有读过？如果能够有读过一本已经不错了。我请大家劳烦一下，举个手，读过牟宗三先生的书，乃至于一本以上的请举手？好，请放下，不多的，有人是没有读过。今天是第一次听说牟宗三三个字的请举手？还是很多的，请放下。我再苦口婆心一下，请各位一定、一定这辈子要读读牟宗三先生的书，不管你是学什么的，这一辈子要读读牟宗三先生的书。不管你是学什么的，总是要把自己的思考能力建设起来，要让自己的思考变成是立体型的。什么叫立体？四面、八方、上下；四方就是前后左右，加上上下，叫作六合，六合就代表空间，空间是立体的。一个人的思考有些时候是散漫的、零碎的、不成形态的，那么就枉做一个读书人；有些时候只是平面的、广度的，那么也不足以成就学问。成就学问必须是立体的，某一个观念出现，某一个概念来到你的面前，你能够把它归位，归在哪里呢？归在学问之宇宙的特定的位置，而且这个归位是要在它的源流中，在它的各种关系中归位。所谓源流，它的源头在哪里，它流向哪里，这叫作来龙去脉；所谓它的关系，就是它跟其他学问的关系、其他观念的关系，提到任何一点，全体就集中在这里。要训练出这种思考能力，一即一切，一切即一。如果这种能力没有训练出来，枉做一个读书人！要训练这种能力，是有路可寻的，你要跟着会思考的人去思考，一步一步地跟，跟着跟不上了没关系，再重来一次。什么叫跟不上？颜渊说："仰之弥高，钻之弥坚，瞻之在前，忽焉在后。"就是跟不上了。在《庄子》里面对这句话有更文学性的描写："颜渊叹曰"，颜渊叹了一口气说："夫子步亦步，夫子趋亦趋"——叫亦步亦趋啦——就是说我看到夫子走路一步一步走，我就跟在后面一步一步走；"趋"就是快跑，小步跑，夫子跑起来，我就跟着跑起来；"夫子奔逸绝尘，则回瞠目乎其后矣"，夫子忽然间像一匹马一样"奔逸"，"逸"就是脱缰的马，"绝尘"，只看到一片尘土，他不见了，颜回呢，瞪着大眼睛就在他的后面，看不到人影。各位，庄子的文章好啊，比《论语》活泼多了！但是《论语》很扎实，也很美；到了最后，《论语》比《庄子》美，能够读出这个味道，这个叫境界。

我们说"夫子步亦步，夫子趋亦趋"，你要学思考，你就跟着会思考的人思考。你或许把它寓言，或许把它当作你的一个参考点，或者你立刻相信，而我告诉你：当今天下、近百年来，在中国人中能够称得上会思考的人、有思想的人，能够成为国际人物的人，能够将来被整个国际所承认的人，承认他是一个思考者、哲学家，只有一个人，叫作牟宗三！信不信由你——因为牟宗三是我的老师，我在这里弘扬师门。但是，你也可以不这样看，孔子说："侍君尽礼，人以为谄也。"我侍奉君王，尽了我应该尽的礼节，一般人认为我是谄媚；孔子既然这样讲，知道别人说他谄媚，而他也居然这样做。你不要认为孔子这个是糊涂蛋，他不糊涂；有一些隐居之士讥笑孔子，说你这样子熙熙攘攘，你这样子周游天下，你想要行道，我就要告诉你：这不是你的时代，这不是有道的时代，你老夫子算了吧，跟我们去隐居去，乐得逍遥。孔子怎么讲呢？“鸟兽不可与同群！吾非斯人之徒与而谁与？”我们不能够跟鸟兽住在一起，我不跟百姓住在一起，我跟谁住在一起呢？“道之不行，已知之矣！”这个时代是不能行道的，道是不可能推行的，是不可能有人用我行道的，“已知之矣”，我告诉你，我老早就知道了！你说孔子是聪明呢，还是笨呢？这叫“知其不可为而为之”。

各位，我现在来说我的老师好，你难道认为我是门户之见吗？任何一个人称赞他的老师就是门户之见吗？是，有很多人称赞他的老师是门户之见。但是你怎么不允许天下有人不是因为门户之见而称赞他的老师，你为什么不允许？所以请各位“双眼自将秋水洗，一生不受王财贵欺”，你从现在开始要立志，他讲得这么样地郑重，我倒是要去看看，看看是何方人物、何方神圣？各位，你有这个心我就敬佩你了！现在立志，现在有这个志气的人请举手，我就要去看看牟宗三是何许人？了不起！我这样就敬佩你了！你有没有去看在其次，你一发心就已经了不起了，一发心就成佛了嘛，你当下就成佛！虽然你又退转，你去看，看了两三页又不看了，你能看两三页也已经了不起。一个有智慧的人，是见到智慧他就立刻像铁石遇到磁铁一样，他就离不开了。如果你遇到有智慧的人而不知道跟着走，真是愚昧啊，大惑终生不解，所以庄子又说“交一臂而失之。”他责备人说：你不要遇到高明的人，交臂而失之。什么叫“交臂”？我明明跟他手挽着手，我遇见这个人，结果被他溜掉了。不是被他溜掉，是你自己把他放走了，所以千万不要交臂而失之，这个就是新儒家所谓的智者。

刚才说智者在仁者之先，你不先有这个洞见，开你的天眼，你的生命如何跟上去？你如何走对你的路？所以各位，你今天听听我的话，回去马上打开电脑查“牟宗三”三个字——释迦牟尼的牟，那个牟是很可爱的一个字，上面一个弯弯的，下面一个牛。知道什么叫牟？哞哞哞，牛叫了，叫牟。宗是祖宗的宗，三是一二三的三。古人上学都有学名，这个名字是他的老师起的，他的老师有一天看到书上说：“天宗三，日月星，地宗三，江湖海。”“天宗三”就是天的汇聚，天的形象、天的德的汇聚，就形成“日月星”；而地的德的汇聚，汇聚成三样东西，“江湖海”，这样子“天宗三”、“地宗三”，于是就叫成牟宗三，他以后就用这个学名作他的本名。哎，这个老师蛮有学问的，像我名叫王财贵，这个名没有学问啊，很多人叫我改。有一次我在深圳，在沙井区演讲，区政府办的，那一场演讲共三个小时，他们认为讲得很好，所以区政府就要把我的那场演讲制成三片VCD，总共要制作十万份，发给全区所有的家庭。不仅是发VCD，他们还把我所讲的内容全部记录成文字稿，印成一本书，所以是书加VCD。然后为了郑重起见，他们请了沙井区听说是最有学问的人，说能不能为这本小册子写一篇序，这一个人本来答应了，但稿件送来，他打开一看，演讲者叫作王财贵，他想这个人一定没有什么学问，要不然怎么有这么俗的名字呢？于是就拒绝写。后来这个政府弄得很尴尬，他说你是我们全区最有学问的人，这个讲得实在好，我们领导都听了，很多市民都听了，都觉得很好啊，你再看一看吧。他就很不情愿，说好吧，既然我要写序，总要看一看吧；他看两页就觉得不得了了，一定要写得很好，一定要写序言，而且一定要认真写。所以名有什么关系呢？但是也很有关系啊！

去查查这三个字：牟宗三，你会发现一座学问之海，让你悠游其中三辈子、五辈子，不是你这一辈子读完的学问，很难啊，要这一辈子做学问做成这个样子是不容易。德国算作是“哲学之国”，德国慕尼黑大学——应该是很有名的学校，乃至于是最有名的学校——它就开有牟宗三哲学的课。外国人而开近代中国的学者的课大概就只有牟宗三，而且预测将来会越来越多，所以唯一能够代表中国人的近代思想成就的，就是牟宗三。请大家听我讲三场演讲，你不要在意，没有什么价值，但是听到这三个字，价值无量，请你不要轻易放过这个机会，这位所谓智者。

另外一位徐复观先生是所谓新儒家的勇者。他很勇敢、勇猛，喜欢谈政治问题，而且后来寄居于香港——因为那时候香港受英国人的统治，不属于他的国家，所以叫寄居——他刚好面对两岸，他对两岸的为政者都不客气，所以号称“勇者”。我现在讲一个徐复观先生的故事：徐复观先生在少年的时候，很年轻就当上将军了，而又很好学，他听说当今有一个学问家叫熊十力，想着我也去看一看，所以他自己就去投名片，找熊十力先生。熊十力先生看到这个年轻将军来了，想说武人也能够想要读书，了不起，就跟他说：你既然喜欢读书，而且你对于政治有兴趣，我就告诉你，你将来想要真的能够治国平天下，我介绍你去看一本书，王船山的《读通鉴论》；王船山读《资治通鉴》，有他自己的论点，他读到历史事件，总要发挥他自己的看法，写成这部《读通鉴论》，你去读一读。徐复观先生没有读过，他就说好我去读，就真的很用功去读了。过了一两个月，他又来找熊先生，熊先生问他说：叫你读《读通鉴论》有没有读啊？我读了。有什么心得啊？这个年轻将军豪气大发，开口批评这个王船山他在哪一个事情上论得不好，在哪一个事情上论得错了，又在哪一件事情上论得不够，讲没几句话，熊十力先生桌子一拍，大喝一声："你这个混蛋！我叫你读书是要读出古人的好处，你居然每一句话都说人家的坏处，你到底会不会读书？"一个将军被骂混蛋，当下受到很大的委屈，很大的震撼。

但是各位，现在没有人骂你是混蛋，你是很可悲的啊！要有人骂骂你混蛋，当下整个精神生命就往上提，真的是下学而上达，从此他就知道用什么态度来读书，用什么态度来论事。徐复观先生说他的生命从那一骂，开始有了转变。各位，是要这样读书的。

唯女子与小人为难养也

我还没有进入主题，到底《论语》有哪些糟粕？但是依照刚才说的，学问要自己做，所以应该自己要知道《论语》的糟粕在哪里；而人家说的糟粕是不是糟粕，我们怎么样看待这个糟粕？这有好几个层次要去分清楚。又纵使是个糟粕，你怎样面对？如果不是糟粕，是误解呢？你应该用什么态度来自持？就是说你站在哪一边啊？你如何与人讨论这个问题？你用什么态度？如何站立自己的脚跟？这个是在各位自己的一辈子里面，一定会常常遇到的问题，而在这个时代如果没有常常遇到，且你现在还不知道它真假，也还没有把这个问题解决，那实在对不起自己、对不起祖先。

我刚才说我们最常听到的，可能大家也都听过，《论语》有三章半所谓的糟粕，第一章最为人诟病的就是“唯女子与小人为难养也。”这一句话：

> 子曰：“唯女子与小人为难养也。近之则不孙，远之则怨。”（《论语·阳货第十七》）

这一句话被现代人骂得很惨，因为它得罪妇女同胞。听说美国妇女运动者，她们读到这句话的时候——我不知道这一句话她们怎么读到，怎么传到她们耳朵里面的——反正她们知道这一句话就很愤怒，她们想到这个联合国总部的大厦门口有一块碑，那一块碑文刻着《礼运·大同篇》，因为全世界的人都认为《礼运·大同篇》很能够表现联合国的精神，所谓“大道之行也，天下为公，选贤举能，讲信修睦。故人不独亲其亲，不独子其子，使老有所终，壮有所用，幼有所长，鳏寡孤独废疾者，皆有所养，男有分，女有归。货恶其弃于地也，不必藏于己；力恶其不出于身也，不必为己。是故谋闭而不兴，盗窃乱贼而不作，故外户而不闭。是谓大同。”像这样子的气度、这样子的理想，不是联合国之所以要成立的原因吗？所以把《礼运·大同篇》刻在联合国的门口非常恰当。这个女权运动者看到孔子说“唯女子与小人为难养也”就非常气愤，然后就去抗议，说孔子这么样地歧视女性，他的言论不可以放在这个地方，所以硬是把联合国门口的碑文拆掉。所以一句话得罪千古，孔子如果知道他就不讲了。

有很多人一提到《论语》，想说《论语》有哪些糟粕，想要骂骂孔子，先拿出这一句话出来，而且这一句话翻译出来，不要翻译啦，就是一读就知道他在骂人，翻译出来更是。但是，是不是真的就是糟粕呢？是不是真的有这一句话，它就会遭遇到不祥不幸的事情呢？也不一定。

大概二十年前吧，我还年轻的时候——我也曾经年轻过。有一次朋友李祖原先生，他想要培养他手下的建筑师比较有文化的观念，所以他就办了一系列的文化讲座，要我安排人去演讲。其中他说我一定也要把自己安排进去，本来我不想安排自己进去，只安排我的这些朋友，他说一定要我也讲，那我就去讲了。第一场是牟宗三老师的演讲，第二场叫我去讲，我那一场讲的是我们如何读《论语》，其中就引到这个例子，说孔子曾经说“唯女子与小人为难养也”，这一句话得罪很多的妇女。但是我说，在座的各位女同胞，请你们不要太过生气，为什么？有两点你可以不生气：第一点，孔子是有相当理由的，他不是随便骂人，所以你把整章读完——子曰：“唯女子与小人为难养也。近之则不孙，远之则怨。”是有道理的，有理由的。为什么女子与小人难养？什么叫难养？就是难于侍候，这个侍候是什么侍候呢？就是难于作为属下，就是你不要找女子跟小人作为你的属下来跟他们相处，跟他们很难相处，这个叫作“难养”。

为什么女子与小人难养呢？因为有两种特质：第一种特质就是“近之则不孙”，你跟他太亲近嘛，他就拿着鸡毛当令箭，就是所谓给他一点颜色他就开起染坊，狐假虎威，甚至他对你都不礼貌了，因为亲近他嘛，他恃宠而骄，这个叫作“近之则不孙”。这种人好养吗？不好养。而且你不能“远之”，你一疏远他就怨你，一哭二闹三上吊；而且不只是这样，他会报复，听说女人的报复是很可怕的，所以不要轻易得罪女人。自古就有这种告诫啊，这不是“远之则怨”吗？这种人好养吗？不好养。你又不能亲又不能远，你看多难？我说：各位妇女同胞啊，你自己要想一想啊，你有没有这样的特质啊，你不要问孔子为什么骂我啊，有这种特质不是该骂吗？而且第二点，孔子并不是只骂女子啊，孔子也骂小人啊，“唯女子与小人为难养”，你不要认为孔子只骂女子，我告诉你，小人是谁？所有男人都是小人！这不是平等了嘛？为什么他们是小人呢？因为“近之则不孙，远之则怨”嘛。为什么“近之则不孙，远之则怨”？为什么会有这种特质呢？因为他自己不能独立，站不起来，他好像随时都要淹死一样，抓到一个东西就是一个东西，他抓到一根草也要抓，把你抓住了，“近之则不孙”，你抽身他好像活不了，“远之则怨”。各位，不要笑别人，每一个人自己反省一下，有这种特质真的是难养，真的是该责备。

其他我忘记了讲了什么，为什么忘记呢？因为我讲完以后有一个女子跑来，跑来跟我问说：老师您有没有什么时间啊？我说做什么？她说我想跟您学，跟您读书。我说怎么这么好，这么用功，她说您今天讲的这一章“唯女子与小人为难养”，让我真的反省到自己为什么家庭不合、为什么我在社会上不得人缘，今天对我启发很大，我要跟您读书。那我就说好吧。那时候我还在读博士，还没有做工作，我就安排她每个礼拜什么时候来吧，她来了，我就教她读书。怎么读书？教她读《论语》，回去把《论语》背一背。就这样，有空就给她讲一讲学术、源流之类的。第二个礼拜她又来了，又给她讲一些学问，甚至问她有没有问题，讲些问题。第二个礼拜她走的时候，特别拿出一个红包，说这个送给老师，这个是束脩。我说你不要这样子，我们是朋友，互相讨论一下嘛，我不是要当你老师，我也不能收你束脩。她又说：没关系，你应该收，我把你当老师，而且你现在还没有做事，你没有收入，这个我是付得起的，你就收吧，这是我的诚意。既然讲的这样子，我就收了。她走了以后打开一看，二十万台币的一张支票。各位，二三十年前二三十万也是一笔不小的数目。结果第三个礼拜她就说她忙，不来了。这个二十万这么简单就得到了，很不好意思，我到现在都还觉得亏欠她。

各位，你把一句“唯女子与小人为难养”讲好了，二十万！不是糟粕啊，是宝藏啊！所以糟粕人看成是糟粕，宝藏人看作是宝藏。我当时好像只讲一个例子，要知道我就多讲几个例子。所以今天我还要多讲几个例子，因为宝藏嘛！不要只有鼓掌，下个礼拜带红包来。我听说下个礼拜不要讲了，不让我讲，很可惜。

这是最常被认为糟粕的一章，其实有很多人也是为这个解释。“唯女子与小人为难养”，他们解释说因为古代女子不受教育，所以情有可原。这个解释是有道理的，为什么特别提女子跟小人并列呢？因为古代所谓的小人，它并不一定是坏人的意思，所以小人有好几个意思，其中最核心的意思就是在儒家的思想当中的心量狭小的人，先讲这个意思。在孔子之前，小人跟君子是相对的，而这个君子是贵族的意思，贵族是受过教育的人，小人是平民，是没有受过教育的人，所以我们可以直接翻成：唯女子与没有受过教育的男子是难养的。为什么？因为古人读书是为了明理，纵使是贵族读书，他也有一个责任——修己治人，就是修身齐家治国平天下啦，这是读书的目的。所以没有读书大概就很难明理，不明理他就“近之则不孙，远之则怨”，他自己生命没有开发，他就是一个接近动物的生命，他随时为了生存而恐惧，所以“唯女子与小人为难养也”把它翻译出来就是，没有受过教育或是不明人生之理的人，是很难跟他相处的。就这么一句话。所以说女子是因为古时候的女人没有受过教育，这样解释是可以的。

不过，孔子在这里不明讲什么受教育不受教育，只讲他表现的情况是“近之则不孙，远之则怨”。照我们现在来看，纵使受了很高的教育，他也往往也是小人，所以不可以把小人解释成没有受过教育的人，把女子解释成因为古代的女子没有受过教育，所以难养，不是的。到最后孔子所要表达的是一个生命没有自我成长的人、不成熟的人、心理不健康的人、变态的人，是很难相处的。意思是什么？作为一个人要能够自己替自己负责，不要把你的整个身子靠在别人身上，你要自立，所谓己欲立还要立人，己欲达还要达人，这是生命的一种呼唤，一个智慧的提醒。你怎么可以把这一句话说成是糟粕呢？

圣人难道喜欢骂人吗？所以孔子说“吾之于人也，谁毁谁誉？如有所誉者，其有所试矣。”假如我有所称赞，一定是我经过试探，其实不是试探，是我经过考察，我要经过考察之后，我要称赞才会称赞。换句话说，我如果要责备，也要经过考察，这叫作理性的生命。孔子理性的生命讲出这一句话，他忧世之心是永恒的，他担忧人类的不幸，不仅是自己不幸，还担忧给别人带来不幸；你的生命怎么会不增长呢？“德之不修，学之不讲，是吾忧也”啊，你德不修养，不讲学，你的生命能独立吗？你能够明理吗？你能够大方吗？你能够体谅别人吗？都是自私自利，都为自己生存而恐惧，这个不是很难相处吗？所以各位，不要“近之则不孙，远之则怨”啊，近之你也不会不孙，你本来就是如此；远之你也不会怨，因为你自己可以好好地过你的人生，你有你自己的观念、你有你自己的看法、你能够自己安身立命，就不会如此。所以这一句话不要把它看成是糟粕。

父为子隐，子为父隐

第二个糟粕，常常被拿来攻击的这个第二大罪状：

> 叶公语孔子曰：“吾党有直躬者，其父攘羊，而子证之。”孔子曰：“吾党之直者异于是，父为子隐，子为父隐。直在其中矣。”（《论语·子路第十三》）

这一章叶公说我们家乡有正直的人——这个我们家乡的意思就是我所欣赏这个意思——叶公说，我认为正直的人应该“其父攘羊，而子证之”，有父亲偷了羊，而他的儿子出来作证，你看这么正直。孔子说：“我们家乡正直的人不是这个样子的，是父亲为孩子隐蔽，孩子为父亲藏匿。”那么，现在我们就说了，你看，都是孔子教导的中国人没有法制观念，像这种思想怎么叫它流传呢？这个是藏匿犯罪嘛。各位，是这样子吗？

我们再问孔子为什么会讲这一句话，我们回归那个场景：叶公是卫国的一个县官，自己号为公，这个叶公是个好大喜功的人，所以他自称叶公，他其实是叶县的县长；孔子到他那里去，他遇到孔子很高兴，就问孔子说：“我告诉你，在我的治理之下的百姓是很正直的，为什么正直？有一个父亲偷了羊，孩子出来告状作证，你看我们的百姓是不是很正直？”意思就是我是不是把这个地方治理得很好？孔子一听鸡皮疙瘩就起来了。各位，如果有一个当政者跟你说：“我所治理的这个地区，他的父亲偷了人家的羊，他的儿子出来告状，你看我的政绩如何？”你听了不会起鸡皮疙瘩吗？

有一个人要去做法官，来问曾子他怎么“事师”，应该怎么做法官；曾子就告诉他一句话：“若得其情，则哀矜而勿喜。”情就是实况；假如你能够审问出他犯罪的实况，当然就是如何定罪啦，但是你这个时候的心里，讲心啊，不是讲你如何定罪，是讲你的心“哀矜”，非常地替他可怜，非常地同情他，而“勿喜”，不要认为你办案办得非常地干净利落，把犯人的罪状都一五一十地都了解了，你不要这么高兴啊。为什么？“上失其道”啊，这个“民丧久矣”，在上位的人哪，无道，人民的心灵是涣散的，这个时候有人犯罪了，你能够问出他的罪状，你高兴个什么？你要悲哀啊！各位，这叫作仁人之心，仁者的心胸。

你们说这个法官应该是铁面无私的，怎么可以这样同情？你难道是这样看吗？孔子说："吾党之直者异于是。"一下子就把叶公的话顶回去，让叶公碰一个软钉子，这叫作圣人讲话，是不带圭角而让人所谓"听其言也厉"——"望之俨然，即之也温，听其言也厉"。不是疾言厉色那个厉，而是正正当当。你这个心不正，所以孔子就用一句话顶回去，你所指我们家乡的人正直，不是这个意思。假如真的是父亲偷了羊了，儿子希望不要有人去告状，把它隐藏起来；如果儿子去偷羊，那么父亲把它隐藏起来，他不会去告状的，而孔子最后的结论是"直在其中矣"；"父为子隐，子为父隐。直在其中矣。"这个所谓正直就在这个里面啦！在什么里面呢？在这个爱里面，在这个不忍之心、"哀矜"里面。你没有了爱，你有正直吗？没有了爱跟正直，你有法律吗？你是这样讲法律的吗？对，现在都认为西方人都是这样讲法律的，我们中国就是没有法制，只有人制，所以我们现在要学法制，要学法制就先要把这一句打掉，父不可以为子隐，子不可以为父隐。把这一句话打掉，就有法制了吗？这一句话没有打掉，就没有法制了吗？

什么叫法呢？法从哪里来呢？法是有根源的，法根源于正义。正义也有它的根源呐，正义根源于爱啊。没有爱哪有正义？没有正义哪有法制？所以韩非的法制——现在大家都很喜欢韩非，因为韩非讲法，法家嘛，你去读读韩非的法，你翻翻韩非的整个书，每一页都是悉悉索索横横斜斜地写着两个字："残忍"！

各位，真正的法制不是孤独的，不是刻板的，但是不是从这里就可以说孔子没有法制精神呢？你要知道孔子这是对治叶公的那一种的沾沾自喜，而讲这样的话。你不可以由此证明孔子是糊涂的，孔子是没有法制精神的。孔子在这里是探讨，法制的根源是什么？这个圣人之心是“下学而上达”，每一个时刻心灵都是畅通无阻。他随手拈来，他讲出这一句话，你不要死于句下，这个老夫子别有用心，你为什么不去体贴？你以为你了不起啊，你懂不懂这句话啊？你认为这一句话就是没有法制精神啊，你读死了！智慧是活的，只是让你读死了，你还自以为了不起。你以为，古人都不了解，只有我们现代人了解，因为现在我们学到西方人的法制了，所以我们就要反对孔子这种相互隐瞒的思想了。

各位，了不起应该是在别的地方了不起，不要在这个地方了不起，这个地方了不起是很可怕的！没有仁德的政治，没有爱心的法规，那是把人当蚂蚁啊，当一个玩物啊，圣人怎么可以忍心呢？所以要懂得全体，才能懂得部分；我们宁可这样了解圣人，他也不会反对现在的法制。你用叶公的方式来否定圣人，也不见得社会就会幸福，而且也不见得真的有法制；所以不要随便发表意见，没有智慧是不能够读圣贤书的，不能够读智慧的书。

我们遇到有人这样说，我们要有分辨的能力。如果没有分辨的能力，回家再把《论语》读一百遍，已经读一百遍了，再读一百遍；多多读多多体会，还要多多看古人的注解。古人也是体会过的，纵使古人注解有不同的意见，没有关系，你先选择有益于你的地方来吸收，到了你真有学问了，你的学问四通八达了，你再作衡量，这是可以的。这是第二个糟粕。

民可使由之，不可使知之

第三个糟粕，也是常常被举例出来的，就是：

> 子曰："民可使由之，不可使知之。"（《论语·泰伯第八》）

就这么莫名其妙、没头没脑的两句话，又被骂惨了，这个不合现代精神，这些都是为统治者设想。"民可使由之"，"民"是跟从，人民是可以让他跟从政府的决定走的；"不可使知之"是不可能让他了解为什么要这样做的。哎呀，这个太可怕了，所以这是糟粕。

各位，有些话啊，他讲得深我们要深看，他讲得浅我们要浅看。什么意思？"民可使由之，不可使知之"，这是什么样的一个境况呢？这是现实上本来就如此。你说假如古代如此压迫人，他实行愚民政策，现在我们不应该实行愚民政策了，尤其是现在的知识这么发达，现在的传播工具这么样的方便，人民有知的权利，你怎么可以说政府的决定"民可使由之，不可使知之"呢？各位，孔子这一句话"民可使由之，不可使知之"，既然讲到民，他应该是针对着为政者说的，他是告诉为政者说："民可使由之，不可使知之。"那么，孔子为什么会讲这一句话呢？是不是他真的想叫为政者去愚弄人民呢？孔子有教无类，他说："事君，勿欺也，而犯之。"不要欺骗君王，"而犯之"，你可以冒犯的。孔子是这样子的人，他怎么会叫为政者去愚弄人民呢？但这句话明明讲的是愚弄啊，为什么？“民可使由之，不可使知之”不是愚弄吗？刚才说了，你要了解一句，你先要了解全体；假如是愚弄人民，不符合孔子平常的言行，不符合孔子的精神，孔子怎么会讲这一句话呢？

所以我们就要想，为什么孔子会讲这一句话，“民可使由之，不可使知之”？他是要告诉领导的人，你的决策影响重大，你一决策人民就跟着走，人民是不可能知道的，你讲了他也不知道。因为古时候有这个状况，古时候的人民、平民是不受教育的，所以他说一切的政治责任，要由领导者负责。“民可使由之，不可使知之”，意思也就是说，你在作决策的时候，你先要把你的决策好好地思考过，你是不可能跟人民讨论的，一切你要负责。这样子才是“民可使由之，不可使知之”。

而且不要说在当时啦，就是在现在，难道民就可使知之吗？所以最重要的还是一个为政者的心态，他是不是要愚民？还是他要为人民负责？要愚弄人民，也可以是“民可使由之，不可使知之”；要为人民负责，也可以是“民可使由之，不可使知之”。在古代固然如此，在现代这句话依然有用，为什么？难道人民真的可使知之吗？政府所公布的那些数据，难道你就真的知道吗？像台湾要不要建核能发电厂，每一届的领导者都要请很多的学者来发表论文。你要知道，如果这一届的领导者是想要建的，这些学者的所有论文是一面倒要建的，黎民不要说权利，他有可知的权利，但他有多少可知的能力？他请的都是些专家啊！如果这一届的领导者，“一朝天子是一朝臣”，他是反对建核能的，他找一大批学者，这些论文就一面倒不可以建核能发电厂。“民可使知之”吗？所以你不要说现在是什么时代了，心态不正，他随时都可以愚民；心态正，随时都不必愚民。

以前梁启超为了解决这个问题，他替孔子找台阶下，他说这句话不是这样点句的，应该点成“民可，使由之，不可，使知之”。“民可，使由之”人民赞同了你就“使由之”，让他跟着走嘛；“不可”，人民不赞同，你就要说明给人民清楚。这样子不是很清楚吗？各位，其实不需要这样子解释，这样子解释不是古人的断句法。“民可使由之，不可使知之”，这一句话是千秋万世的真理啊，孔子讲这一句话的用意你不要猜测他是为了愚民。为什么你会猜测他为了愚民？因为刚才所说的，糟粕人就读出糟粕的意思。你何必呢？

三年无改于父之道，可谓孝矣

最后还有半句话，就是：

> 子曰：“父在观其志，父没观其行。三年无改于父之道，可谓孝矣。”（《论语·学而第一》）

这一句话会背就拿出来讨论，因为从古人就开始讨论啦。子曰：“父在观其志”，父亲在的时候观察这个孩子的志气；“父没”，父亲死了以后，“观其行”，观察他的品性——如果念xíng就是观察他的行动，其实这个行动是一时的，品性是一个品质，观察他的品质啦，叫作“行”。“三年无改于父之道”，等到三年，这个孩子没有改变他父亲在的时候的做人处世的习性；“可谓孝矣”，这个“孝”就是他真的是听了父亲的教导啦，他是个孝顺的孩子。

现在人就说啦，如果父亲是一个酒鬼，难道我要“三年无改于父之道”吗？父亲常常是家庭暴力，难道我要“三年无改于父之道”吗？于是就说，这话不通，这个孔子是迂腐，让人家守三年之丧是不切合实际的；其实这些古人也讨论过了，不需要你讨论。比如朱熹，他就说：三年无改是孝子的诚意。他引用古人的话说：如果父亲所行是道，则终身不改可也；如果父亲所行非道，那么何必要等到三年呢？“何待三年”呢？但是又想回来，圣人说三年不要改啊，怎么可以这样讲呢，于是他就自己打圆场说，父亲非道，三年还不改的意思是不忍心改，还怀念父亲嘛。那么有人这样解释了，说所谓三年不改、非道而不改，是过还不大，不改也没有关系，就姑且让它实践三年吧！古人已经这样读书了，刚才说了，为圣人打圆场嘛，这个真是费尽心血。所以大家不要认为我们读书比较有心得、有疑问，古人读书就已经有疑问啦，就已经提出来啦。

不过，这里我就有一种解释，我认为不必这样子迂曲，或许也可以替孔子打圆场吧：其实或许孔子是这样子的意思，因为这是很简单的，我就打比方，说一个学生吧，“父在观其志”，就好像他在高中的时候，老师时常监督着他，背后常常有考试要挟，所以“父在”就观其志。但是，如果要看看这个学生是不是真的内心里面想用功，就要“父没观其行”，等到没有老师、没有考试压迫了，就看看他自己怎么做人、怎么去读书；也就是说，等他考上大学了，没有人管他读书了，如果“三年无改于父之道”，他大一大二大三都还像高中那么用功，“可谓孝矣”，他就真的是听高中老师的话啦，他真的是一个用功的学生啦！但是各位，现在往往是什么样子呢？“父在”的时候，就发现这个人不是真用功，是假用功，“父在观其志”他已经没有志向；而“父没观其行”，等到没有人催促他用功了，我们考察他的行动，不是“三年无改于父之道”而是考上大学那一天，我终于可以解脱了，不用读书了，“可谓孝矣”，这样的一个人可以算作用功的人吗？

所以“父在观其志，父没观其行”，我们千万不要去想，这个父亲如果是个坏人怎么办？他教一个孩子去做坏事怎么办？你何必解释成这个样子呢？用一个不正常的父亲的例子，而来说孔子说这一句话是不合理的，那圣贤要怎么讲话呢？有些话是有特定场合的，像对叶公说的话、有些话是一般场合的，像“父在观其志”；因为父亲总是让孩子做好嘛，这是一般父亲的心态，“父在观其志，父没观其行。三年无改于父之道，可谓孝矣。”每一个人自己反省一下自己的父母怎么希望自己为人处世的？每一个人自己这样反省就好啦！普天之下大部分的人，他的父母都教孩子要做好、要向学，要光明、要坦荡，不是吗？那么古代父母在的时候，父母讲的话孩子一定是照这样做的，你表面上这样子做，你的心灵是不是领受了父母的这一种教导？这叫“父在观其志”，你做好人好事是真的假的，可以分辨。而且“父没观其行”，要观察三年，因为有些时候是为了习惯，有这个习惯了，你还一时能做做君子，但是没有人管你，你自己管自己，而能够三年都还遵照着父亲在的时候、有人管你的时候这样子来做，你就可以说是父亲的好孩子了。孔子说“视其所以，观其所由，察其所安”，你只在人面前可以做好还不算，假如安之处在这个地方，不管有没有管你，你都还能安得住，而且要观察好长时间，“三年”，所以叫“三年无改于父之道，可谓孝矣”。你不必吹毛求疵，不必去设一些很难回答的场景：如果父亲是一个坏蛋怎么办？他教你专门去偷盗怎么办？教你去杀人放火怎么办？这种例子是不多的，你不能够用这样子的话来说：《论语》有糟粕，这一章我不读。

假如这一章不读也没有关系嘛，到最后还是这句话：《论语》四百九十八章，照我看，只有三章半是一般人认为有糟粕的，而这些糟粕都是糟粕人读出来的。所以我认为《论语》没有糟粕！今天就讲到这里。

谢谢各位！

年青人在大时代的大担当

时间：2011年6月22日

地点：中央民族大学

各位朋友，晚上好！

这是我们来这里参加这个系列讲座的第四次，我记得第一次的时候，坐满的，后面还有人站着，第二次的时候呢，坐了五分之三吧，上一次是坐二分之一，这一次，坐了大概还不到三分之一。还好我们听说这次是最后一次，要不然下次大概就剩两个人了。

尤其是今天的题目啊，本来是要跟大学生讲的，所以题目标上年青人——年青人在这个大时代应当有的担当。但是听说今天学校已经考试了，那不只是本校的学生比较少，外校的学生也可能不多。我调查一下，现在还是大学生的请举手？咦，还不少呢。还好，请放下，还占一半以上。挺好，我看走了眼，现在大学生都很成熟的样子。很了不起，要考试了，还能够还来听这种文化性的讲座，我觉得很敬佩，很满意。

今天演讲的时间哪，我先自我约束一下——虽然我不一定能够约束住自己，别人都约束不了我了，我更不能约束我自己了——不过先跟大家约定一下时间，就是我讲少一点，不要像从前一样。不过我记得前三次都曾说我要讲少一点，只是越讲好像越多，每一次都讲得超过时间，第三次超过得最多。今天我们先作个约定，讲少一点，以补足前几次没有开放交流时间的缺憾。希望我们就着这一次，乃至前几次演讲里面所牵涉到的所有问题，甚至这几次演讲还没有提到的任何问题，只要你心里有问题，都可以问。我说过了，你尽管问，不用替我操心，我不会被你问倒的。为什么不会被人问倒呢？因为假如你问的问题，恰好是我了解的，我就知无不言，言无不尽。假如你所问的问题是我所陌生的，那我就遵照孔子的教导，“知之为知之，不知为不知”，我就说我不知道。不知道也算回答啊，我没有默然就好，不过有些时候默然不答，也算作一种回答；总之你问任何问题我都可以回答。尤其许多的学问都是相通的，比如说我在学校里面教了一门课，叫作“四书”——《论语》、《孟子》、《大学》、《中庸》，我还是以讲《论语》为主。一开始就讲《论语》，一个学期有十八周，我光讲《论语》大概就用了十八周，剩下就来不及讲其他的了。我也是开放时间给学生发问，而且我还要逼学生发问。据说中国的学生不喜欢问问题，有人说因为这样，所以造成中国学生头脑的怠惰，没有独立思考的能力，我认为其实不是，不是因为没有问问题所以造成思考能力的低落，而是因为思考能力低落才造成不会问问题。学生不会问问题，久了以后，教授也落得不会回答问题。那不会回答问题的教授就会想尽办法让学生没有时间问问题，于是就恶性循环了。我是很乐意开放给学生发问的，因为学问是需要讨论的，道理是要商量的。所以我宣布，问问题就加分，没有问题的扣分，逼得学生个个要提问题。那被逼出来的提问，也问不出什么真问题，往往是这一个字怎么读，那一句话怎么解；明明朱熹都已经注了，他们就不看，还问我这个字怎么读。但我是不会骂人的，我还是会解答。当然也有天马行空的问题，譬如有人先声明可不可以问课程以外的，我说都可以啊，他说：请问我们要怎么看待恋爱的问题？我说你问这个问题很好，这不是课外的问题，这是我们课内的问题。为什么是课内的问题呢？我说你要把恋爱谈好，你只要好好把《论语》读一读，孔子就教你怎么恋爱了。如果依照以上的方法来回答问题，大家应该相信我是可以回答任何问题的。

有相识比较久的朋友，一直劝我，要我演讲认真一点，赶快切入主题，不要太多铺垫，以免让人怀疑我是不是没有话讲，才讲一些不着边际的话。后来他解释，他不是自己不满，因为他听得正高兴，他是替别人不安，尤其替那些不习惯于我演讲的方式的人担心。为了对得起大家，我今天就少作铺垫，不过还是要讲一些前言。我自己认为我在演讲的时候，前面的铺垫是比较精华的，比较必要的。为什么呢？因为依照惯例，演讲总要订一个主题，一订主题，探讨的范围就定了。什么叫定了？就是把它约定了，约定在一个主要的范围之内。其实学问是相通的，假如演讲者专对一个主题讲，固然对这一主题的剖析比较入微，或许可以解决某一个特定的问题，这是有相当益处的；但是假如我们能够养成一种能力，一种能够自我解决问题的能力，则任何一个主题都可以自己去解决，于是就不需要再听人演讲了，我认为这样的益处更大。所以，我所有演讲虽然都定了主题，但进入主题之前我都会有一番铺垫，这些铺垫其实就是交代我们如何进入主题，如何处理主题的思考模式和思考方法。

这样的内容，是比主题还要广阔的，也就是说它的范围比较大，从大的范围来笼罩主题，如同烘云托月——天空一片云彩，月亮从云彩底下浮现出来。请问云彩比较大呢？还是月亮比较大？当然是云彩大。从云彩中烘捧出月亮来，则月亮的景致将更美丽动人。如果能够先把握大观念，则对于其中的某一方面的主题，将更有了解的能力。其实就是必须把一个主题归结到一个更大的范围里面去，连同这个主题的来龙去脉一起了解，才能把一个主题了解透彻。假如只单单针对一个主题，不知道它的外围关系，这个主题是很单调、很枯干的，是不容易为它定位的。一个观念，如果在我们人的思考当中，不能够给它定位的话，它只是虚悬在某一个地方，它是漂浮的，到最后风吹云散，什么都没有留下来。更严重的是，因为没有定好位置，还可能产生意义的误会。所以不管是听演讲、看书、跟人讨论，最最重要的一个能力一定要养成，就是把任何一个主题归入到一个系统里面去的能力。知道它从何而来，往哪里去，它四面八方又有多少关系，这样子就不只是了解一个主题了。如果要这样做，刚才说了，云总是比月大，整个系统总是比系统中的某一个单位还要大，因此要讲好这个主题，就要用很多的铺垫，把它烘托出来。于是铺垫就大了，主题就小了，因此我演讲的这种格局我认为是对的。

以上，是我本次演讲铺垫之前的铺垫，因为要讲我为什么铺垫，以自我解嘲一下。不过，你也可以有另外的想法：演讲是要负责任的。既然有了主题，演讲者主要的任务，就是要把今天的主题讲清楚，别管听的人会不会有系统，有没有系统不是演讲者的责任。就好像作文一定要对题，要不然每个人任何一个题目都从盘古开天、尧舜禹汤开始，那还叫作文吗？不过，你也不能够说我的盘古开天、尧舜禹汤跟这篇作文没有关系啊，一定有关系，对不对？所以各有说法。而我这种讲法是另外一套说法，就算是我替自己狡辩了，所以大家以后不要以我为准，这是不足为训的——这些又是铺垫前的铺垫的铺垫。

好，现在进入正式的铺垫：最常见的铺垫方式就是解题。其实解题就已经破题了，就进入题内了，当把这个题目解完的时候，因为一切都清楚了，所以虽然好像还没有进入主题，演讲就可以结束了。所以你说这是铺垫呢，还是主题呢？今天我们就采用这种铺垫与主题合一的方式来讲。请大家不要再怪我铺垫太多了。

人身难得

今天的题目是：年青人在大时代的大担当。我们先解每一个关键词。所谓年青人，那是因为这场演讲的主办单位是中央民族大学，所以我就把主题定在所谓的年青人这一阶段。不过，假如今天你认为自己不是个年青人，你可以自动把题目修正一下，改成：一个人在这个大时代当中应有的担当。因为担当时代，是任何一个人的责任，尤其是身为一个中国人。因为中国人才比较有所谓的大时代的紧迫感，也就是说他才需要面对大时代——或者说他更需要面对大时代，或者说不得不面对大时代。其他的民族或许可以不需要面对所谓的大时代，中国人不能不面对，这是所谓的年青人与大时代的特别涵义。

大家如果听过我第二场演讲，应该听说过程子告诉我们，读《论语》要读到自己身上来，要切己。切，原意是以刀切物——就是刀子切菜的那个切字——但是这个地方不是刀子切菜的切的意思，因为刀子切东西，刀子与切口的关系，是密合的，要念去声切，不是平声，如果念成平声，“切己”不是宰我吗？所以应该是去声的切己。什么叫切己呢？切就是贴切的意思。那贴切怎么了解呢？我们用几何的切线很容易了解切这个字。什么叫切线？就是平面内和圆只有一个交点的直线，叫作切线。而圆周的任何一点，只能做一条直线，这叫作切。虽然切线这个词语啊，是在很后来，就是近代以来，中国才流行起来，但是这个词语啊，非常地贴切，因为它真是切，就是贴进来，贴近叫作切。所以切己体察，贴近自己；这不是贴近自己的肉体啊，是贴近自己的生命。我们读圣人之书，要贴近自己的生命，而亲自去“体”，切就是体。所以切己而实实在在，真实地、亲自地“体”，去“察”，去体察、检查自己，也可以说去反省自己；这样子才是把书读到自己生命上来，就把书读活了。

这个书不是在你的生命之外的一些知识，更不是一些普通文字，这个文字是圣人的智慧，叫作文字般若；你从文字中读出般若，读出智慧。这个智慧是自己的智慧，也是圣人的智慧照亮了你的智慧，使你的智慧也发了光，这样子叫切己，这样子叫体察，所以读书要切己体察。但是如果读《论语》，怎么切己体察呢？有一个方法可以验证你有没有切己体察，就是你要把弟子问当作自己在问。孔门诸弟子有这么多问题，你不要认为这些都是那些子贡、子路的问题，不是的，那是任何一个人，都会产生的问题，不管在任何一个时代，不管他是什么地位，他都会产生这个问题；所以弟子的问就是我们自己在问。然后要把孔子的答，当作你亲自耳闻。你今天听到圣人的话，不要认为这是孔子回答子路的话，是孔子教导子路的跟我不相干。这样子才叫作切己体察，才叫作真正地去读书。

那么现在我们作为一个人，生活在这个现代，我们对现代之所以为现代，也可以说我们所处的环境，我们是不是需要有一些认识？而我们的生命是不是要有一些响应？很多人都说我们中国古人教人啊，都不实际，都理想太高，是不是这样子呢？尤其是儒家，是不是如此教人呢？切己体察是不是不实际？是不是理想太高呢？今天我们就要讲我们处在这个时代中，我们有没有去认识这个时代？认识我与这个时代的关系？那这是一个什么时代？所以我们就要讲，年青人在这个大时代当中——我称这个时代为大时代。大家来听讲之前不知道有没有对这个题目的意思思考一下，想为什么这个叫大时代？哪一个时代不是大时代？当然，每一个时代的人都可以说他的时代是大时代，所以我们看历史上所有的著作，每一个人都说自己的朝代是本朝，而且是圣朝，是个圣人的朝代，当然是最好的朝代、最伟大的时代等等，大家都可以以我为尊，这是人的常情。那么我们现在说这个大时代，是不是也是一般的以自我为尊呢？我们生长在这个时代，我们约定这个时代为大时代，因为我们与有荣焉，是不是如此呢？我的意思不只是如此，而是它真的有特殊的意义。那么这个特殊的意义，是不是说这是一个知识爆炸的时代呢？或许也可以这样说，知识多嘛，大嘛，大时代。信息多是不是大呢？或许可以这样理解。但是我的意思是，这个大时代有它的特定的意义，就是这是一个东西文化交流的时代。这个说起来也简单，但是也不容易理解。什么叫作东西文化交流？我们先来看什么叫作文化？什么叫作东西？然后再合起来看什么叫作东西文化、什么叫作交流，以及我们在交流中要如何面对。

什么叫作文化？为什么提中西？我们可以先这样理解：世界上，至少在这一个冰河期之内——以往地球历史有那么长，到底是不是一代一代的冰河期、一次一次的地球生物毁灭，然后再重新来一次，我们不去讨论它——至少在我们生长的这一段时间之内，有许许多多的民族——这个民族或者是用一种比较广义的说法，或者用一种比较狭义的说法，比较狭义的说法民族就越分越多，只要生活习惯、语言文字稍微不同就被分成一个民族；比较广义的说法呢就是大略地说它，从它的大同处来看，广义的说法可以说也有不少的民族，总之我们就说世界上有许许多多的民族。我们现在说中华文化，我们知道中华文化可以解释成中华民族创造的文化、中华民族传统中所累积的文化，当我们了解到这里的时候，我们是不是可以说，每个民族都有文化？不，这是不一定的。因为我们说中华文化的时候，这个“文化”的意义是相当高的，并不仅是指生活的各种表现，它是有相当特定的意义的。这个特定的意义在什么地方呢？我们可以很简单地说——要说起来可以很多，结果跑马跑出去又要一两个小时收回来，所以我们比较简单地说——从人类理性开发出来的智慧结晶。

它既然是人类理性所开发出来的，而人类都有理性，所以这个开发出来的人类智慧的结晶，也就是说开发出来的理性的价值，它就可以通于普遍，可以传于久远。也就是说，任何一个人他都具备有一样的理性，只是有的人开发出来了，有的人还没开发出来；而开发出来的可以引导还没开发出来的，所以“使先知觉后知，使先觉觉后觉”。

人所表现的智慧成就叫作“文”，叫作“人文”；这个人文它就可以往横的传，传所有的人、往纵的传，传到后世，这样子叫作“化”，统称“人文化成”。人所开发出来的理性智慧的成就，可以转化其他的生命，而其他的生命转化了以后，就形成了一个氛围，这个叫作文化特色。而这个文化的特色，它是可以一代传一代的，因为人类从古到今，他的理性是一样的，人性是一样的。那么有了这个文化的成就，一切有文化教养的人，他一定对这些成就非常地爱护，而且他也希望能够传播。怎么传播呢？父亲传给孩子，老师教给学生。所以作为人的父母尊长的，作为人的老师的，其实最最重要的责任，就是要把人类已经有的理性智慧的成绩传下去，让后代来承接，这叫作传承。而如果后世还有聪明智慧者，他还可以把他传播得更广，叫作发扬；甚至还可以把它提升、增进它的丰富性，像这样子就叫作继往开来。这样一代传一代，所成就的统绪，就叫作传统。如果这是人性的，这是智慧的，这是有价值的，它就很可能，乃至于它就有必然性，一定可以传下去，只要是人还在。所以一个民族如何有文化呢？讲简单一点，就是这个民族必须出过圣人——没有出过圣人的民族是不可能有文化的。没有文化，它就没有所谓的传承，没有所谓的继往开来，没有所谓的文化之传统。而假如不是人类理性智慧的开发呢？它也能够讲出一些道理，这些道理不够深刻，不够广大，它不是深入人心，就是他有权利，他有地位，他用尽了各种的力量，想要让他的思想传下去，那是妄想。所以文化的力量，它是自然的，它与天地同在，不是哪一人规定的，我们先要确定这一个意义。假如这个意义不确定呢，一个人就没有所谓的文化心灵，他天天口中讲文化，天天口头上说我们要复兴文化，这个根是扎不下去的，他连文化是什么都不懂。他如果能够了解文化原来是生命的深处、人人本有的智慧条件，他怎么会远离文化呢？他怎么会随便地去否定文化呢？他怎么可能不做一个文化人呢？他怎么可能不去爱护这个文化、传播这个文化呢？所以曾子说，“吾日三省吾身：为人谋而不忠乎？与朋友交而不信乎？”，到最后一句“传，不习乎？”啊。

一个心灵曾经开发过的人，他是不可能放弃他这一种文化的情怀的，不可能放弃他的文化的责任的。首先我们说文化是一种权利，再说文化是一种责任；尤其是生在一个有文化的民族的后代，你继承你的祖先的文化传统，这是你的权利，你平白放弃你自己的权利，那是一个非常愚昧的人。所以我们想一想，现在这个时代的中国人，请问有几个人了解到中华文化的意义？也就是说，了解到中华文化是合乎人性的，中华文化是从人类理性的深处焕发出来的智慧，它是普遍的而且是必然的，它跟我的生命是息息相关的，乃至于它是一体无二的？哪一个人了解这个意思？如果不了解，他怎么可以说他是一个真正的中国人？他生为中华民族的子孙又有什么意义？你跟生在别的民族是一样的，你不必生在中国。所以佛教徒说啦，“人生有四难”，人生啊，有四件事情难得的——要珍惜的意思——第一个难就是人身难得啊，要生而为人是不容易的。你看所谓的众生，那么多的品类，你居然生为一个人，不是生为一个畜生、一个昆虫，那是非常难得的啊，要珍惜人身哪！珍惜你这一辈子的生命是这种形态。这讲得很好啊，非常有深度的悲悯之心。一个人如果没有常常想到这一点，他很可能就浪费了他这一辈子之所以作为一个人的身份，而下一辈子是不是再做人，就不知道了，这是很可恐怖的事情哪。一个人一刻不能忘记的，是人身难得。人身有多难得呢？他们这样比喻——这个佛教徒整天无所事事，因为也不结婚，也不生孩子嘛，无所事事就天天去想、天天去想，所以他们想的东西都很动人——他说人身多难得？他举一个例子，大海底下有一只乌龟，是瞎了眼的盲乌龟，那只盲乌龟呢，一千年它才浮上水面呼吸空气。它在水里当然有空气，它是两栖动物。它一千年浮上一次，而这个海面上不知从哪里漂来一支木头，这个木头呢，它有一个小洞，那个木头在海洋漂来漂去，而这个乌龟一千年才浮上来一次。当有一次这个乌龟的头刚好穿过木头的这个洞，这样子的机会就是一个众生生为一个人的机会，这叫人身难得了。所以生而为人哪，你都应该很满足了的。像我孩子出生的时候，我去产房看孩子，第一眼就看他有没有五根手指头，有没有五根脚指头，你要知道啊，人生的完满很难得的啦，你自己看看你有五根手指头啊，庆幸啊，你还怪什么呢？你还不满足、还怨天尤人？这样下辈子啊，老天不让你成人了！不容易啊，身为人身，又是那五官端正——只要有五官就可以了，管它端正不端正，还又能够聪明，还又能够读书，还读到大学，而且读这么好的民族大学，那真的是……你天天只有一件事——谢天谢地！没有别的事。

中国难生

日本有一位相当有名的教育家叫铃木镇一，发明了“铃木小提琴教学法”，现在世界上非常著名的交响乐团的那些提琴手，尤其是首席提琴手，有许多是日本人。这日本人的小提琴怎么拉那么好呢？他们大部分人是小时候接受“铃木小提琴教学法”，这个人不简单。“铃木小提琴教学法”，说起来也很容易了解；他说，我们不要教小孩子拉小提琴，我们让他听。听什么呢？听全世界到目前为止最好的小提琴演奏，让他听十遍、百遍、千遍。然后有一天父母亲才把孩子带到学小提琴的地方，一到地方，那些学生一拉起来，这个孩子就手舞足蹈，哎，这个我都会，我要学。这个铃木教家长，不要让他学！不让你学，这个是妈妈要学的，于是妈妈来学，伊伊呀呀伊伊呀呀地拉，这个孩子就看得流口水，我要学！我要学！你要学这个？很辛苦的。我不怕，我一定要学！那怎么办？就学。学了怎么办？他不是一个手指一个手指这样教得很仔细，他大略地教，让孩子自己去调整他的声音，因为他的耳朵已经听了非常准确的声音，所以他自己一拉出来不准确，自己就难过。

各位，先训练听力再去学音乐。注意！这一点很重要。铃木镇一对于人类的听觉有相当的研究，他有一次忽然感觉到很奇怪，为什么我们的孩子都会讲话？三四岁都会讲话，而且每个地方讲得都不一样？他很高兴，去跟他的朋友说，我告诉你一个秘密。什么秘密？我们的孩子都会讲话啊。他们就说你是疯子，这是什么秘密？他说，我听东京人讲东京话，大阪人讲大阪话啊，我们日本人都讲日本话哪；我去看中国人，中国人不会讲日本话哪。他朋友一听，好像很有道理哎，蛮奇怪的对不对？因为大家都司空见惯，就不觉得这个重要了，其实这个是非常重要的。所以要让孩子发音正确非常简单，几乎不用教，他只要在这个环境里面，他到三岁就会说当地的话。所以我们北京的人不要太过骄傲，认为北京话是普通话的标准音，我告诉你，我们台湾也有标准的台湾普通话；你北京人是讲不赢我们标准的台湾普通话的，你们只会讲北京的普通话。为什么？因为我们从胎儿就开始听了。所以这个听是很重要的，听什么就会什么。

中华民族这一百年来，都号称要学英语，从幼儿园开始，一直到大学生，我们国家费了多少的力气来教他英语；这个学生啊，一路上学了十多年的英语，学到最后，学得这么辛苦而没有成就。我们要想一想铃木镇一先生这个话——“所有日本孩子都会讲日本话”这一句话。所以我建议，从今以后所有的家庭，只要有人怀孕，家里就有三架播放器，一架放古典音乐，一架放中文经典诵读，一架就放英文经典诵读；这个孩子到三岁以后，他就好像是英国人转世一样。除此之外没有别的办法让我们的学生轻快地学外文。什么叫轻？轻松。什么叫快？快速。我们不去研究人类怎么学会语言的，现在却用一种违反人性的方式来教我们的学生学外文，这个事情小啊，但是它的意义非常重大。

铃木先生还看到，有许多年长的人，他们去唱卡拉OK，唱得五音不全，不过那些人都唱得很大声，真叫作是大言不惭，真是不惭愧。铃木先生就觉得很奇怪，你们唱得都不标准，为什么还唱得这么大声呢，而且非常快乐的样子。那些音乐家听起来觉得不可思议，他就去研究这个问题。各位，我们随时都会遇到人生的各种现象，但是我们很少有人像铃木镇一先生这样子研究，铃木镇一先生不简单啊。他研究的结果是，这些唱歌五音不全的人，不是嘴巴唱不标准，是他们耳朵听得不标准，他们听进来的声音就已经扭曲了，所以每个人都以为他唱得像刘德华一样，所以就唱得那么地快乐而不惭愧。他再进一步研究，为什么会听不标准呢？因为他的耳朵坏掉了。他的耳朵怎么坏掉的呢？人的听觉发展最快速的时期是三岁之前，到了三岁，人的听觉几乎成熟，所以他们这些人耳朵是坏了，而且一辈子坏，因此他听的声音会扭曲。为什么会造成如此的现象？因为这些人在三岁以前都是老祖母带着，而老祖母很喜欢唱儿歌，老祖母唱的儿歌不标准，所以一辈子听觉就坏了，就五音不全了。各位，如果你自己知道你唱歌声音不标准，以后有孩子的时候你赶快闭嘴，不要害了你的孩子。你要用全世界最好的演奏家所演奏的这些音乐，来让你的孩子多多地熏习，这就叫作教育。好，本来这一段要在第一讲讲的，因为第一讲是讲读经教育啊，不过我们既然是四次，连续的，所以在这里补充也没关系。那么既然提到铃木镇一先生，我就顺便讲他的两个故事，我觉得这两个故事都很有意义，虽然跟今天的主题不是非常相配，但是我一看到这两个故事，就终生不忘，我认为它意义重大，甚至比看任何一本书都还重要，所以在这里跟诸位分享。我们今天所要讲的不就是这些问题嘛，这些重大的人生问题，当然是要拿出来说啊，它们是相通的。假如真的有这种见识，你真的听懂刚才铃本镇一的研究，我们中华民族所有的学生就不要那么辛苦去学外文了。不是不学外文，是学外文不要那么辛苦了，就这么简单！而我们的音乐素养就会复兴，因为我们的音乐素养也已经斯文扫地，这怎么不重要？所以我特别提出来说。

不过刚才提到铃木镇一先生时，本来不是要讲这个问题，是我讲到我们人身难得，我们要随时谢天谢地。铃木镇一先生小时候，他每一次背着书包上学，都会经过他们乡间田野路旁的一个小庙，他每一天经过这个庙的时候，都要停下来顶礼一下，拜一拜，然后祈祷一下。后来他的父亲看到他有这个动作，于是就问他：你在那边礼拜菩萨，你跟菩萨说些什么话呢？铃木镇一先生说，我每日都说希望菩萨保佑我的父母身体健康，精神愉快。他父亲说，你都说这些吗，都没有一些别的话了吗。他说没有了，我每次都这样讲。他父亲就板起脸孔来教训他：你怎么可以祈祷菩萨做这些事？你知道菩萨还要救很多人，他天天很忙，你怎么可以叫他保佑你的父亲、母亲？铃木镇一先生说，那我怎么说呢？你就顶礼的时候感谢菩萨，我感恩菩萨，就讲这两句话就好了，什么都不可以说。从此以后，铃木先生就知道了怎么做人啦。了不起的父亲啊！所以他安排铃木先生去德国留学的时候——因为在外国留学需要一个监护人——他的父亲很有见识，安排了一个人当他监护人，这个人就是爱因斯坦。所以各位，一个人要成就不是那么简单的，但是也可以说不那么困难，随时把事情做好了、做对了，心胸宽大一点、见识高远一点，不要小气、不要拉杂。还有呢，铃木镇一先生小时候，他学校考试回来了，一百分，满分，他父亲骂他，你考这么高分做什么？他说，那我要考几分？你考六十分就好了。他说，我考六十分很简单，但我其他时间怎么办呢？你有时间就看书啊。从此以后铃木镇一就看书，不读功课。所以铃木镇一到初中的时候，他自己说，他的功课虽然是中等，但是他所看的书比他们同学多了几十倍。各位，这叫作教育！这些都是很动人的故事。我刚才提到铃木镇一先生就是要说，我们只能够感谢天地，你不可以再怨天尤人。人身难得，谁能够体会这个人身难得，他将是一个非常幸福的人，不要人在福中不知福。佛教说人生有四难，第一个就是人身难得。

再来说中国难生。你现在是人，对啊，你生而为人啊，但如果你生长在蛮荒地区，那不是很糟糕吗？所以要生长在中国。尤其是像各位，你很聪明，而且生长在一个有文化的国度、生活在一个太平盛世，那更是不得了啊，所以叫中国难生。当然啦，这“中国”两个字，并不一定是指中华民族的中国啦，因为全世界所有的民族都认为自己是天地之中央；在古代是可以这样说的，现在就没有所谓中央啦，因为地球是圆的，哪有所谓中央。但是古代是可以叫作中央的，因为你站在自己的土地上环顾四周，四周有很多地方，那当然自己就是中央嘛，所以每个人都叫自己的地方为中央、中国。能够体会到这样子的道理的都已经相当有智慧，所以印度是相当有智慧的民族。那我们中国可以叫作中华民族，生而为中华民族的子孙，也是不容易的。

圣教难闻、圣教难了

第三个难呢，佛教徒叫作佛法难闻。你要听闻佛法是不容易的，你看那么多的中国人、那么多的印度人，谁听到了佛法了呢？现在如果不以宗教来看，我们也可以说圣道难闻。听道就是圣人之道，刚才说的，如果一个民族没有圣人，就是没有一个智慧焕发的人——一个人要焕发他的智慧，从心灵深处把智慧开发出来，那不是很容易的，尤其是在越古老的时代，文明还没有非常发达的时候，那是需要灵光爆破，有些突如其来的灵感的。所以尧、舜、禹、汤是没书可读的，那没书可读他怎么能有智慧呢？就凭自己的内在的光明，他把它唤醒起来，成为智者、圣人。那后五代的人就比较有福气啦，后五代的人不需要凭自己的内在的力量了，他内在的光明可以因为圣人的引导而容易地引发出来，也就是刚才说的继承，然后使之成为传统。同样是生长在中华民族，同样是中华民族的子孙，有几个人能够听说到圣人之教？有些时候不是圣人之教没有机会听说，而是听说了你没有能力去悟入，你连信都不信。何况有些时代，你连听都没有机会听，所以叫作圣教难闻。在我们现在这个时代，作为一个中国人，你更能够体会什么叫作圣教难闻，整个的中华民族子孙，包括海峡两岸以及全世界的华侨，这些中华民族子孙，请问几个听闻圣教的？连《论语》都没有读过，你怎么说你听闻圣教？而刚才说了，《论语》要切己体察，这才叫作听闻圣教；且这个切己体察，要亲身实践，要努力实践，这才叫作领会了圣教，要不然都是假的、空的、虚的。

最后一难就是生死难了。了却生死本是佛教修行的目的，现在我们如果把它普遍化，说这是人类的智慧，那我们也可以说这个圣教难了。你很难能够完全地了悟，也就是说你这个圣人难成，你成了圣人了吗？有多少人可以成圣人呢？就是教化非常清明的时代，也不见得有多少圣人，何况礼崩乐坏的时代？所以圣道难闻，圣人难成，连同人身难得、中国难生，这是人生四难。

现在我们说这个大时代是东西文化交流的时候，什么叫作东西文化？像我们中国就属于东方，欧洲、美洲就属于西方，这是大略的分法。而东方国家的文化，所谓东方文化是哪些呢？也就是说，东方有哪些民族曾经出过圣人，而他们有文化的传统，也就是，他们文化有高度的表现，乃至于成熟，这些文化有哪些呢？各位，我们现在只讲一个学问的大要，所以这里不可以再做一个很精细的挑剔：东方文化，有高明的成就的文化，其实只有两支，一支叫作中国文化，一支叫作印度文化。只有中华民族跟印度民族这两个民族是出过圣人的，也就是说，只有这两支文化是有高度的理性的开展的。印度的文化，它从最古老的婆罗门教起，后来释迦牟尼佛做宗教改革，开启了佛教；佛教比起原来的印度教，从哲学上来看，确实是比较广大、高明的，这个不需要辩论了——辩论是另外的场次，我们现在只是大略这样说，你若不同意再说啊，但是大略是如此——它当然是比较高明的啦，虽然现在印度人已经不信佛教，都去信印度教了。但是在哲学上看，佛教虽然也是承袭婆罗门教，但是它有承袭、有开发，而且是从根本上去扭转；也可以说是釜底抽薪，从最根本处击破，然后把它开展，乃至于把它提升，所以印度文化从婆罗门教发展到佛教，算是一个高明的跳跃。而佛学呢，又分为原始佛教跟后来发展的大乘佛学。相对于大乘，我们常常说这个原始佛教叫作小乘，其实现在修原始佛教的越来越多，以后我们讲话要小心一些，尽量不要讲小乘这个词语，因为他们听到不习惯，他们不高兴。其实不要不高兴，因为小乘是相对于大乘而说，所以客观地说大乘、小乘也可以。

后来佛教发展，到汉朝的时候，就渐渐地传到中国来。中国是一个好学的民族，中国人学习佛教是非常认真的，叫作地毯式的吸收，佛教所有的宗派我们中国都接受；就是佛教所传来的书以及他的这些和尚都接受——所谓的“远来的和尚会念经”。真的是“远来的和尚会念经”，因为最初啊，这书都没有的时候，这些佛经都是靠远来的和尚念出来的经记录下来的；先念出他们印度文的经、印度语的经，然后跟汉人一起翻译成汉文。这样子翻译，然后吸收，所有的印度有的宗派，我们中国都有。这样一直发展了五六百年，从汉朝发展到魏晋南北朝，发展到隋朝就已经相当成熟，所以到了隋朝，中国人就自己开宗立派。什么叫开宗立派？就在佛教原有宗派之外，再自己开出宗派。凭什么呢？不是凭自己的聪明啊，是凭读经，读印度的经典，而自己去了悟这些经典的内涵。他们认为，印度所传过来的宗派还不能够尽佛的本怀，就是释迦牟尼佛心中的最深的愿望，还没有被发现，而中国人因为读了这些经典而发现了，所以隋朝时，中国人创造了天台宗。天台宗是智者大师所创，到了唐朝，贤首大师又自己开了一个宗，叫华严宗；后来又有六祖惠能大师成熟的禅宗。天台、华严跟禅宗这三宗，是中国人学习印度佛法以后成熟的表现，这三宗是中国人自己开的。这三宗的开创，不是在印度佛法的外围开，当然也不在内部开——内部就不要开了嘛，印度已经有的佛法它已经是内部了——是我们学了印度佛法之后，提升、提高，调适而上、高明地开。所以这三宗都是佛教里面最高明的思想、最高明的法门，叫作圆教，圆满之教。于是我们就可以说，印度这个民族的智慧，从印度教到佛教、从佛教小乘到大乘、从大乘一直到圆满之教，中国人都吸收进来了。印度人后来不信佛教，中国人替他信，信了二千多年，一直到现在，全世界信佛教最多的人是中国，信得最深切的是中国，产生高僧大德最多的也是中国……快鼓掌，不是为我鼓掌，为我们的祖先鼓掌！你有这样的祖先，你不觉得光彩吗？你为什么还觉得生为中国人是一个不幸呢？窝囊呢？你自己为什么要窝囊呢？继承文化是你的权利，不是你的包袱啊！

但是啦，觉得我们祖先有光彩，也还是不够的；固然首先要觉得祖先光彩，你不要先咒骂祖先，但是觉得祖先光彩还是不够。有一次，我去山东临沂演讲，主办单位让我隔天早起，本来隔天是九点演讲，八点半要吃饭，但他说七点半要起床，起床后要赶快出发。去哪里呢？说去看我们临沂的祖先的光荣，我们去看两个地方，一个就是孙子的坟墓，现在出土的《孙子兵法》；那么第二个呢，去看王羲之的故居，王羲之以前所居住的地方。

那我说可不可以不要去，他说你既然来到这里还是勉强去吧，我说起来太早不行；但他们还是一定要把我拉去，于是就勉强跟他们去了。去了到处参观，参观完了以后，他们很高兴地问我说，请问先生看了有何感想？他不知道我是不想去的。他问我有何感想，我就说，我很为临沂的人，第一点感觉到骄傲，有这么好的乡贤；第二点呢，我为临沂的人感觉到非常地不应该——我不能讲可耻啊。我说，有这么好的乡贤，假如我们不能够出几个将军，至少还应该要出几个书法家啊。你光让我来看王羲之的故居做什么呢？我看现在，假如没有什么书法家，让你们的小学生现在就开始练书法，全临沂的小朋友都写书法，这样子我就高兴了。他们听了很没有面子。

所以各位，一方面我们说，我们不可以数典忘祖，因为我们祖先并没有对不起我们，我们祖先很努力；你不要由于其他的一些令你现在不满意的东西，那些环节，然后你一概否定。何况你现在满意的那些环节——所谓民主与科学，这等一下讲，跟等一下要讲的内容有关系的——何况你所认定的这些东西，它们的学术范畴是不一样的，你不能跟它搅混在一起。你没有民主跟科学，并不代表儒家就没有用，道家就没有用，佛教就没有用。你头脑要清楚一些啊，这就是我们担当责任的第一步，头脑要清楚，要了解历史，了解来由，要知道自己的定位。所以我们刚才说到东西文化，先讲东方文化，东方文化就只有这两支是高明的，不是说其他都没有表现，但它们不够高明，这是可以用学术来讨论的，这不是我们看不起哪个民族，不是的；有就有，没有就没有嘛，我们也不自大，但是也不要自己看不起自己，要就事论事。

好了，既然印度文化最高明的学问被中国人所吸收，全盘吸收，而且不只是吸收，还有发扬。它变成是中华文化的主流之一，所以从唐朝以后，我们中华文化的主流就有三支了——本来儒道两家，后来变成儒释道三家。为什么别人的文化也是你的文化，而且是你的主流呢？中国人是没有这么小气的，他认为所有的文化都是人类的文化，所有的智慧都是人的理性所开发的；既然我们也是人，为什么印度人开发的智慧我不能承认、不能学习？所以中国人就学习佛法，而且很恭敬地学。但是这样学习佛法，有没有变成佛教国家呢？没有。这些和尚有没有反过头来去骂孔子、老子呢？没有。只有到现在，这个非常无聊的时代，才有一些和尚来骂孔子、老子，不要说骂啊，至少说孔子只是一个世间的，刚刚开始修行的儿童，叫作孺童，对不对？告诉你，这些人对不起自己的祖先，他不可能成佛！中国没有变成佛教国家，你要知道，西方人，这个基督教传到哪里，它打遍天下无敌手，任何一个民族都变成基督教民族。佛教这么高明的智慧传到中国来，中国人这么认真地学习，把它引为自己的文化之主流，但中国人并没有变成佛教国家。这样你就知道什么叫作中国人，什么叫作孔子的教训！现在啊“此情可待成追忆，只是当时已惘然”啊，现在什么都没有了，儒家没有、道家没有、佛家也不见得有多少……中国人悲哀啊！

西方文化的发展

现在我们再讲西方。什么叫作西方文化？西方的民主，它可能比东方的民主还要多样，而且它互相吞并的历史变换啊，比东方还要复杂。虽然变动这么大，我们还是可以从大略上来了解西方文化。怎么来了解呢？西方文化可以说分成两大支，由两大支传统共同组成，一支是希腊传统，一支叫作希伯来传统。希腊传统是哲学传统，开出各种学问，乃至于开出近代科学——民主也是从这里开出来的；另一支是希伯来传统。什么叫作希伯来传统？希伯来这个民族所发明的一神教，成为西方人共同遵守的传统，这也是非常的高明的，也是理性的开发。

首先我们讲希腊传统。这种追求学问的传统它也是人类理性的表现，因为人类生而有知的能力。朱熹曾经说："盖人心之灵莫不有知，而天下之物，莫不有理，惟于理有未穷，故其知有不尽也。是以大学始教，必使学者即凡天下之物，莫不因其已知之理而益穷之，以求至乎其极，至于用力之久，而一旦豁然贯通焉，则众物之表里精粗无不到，而吾心之全体大用无不明矣。"这叫作格物致知。也就是说，我们人类一生下来，都有知的能力，这个知的能力，就是以我主体的认知心灵来面对客体的道理，这个主体的认知能力可以了解这个对象的道理，这就是我们知的能力。这知的能力从哪里来呢？它是天生的。而这个知的能力呢，它有一种标准，这种标准也内在于人性；你有知的能力就有六根，眼、耳、鼻、舌、身，面对色、身、香、味、触，而你的思考的能力可以面对法、面对概念。这种认知的能力而能够认识的对象，包括外在的对象以及内在的对象——外在的对象就是天下的万事万物，内在的对象就是你思考中的概念——你正在思考中，你思考着你的思考，这个你把你的思考当作你的对象，这也是一种知的能力。这知的能力是与生俱来、是有标准的，它是可以很清楚明白的，是非对错是可以说的。你把这个知的能力用得很好，是者还其是，非者还其非，而且用得非常地精细，一步一步地推演，于是我们就可以渐渐地去了解世界所谓的物的理，即物理。而我们用这一套知的能力，来思考我们的思想，我们就可以成就一些哲学，成就一种知识系统——不管是物理学、还是哲学，在西方人看就是一个知识系统——这个系统是它是互相勾连的，这个互相勾连它是有一定的标准的，是可以客观化的、重复的。这个了不起，可以把心灵运用得越来越纯熟，乃至于产生现代的科学；西方人一个个朝代累积的这么多的哲学理论，通通是由于这个认知心灵的发扬，这个了不起啊！这也是人类的理性，只是这个是理性在知识上的运用，理性在思辨上的运用。

西方人还有另外一种理性上的运用，这种理性上的运用，不是知识性的，是宗教性的。这宗教是一种什么样的宗教呢？是提炼而抽象的宗教。这很合乎希腊的那种知识的精神，知识的精神有一个很重要的能力就是抽象的能力。我们人类在生活当中遇到困难，会产生恐惧，对于恐惧有崇拜，就会产生很多的神，也就是创造超能力的存有；像大风、大水，为什么它会发生？没有办法解释，我们用人为的能力达不到，它一定有更大的存有在操作，于是就把这些存有称为风神、水神。每一种事物，只要超乎一般人的能力之上的，都有神在管，这叫作多神教；这是所有人类最先产生的宗教，任何一个民族最早期都是这种宗教，有些民族到现在还是这种宗教。多神教到了希伯来人那个时候，它渐渐地抽象化成熟了。什么叫抽象化成熟呢？你看希腊神话中的诸神，都各有他的执事，都各有他的职位，每一个神管一样事；而这个神呢，他们还有组织，他们还有爱恨情仇，有些时候还会去抢别人的恋人。这种神离人间太近了，而且这个神能力不够，因为一个神只管一种东西，所以我们还要把他抽象化，创造更高的神，一直抽象，抽象到最后成为一个神，他掌管一切，叫作全知全能，到最后耶稣说全爱。这个全知全能的神是不是最高的神？当然是最高的神。全知全能的神要有几个呢？一个就够。这叫作一神教。所以一神教就藐视所有的多神教，认为所有多神教都在崇拜魔鬼，只有我这个才叫作真神，又叫作唯一真神。

各位，这不要说是宗教情操，而是人类的思考能力越来越抽象，越来越高、越纯粹，一定要达到形式的形式，也就是纯粹的形式为止。把超越的存有人格化，到最后变成唯一的神，这是一体的啊，这是跟思考力有关的，思考力不够你思考不到这么高。所以一神教出现以后，就注定了要打败所有的宗教，而成为普世的宗教。所以各位，遇到一神教要恭敬啊，他们为什么那么多人信，这是有道理啊，这道理在哪里？在人性啊，在人的思考能力。所以一神教发明之后，西方人就走一神教的路，而西方的一神教到了近代，刚才说过，走到哪里，都是打遍天下无敌手。

西方的文化就这两支，这两支形式差不多，都往抽象的路走，但是一种呢是现实的学问，一种是超越的学问。这两支他们互不相干，西方人到现在还懂得这一套，懂哪一套呢？就是知道科学不是宗教，宗教不是科学。了不起，聪明！只有中国人，既说宗教即是科学，又说科学即是宗教，这个头脑混乱！你怎么全盘西化呢？人类理性的成就，就这么两种啊，西方人分得开，了不起啊！不过呢，我这是胜义，只是往好处说的，把他们看好的说法；或者说，一些高级知识分子、一些明白人，他是看得清楚的，西方的有些人还是看不清楚的，要不然哥白尼跟伽利略怎么会被迫害呢？就是把宗教跟科学混淆在一起了嘛。所以西方还是相当糊涂的啦！不过，他们真正的知识分子是分得开的，所以西方的科学家，或者信宗教，或者不信宗教，但是他们绝不说上帝是假的，他们在上帝面前还是要下跪的，牛顿也是如此。但中国号称知识分子的人，是分不开的，百姓分不开没有关系啊，你号称知识分子像胡适之、陈独秀这些人，分不开就是罪过，你不该做知识分子，你不要做青年导师！这是很难分别的啊，但是人家分得开，各位，这叫作清楚的头脑。人类理性有多种的表现，你要有多种的能力去面对，而这多种能力原来都出自同一个心灵，这一点非常重要，今天的重点就讲这个东西。

现在所有的人类理性的表现只不过是东西两大文化，而东方文化有两支，一支是中国文化，一支是印度文化，现在印度文化被吸收到中国来，成为整体的中国文化。西方文化有两支，一支是希腊，一支是希伯来，他们自己调整得相当良好，尤其是路德改革他们的宗教以后，不再有宗教战争，宗教不再迫害人了——但是有些科学还是要受宗教的限制，像克隆，复制动物，乃至于克隆人，这个宗教界还是要大声疾呼的。只是现在科学家不大听他们的话，这也是人类的悲剧啊，人类不应该如此。所以现在西方的文化啊，产生相当大的危机了，他们的科学跟宗教虽然调得很好，但他们并不是一体性的调和，而是暂且不管这件事情，或同意这件事情不能管，因为西方人的智慧不能够解决这个问题；所以西方文化的危机是客观的，也就是说，这种文化它几乎必定要走上这个危机。其实科学本身，它虽然发自于人类理性，但它到底发自于人类理性的多深呢？人类的理性是有深度，也就是有高度的差异的啦，不过这不容易了解，现在我们也暂且不谈这么深的问题。我们只谈东方有东方的表现，了不起、西方有西方的表现，了不起！从古以来，每一个民族都表现了自己的表现、继承发扬了自己的民族的传统，这已经是非常值得我们尊敬的了。

一直到近代一百年来——本来应该是近三百年来。三百年前，明朝末年，本来人类的东西方文化就应该互相见面，因为那个时候航海术已经相当发达，西方人到东方来，已经相当方便了，而且真的有西方人，像利玛窦他们，来到了中国，跟中国人接触。利玛窦这些人呢，他们都是高贵的人，心胸都很开阔，所以他到了中国以后，他就观察中国的国情，然后也跟明朝人一样，戴起了高帽子，穿起了汉服。而且他们容许，不只是容许，还上报教皇说，中国这边有一种特别的崇拜仪式，他们拜祖先；这个拜祖先不是拜魔鬼，他不是多神教，这拜祖先是他们圣人的教导，为了表达他们的感恩之情，所以他们的拜祖先跟其他的宗教拜魔鬼是不一样的，我们是不是也准许我们的教徒在中国拜祖先呢？所以这些洋人在中国拜祖先，是得到教皇允许的。各位，像这样子高贵的心灵来到中国，而中国的士大夫，像徐光启他们，也跟这些西方的传教士做朋友，互相学习。传教士学习中国文化，中国人也学他们的科技——那时候中国的科技也相当地发达，但西方人也有相当的成就。比如他们的医学跟中国不大一样，但是他们的医学不见得高过中国，然而他们毕竟有中国没有的一套；他们的天文学跟中国的天文学可以互相印证；他们的航海学比中国发达。本来中国的航海学也是全世界一流的，但自从明朝初年郑和下西洋之后，这种航海的功能就没有人做，朝廷也没有鼓励了。当时候，西方人对于天文、航海、地理、测量等，都有很好的成就，中国人就跟他们学，也有相当多的著作留下来。这些著作我们现在通通都没有人再读，其实这些著作都还有相当高的价值。中国人这样好学，就像汉朝印度和尚到中国来一样，他们有一本书就翻译一本，翻译出来就研究，到最后中国人可以因为研究这些经典而自己开宗立派。

假如从三百年前，我们就这样子接受西方的文化，这样子研究，我们到现在还是这个样子吗？很不幸的是，到了满清时期，意大利也强盛起来了，意大利也开始往世界航海，也往中国送传教士过来——先到中国来的是西班牙的传教士，因为西班牙比较强盛——于是就有两派的传教士，而意大利的传教士禁止中国人拜祖先，他们叫中国的信徒把祖宗牌位拿出去烧了，惹起清朝皇帝的震怒，康熙皇帝下令驱走所有传教士，不准他们入关，这叫闭关自守。所以闭关自守这句话是有历史意义的，它是有特定内容的，就是禁止西方人进入中国。这样一闭关，就闭了两百年。西方人从希腊以来，他们的科技进展是很缓慢的，一直到近三百年来，从哥白尼、伽利略之后，又加上文艺复兴、工业革命，在这三百年之内，他们的科技突飞猛进。

面对中西文化交流的大时代

明朝之前，中国的科技是领先世界的，明末到清朝这两百多年以来，西方的科学突飞猛进；加上到了后来，他们又有民主革命，演变成民主国家，那更是人类在民主的思想上的成熟。全世界的所有民族，都一直在寻求政治的合理性，因为政治的变动，所谓“合久必分，分久必合”是非常痛苦的一件事情，民不聊生，没有一个民族愿意这样子；但是要寻求一个政治的合理的转化，寻求一个合理的、不流血的方式，这是不容易的。人类的文明两千多年来，整个这么多人的智慧，居然没有办法。西方人，或者说时机成熟、或者说他们真有学问，或者老天也给他们一些眷顾吧，种种因素加起来，他们的思想发展出了民主的政治。科学、民主，五四运动所向往的西方文化的主题，在明末清初时期，才在西方快速发展，并且超出中国；而中国这两百多年以来，满清这一朝，除了把西方的思想完全封闭在外之外，对汉族的儒释道三家的思想也加以禁锢，大兴文字狱，控制汉人的思想；所以这三百年是中华文化日渐没落的时代，而这三百年也正是西方文化日渐成就的时代！各位一定要了解历史，才能够知道我们现在所处的时代的意义，我们才不会受骗。

到了清朝末年，西方人已经横行四海了，所以又到中国来了。他们到中国来的目的是什么呢？不是传教，是要做生意，要赚你钱；乃至于他们妄想也可以跟他们到美洲、非洲一样，所向无敌。所以他们带着什么来呢？带着商品，或者是带着军队，叫作船坚炮利。来做什么？要跟中国人打交道。他打交道的目的是什么？第一个赚你钱，第二个要把你变成基督教国家，就这两个目的。同化你的文化，这个叫作来叩关；敲敲门呀，你不打开，我就发起战争打你。刚才说，中华民族在这满清统治的两百多年里，是节节败退——不是跟人家作战而节节败退，是自己把自己的民族憋死——朝廷腐败，民心涣散，国不成国。在这个时候当然是每战必输，甚至打胜仗也要赔款。当年刘永福在台湾，法国军队被刘永福打得落花流水，中国人不是不会打仗啊，但他跑到天津来找满清政府投降，而清政府还这样子割地赔款，丧权辱国。近代的纷乱，一直到最后民国建立。

民国建立有相当大的文化意义；除了政治意义以外，也有文化意义。政治意义在哪里呢？两千年以来，从秦始皇一直到满清末年，都有皇帝来掌握整个天下，政由皇帝一人出，这个叫作专制。专制不一定独裁啦，独裁是一种行政的风格，专制是一种政治的体制；虽然专制往往造成独裁，不过专制不是一定要独裁的。尤其是中国的知识分子，都希望皇帝能够做好人，能够做圣君，所以中国知识分子都用天命来压制皇帝，因为除了老天之外没有人能够掌握、限制得了他，皇帝是一个无限体，一个国家有一个无限体来掌控，就等于我们世界是有上帝这个无限体来掌控一样。可是人怎么可以是无限体呢？所以专制体制是不合理的。于是到了辛亥革命，就推翻满清，建立共和。这个共和不是贵族共和，而应该是民主共和，应该是从专制体制进入民主体制的一个关键点，这个就是在政治上的革命的意义。

那现在我们因为是文化的讲座，所以我们讲一讲文化的意义。辛亥革命成功也有一个文化的意义，这个文化意义的产生它有历史机缘，但是也有偶然的突变。历史机缘就是中华民族自信心的丧失，突变则是缘于某些人，用了一些非常激烈的做法，而这个激烈的做法呢，也应合了这个历史的机缘。什么激烈的做法呢？就是在教育上，也就是在文化的传承上——教育就是传承文化的工作——刚才我们不是一直在讲文化的传承吗？在文化的传承上，从来中华民族的读书人，大概都是读这些所谓的圣贤之教，最多长大了以后再读读道家、读读佛家，其他的杂书所谓的诗词歌赋，当然也是必读科目。但是最主要的还是在于思想，这个三教的思想，以儒家为核心。而儒释道三家文化的传承，他们有一个做法，从孔子开始，教孩子的方式，都是能背诵的就让他背诵，背诵什么呢？背诵经典，背诵终生要用的文章，背诵整个民族千年不朽的文章，这叫作读经传统。这读经传统是教育的重要手段，这个重要手段呢维持了两千多年，一直到辛亥革命成功、民国建国的元年元月的十九日，也就是中华民国开国第十九天，中华民国的教育部长蔡元培下令中小学废止读经课程为止，这是从孔子以来两千多年的大变局。这个变局，不亚于政治制度由专制体制转为共和体制。

政治上的影响的层面也很大，但是它还在社会的表层，文化的教育则是深入到人性的底层，从人性的底层拔除中华文化的根。废除读经教育，从此以后，中国人就渐渐不读经了，不读经到现在，就成现在这个结果。现在是什么结果你知道吗？自己扪心想一想，我们对中华文化到底了解多少？有些人连读都没读过，只是耳闻，而这个耳闻，几十年来，都是这些文化要被打倒。最近以来，虽然也渐渐耳闻要发扬这些文化，但我不知道在你的心里，这些文化是要打倒的？还是要发扬的？或有些人是连这个意识都没有、连这个问题都没有，这个问题不关他的生命。他求学是为了什么？上焉者，求学为了出国；下焉者，求学为了谋一个职业。从来没有一个人求学，是为了开发人性的光明之智慧，从来没有人这样想。

本来人身难得、中国难生，首先你要传承你民族的智慧；然后现在是什么时代了，我们说东西文化已经面对面了，交通这么发达，信息这么通畅，现在我们人类心灵所面对的智慧成就是千古以来所没有的。不管你是东方人、西方人，你面对的是东方五千年，西方五千年，总共一万年，你要面对人类一万年的文化；假如你不要面对它，那就是你枉为现代的中国人。不要说现代的中国人，现代人你都枉费了！这种枉费并不是我们对不起国家民族，我们先不要讲那么远，是我们对不起自己的时代，所以凡是爱自己生命的人，你一定要知道你生命的可能性有多大，你一定要让它尽情地完成。假如连这个心态都没有，你什么时候可以完成？我不是说每个人都要成为大圣，做一切的学问，不是的；但至少我们的心胸要能够打开，要有这个雅量，要有这个见识。如果连这个见识都没有，你怎么可能有学问？如果没有学问，你怎么可以成就你的生命、完成你的人格？

人生下来就这么一辈子，糊里糊涂选择一个科系读一读，然后谋个职业，过一辈子，难道人生就是这样吗？这是一个大时代，大之所以为大就是它面对整个人类所有的智慧传统，我从这里说大。再来呢，面对这个大时代我们要负一点责任，什么责任？这个责任不是对国家民族的责任、不是对时代的责任，而是对自己的责任；你尽了对自己的责任，就同时尽了对时代的责任、尽了对祖先的责任，乃至于对你的子子孙孙的责任。这个责任怎么尽？首先要擦亮你的眼，你要开天眼、要看一看，看一看人类心灵到底有多少东西可以发挥。你不要说你一辈子只学这个专业，人类心灵里面有那么多东西可以被开发，你的专业知识，只是这么多内容的一小点，那是供你谋生用的，你怎么安于这个就算了呢？你怎么可以叫作知识分子呢？你读十几年书就是为了这个吗？为什么不替自己想一想呢？

我们生活在现代，面对这个大时代，本来应有我们恢弘的器识，而结果我们恢弘不起来，为什么？我们连这个意识都没有，连想到什么叫文化、什么叫东西文化、我们这个时代是面对东西文化、我们心灵有多少的潜能……连想这些问题都没有。如果你想到了呢，比如今天想到了，那又如何呢？你有没有这种真切感，而愿意去追求呢？这是第一点。第二点，你要有能力去追求；但你从小就没有被培养这种能力，你这种能力被剥夺了，从教育上来剥夺，现在连追求的能力都丧失，这是我之所以痛心的地方！所以首先要立志，其次要增强自己的能力。增强自己的能力，本来是相当困难的，因为时机过了，我常说十三岁以后就没救了，但是中国古人相当地通达人情，他说“死马可以当作活马医”，至少奋斗一下，多多少少不会太对不起自己。所以首先要把自己的见识唤醒，你一开口就要治国平天下，你不要一开口我就要去美国、我要去谋个好职业，你不要这样开口，这很惭愧的，这对不起孔子的。心量要先打开，然后培养能力。怎样培养能力呢？很简单，所有的智慧都在经典中，中国有中国的经典、西方有西方的经典；现在我们中国人，先把中国的经典学学。再来说学西方的经典，有，最好，没有我们也只能等待下一辈子了。

中国经典在哪里呢？大家都知道。刚才不是讲儒释道吗？这个佛家不是中国本有的，是不容易读的。我看到很多人手上挂着念珠，我问他你读了几篇佛经，他说没有，我说，你最好不要挂。他说，我又不是学佛。不要这样讲，你是知识分子，你连几部佛经都没有读过怎么可以？那佛经读过能了解吗？切己嘛，要体察，不容易的，所以要解行双修。一个知识分子就不应像老太婆一样光念经啊，嘴巴一直念，然后问她念什么，她也不知道。当然，她也有相当的道行，这个很值得尊敬，但是一个知识分子不可以如此，所以佛家我们先放着。道家也可以不必太早学。你学道家没有用，要学呢，把《老子》读一读，《老子》只有五千言，五千言多久可以读完呢？我保证你半个小时可以读完。你今天晚上回去马上读，你拿半个小时读，我保证你《老子》可以读完一遍。《老子》读完一遍，你将来就可以不用对不起老子了，你今天读一遍了嘛。如果你可以读一百遍呢？一天读一遍，三个月就可以读完了。现在不是放暑假了吗，暑假两个月、快三个月，一个学生立志这个暑假把《老子》读一百遍，不得了啊，你这个暑假是最丰富的暑假啊！我们暑假都浪费掉了，你从小到现在几十个暑假，都做了什么事？留下什么东西？所以你要做有用的功夫，不要做无用的功夫啊。那最重要的是儒家，儒家最重要的是《论语》，把《论语》读它一百遍，这也就是你要对得起中华民族祖先的第一个工作了。古人常常这样，尤其是宗教徒、佛教徒，他要去哪一个地方朝圣——西方的一神教，他们朝圣是五体投地的，三步一跪、九步一叩，走三步就跪下来，五体投地，这样慢慢趋、慢慢趋，一直拜到山顶上——有时候要花去好几年的时间。你读《论语》，不要你跪，不要你叩，也不要几年，很容易就开启你生命的智慧。一百遍，这是我们中国人面对这个大时代，你负起责任的第一步。

假如连这一步都没负起来，我看很难啊！你说你现在已经不批判——不是批判，我们谈不上批判——不咒骂传统文化、不咒骂经典、不咒骂圣人了；其实咒骂文化的人他没有权利咒骂，他连书都没有读过他怎么咒骂呢？但虽然不咒骂，有人说我要发扬文化，你说发扬文化你也没权利发扬，你对文化一无所知你怎么发扬呢？而且在这一个大时代里面，你要做一个中国人，大家都知道，整个世界是渐渐地走向一个地球村，一体的世界，国际化的世界，但没有自己的国怎么国际化？这个意识中国人渐渐有了，没有自己的特色是不足以谈国际化的。那自己的特色在哪里呢？我们中华民族不是被别的民族打败，从来没有一个外来的民族要打败你，不管从经济、政治、文化上，而且文化本来也打不败，是中国人自己打败自己，这是不可原谅的罪过！这叫作鱼烂而亡，鱼要死了，首先肚子里面发烂，它自己死了，这个鱼烂而亡就是自亡，自己灭亡自己。孔子在《春秋》里责备自亡，说不值得同情，所以孔子“兴灭国，继绝世”，把灭的国家兴起来，把已经绝的世道继承下来，但是对于自亡的国家就不让它兴，这是圣人的道德意识。我们怎么可以这样自己灭亡自己的文化？作为一个中华民族子孙，你要痛切反省。

所以要恢复自己继承文化的能力，这个功夫很简单，只要你找对了路就可以了。将来教你的子弟——你是老师就教学生、是父母就教子女——你一定要教他这一套学问，而且从小就教，很容易就教好的，这样长大以后聪明、有智慧、眼光高远；然后，他们就渐渐地能负担起大时代的责任，融贯古今、会通中西。古今是纵贯的、中西是横面的，古今中外这十字打开的学问，把它收到你的生命中来，或者让它在你生命当中盘旋，这叫作“半亩方塘一鉴开，天光云影共徘徊。问渠那得清如许，为有源头活水来。”为什么有源头活水？因为你从最高明的地方、从最原始的地方来吸收学问，你不是泛泛地读二手资料，读八十年来的白话文，你就直接读《论语》嘛，中国人怎么不能读《论语》呢？你若想要读《孟子》，就直接读《孟子》、你要读《老子》，就读《老子》，读《易经》也可以嘛，谁告诉你不可以的？是民国初年的那些人告诉你，你不可以读经的，我第一讲的时候就讲“双眼自将秋水洗，一生不受胡适欺”，你懂吗？不要再受他们欺骗了！你要有你智慧的源头活水，你要从那里来，先读读儒家的经，有时间再读道家的经，或者有机缘去读读佛家的经……读着读着你有相当的底子了，你再去看论文，首先看古人的论文——所以经有传，像礼有三传，春秋有三传，还有各种解释都叫传，叫传注嘛——从经典然后看注解，看古人的各种注解，叫经传。你要读佛经、要读佛书，也是先读佛经再读传。现在有很多法师在教学，教他的信徒只教传，那是不当对的，要先教经，再教传，经比较好教，传比较难教。什么叫作经？就是佛所说。什么叫传？就是论，菩萨所说。佛所说的比较简单，什么意思？他的简单，不是道理简单，是他的语言很简单；因为他的智慧很直接地表达，最高明的智慧，就用浅近的语言表达，所以当下即是、下学而上达，这是圣人的力量、圣人的本色，随机应变，随时是圆满。至于论呢，就是这些菩萨闲来没事，研究这个研究那个，弄了很多概念，弄一套系统，然后告诉你一套系统……这叫作论。这些论很难读的，没有相当的知识、没有相当的思考力，是读不通的，所以不要先读论。先开你的天眼，然后再做你的学问。佛家的经，重要的没有几部，你先读读它们，读了以后再读论；包括菩萨的论、学者的论，这也是容易做的。

负起中国读书人的责任

如果你真的要读论，那么就读近代人的论，比较方便，我介绍一下：你要读懂儒家的书，要先把经典，至少是《四书》，先读个几遍；《论语》、《孟子》、《大学》、《中庸》至少读上一百遍以上，读一百遍最好，读两、三百遍更好。《论语》读一百遍，《大学》《孟子》各读五六十遍以上，语句稍微熟悉了，你就可以去读一些非常重要的论，成系统的论，我推荐牟宗三先生的《心体与性体》，大家记住这本书。“心体”就是心，“性体”就是性，都是体；体就是身体的那个体，那个体是依据的意思，以我们的心作为道德实践的依据，以我们的性作为道德实践的依据。心性之学是儒家成德之教的核心，而这个核心分两路：心体和性体；有的学者走以性为体的这条路，有的学者走以心为体的这条路，所以牟先生就用心体与性体来探讨儒家的根本学问。看过这部书之后，对儒家的了解大概就相当清楚了，而且我认为要真的清楚儒家学问，也只有读这一部书，天下没有别的书可以让你清楚，包括古人的以及近代人的，要不相信，你去读读看。你千万不要说牟宗三是我的老师，我替我的老师在宣传，告诉你，我的老师不需要我宣传，他的名声、他的学问自在天地之中！我介绍这本书，是要让各位，乃至于你的朋友，能够找到一条简洁之路、方便之路，叫作方便法门。这个方便法门不是随便找一个因陋就简，不是，它是走一个最正确的、最平和中正的路，而且直通本源。你一定要看这本书，看过这本书之后，你就可以读儒家一切的书，包括古人的以及近代人的。《心体与性体》，请你记住。

要读道家的书，把《老子》最少读它一两百遍，然后把《庄子》内七篇多读几遍，至少读个四、五十遍，读个一百、两百遍最好；只要对于老庄的文句稍微熟了，其他的道家就比较无所谓。那要了解道家的哲学，要从根本上了解道家的学问，请你去看一本书，牟宗三先生的《才性与玄理》。“才性”就是一个人的才，才能的本质，“玄理”就是玄之又玄的道理。我们怎么了解玄之又玄的道理？一般人对玄之又玄的道理是不容易了解的，他只会赞叹，只会在它面前感到轻飘飘的，他不知道这个学问是可以说明的，这个学问是有根源、有去路的，它是有来龙去脉，有一定层次，而且能够达到的一个价值；它有范围、有界限，不是无限的。要怎么清楚认识道家的玄理？你看了《才性与玄理》

这本书，古今所有讨论道家的书就能看懂了。这是一条简洁之路、明白之路。

你要是读佛教的书，先读它几本重要的经，这个经也可以读它几十遍、一百遍。但是佛经不容易读，因为它是外来的学问，而且它有很多的名相；不过读经还是比较好读一点点，稍微好一点点。佛教最容易读的经就是《金刚经》，《金刚经》浓缩就是《心经》；一部《金刚经》几千字，它就可以代表《大般若经》几百万字，一部《心经》两百多字，就可以代表《金刚经》几千字。所以读《心经》也就可以啦，有空再读读《金刚经》，对于空宗就有相当的印象。接着再读有宗，《解深密经》是它的基本经典；但是这个有宗呢，它的名相是很多的，所以大部分学有宗的人，都从《成唯识论》开始读起。《成唯识论》是玄奘到印度“留学”十七年的成就。玄奘当初为什么去留学，也是因为对于唯识学有一些疑问，所以他到了印度，最主要研习的宗派就是唯识学；当然，他也把各种经典都带回来了，《大般若经》也是他翻译的，但是唯识学是他最主要的功课。印度的唯识学有十家的论识，玄奘把它们的书全部带回来，把它们的道理都研究过，他想要把这些书翻译出来，但是太大、太多了，于是他的弟子窥基就建议老师：你既然对它们已经融会贯通了，何不自己写一本？玄奘听了他的建议，写了一本书，就叫作《成唯识论》；成就是“集其大成”之意，集唯识论十大论识之大成。玄奘的《成唯识论》，是以他的老师戒贤法师这一派为底本，综合其他九大论识，所以他的理论融会贯通成为一本。到目前研究唯识学最基础的，也可以说是涵盖最广的一本书，就是这《成唯识论》；修习唯识学，要读这一本。这当然不好读，因为不是中华民族的根本学问，你要读也要用相当的功夫。不过没有关系，现在这些书你如果不能读得很广、读得很多，请你去看牟宗三先生的《佛性与般若》，就能够对佛学有一种根源性的了解、系统性的了解，而且不仅是了解印度佛学的基本道理，还可以了解中国佛学的发展。“佛性”就是讲佛的性，与般若，这个“般若”就是空智。牟先生认为佛教的发展，就是佛性、般若这两条路，一直往前推进地发展，所以了解佛性这个观念，了解般若这个观念，你就了解整个佛教的意义了。

尤其《佛性与般若》这本书，是以天台宗为核心——印度所有的宗派分为空、有两宗，把空有两宗的道理、根本的道理都讲清楚的是天台宗，所以天台宗吸纳印度所有的宗派——天台宗之后还有华严宗及禅宗。接着天台、华严、禅这三宗还可以作比较，这么高明的宗派都还可以做比较，这是非常精深的思想才可以做到；所以读牟先生的书，读到《佛性与般若》，那真的是天外之书，真的是人间罕见，这个是最高哲学！

读了这三本书之后，你去读西洋哲学，简直就像吃水果那样简单。这完全是理性的思考，我在前几讲讲过，要如何训练你的思考？要跟着明白人，走明白的路，你跟着他走、渐渐地走，就明白了。所以要建立自己的思考能力，把自己的头脑建构成立体型的、系统性的架构，你一定要跟着有这样的功力的人去练习。假如我们能够读过这三本书，对中国的儒释道三家就有相当清楚的认识，而且永远不会糊涂；你会深深地喜爱它，乃至于把它当作自己生命非做不可的学问，你将会感觉到无穷的幸福，不仅是作为中国人的幸福，而是作为人类的幸福！

还有，牟宗三先生的学问——他最先做的学问不是中国的学问，他用功最多、花的时间最多的学问，不是中国的学问，是西方的学问——他首先是研究逻辑的，他自己有编逻辑的课本，台湾的教育单位也出版了他的书作为大学用书；后来他研究西方的哲学，尤其是康德哲学，目前中国人研究康德，大概就以牟宗三先生最具开创性了。康德本身是有历史意义、有时代意义的，西方人说："康德之前的哲学回归到康德，康德以后的哲学从康德开出来"，所以康德是西方哲学的一个集大成者、是一个开拓哲学天地的人。牟宗三先生对康德的研究是不简单的，他从康德那里，得到了西方的思考模式，他以康德为核心，就可以上通到希腊，下通到近代；我们如果也走这条路，就比较方便。也就是说，现在吸收西方文化，我们一定不可以像五四时代那样，只吸收他们的成果、只跟着西方人屁股后面跑，我们一定要从它的根源处来吸收，这样子我们才可以生根，西方的文化才能在中国生根，而我们也可以跟着西方人，一步一步地自然开出他们的成果，开出民主科学，如此，这个民主科学才是真实的、才是有根的、才是有生命力的。

五四时代所走的路是错误的，他们斩断了中国的传统，移植西方的东西，号称全盘西化；但你自己就没有了根，移植也是假的！所以一百年来，西方学问不能够在中国生根，中国没有自己自发的能力，我们现在的大学生、佼佼者，清华北大有百分之八十的学生立志要去美国留学，这是中国的耻辱！而他们立志去美国留学，不是像清朝末年那些小留学生去美国留学，回来是要建设中国，去欧洲留学的目的，是留在那里当奴才！中国的教育办到这个地步，你不反省吗？为什么这样？你根本就不懂这个来由，根本就不知道学问的广大，所谓未闻先王之大道，你不了解人家西方人两千多年的发展，他们也是咬紧牙根，有那么多的知识分子，终身的努力，你怎么可以随便仿冒就学到了呢？怎么可能就全盘移植了呢？这条路是不能走的啦！走这一条路一百年来，养成了中华民族的这些子孙，这些大学生没有志气，可怜，不是替民族可怜，是替每一个人自己可怜！所以这叫作大时代，这叫作大担当。今天我就讲到这里。

谢谢各位！

附录：天下最明白简易的学问
——牟宗三先生《中国哲学的特质》导读第一讲

时间：2015年8月8日

地点：浙江省泰顺县文礼书院

很感谢文礼书院国际读经推广中心主办这一次网络读书会，我先跟各位问好。我在十几年前牟先生刚过世不久，全集正在编订，甚至还没有编完的时候，就发起了“全球牟宗三先生全集读书会”。本来发起的构想，是期望每一个人可以在自己所在的地方，即便准备的书不一定是整套全集，也可以从所能看到的一本两本，就开始自己读。“读书会”就是大家聚集起来一起读，现在网络很发达，可以在网络上聚集，甚至我也曾经设过这样的网页，让有意愿参与的人来登录。表明他已“立志”要读牟宗三先生全集，交代现在他正在读哪一本，预计什么时候读完，此后随时上来报告读书的进度。如果有问题，也都可以在那里提出来，大家互相讨论，我也可以请一些比较有研究的人来解答。这样牟宗三先生的学问就可以普及。

我为什么要发起这样的读书会？有人可能认为我是牟先生的学生，对牟先生特别崇敬，因此劝人读牟先生的书。我自己想一想，或许也有这方面的理由，但是，最重要的理由应该不在这里。我反省我自己，我一直想遵照牟先生对人生的态度而为学做人。牟先生说，他这一辈子就是为理性而奋斗的人生。说“为理性而奋斗”，并没有说为自己的师门，为自己的学派而奋斗。说得更严肃一点，乃至于并不是为所谓的“中华文化”而奋斗。这样讲话，或许会引起某些误解，但如果把它说清楚的话，为人类理性而奋斗，其实也正是为中华文化而奋斗，因为中华文化本身就是人类理性的成就。假如中华文化不是人类理性的成就，假如中华文化不能引导人向往人类的智慧，那么这个中华文化，就不足以让我们这样尊崇、这样发扬。我们更可以换一种方式讲：作为中华民族的子孙，如果真诚地反省了自己祖先的文化，认为它不够高明，不够完整，也就是说它不够圆满，这个民族的子孙既然有这样的反省力，可见他是一个有理性的人，有这种理性反省的人，我认为他是了不起的。但这样有思考力，有反省力，有理想的了不起的人，做了这样的反省，有了这样的发现之后，他应当如何面对他的人生呢？他是去做另外一个民族的子孙吗？还是就着他是中华民族的子孙，居其本位而去承接既有的中华文化，并且进一步负起作为中华子孙的责任？怎么叫负起中华子孙的责任呢？既然他是有理想的、有思考力的、能反省的、理性的人，他大可以凭他的本事为中华文化推进一步，推高一层，推进得让它更完整，推高得让它更高明。总之，向往于完整和高明，是人类永恒的愿望，让自己民族的文化走向完整和高明，更是一个自认为有理想的人的责任。

中华民族的祖先曾不曾有理想呢？曾不曾有这种愿望呢？假如他们有，他们的学问必定是在这一条路上有相当的前进。依理想而前进，是从古到今所有的人都有的一种期待。何况我们中华民族的祖先号称有圣贤人物。什么叫作圣贤人物呢？其实，只不过是把人类共同的理想，尽其可能地在他生命中表现出来，这样的人物叫作圣贤人物。表现得有成就就是贤者，表现得完满就是圣人。中华民族是有圣贤人物的，尤其是儒家的圣贤，恰好就是为了刚才我们所说的理想而一生奋斗不渝的人。今天，我们有没有这样的理想呢？愿不愿意为理想而奋斗呢？如果有，如果愿意，这样的人必会受到圣贤的启发。不是圣贤来牵着他的鼻子走，也不是圣贤来掌控他，而是圣贤的生命启发了他，所谓“不愤不启，不悱不发”，先圣后圣若合符节。在理性上有所成就，在智慧上有所表现的人，他们的成就和表现流传下来，必定能够引导所有人，引导千秋万世。即使到现在，我们依然会感念我们的祖先，我们的圣贤，而一个有愤悱之情的人，必定能够受圣贤的启发。凭什么呢？凭着“人同此心，心同此理”。

但现在这个时代里的中国人，作为中华民族子孙的我们，到底怎么看待我们的文化传统呢？刚才说，有些人认为中华文化是有缺陷的，有的人认为我们是可以受圣贤的启发而让我们的生命有所向往，有所长进的。其实这两种人，在我看来，他们生命的基本特性都是一样的。他们都是希望长进自我的人，乃至于都是希望我们的民族文化能够趋向完美的人。积极的态度是景仰圣贤，接受圣贤的启发，效法圣贤，效法圣贤是效法什么呢？难道是效法某一个人吗？纵使是效法某一个人，难道是效法他的私心的造作吗？还是效法他对于人类共通的理性的开发？如果是因为人类共通的理性而起效法的人，代表他并不是被牵着鼻子走的，他是由他的理性而自觉的。而那些不满于中华文化，用消极的态度去批评的人呢？我认为可能更值得我们敬佩。因为如果他居然发现了我们民族的文化不够完美，他有所遗憾，这种人不是更加聪明，他的理想不是好像更加广大高明吗？但是，这种人既然认为自己祖先的文化不完满不如理想，请问，他应该是去弥补，去提升，去完满呢？还是去失望，去批评，去诅咒，甚至去打倒？从这里，就可以看出一个人，是真有理想真有热情真有智慧呢？还是假的，只是庸俗的自欺欺人的。

我们讲牟先生的学问，就是为了厘清这时代的这个文化问题。牟先生是所谓的当代新儒家的代表人物。甚至可以说是当代新儒家理论之集大成者，至少可以说他对于当代新儒家的论述是最清晰明白的，是最具有世界性，具有永恒性的。我们读他的书，应该想，我们是去读一个牟宗三吗？我认为不只是读牟宗三。我们读牟宗三，是想要去读出所谓的当代新儒家，而读当代新儒家难道只是读出当代新儒家吗？读当代新儒家，是为了要读出所谓的儒家。假如当代新儒家学问违背了儒家的学问，或是他没有把儒家的学问继承下来并且往前推进一步，那么这个当代新儒家是对不起祖先的。刚才我们谈到，我们应该去反省去思考中华文化是否有高明的理想，是否有完整的表现？作为一个中华民族子孙，做了这样的反省后，应该有怎样的反应，应该立怎样的志气？现在，我们还要进一步，去深究儒家的理想，是不是可以作为中华文化的主流，可以带领民族文化的发展？如果可以，作为一个儒家之徒，应当如何，如果不可以，又当如何？再进一步，当代新儒家是否能够完全地继承并发扬儒家的理想？对于是或否的判断，作为一个新儒家之徒，又应当怎么办？其实，据我看，如果真了解了儒家学问的特质，则我们如今只有一条路，就是更好地做好当代新儒家，对当代新儒家提出我们的贡献，让当代新儒家更完满地继承儒家的理想，我们就对得起自己，对得起民族，对得起人类了。

什么叫作儒家呢？所谓儒家就是刚才说的，人类有一种共同的理想，有一种追求“完满”的心灵，而儒家正是以这个理想立足的一个学派。其实，如果真从这样的理想来建立学问，就不是所谓的“学派”。因为所谓的派，就是水流的分支，是细分下来的支脉的意思。人间有各种学问，各种学问都可以成它的派。因为人人有其思想的特色，所以，原则上人类的学问可以有许多的派。甚至在一门学问当中，还有许多大同而小异的见解，也就是在派中又有派。大家耳熟能详的诸子百家，其实就是诸家诸派，各有它的不同见解，持之有故，言之成理，便可开宗立派。而那些见解从哪里来的呢？都不过是从人类的心灵发出来。人类的心灵本是一个整体，但可以有各个层次的开发，各层次又可以有各种面向的开发。刚才说人类的共同理想是将学问做到最完整最高明，最完整就是包含所有的学问，最高明就是笼罩所有的学问。既然各家各派，都从一个心灵的某一个层次某一个方向去发展，可见各门各派诸子诸家，只在它那个层次那个面相显精采，有精采，就表示它不完整。但人间有没有一种学问是从整体的，是从最深度的心灵来立足的？假如有，是不是更值得我们去追求？既然追求完整高明是人类共同的理想，所以，这一种学问，原则上应该是有的，而且似乎必然会有的。这种学问，我们称它为“儒学”，而追求这种学问的人，我们就称他为“儒家”。如果有人不服气，他认为儒家并不是，他的那一家才是。那么，我认为也很好，我说：你那一家是什么呢？他说他那一家才是完整的高明的学问，他那一家才是从人类最深的心灵当中发出来的学问。我说：那好，你那一家是真正的“儒家”。他如果说他不是儒家，他是他那个某某家。那我们就不必再跟他争儒家不儒家的称号，我们说有一种学问叫作“X家”。这一种X家是从人类最深的心灵当中发出的一个理想，这个理想是向往于高明的，向往于整全的。先不问人类是不是能够做到整全而高明，或许这是神的事，西方人说是上帝的事。但是人类可不可以有这种愿望？如果人类居然没有这种愿望，则连成就的希望都没有了，那就不必谈什么理想了，不过，人人只要自己反省一下，都能察觉自己是有那种理想的，至少是希望别人有那种理想，更希望有人把那种理想实现于世界。所以，假如有人埋怨为什么中华民族的祖先没有留下最完整最高明的学问给我们，有这种怨悱的人当中，有一类只是怨天尤人，他们专门讨便宜，最好祖先什么事情都给他完成了，他就吃现成饭。这一种人，看到祖先居然还没有完成他的期待，还有缺点，于是便来怨天尤人。这种人，是所谓吃软饭的人，是没有用的，用普通的话来讲，这一种人叫作窝囊废。而一个窝囊废自己不想努力，居然怨及祖先，这一种人，用普通的话来讲，叫作不肖子孙。当然，在埋怨祖先的人当中，还有一类是自以为有才，自以为有理想，自以为聪明，自以为有志，自以为有德，所以他不满于古人。初看起来，这种人是时代的良心，是民族的希望，是值得我们敬佩的。但这类人，刚才说了，他为什么不省下一点心力，他直接去奋斗，直接去实现他的理想，以拯救民族，以造福子孙，不就好了？为何还要分心来诅咒祖先呢？所以，这种人，我们如果深入地考察他们，往往到最后会发现，他们的心性并不是中正的，他们的理想是假的，他们一生也做不出什么有益于民族有益于世界的事，他们只是荒废了自己，搅乱了社会而已。

总之，说来说去，我们心中要建立起一个向往，这个向往可以叫作“人生的方向”。而向往哪里呢？向往一个最高明的学问。如果这种向往是真实的，它必定希望自己能够在现实的生命中实现出来，这就是所谓的“工夫”。当然，一个人不能期待自己立即完满地实现，人生之路，是一辈子的事。但是先要有这种向往，在《大学》一书中叫作“知止”，这个“止”就是“止于至善”的“止”。“止于至善”的内容有多少呢？有两类：一类是“在明明德”；一类是“在亲民”。“在明明德”称为“内圣之学”，“在亲民”称为“外王之学”，所以“知止”的所止境界是“内圣外王”之学的全尽。“内圣、外王”两词典出《庄子·天下篇》，庄子用这两个词描述儒家的学问，后世的儒者认为这两个词语很恰当，到如今，我们不还是在用吗？其实，何止儒家向往于内圣外王，也可以说天下的学问只不过内圣外王两类，所有的学问都可以包含在这两类学问当中。而这两类是不是就一定是两类呢？原来这两类也可归于一类。那到底是归于明德呢，还是归于亲民呢，还是归向哪一类？我们可以说，内圣外王最后还是归于内圣这一类。为什么？因为内圣是主，外王是客。外王也是内圣做出来的，而所谓的内圣必定是包含着外王而说的内圣。假如内圣不含着外王，那便不叫内圣。当然我们也可以说，外王一定是从内圣而发的事业，假如外王不涵着内圣，便不叫外王。当这样的时候，请问是内圣包含外王呢，还是外王包含内圣？这个很容易分辨。当然是内圣包含外王，是外王含蕴着内圣，也就是说到内圣，而外王已具在其中，而说外王，必已经以内圣作为它的基础。这样说起来，内圣包含外王是直开的，外王涵蕴内圣是反溯的。所以到最后，人类的理想表现，它的原本基础在什么地方呢？就在明德。大学说“明明德”，就是要去“彰明”那个“明德”，把明德实现出来，而明德之所以能表现，原来是明德本身自我的要求。明德实现的内容，一面在于内圣，一面在于外王，两面俱到，才是明德的真愿望。这样，明明德本身岂不就包含了亲民？如果这样，这个人间共通的学问之基础，就越归越高明，其实也可以说越归越内在。这不可以把它看作是把学问简单化了，而是一种“返本”的精神，这样用返本的精神去追求学问，就是一种“哲学”的活动。哲学就是一种反省的学问，一种明理的追求。所以我们刚才做了一番哲学的活动。

一听说我们要读牟先生的书，有些朋友就表示他不敢参加。为什么？因为他认为他可能听不懂。为什么听不懂？他说牟先生是个大哲学家，他不好意思说他对哲学没兴趣，所以他说哲学他听不懂。有工作人员问我说，是不是真的很难懂？我说这要看怎么讲，从某一个观点上说，如果学问是从人类心灵发出来的，那么天下就没有不懂的学问，不是吗？因为牟先生也是人嘛，不要说牟先生是人，孔子也是人，不要说孔子也是人，释迦牟尼佛也是人，甚至我们可以进一步说，柏拉图也是人，耶稣也是人。哪有什么不懂的呢？所以从这里讲，没有不好懂的学问。尤其刚才说牟先生，他的讲学，他的著作，都是非常明白的，乃至于凡是看过牟先生书的人，都会觉得牟先生的书是最清楚的，最清楚其实就是最容易了解，反而看其他的书会觉得糊涂。但从另个观点说，牟先生的书确实不容易读，为什么？我认为最大的原因是里面有很多哲学术语，这些术语，让一般人觉得头痛。一个哲学家本来是想要把道理讲得清楚的，为什么会让人觉得头痛呢？其中是有不得已的。因为用术语是必须的。术语，其实就是所谓的“行话”。为什么要有这些术语行话呢？因为它代表一些重要的观念，而这些重要的观念，都有相当确定的意义含在里面，就好像我们一般讲话写文章用成语一样，成语背后是有故事的，不是词语字面的意思，我们要了解成语背后的故事，才能了解这成语的意思，了解了成语的意思，才能了解这一句话。看哲学的著作，里边有许多哲学术语，这些术语背后有其在学术发展中所积淀下来的特定的意义。假如一个哲学家写作，用到术语，要把含藏在术语背后的意义全部讲出来，每个术语都从头讲起，该如何下手呢？就像二十四史，要讲一件事，都要从盘古开天说起，那是很累的，所以学术著作必须要用大量的术语。有人说有那些术语不是麻烦吗？我程度不够怎么办？一般人都会这样想。其实一个真正想要读书，想要研究学问的人，他一定要有一种志气，就是不怕那些术语。那些术语好像拦路虎，其实这些拦路虎不会吃人的，不要被吓着了。只要你有志气，那些拦路虎是可以驯服的。如何驯服它？每个术语都有一定的意义，不会变来变去，你只要去了解它，它就驯服了，它便归你所用了，所以拦路虎越多越好，不是吗？你为什么怕它呢？何况，总算起来，真正的术语也不多，只不过那几十个到处应用，其中又有比较重要的，和比较次要的，假如是重要的，我们必须明白把握，次要的或是细微的，暂时恍惚一点也没关系。重要的术语怎么了解呢？也不要怕，因为那些术语既然是重要的，它会常常出现，所以只要读多了，往往自己就能慢慢地领悟出来。当然也可以去参考别的书或去请教别人，只要想用功，都是很方便的。所以刚刚开始接触哲学的人，请你要立下这个心愿，而且要心理建设，先不要怕，打开书，就可以开始，这样慢慢地读下去。

我曾经建议，读牟先生的书，要当经来读，就像我们现在读经一样。读经的最好态度就是先去读，只管去读，甚至刚开始读的人，比如小孩子开始读或是成人刚开始读——成人最好也要把自己当小孩一样，先读原文，先不求要了解。当然年纪越大的人，很想理解，也必须理解，但是当你读熟的时候，其实有许多很重要的内容，都已经心领神会了，再加上看注解，很容易就明白。所以，读经的人，只管读去，不懂的，先放着，先从自己懂的地方开始懂，渐渐地也就能够触类旁通，左右逢源。读牟先生的书也是这样，不要怕，只管读去，懂得的你固然懂得了，不懂得的，就放着，将来还会遇到。因为学问既然是成系统的，必定是互相关联的，所以读得越多也会渐渐提升自己的理解力。而重要的术语会常常出现，艰难的论题会一再重复讨论到，看着看着，会一次一次加深印象，会从各种角度来了解那些术语和论题。再加上现在的资讯这么发达，我们很方便可以查到资料，假如能运用我刚才所说的“全球牟宗三先生全集读书会”，全世界有那么多人都一起来读，大家互相讨论，乃至于会有人来帮忙来解答问题，那么大家就更不要害怕了。

但话说回来，我们为什么要读牟先生的书？为什么要读新儒家的书？刚才讲过，其实我们是把它当作一个理想的学问来读。牟先生是所谓的当代新儒家的代表人物。而当代新儒家是以儒家在当代的发展为自我定位的。儒家有一种特殊的人生态度，成就了一种特殊的学问，就是向往高明而完整的人生态度，而成就高明而完整的学问。所以，当我们读牟先生的书的时候，希望大家建立一个态度，就是把你的诚意拿出来，把你的清明的心拿出来，甚至我也可以说，把你的聪明拿出来，因为有些人自以为是聪明的，不过这些聪明的人，有时候是聪明反被聪明误。真正大聪明的人，是具有刚才所说的人类心灵的一种默默中向往于整全高明的敏感度，那叫有智慧，有智慧的聪明，才是真正的聪明。而一个稍有聪明但还稍有焦躁的人，我们可以奉劝他，他最需要读读牟先生的书。这种人的态度可以这样——他一面读一面随时以自己的学问来跟牟先生的学问比一比。虽然这种态度不是最好的态度，但是我们也容许这样的态度。总之，就是希望一个人不要在还没有完全了解之前就下断语，如果还没有了解之前下断语，就代表这个人的心本来就不够诚恳，而说他能有多圆满的理想，我是不相信的。他们往往自以为有理想，又有所谓“批判”的眼光，本来是可以读牟先生的书的，但有些人又往往读一两页就不读了。那些自以为看不懂的人，又没志气，固然不读了，而自以为聪明的人只读了一点，就下判断，说牟先生、新儒家只不过也是某一种学派，在此中华文化没落的时候，干脆方便地把它归入“复古封建”一类，就顺理成章地认为不值一顾了。假如判断新儒家或牟先生只是某一学派，那么请他来说个完整的学问，他必然说不出——或许他先入为主地，认为人类本来就没有所谓完整的学问？刚才说，那种专门想要跟人比一比的聪明人，虽然这种态度不是很好，但是他不是想要打擂台吗？何不把牟先生当作“擂台主”，打打看？不过，请他要扎实地打，不要虚晃一招，也不要打稻草人。什么叫打稻草人？就是自己结一个稻草人，就说这个是某某人某某学派，然后随便一拳打过去，稻草人应声而倒，他便说他胜利了，他把那个学派打倒了。其实他是不是真的把对方的学问打倒了呢？还是只是打倒了他心目中的那种学问呢？所以，做学问要先存诚恳，如果是诚恳的，则不论是谦虚地说他读不懂，还是自傲地说天下没有高明的学问，这两种人我们都欢迎，只要他们把书读下去，浸润于其中，我相信他的能力和见识必可以得到提升，得到开拓。

前几天，文礼书院要建立网站，大家要我写一篇卷首语。我觉得我写这个卷首语，跟刚才我所说的读书的态度，或是为人的态度，或是面对文化面对时代的态度，有相关性。因为我们今天开讲的地点在文礼书院，而所读的是牟先生的书，刚才从牟先生说到新儒家，从新儒家而说到儒家，从儒家而说到人类的最高理想，最高学问。我这篇卷首语则从人类的最高理想说下来，说到儒家，说到新儒家。现在我用这篇文章来和刚才所说的那一段话做对照，表达方式不同，内容却相通，大家看一看，或许可以增进了解，也顺便认识一下文礼书院：

文礼书院网站卷首语：

如果有一种学问，起自人人内心，既是主观的自觉，又是客观的共识；永远向往于理想，并随时关注现实；严格要求自我，宽容体谅他人；在成就自己的同时，也愿成就别人；认为天下学问都有其价值，都应给予恰当的尊重；希望天下万事万物都各安其位，各得其所；这样的学问，就称为“儒学”，追求这一种生活的人，就称为“儒家”。

所以儒家是好学不倦、躬行不已，并与时俱进的。面对不同的人与事，都愿对之做出合理的思考、判断，尽其可能给予最恰当的安顿；面对不同的文化系统、时代变局，都乐于观摩参与，勇于创革，打开新局，相信人类智慧可以相通相融，相信世界文明可以共享共荣。这种儒家的志业，曾在历史中，护佑着中华民族，令其生生不已。这样的儒家志业，在当代，依然活跃。遵行这种志业的人，就称为“当代新儒家”。

即使不用“儒家”这个名号，我们期待世界上永远有人愿意追求那种学问；即使不用“当代新儒家”这样的称呼，我们也期待我们自己，或我们的身旁，有人愿意承担起这样的时代使命。当然，这种学问与人格，并不是容易成就的。一个人，或许必须从小开始，就接受包括中、西、印等全人类高度智慧的熏陶，饱饫诗书，经典在抱。到了青少年时期，当他的愤悱之情油然生心之时，需要接受启发——要解经以就其学问之深，博览以拓其见识之广。我们要给他们一个成长的空间，扶持他们，栽培他们。这一种成长的空间，我们或许可以依古人的习惯，称为“书院”。“文礼书院”正为此一目的而开设。

所以，“文礼书院”，不是某一个人的，不是某一学派的。她，是时代的，她，也是永远的；她，是民族的，而她，也是全人类的。

说文礼书院的开设，是为这样的理想，其实照我们刚开始所说的，不是文礼书院才有这样的理想，这种理想本是天下的，人人的。所以最后说，这个书院“她，是时代的，她，也是永远的；她，是民族的，而她，也是全人类的。”

依这样的心情，我们也可以说，牟先生的学问，不只是属于参加这个课程的人，不只是属于学过文科学过哲学的人，牟先生的学问是属于每一个人的，因为它可以说是人生基本的学问。而这种学问是人人可以自己读的，我们现在这样的读书会，是由我开个头，带大家读书，我也跟大家一起读书，我也在学习。虽然这本书我已经看过好多次了，但还是常看常新，所以我很希望跟大家一起读。在读的过程中，如果我有一些心得，我愿意跟大家分享，也希望不管是在场的还是在网络上的朋友，可以互相交流。假如通过这个读书会，大家觉得有所收获，那我愿意陪着大家一直读下去，甚至把牟宗三先生全集全部读完。当然，这是一项大工程，我曾经在台北台湾师范大学带同学读牟先生的书，读过好几种，最后读的是《佛性与般若》，这是一部大书，分上下两册，总共一千两百多页。这本书是大家比较陌生的，本来中国学问号称儒释道三家，儒道两家已经许多人都不很熟悉了，何况是佛家呢？《佛性与般若》这本书是谈佛家的学问，谈得非常全面，非常深刻。我带着大家读，一个星期读一次，一次两个小时，我们这样边读边讲，读了十八年，还只读到一半。我很希望能照那样边读边讲跟大家一起读书，等到把牟宗三先生全集读完，那时候我大概是两百多岁了。不过，这次我不打算这样读，以前是边读边跑马。我最擅长跑马了，一跑出去不是收不回来，是跑得很远才收回来。听久了的人都习惯了，但刚听的人会觉得不习惯，常常觉得云里雾里的，不知道讲到哪里去了。有许多人都曾跟我建议，是不是可以讲得精简一点。我一向自我解嘲，跟他说："你要知道我跑马的地方是最精彩的。"当然这有点自圆其说，但也有道理，因为所谓"自由讲学"，讲学应该自由自在，不受各种限制，没有顾忌，不只不必顾忌政治，也不必顾忌讲学方式，总之，对听众有益就是好的。

刚才讲了读牟先生书的意义，我再讲一个期待：我相信牟先生的书，牟先生的学问，必定能够照牟先生老年的时候跟我们说的，他的学问必定要在大陆放光辉。当时，他的学问只局限于港台，只有少数外国人开始注意，也只有几本书翻译成其他文字。其实要翻译牟先生的书是不容易的，本来我们中国要把外族的学问翻译进来，是比较简单的，尤其要翻译西方的学问是容易的，而要把中国的学问翻译出去总是不容易的。说不容易，不是不可能，但还有待于我们的下一代。我开文礼书院的目的之一，便是要培养出能够把中国文化传播出去的学生。牟先生的学问不只是中国的，它是世界的，乃至于儒家，是全人类的。我们立志要做一个求学的人，其实就要立这种志，要求做最完满高明的学问。牟先生正是一生以这样的学问作为他的目标，而他也真正地在生命中完成了他的愿望，留下这么多智慧的著作。儒家的学问就是从中华民族的生命当中，自本自根发出来的学问。他的这些著作为什么不能够走出港台呢？所以一定在大陆上放光辉，因为都是中国人，也一定在全世界放光辉。

学问本来是主观的，但既成为学问，则有相当的客观性。什么叫主观？学问必是发自于某一个生命——从个体来讲是某一个生命，从一个民族来讲，是发自于某一个民族，或者发自于某一个时代，这都可以说是主观的。孔子的学问当然是从孔子的生命当中发出的，孟子也是，老子也是。中华文化当然是由中华民族发出來的，印度也是，西方也是。但是，据刚才所说“人同此心，心同此理”，从主观发出来的学问不一定只是主观的。当然，有些心灵并没有经过深度的反省，他只依照自己有限的见识发议论，这种学问之主观就只是主观的。但是，他的思考和体悟如果能够深入到生命的内在，能从生命的本质发出来，那“人同此心，心同此理”，他生命的本质就是全人类的本质。而这个全人类不只是某个时代的，它是永恒的，它不只是某个地方的，它是普遍的。所以真正的学问是永恒而普遍的。我们不说最高明的学问永恒而普遍，一般可以称得上学问的，都有相当的永恒性，相当的普遍性。也就是说，有相当的客观性。有相当的客观性，我们就说他有相当的价值。这一种价值之所以为价值，是因为它是人的心灵所创造的成果——“价值”两个字是用一般市场上买卖交换的对等性来说的，譬如有人种出了白菜，它一斤值多少钱，或是古人家里养出了几只羊去换别人家的一头牛，像这样叫作价值。从种植养殖或手工作业等工作所产生的价值引申为生命所创造出来的价值，包括知识的和道德的成就。而一个人对他的生命选择要走哪一条路，要实现什么人格，才认为是值得的，这就是一个人的“价值观”。所以一种学问透过生命的努力而表现，它就有相当的价值。从越深度的生命发出，它的涵盖面越广，它的积极性越高，它越能够引领人类，这一种学问的价值也就越高。这种价值是人类创造出来的，本来天地间没有这种学问，由有智慧的人，所谓圣贤人物创造出来。而我们就可以依照古人的创造，比较快速地站在巨人的肩膀上，把历史中已有的创造很快吸收到自己的生命中，而自己又付出了生命的努力，创造了另一番的价值，融入在这个原有的价值之中，这叫作继承，叫作发扬。这样一代一代地继承和发扬叫作传承。这种传承的统绪叫作“传统”。所以我们不能脱离传统，只有尊重传统，然后加上自己的努力才能让传统价值更加发扬光大。当以这样的态度来读这种书的时候，我们才能够真正受益。

我不说牟先生的书是天下第一，也不必这样说，这是每个人自己要去认定的。所以从今天开始，我希望以前曾读过牟先生书的人一起来帮助其他人，甚至帮助我。因为或许我读得不够深刻，或许我的解释有些遗漏，甚至有一些错误，大家可以提醒我、帮助我。如果向来没有读过的人呢？我希望能够透过我的一些解说，带领他入门。如果能长期参加我们的课程最好，如果不能长期参加，没关系，其实只要听一段时间，就有能力自己去读书了，乃至于只听一堂课，乃至于只听刚才所讲的那一番话。不是吗？你不是已经能读了吗？你不是已经立志了吗？刚才说立了志以后就不管懂不懂的读下去，你不是就能读了吗？为什么叫能读？你读懂了不就是读懂了吗？你读不懂的就放着，不是就能读过去了吗？这不是很简单吗？

好了，我们现在开始来一起读读书，就读原文，我来一面带大家读，如果需要讲解我就补充一下。原文本来都自已可以读了，为什么现在还要大家一起读？大家不要嫌这种读法太无聊，个人读有个人读的收获，一起读有一起读的趣味，或许有意想不到的感受。好，请现在有书的人看书，没有书的人看网络上的视频——我们这是第一次，各种规划的关节还没有完全上轨道，请大家多体谅体谅，希望下一次准备周到一点，让大家都有书，可以在书上做笔记。因为大部分的同学不是哲学专业，不是文学本科，甚至大部分的人是刚刚接触这类的学问，本来就怕难，怕烦，所以我们对于一些特别麻烦的地方就不必太过深究，先把握大的纲脉，这样大家兴趣也比较浓。刚才说了，那些细节可以慢慢来。大家读书或听讲时，如有疑问，可以随时提出来，我会尽量解说。总之，我们这种“上课”是采取比较自由的，比较自然的方式。

刚才讲到学问有主观性和客观性。真正的学问是既主观而又客观的，但它的客观性是有“度数”的。以后我们看书，希望能够建立一种态度，一种立体的眼光，就是可以很快地把握你所面对的学问，不管是古今中外，都可以比较快地给它定位。定什么位？定它客观的位。不要看它是出于何种主观了，因为它已经发出来了，它就具有客观性，所以要从它的客观性考察，所谓“不以人废言”，所谓看客观性，就是看它在整个客观的学问世界之中，是居在什么分位，而依照这个分位给予适当等量的“价值”之判断，于是给予适当等量的尊重。同时我们要建立一种学习的态度，就是：固然不能学尽天下一切学问，但这是指一个人来说，一个人不能学尽天下的学问。虽然一个儒者是希望对天下所有的学问都能够有所把握有所同情，但这是一个理想，不一定能完全实现。不过一个好学的人，纵使他一时不能够学尽一切学问，他有自己比较专长的部分，而对其他的学问，不会因为生疏而恐惧或排斥，他原则上都愿意尊重之，如果有机缘的话，他更愿意接触学习之。所以，好学的人是很希望有朋友的，所谓“以文会友，以友辅仁”。朋友不一定要同行，更不一定要见解一致，所谓“君子和而不同”，一个好学的人，心胸是开放的，随时想长进的，遇到不同的学问，不同的见解，他都可以以客观的态度尊重之，衡量之，吸收之，消化之，这样的态度，这样的情况，叫作“见仁见智”。

一般用“见仁见智”这个词语是比较消极的，譬如有两个人见解不同，他们吵得不可开交，要你讲一句公道话，你说他们是见仁见智，意思就是叫他们不用再吵啦，糊里糊涂各打五十大板就好啦。这是比较消极的意思。其实“见仁见智”这个成语如果追溯到它的原典，我们应该知道它原是很积极的。这一句成语来自于《易经·系辞传》“一阴一阳之谓道。继之者，善也；成之者，性也。仁者见之谓之仁，知者见之谓之知，百姓日用而不知，故君子之道鲜矣。”一阴一阳之谓道，朱熹的注解说：一阴一阳非道也，所以一阴一阳者道也。一阴一阳就是阴了又阳，阳了又阴。这是什么意思？就是太极的变化。太极的变化是什么意思？就是天道的创生。天道以阴阳二气来化生万物，所以阳了又阴，阴了又阳，永不止息，叫作生生不息。所以“一阴一阳之谓道”，一阴一阳叫作道。朱熹对文章读得很细，他在这里立刻警惕了，一般人会解释为：一阴一阳叫作道，一阴一阳就是道。朱熹告诉我们说：“阴阳只是阴阳”，一阴一阳不是道，“所以一阴一阳者道也”，“所以”的意思就是所用来推动；所用来推动阴了又阳，阳了又阴的那个最基本的根据——古人叫作“本体”——那叫作道，以《易经》的术语，那个道，就是太极。所以“一阴一阳之谓道”，一阴一阳是道的变化，太极以一阴一阳来化生万物。“继之者，善也；成之者，性也”，能够阴阳不停地变化，叫作“善”，意思是：那是好的，是美的，是值得庆幸的。由此美善继之而下，一阴一阳必定有所成就，它所成就的事物，所谓“万物负阴而抱阳”，阴阳的调配比例不一样，所以就成就着各种不一样的事物，各种不一样的事物就有它各自的本性，所以说“成之者，性也”。这个性是从阴阳来规定的，有的阳多阴少，它的性或许是比较坚强，比较光明，有的是阴多阳少，它就比较温厚，比较柔弱。太极之道化生万物在天地之中，人类也是道在天地之中的一种成就，人也有人之所以为人的性，而人与万物的不同，人所以称为“万物之灵”，是因为能够上达天德，了悟到道的变化。他怎么了悟呢？他一定是从所谓的“继之者，善也；成之者，性也”这个道的变化的程序来了悟。人的眼前所见到的，是已经成就了的万事万物，有的人心灵比较敦厚，他容易关注到天地万物生生不息之气象，其中似有“仁”的品质，而推定道是具有仁的品质的。所以一个具有仁德品质的人，能够体贴万物与天道之仁德，所谓“仁者见之谓之仁”。智者呢？“智者见之谓之智”，一个智者，一个心思比较灵敏的人，他注意到的是天地万物的变化无穷，体贴出原来天地万物似乎具有“智”的气象，所以推测到道是有智的质量。因此，“仁者见之谓之仁，知者见之谓之知”这句话，一方面指出了人的心灵具有体贴天心的能力，一方面也指出人的心灵的表现是有所限制的。

刚才说人的心灵是共通的，是可以发出客观的学问的。因为太极之道所赋予的“人性”本来就是客观的，本来就是完整的。所以，完整而高明的心灵，本来可以发出完整而高明的见解和学问。但是为什么还有仁者智者呢？因为虽然人的心灵是完整而高明的，但是它发出来的时候，必定要经过人的限制。因为人是现实的存在，现实的存在就有限制。很多宗教都从人类的限制这里来说人的不完满性，因为不完满，所以要通过外力的救赎，以求完满。只有儒家不从这里说，儒家由人的内在的心性直指超越的天道。但是儒家也说“仁者见之谓之仁，知者见之谓之知”，即使是仁者，也难免受限于仁的眼光，即使是智者，也难免受限于智的眼光。不过假如我们再往前推进一步，一个真正的仁者，既然能够体悟出万物与天道之仁，一个智者既然能够体悟出万物与天道之智，这两种人，我们可以设想他们是诚恳而好学的人。当他们互相遇见的时候，请问他们会是我们一般说的“仁者见之谓之仁，知者见之谓之知”，叫他们不要再争吵了？还是他们会有更高明的表现？我想，仁者必定会从智者的见识中，也领会道的智德，反过来说，智者也必定会从仁者的见识中领会道的仁德。最后，天道有两种性质——阴阳，而人德也可以分为两种性质——仁智，阴阳是道的两个作用，阴阳终会回归于道，而仁智是人类心灵的两种表现，两种表现也终会回归于道。这叫“仁智双彰”，两面具备，这才是儒者理想的人格。

不过，大家读《论语》应该有个印象，孔子常将仁与智关联地说，如所谓“知者乐水，仁者乐山；知者动，仁者静；知者乐，仁者寿。”“仁者安仁，知者利仁”，仁与智相互对映。虽然仁与智两边讲，但是请问仁与智这两种德性是否平等看待呢？不然。在孔子的心目中，还是仁者为主，所以“仁者安仁，智者利仁”，仁者自安其仁德，而智者是指对仁德有深刻认识而起向往的人，智是附属于仁的，这是读儒家的书应有的认识。

就如仁者与智者的分别，一个人刚开始追求学问，不能够一下做到完满，但是如果有一种诚意，这一种诚意就是对理性的尊重。在尊重理性的诚意之下，必定尊重所有理性的学问，尊重所有的价值。当有这种心态的时候，仁者必定能够尊重智者，乃至于能够向智者学习，智者也是如此。你为什么不做这种人？而中华民族为什么不做这种民族？当你想要做这种人的时候，其实就是为中华民族尽了一份你的本分了。而中华民族只不过是所有中华民族子孙合起来的民族，如果人人都有这种心愿，我们就可以说，我们这个民族是可以成就人类所有学问的。并不是我们要自大，我们也希望全世界的所有民族都有这种态度。我们不怕别人来尊重中国文化，我们很希望有人来尊重中国文化。我们不怕别人来学中国文化，我们当然更不怕别人把中国文化学得很好，甚至学得比中国人还好。所以我们何必怕别的民族不让我们学呢？尤其自近代以来，西方人逼迫着中国人要去学它们的学问，中国人自己也是有强烈的危机感，所以拼命要学习西方。其实，以危机感来学习，已经不是最恰当的心态了，所谓“身有所忿懥，则不得其正；有所恐惧，则不得其正；有所好乐，则不得其正；有所忧患，则不得其正。”经过一百年的不自信，朝野的心灵已经渐渐转回来了，现在正是时候了，中华民族，我们该用什么眼光来面对自己的祖先，来面对全世界，这正是时候了。牟先生的学问正可以作为我们的典范，如果不相信，请你去读他的书，这不仅仅是谁推崇就可以的。

我讲这么多，就是希望建立大家这种尊重学问的态度，有了基本的态度，就可以读牟先生的书了。现在我们从“再版自序”最先学起：“此小册便于初学”。为什么叫小册呢？因为牟先生所有的书几十本，这本最小，所以叫小册。其实这本书也不简单，看完了就知道。这本书是1960年，牟先生在香港对一些社会人士的演讲。总共讲了十一次，后来有一次在别的地方因为所讲的内容有相关性，所以把它也收进来，总共十二讲。接下去：“但因是简述”，简单的叙述；“又因顺记录文略加修改而成”，因为这原来是演讲，是从演讲录音转成的文字稿，称记录文，经牟先生略加修改而成；“故不能期其严格与精密”，自己写的当然要比较严格与精密。

我最近也想把二十几年来的言论出版，这些书有大半也是演讲的记录，是从记录文加以修改而成。其实修改文字是相当费劲的，一篇两小时的演讲记录，要十几个小时才修好，所以最近我一直盯着电脑看。我常想，自从推广读经以来，我读书的时间就少了，现在改稿更忙，我想，把这些文字修改完以后，就不必再跑来跑去演讲了，要了解我的人，请他看我的书就好了。我还要静下心来再读书，除了温经之外，再把牟先生全集反复读个几遍。刚才说，学问如果是以完整和高明为趋向的，它必定笼罩许多学问，也可以说涉及许多学问。尤其像牟先生这样的大家，必定涉及很多的学问。所以从读牟先生的书，发出去，可以遍及所有学问。当然读其他人的书，假如也有这个效应，也很好，不过牟先生的书确实能给人志气和能力。这本书说还不够严格与精密——“倘有不尽不谛或疏阔处，尤其关于《论》、《孟》与《中庸》、《易传》之关系处倘有此病”——就是比较疏阔，比较简略的意思。但是所谓的“不谛”，就是不恰当，我看并没有什么不恰当的，至少是很少。说“疏阔”倒是真的，因为这一本书，是讲所谓“中国哲学的特质”，所以并没有涉及所有的中国哲学，而且大部分是讨论儒家，而儒家又以《论》《孟》《学庸》《易传》这四部书为主。但是题目居然号称是“中国哲学的特质”，似乎真是“疏阔”了。但我们接下去看就可以知道，为什么这么小的内容而又有那么大的题目。其实，透过刚才介绍什么是儒家，大概你也心有所感，以儒释道三家代表中国哲学，又以儒家统三教，这样说也是有相当理据的。

如果还有疏阔或不谛之病，“则请以《心体与性体》之‘综论’部为准，以求谛当，勿以此而生误解也”。《心体与性体》这本书，不知道大家看过没？这一本书是在1968年，由正中书局出版的，总共三册，叫作《心体与性体》的第一、第二、第三册。经过十一年之后，1979年，又出版了第四册，但是第四册因为是不同书局出版，所以就不能叫《心体与性体》的第四册，于是就命名为“从陆象山到刘蕺山”，所以这本书其实是《心体与性体》的第四册。这四册合起来，总共有两千四百多页，所以要把这四册书看完也不容易。不过我希望有人能够立志，把这本书看完。这本书看完之后，仅仅在学问的方面，便会功力大进。至于对中国文化智慧的领会，当然更不用说了。

刚才说一种学问如果是追求完整而高明的，你在对这种学问的研究中，自然容易启发出一种对完整而高明的向往之情，这是最最重要的一种收获。不是你对学问了解多少，而是能够把你的学问之心灵建立起来。其实读牟先生的书，每一本都会有这种效果。只是那强度人人不同，所以我请大家读牟先生书的时候，要常反省体会，你的心灵是否渐渐凝聚出向往于高明、向往于整体的深情？向往于高明整体不是要自我作大，唯我独尊，而是要尊重天下所有学问，要体贴所有人情。《心体与性体》这部大著看完了，便能够了解中国的儒家之所以为儒家，以及中国的儒家到底有多少派别，而这些派别如何来分辨。如果两千四百多页看不完，那么，看“综论部”也就可以了。综论部只不过三百多页，看完综论部，以下便都是对综论部详细的解说。

看第二段。“此讲辞以儒家为主，盖以其为主流故也。若通过《才性与玄理》、《心体与性体》、《佛性与般若》，再加以综括之简述，则当更能尽‘中国哲学的特质’一题名之实。”《才性与玄理》是讨论道家的，《心体与性体》是讨论儒家的，《佛性与般若》是讨论佛家的，也就是儒释道三家。假如把儒释道三家都这样详尽地说，就符合“中国哲学的特质”这个名号了。因为中国哲学的主流有儒释道三家，而加以综述，叫作特质，所以要讲中国哲学的特质要讲三家。但是以下说，“惟如此之简述，内容虽可较丰富”，是说讲得比较详细，议论引申比较广；“然与西方哲学相对较以显特质，即使不加上道家与佛教，亦无本质的影响也”，在这里所谓“中国哲学的特质”，主要是指它对照于“西方哲学”而说，从这本书，就可以领悟到中国文化之所以为中国文化，它与西方文化到底有哪些差别。而这个差别是在最根源的地方来说的，不是在外围的一些枝节上说，这样才能够真正地说出差别。外围的枝节上可以说有差别，也可以说许多相似，甚至相同处，但是在本质上，它确实有非常明显的差别。但这里所谓“明显”，是要有相当思考力的人才能分辨得出来，看得出来的，才知是真明显，一般人还是糊涂的。所以这本书既然是以中国哲学来做主题，其中就隐含了一个对照。对照什么？对照西方哲学。意思是，如果要说中国哲学的特质之所在，也就是跟西方哲学不同之所在，即使不讲佛家跟道家，也已经能够显出来，没有本质的影响；“故此小册题名为‘中国哲学的特质’，纵使内容只限于儒家，亦无过。”

再来看正式的序，刚才讲的是再版的时候所附加的说明。这“小序”是原来的序。“本演讲是香港大学校外课程部所规定的题目”，是别人定题目，由牟先生来说；“约定十二次讲完，每次一小时。在这十二次里，想把中国哲学的特质介绍给社会上公余之暇的好学之士，当然是不很容易的。如果是轻松地泛泛地讲述，那当然比较具体一点，听起来也比较有兴趣。”就是说，外围地讲，介绍一些材料，这样比较具体，让你知道谁讲了一些什么话，听起来也比较有兴趣，因为它或许比较容易了解，或许比较有当下的受用。“但这样恐怕不会有人真正的了解”，刚才说了，枝微末节的了解不是真正的了解；“也不是这个倒塌的时代讲中国学问之所宜”，倒塌，是指文化心灵的衰颓，所谓礼坏乐崩，不是倒塌吗？文化的传统断了，民众的见识卑微了，所谓“讲学”，一般都泛泛地讲，从表面看问题，讲来讲去，虽然煞有介事，但众说纷纭，莫衷一是。有的这样说，有的那样说，到底听谁的呢？哲学之所以为哲学，就是明白的学问。明白什么？明白表象背后的根本道理。这种学问背后的学问叫作“哲学”。追求所有学问背后的学问的学者叫作哲学研究者。能够去发掘人类最根深的心灵智慧，为一切学问定立基础的人，叫哲学家。所以现在牟先生以哲学家的心灵来讲课，他一定不是泛泛地枝微末节地讲，他一定是追寻到根源地讲。这样能够真正确定学问的分野。要讲中国哲学的“特质”，就必须从中国哲学最初的那个原点开始说，这样，这个特质才把握得准确。尤其在一个莫衷一是的时代，倒塌的时代里面，人的心灵立不起来，站不住脚，整个国民见了风就是雨，当这样的时候，要讲真正的学问。“因此，我采取了直接就中国学问本身来讲述的办法。”所谓“中国学问本身”，其实就是中国学问之所以为中国学问的根源。从根源处来讲，从它的最特殊的地方来讲，叫作从学问本身来讲。这也许听起来比较艰难一点，因为它思考得比较深刻，它反省得比较深远；“但若因此而稍能把握一点中国学问之内在本质”——这些词语都是很哲学性的：本质，内在，内在本质，但不必细说，人人都可意会；“或即不能把握，而艰难之感中，引起对于中国学问之正视与敬意，这也并非无益处。”所以中国的学问，被牟先生讲起来，让人听得糊里糊涂的，害怕了，便会觉得中国还是有学问的啊，这样至少可以叫你不要轻视，这是很无奈的讲法。

其实，刚才不是指出，有人说我们听不懂，我们害怕，就不接触了吗？好易恶难的逃避心态，孟子叫作“自弃者，不可与有为也。”自弃的人是不能长进的，希望我们能够勇敢一点。如果不懂，消极的态度是逃避，积极的态度反而是因为感觉到还有更高明的学问在眼前，因而产生敬意。纵使没有立志去学习，没有精力去了解，他也会有尊重之心，不会随便乱批评说话，也有好处了。最怕的情况就是，一个人少有所得，甚至是毫无所得，就开始发表他的评论，这个叫“意见”，这不叫学问。意见就是从自己的意识当中产生一个看法，就发表了。谁没有意见呢？庄子所谓“夫随其成心而师之，谁独且无师乎”，每个人都是随着自己的成见，甚至偏见，说这是我所崇尚的。哪个人没有他所崇尚的呢？大家都是各讲一套，难怪庄子要出来说：都不要吵了，“其以为异于鷇音，亦有辩乎？其无辩乎？”这些世界的言论，只不过像许多小鸟在那叫，叽叽喳喳的，他到底有讲什么呢，还是没讲什么呢？这个是道家的态度，他嘲讽世间人，也很有意思。道家的态度可以积极地用，也可以消极地用。消极地用，就是反正仁者见仁，知者见知，所以我们不要吵了。当然，这并没有解决问题，但这样也有消极的好处，至少社会不会有尖酸刻薄怒目相向甚至刀兵相加的祸害。而我们也可以积极地用道家，道先让一个人不要自以为是，然后知道自己的意见或许和别人的层次差不多，就好像树上的一群小鸟在叫一样，没有什么意义啊！既然没有什么意义，忽然反省回来，先闭嘴，然后反向思考：我是不是可以跳高一层，追求一个更深刻更有意义更具笼罩性的学问？这不就起了积极的作用了吗？

接着说："中国哲学包含很广。大体说来，是以儒释道三教为中心"，这刚才说过。"但我这里是以中国土生的主流——儒家思想，为讲述的对象。其余皆无暇涉及。"这里"土生的主流"有歧义，可以有两种理解，一种是儒家才是中国土生的主流，另一种是中国土生的主流有儒家这样的思想。因为中国土生的主流思想有儒、道两家——有人对这句话也不满意，辩说：只有儒道两家吗？那诸子百家难道不是中国土生的思想吗？他忽略了这里说的是"主流思想"，他又抗议：诸子百家不是主流吗？有人会这样不高兴，我们今天讲了一两个小时，就是要打破这种迷思。不是不让你争主流，很想请你来做主流，有那么多"主流"，不是很热闹吗？但要做主流，也要有那个格啊。什么叫作主流的格？你所说的那种学问是完整的吗？是高明的吗？至少是追求完整的吗？是追求高明的吗？《中庸》说"尊德性而道问学，致广大而尽精微，极高明而道中庸。"你那学问有如此的表现吗？至少有如此的理想吗？假如你说"是"，那很欢迎你，因为你所尊奉的那学问就是儒家。这个不是耍嘴皮，不是要把儒家唯我独尊，千万千万一定要把学问的心态摆正。我们不是为儒家而推崇儒家，我们是为人类的总体智慧而说智慧。只是这一点真心，其他的不在争论之列，所以也可以不说哪一家，我们欢迎任何一家都能为人类总体智慧而思考而愤发。

再接下去，最后一段："本演讲并无底稿。在讲述时，托王煜同学笔录"，王煜这位学长也不简单，当场做笔记的。五十五年前，谁有录音机啊？没有的，笔录能做到这样详尽，所以了不起。“口讲与自己撰文不同，而笔录与讲述之间亦不能说无距离。如果我自己正式撰文，也许比较严整而详尽。但有这个时间限制的机会，也可以逼迫我作一个疏略而扼要的陈述。”因为讲座的时间有限，牟先生不能讲得太详细，还好，如果让牟先生讲得详细了，这本书就要一千多页，就不是这种小书了；所以，“这也自有其好处。而王君的记录也自有其笔致”，这本书的文笔也真是不错的，大家看看便知；“换一支笔来表达，也自有其新鲜处”——从这句话，可以感受到牟先生是个很通达的人——“顺其笔致而加以修改，也觉得与我原意并不太差。紧严有紧严的好处，疏朗有疏朗的好处。”这种为人处世的心态真是太好了，仁者见仁知者见知，到处都是值得欣赏的，这种态度也就是儒者的态度啊。

大家不要看牟先生的书很严谨而且批判性很强，好像到处都在指责他人的不是。其实我们要回归到一种学问的态度。真正的学问的态度，是可以说他人的是，也可以说他人的不是的。但一定要有一种“批判的态度”才行。“批判”这个词语听起来很可怕，因为当今社会上常把它错用了，所以听到“批判”两字让人害怕。尤其当“批判”不只是跟“批评”连在一起，还跟“批斗”连在一起，那就更恐怖了。其实“批判”本来的意思是很温厚的，这个词是从西洋的critique翻译过来的。经过康德的解释，加上康德使用在他的思考方法上，让我们更了解“批判”这一观念的重要性。康德一生著作很多，最重要的三本书称为“三大批判”。第一本书叫作《纯粹理性批判》，是解释知识的意义，分析人类认知的能力，成就知识论；第二本书叫作《实践理性批判》，是分析道德的意义，反省人类道德的能力，成就伦理学；第三本书叫作《判断力批判》，是分析美的意义，探讨人类美感的能力，成就的是美学。这三大批判所做的工作，没有别的，还是对从古以来人类普遍共同追求的人生三大价值——真、善、美问题的再讨论。他指出古人历来思考的混淆和糊涂，而试图给予清晰可信的解释，就这三个问题，写出来就是非常精深的大著作。康德的哲学称为批判哲学，我们现在流行“批判”这个词语，其实是从康德开始的，到康德才把批判这两个字特别提出来，而且变成西方哲学非常重要的“方法论”，而影响及于全世界。康德这个大哲学家用“批判”作哲学思考的方法，怎么会让人恐怖呢？可见是我们用错了。康德解释“批判”的原意，说这个词是来源于古希腊，它原来是法庭上的术语。法庭上的法官“批文判案”，叫作“批判”。批文而判定，中文翻译成批判，是翻得非常传神的。判定什么呢？判定原告甲方有理无理，判定被告乙方有罪无罪，这叫批判。这样的批判工作，含有两种精神在里面，叫“批判的精神”。第一种精神是“兼听则明，偏听则暗”，一个法官必须兼听两造的说辞，并且要做深入的考察，这是法官判案初步的任务。而一个学者对他面对的学问，想要有所评论的时候，不是首先要有广泛而深入的了解，不可以先存偏见吗？如果只听一边的说法，或者心中早有偏见了，怎么能够作公平的评论呢？所以先不要有偏见，真诚地做学问，博闻广识，这是批判精神的第一步。这还不够，因为这只是一个基础。要做批文的时候，不只是要了解案情，还须给予明确的判断。如何给予判断？法官难道是凭自己的好恶吗？凭诉讼人跟自己有什么关系吗？通通不是。法官在这个时候，要客观，怎么客观呢？他必须有所凭据，要依据什么来判定有罪无罪，程度轻重，该赏该罚，赏多少罚多少？要依照“法律”。法律或许在古代就有，只是比较粗略，现在也有，比较详尽。当然，必要时，我们还要追求法律是怎么定出来的，现在不必追求这么精细，我们只是一般地说，法律必定是公正人士定出来的。公正人士凭什么定出来？一定是凭他的良心定出来，而“良心”虽然发之于主观，却有其客观性，所以法律可以看成是客观的，是公正的。法官要凭已经由公正的人士所定出来的法律条文作为判断的标准。而一个学者对纷杂的学问用什么标准下判定呢？对学问当然不是用法律，而是用“理性”来判。所以康德的批判叫作理性的批判，对于人类理性之批判。人类理性有两种作用，一种是面对知识的，一种是面对道德的。面对知识的叫作“纯粹理性”，也叫“认知理性”，面对道德的叫作“实践理性”。而这两种理性当汇归于最完满最自在的“意境”，就有美感出现。所以真、善、美都是人类心灵的表现，也可以说都是人生的价值。

其实康德在他的字里行间，默默之中，都略略地要讲出那一句话：人人都有这种公正而高明的心灵，你要由这种公正而高明的心灵来做任何判断。这种判断是出于主观，但它同时有客观性，所以一个人的判断其实就是天下所有人的判断，这样的学问叫作批判的学问。一个人，一时之间可能没有能力做到这么完美，但是至少应该先要有这种向往，学问的成就是在追求向往中步步完成的，而且人生根本不可能有所谓最后的成就，连孔子都不敢说他是圣人，每个人都在自己的分位上，用他的诚意来面对所对的学问，而尽其可能地加以批判的衡量，步步忠实于自己，步步往前进。这种忠实的衡量又有两种状况：一种是客观的衡量，它有普遍和永恒性，一定永定。这样判下去，一判就准了，这非高明的心灵做不到。另外一种是一般人也可以随时有评判，那评判或许还不能够准确，但是，最重要的是涵养批判的心灵，你随时都想要追求最完整的认识，有最同情的了解，而回归到真诚的心灵，谨慎谦虚地来做一个自己认为最恰当的评判。当有这样的态度，批判怎么会让人恐惧呢？所以应该说，所有做学问的人都应该有批判的心灵。而这个批判的心灵当中又留有一个空隙，这个空隙就是一种为人的诚恳。他同时可以回看他自己，他也可以对自己作批判，他应该怀疑自己：我的判定是不是客观而完美的？当以这样的态度求学，同时也是一种品德的修养了。总之，无论是从儒者的智德和仁德开始说，还是从康德的批判的学问开始说，凡是真正的学问，都以高明和完整作为最终的目的，追求高明而完整的人生，是一个学者，一个哲学家的自我定位。

今天我们讲这两篇序言，我也藉这个起头，对我们将来如何读这本书，乃至于如何读牟先生所有的书，甚至我们要用何种态度面对人间所有的学问，给出一点建议，希望对大家有用。

今天我们就讲到这里，谢谢各位！

王财贵教授主编、监制

北京文礼经典文化有限公司、北京季谦教育咨询中心联合出品　文教产品系列

中文经典诵读系列（简繁对照）· 普及版
中文经典诵读系列（简繁对照）· 典藏版
中文经典诵读系列（繁体竖排）· 典藏版
中文经典口袋书系列（简繁对照）· 典藏版

·《学庸论语》
·《孟子》
·《老子庄子选》
·《易经》
·《诗经》
·《唐诗三百首》
·《书礼春秋选》
·《古文选》
·《诗歌词曲选》
·《佛经选》
·《伤寒论》（全 2 册）
·《内经知要》
·《孝弟三百千》
·《格言选》

《学儿中文大字经典诵读本》
（含《论语》《大学》《孝经》《中庸》《弟子规》《三字经》《百家姓》《千字文》共 7 卷）

书法教学系列
· 硬笔书法练习套装
（含《弟子规》《三字经》《千字文》共 3 册）

读经教育理念资料系列
·《读经教育理念简介》
·《教育的智慧学》
·《经典教育与文化关怀文集》
·《儿童读经教育》理念讲解光盘
（含演讲、专题片、百问千答，共 7 碟）
· 孔子像和王财贵教授题字对联（平装）

胎教、早教用具系列
· 便携式读经机（简装版）
· 便携式读经机（礼品装）
· 桌面读经机
· 读经胎教机

英文经典诵读系列
· 仲夏夜之梦
· 莎翁十四行诗
· 英文名著选
· 小爱神与喜颂
· 柏拉图苏氏自辩
· 英文常语举要
· 英文圣经选
· 英语会话一千句
· 童子诗园

德文经典诵读系列
· 德文名著选
· 德文常语举要
· 德文圣经选

日文经典诵读系列
· 日文论语
· 日文名著选
· 日文常语举要

法文经典诵读系列
· 法文名著选
· 法文常语举要
· 法文圣经选

梵文经典诵读系列
· 入菩提行论
· 梵文经典选